ÉMILE STEINILBER

ESSAI CRITIQUE

sur

LES IDÉES PHILOSOPHIQUES

CONTEMPORAINES

ÉDITION DE LA SOCIÉTÉ D'ÉTUDES PHILOSOPHIQUES

PARIS,
GAUTHIER-VILLARS, IMPRIMEUR-LIBRAIRE
DU BUREAU DES LONGITUDES, DE L'ÉCOLE POLYTECHNIQUE
Quai des Grands-Augustins, 55.

1912

ESSAIS CRITIQUES

sur

LES IDÉES PHILOSOPHIQUES

CONTEMPORAINES

ÉMILE STEINILBER

ESSAIS CRITIQUES

SUR

LES IDÉES PHILOSOPHIQUES

CONTEMPORAINES

ÉDITION DE LA SOCIÉTÉ D'ÉTUDES PHILOSOPHIQUES

PARIS
LIBRAIRIE GAUTHIER-VILLARS
55, QUAI DES GRANDS-AUGUSTINS.

1912

Tous droits de traduction, de reproduction et d'adaptation
réservés pour tous pays.

INTRODUCTION.

Nous n'avons pas la prétention, — est-il besoin de le dire? — de présenter, en ces quelques pages, une histoire des idées, et le lecteur ne trouvera pas, dans ce livre, un aperçu complet des méthodes et des systèmes philosophiques contemporains.

Le présent ouvrage est une très modeste *contribution à l'étude de la philosophie moderne*.

Ainsi réduit, il peut encore avoir son utilité : nous vivons une époque intellectuelle extrêmement curieuse et passionnante où des découvertes récentes, dans le heurt et le bouleversement des hypothèses reçues, ont élargi l'horizon et soulevé, comme jadis au temps de la Renaissance et au XVIIe siècle, un véritable enthousiasme scientifique. Les spéculations métaphysiques, d'autre part, que le positivisme, croyait-on, avait à jamais découragées, plus généralement la pensée philosophique, se réveillent, se raniment, s'affirment avec Henri Bergson, dans un éclat tel que la France ne vit rien de semblable depuis Descartes et le monde, depuis Kant.

N'était-il pas tentant de porter sur les idées nouvellement écloses, souvent changeantes et nuancées comme la lumière du prisme, et dont les conséquences seront un jour d'une importance capitale, un jugement qui n'aurait, bien entendu, que la valeur d'une *première approximation?*

C'est ce que nous avons essayé de faire.

Nous ne nous dissimulons donc pas ce que notre travail présente d'imparfait : ses imperfections tiennent à l'auteur qui a pu manquer son but et au but lui-même qui ne comportait pas la perfection.

Et comment pouvait-il en être autrement ? Rien n'est plus vain ni plus périlleux que de vouloir fixer d'une façon définitive les cadres d'une pensée qui se fait et dont nous n'avons observé encore que la courbe ascendante ; rien n'est plus difficile, aussi, que d'être juste en parlant de son temps. A défaut d'une grande délicatesse de pensée, privilège que nous ne nous flattons pas de posséder, une certaine réserve et une entière bonne foi sont ici indispensables : nous nous y sommes efforcé. Ne fallait-il pas éviter, d'abord, la prétention des jugements sans appel, la précarité des classements artificiels et momentanément commodes ? Comment, sans dogmatisme, classer des systèmes, des théories, des idées, dont quelques-unes sont en pleine période de croissance ? Ceux mêmes qui, comme Höffding, s'y sont essayés le plus heureusement, n'ont guère abouti qu'à cataloguer, dans la logique des rubriques, des philosophies entièrement différentes, dont les « parfums personnels », aurait dit William James, ne s'harmonisent pas. Une *première approximation* nous permet d'éviter ce danger, puisqu'elle ne nous oblige qu'à fixer les positions des théories types, à dégager, s'il est possible, leur opposition ou leurs chances de conciliation, et qu'elle nous autorise à ne point nous prononcer, plutôt que de refuser aux idées nouvelles, ou aux théories en formation, leur droit d'évoluer et de se pénétrer, de changer, de se modifier, de se déformer librement.

Conformément à cette méthode, posant par exemple le problème de la vie, nous noterons l'opposition du mécanisme tel que l'a compris Le Dantec et du néo-vitalisme de Bergson, mais nous nous refuserons à classer la philosophie de ce dernier, soit dans le pragmatisme dont l'utilitarisme dominateur ne s'apparente pas à la pensée bergsonienne, soit avec les théories d'Olivier Lodge ou de savants comme Reinke et Driesch, encore que l'étiquette de *vitalistes* s'applique à ceux-ci sans contredit. Bergson, en effet, a exprimé une vision originale de la vie, une impression personnelle aux colorations propres, une philosophie si particulière, si *ésotérique* pourrait-on dire, qu'on ne peut l'unifier parmi tant d'autres, la confondre tout bonnement avec le vitalisme, sans en atténuer l'éclat et sans la mutiler en quelque manière. Ici la valeur des points de vue apparaît dans leur opposition même : nous n'éprouvons aucun besoin de les réduire, de les forcer à l'unité, par une sorte d'improbité ou de goujaterie intellectuelle. Aussi bien, savons-nous, s'il vaut mieux, dans l'intérêt de l'humanité, que les idées soient en harmonie ou en bataille ?

A nos critiques se mêleront donc, sans cesse, certains scrupules et certaines réserves. La Pensée humaine s'impose au respect de tous ! Nul n'a le droit de l'accaparer dans l'intérêt de ses passions, de ses préférences politiques ou religieuses. La vérité comme l'erreur, la politique comme la religion, les opinions comme les intérêts, se taillent leur part dans la Pensée, mais la Pensée les dépasse et les déborde. Elle est bien au-dessus des tentatives fructueuses ou stériles par lesquelles l'humanité essaye de s'adapter aux conditions de son milieu : elle n'entend dépendre de personne; elle est maîtresse : elle ne reconnaît ni Dieu, ni Maître ! Et c'est un rêve d'enfant que de vouloir l'enfermer dans un système ou dans une Église, prisons fragiles dont elle fait voler les parois aux éclats et d'où elle s'évade, comme en se jouant, vers la lumière et l'immensité. Mais il est des âmes penchées qu'effraye l'immensité des horizons sans bornes et « le silence éternel des espaces infinis » dont parle Pascal. Celles-ci sont les victimes désignées des dogmatismes étriqués, des conceptions abstraites et vides, des séductions d'une théologie qui leur a promis de retrouver, dans la nature, le « plan de Dieu », comme disaient jadis les scolastiques. C'est pour mieux garder ces âmes serves dans l'ombre du passé, que fonctionnent aujourd'hui de véritables entreprises de captation intellectuelle. Ne les dénoncera-t-on point ? Qu'un savant, qu'un philosophe nous révèle quelque point de vue nouveau, immédiatement le parti pris ou le zèle religieux se lève, non pour combattre l'importun, cela ne se fait plus, mais pour *s'en emparer*. La tactique réussit généralement, et tous ceux qui fréquentent la jeunesse intellectuelle en savent les effets désastreux. Aug. Comte, qui ne s'y prêta que dans une certaine mesure, Henri Poincaré et Henri Bergson, qui ne s'y prêtèrent en aucune façon, d'autres auteurs, nous le verrons, sont successivement compromis, dénaturés, trahis par leurs commentateurs, incorporés de force dans l'Église.

Pourquoi ne nous dresserions-nous pas contre une pareille improbité ? Pourquoi ne dirions-nous pas qu'il faut laisser les grands penseurs et les grands savants sur le terrain qu'ils ont eux-mêmes choisi et qu'il est vil de les faire servir les intérêts d'une politique particulière ? Pourquoi n'exigerions-nous pas pour la Pensée humaine, c'est-à-dire pour tous, le respect que nous ne refusons pas aux croyances de quelques-uns ? L'humanité n'a-t-elle pas le droit de réclamer, pour elle-même, ce qui est elle-même ? La Pensée humaine est, peut-être, peu de chose, mais pour nous, qui sommes pauvres, elle est notre seul bien, et nous ne voulons pas qu'on nous le prenne !

A vrai dire, il ne nous a pas suffi de défendre la pensée contre les tentatives intéressées de captation : nous avons cru devoir critiquer tout autant le *dogmatisme sans confession*, le parti pris systématique sous toutes ses formes, le *conservatisme intellectuel* qui aperçoit des catastrophes dans toute idée nouvelle. On ne saurait croire à quel point l'esprit chérit jalousement ses premières généralisations ! Telles d'entre elles, malgré leurs défauts et leur insuffisance (citons, par exemple : le mécanisme universel, la théorie des causes finales), prétendent encore à sa direction exclusive, au nom de la longue carrière qu'elles ont fournie dans le passé. Nous rejetterons ce conservatisme excessif : toutes les idées, toutes les conceptions, toutes les impressions, toutes les hypothèses, toutes les généralisations, toutes les hardiesses doivent s'exprimer. Quand Anatole France disait : « Quiconque croit posséder la vérité doit le dire. Il y va de l'honneur de l'esprit humain ! »; quand M! Émile Picard, réclamant, au nom de la Science, le droit de cité pour l'Énergétique, quoique celle-ci dérangeât nos vieilles habitudes, écrivait : « Ne mutilons pas l'esprit humain ! », ces deux maîtres nous traçaient, par avance, la direction de nos critiques. — Oui, ne mutilons pas l'esprit humain ! Qu'il soit possible aux nouvelles tendances, que nous examinons dans ce volume (Pragmatisme contre Intellectualisme, Énergétique contre Mécanisme, Bergsonisme contre Scientisme, Morale de l'idéal contre Morale des faits), de s'affirmer, non point timidement, mais dans toute leur force et dans leur plein développement. C'est en portant au maximum leurs différentes conceptions que les hommes bénéficient pleinement des vues qu'elles leur révèlent ou trouvent l'inspiration d'une entente favorable.

Cependant la critique ne peut être faite que de tolérance et d'abstention : nous dégagerons une direction des tendances philosophiques nouvelles, une direction très générale, il est vrai, qui, sans nuire à la diversité des idées, à leur opposition même quelquefois, paraît cependant les entraîner dans son sens. Toutes les aspirations contemporaines semblent s'élever vers le même but : se rapprocher de la Vie, mieux comprendre la Réalité. C'est la transposition, sur le plan des idées pures, du Romantisme qui, dans l'art, affirme, comme une réhabilitation de la réalité, le désordre du sentiment en face de l'harmonie classique trop régulière et trop logique pour être vraie; de l'individualisme et du socialisme dans la société qui ont porté les individus et les masses à revendiquer tous les Droits, tout le Bonheur, toute la Vie; de la fierté, de l'exaltation humaine, rebelles à la loi, qui, dans le roman et au théâtre, portent la Femme et l'Amour à réclamer leur liberté totale. Un grand souffle a soulevé les consciences, a remué les profondeurs obscures de la vie qui étouffe dans les règles étriquées, les religions puériles et les mensonges sociaux. Le cri du poète mourant est toujours actuel : « De la lumière ! de la lumière ! » Ainsi, contre l'abus des abstractions stériles, contre les systèmes figés où tant de penseurs prétendirent enfermer notre prodigieux univers, contre les constructions bien ordonnées de l'esprit, mais artificielles et vides, écrans qui nous cachent la luxuriante réalité, pour tout dire, contre la scolastique moderne, se dresse la pensée de Bergson, lumineuse comme celle de Platon, qui traduit l'impression commune en une méthode et une philosophie, et fait passer, on l'a dit justement, « l'inexprimable dans la conscience claire ».

C'est là proprement le *fait nouveau* en philosophie. Ce fait est imprévu aussi, car, s'il est une vérité qui parut bien établie, il y a quelques années, aux environs de 1890, c'était l'impossibilité pour l'esprit humain d'aboutir jamais à une solution des grands problèmes métaphysiques. La philosophie était devenue un mot d'ordre de renoncement : le Criticisme de Kant, le Positivisme de Comte, le Scepticisme de Renan avaient imprégné les esprits de leur découragement. Aujourd'hui, une philosophie est née, qui, fuyant les abstractions mortes, est allée chercher son secret de magicienne au plus profond de nous-mêmes, dans le contact direct avec les données immédiates de la conscience, d'où elle rapporte, à la clarté de l'intelligence, la richesse brute des intuitions merveilleuses. Elle est le coup de sonde jeté au fond des mers inexplorées, dans la « durée pure », ramenant, dit Bergson, « une masse fluide que le soleil dessèche bien vite en grains de sable solides et discontinus », car « l'intuition de la durée, quand on l'expose aux rayons de l'entendement, se prend tout de suite en concepts figés, distincts, immobiles ». Cette métaphore traduit la différence des deux manières : intuition et intelligence, impressions métaphysiques et raisonnements scientifiques. L'intuition nous donne la « durée vraie » vécue, l'absolu ; l'intelligence brise la continuité en morceaux et traduit la durée psychologique en termes d'espace : ainsi l'exige l'action pour laquelle elle est faite. Toutes deux comportent une valeur égale, non point dans le domaine de l'utilité pratique où l'intelligence est souveraine, mais du point de vue de la connaissance réelle, seulement la première est faite pour la vie, la seconde pour la matière; la première participe de la perfection de l'instinct, la seconde a accepté, moyennant le risque de l'erreur, l'enjeu du progrès; la première saisit la fluidité continue du rêve et du changement; la seconde, la logique rigoureuse des solides. De la sorte, Bergson ne restreint le champ d'application de l'intelligence que pour en accroître la portée : elle perd en étendue et gagne en profondeur. Le relativisme kantien pose les exigences de notre entendement, qui eussent été différentes pour une intelligence autrement conformée que la nôtre, et, dès lors, la connaissance devient relative à ces exigences mêmes : tout est suspendu à l'intelligence qui n'est suspendue à rien. Bergson, lui, pose les nécessités de l'action et en déduit la forme même de l'intelligence, mais celle-ci s'étant modelée sur son entourage matériel n'est plus relative : elle nous livre quelque chose de l'essence même des corps auxquels elle s'adapte. La valeur de la Science est donc plus réelle qu'on ne l'avait soutenu jusqu'alors.

Mais si, de la matière, nous passons à la vie, l'entendement aboutit à des résultats de moins en moins adéquats. Ce n'est pas à dire que la méthode scientifique ne reste pas utile, féconde, légitime, indéfiniment fructueuse même, puisque la matière est partout et que la vie se réalise en elle comme la pensée de l'artiste dans le marbre, mais, traitant le vivant comme l'inerte, elle porte de plus en plus sur des symboles, non sur le réel qui est liberté. Symboliser une chose, c'est la percevoir de quelque façon, c'est donc reconnaître une *intuition du vital* que les savants transposent et traduisent en termes d'intelligence de valeur objective, pour les besoins de l'humanité. Or, si cette *intuition du vital*, pense Bergson, était approfondie, creusée, elle nous permettrait de concevoir une recherche orientée dans le même sens que l'Art, de même nature que *la sympathie* par laquelle on voit, en quelque sorte, les choses du dedans et dans leur essence particulière. L'esprit, sans rien rejeter du raisonnement intellectuel, des abstractions pures, conditions de l'action méthodique, entrevoit la possibilité de goûter, selon l'expression de Spinoza, à « la jouissance de la chose elle-même ». C'est un peu la pensée d'Anatole France : « Pour ma part, s'il me fallait choisir entre la beauté et la vérité... c'est la beauté que je garderais, certain qu'elle porte, en elle, une vérité plus haute et plus profonde que la vérité même ».

Avant de devenir philosophie et d'émouvoir les critiques, la méthode intuitive, ce mouvement de retour de l'Abstrait à la Vie, était déjà ébauchée dans notre littérature où sa grâce touchante l'avait fait recevoir. « J'aime mieux sentir que comprendre », écrivait encore Anatole France. Et c'est à quoi aboutit, on le sait, Sylvestre Bonnard dont la réflexion s'apaise à la vue d'un insecte et d'une fleur, et aussi, le savant Bogus, qui vécut dans la solitude, pour composer de pesants traités, jusqu'au jour où il rencontra Jessy, aux yeux clairs, qui avait six ans, et dont les fleurs séchées dans ses vieux livres, et les rires et les jeux, mirent plus de vérités dans sa sombre vie qu'il n'en trouva jamais dans les parchemins poussiéreux...

Ainsi la philosophie séductrice de Bergson ramène l'esprit des hommes au contact direct de la vie. Derrière l'intelligence et la matière « lestée de géométrie », elle va retrouver la grâce intime et libre des êtres et des choses, et s'élève, par delà les systèmes, aux visions lumineuses dont on reste ébloui. Elle refoule les sèches abstractions, les scolastiques mortes. « Ainsi comprise, dit Bergson, la philosophie n'est pas seulement le retour de l'esprit à lui-même... Elle est l'approfondissement du devenir, en général, l'évolutionnisme vrai et, par conséquent, le vrai prolongement de la Science, pourvu qu'on entende par ce dernier mot un ensemble de vérités constatées ou démontrées, et non pas une certaine scolastique nouvelle qui a poussé pendant la seconde moitié du XIXe siècle autour de la physique de Galilée, comme l'ancienne, autour d'Aristote. » C'est de l'air, un large horizon qu'il faut à la philosophie moderne! Celle-ci est à la fois produit et facteur de ce courant de sentiments ardents qui nous entraîne vers la vie. Elle baigne dans son temps et l'exprime en langue claire comme le génie français. Approcher de la vie, la mieux comprendre, la mieux aimer, la mieux vivre, tel est le but que poursuivent la foule et l'élite, les savants et les philosophes, les artistes et les poètes. Chacun nous offre sa traduction. La Vie, c'est l'or pur que recherchent, à la fois, comme dans la légende ancienne, les nains et les dieux.

Ces aspirations générales devaient amener la Pensée à approfondir la notion de changement et de mouvement : ce qui nous tient éloignés du réel qui est changement incessant, diversité continue, hétérogénéité pure, c'est l'habitude commode de manier les corps inertes, de raisonner sur des unités nettement découpées, c'est l'obsession du sophisme de l'École d'Élée, c'est le préjugé de la statique universelle. Au prix de quels efforts l'esprit s'en est-il peu à peu détaché! Chacune de ses étapes fût un progrès dans le sens de l'indépendance vis-à-vis de la religion de l'immobilité. Pour Platon, le réel c'était l'Idée, éternelle, immobile, comme un dieu de marbre et le mouvement n'était, dans l'univers, qu'une altération, une déchéance, résultat du contact dégradant de la matière. Tout changea, lorsque Galilée s'avisa de faire rouler une bille sur un plan incliné et d'étudier le mouvement lui-même : de ce jour chancelèrent les doctrines aux âmes roides, les dogmatismes immuables, parce que le mouvement et l'immuable sont ennemis. Alors, le temps fit son apparition dans les formules scientifiques et le mouvement devint la loi du monde. Aujourd'hui, c'est encore le mouvement, l'*évolution* qui domine, loi générale, les êtres et les choses que la Science étudie. Mais la notion de changement n'est point complète encore : prendre des vues isolées, fragmentaires sur l'évolution des phénomènes, c'est assez pour la pratique, ce n'est point suffisant pour la pensée métaphysique qui veut « s'insérer dans le mouvement lui-même ». La méthode bergsonienne vise à nous faire saisir directement le changement, le devenir dans son essence, dans l'absolu, comme fait la conscience sur elle-même.

Et l'univers entier où rien n'est divisible, où rien n'est isolable, apparaît comme un flux et un reflux de colorations successives et sans fin. Dans cet océan mouvant, où tout passe, où les teintes de la seconde présente, déjà, se transforment en celles de la seconde à venir, sur cet « écoulement sans fin des choses », les vieux systèmes *statiques* sont des anachronismes qui meurent, et les idées d'éternité sont sans fond et désemparées. Aucun heurt, cependant : le courant très doux a tout emporté; ses flots à chaque seconde submergent et dépassent les systèmes inertes, les abstractions artificielles, les scolastiques, *toutes les scolastiques*, geôlières de la vie, les religions immuables qui flottent à la dérive….

Comme le disait notre grand Guyau : « *l'humanité a devancé ses dieux* »!
                                                               E. S.

N. B. — Qu'il nous soit permis de remercier, ici, tous ceux qui ont bien voulu, chacun en ce qui le concerne, nous fournir des éclaircissements ou nous communiquer des renseignements qui nous furent précieux; en particulier MM. Henri Bergson, Henri Poincaré, E. Metchnikoff, Gustave Lebon, Painlevé, René Quinton, Le Dantec, Jules de Gaultier.

ESSAIS CRITIQUES

SUR

LES IDÉES PHILOSOPHIQUES

CONTEMPORAINES.

LIVRE I.

LA VÉRITÉ DEVANT LA PENSÉE CONTEMPORAINE.
LES PRAGMATISTES CONTRE LES INTELLECTUALISTES.

CHAPITRE I.

1. Un Nouveau Positivisme. Définition et historique du Pragmatisme. — 2. William James : la réalité vivante contre l'abstraction rationaliste. — 3. Théorie pragmatique de la vérité : est vrai ce qui « opère ». — 4. Critiques.

---

1. Tous ceux que la vie de l'esprit ne laisse pas indifférents ont été profondément impressionnés par la nouvelle orientation de la pensée philosophique contemporaine.

Nous nous proposons ici, pour les besoins de la réflexion, de fixer et de critiquer cette tendance de la pensée actuelle.

Or, c'est principalement devant le problème de la vérité et de la connaissance que la philosophie moderne prend nettement position contre l'intellectualisme traditionnel : c'est donc dans cette opposition qu'elle doit être étudiée, pour qui veut la comprendre avec clarté.

Comme si la vision lumineuse que Platon avait eue du monde devait à jamais rayonner dans les âmes, nos grands penseurs, jusqu'à ce jour, avaient cru entrevoir, sinon les Idées dont les reflets sont notre Tout, du moins la Vérité conçue comme une réponse aux énigmes de l'Univers, une explication des phénomènes et un guide de notre pratique.

Aujourd'hui, l'ordre est renversé : c'est la pratique qui doit, nous dit-on, éclairer les spéculations de l'esprit; ce sont les conséquences de fait qui importent seules : les principes théoriques sont vains et l'humanité n'y a perdu que trop de temps. Est vrai tout ce qui *opère*, tout ce qui *paye*, disent, un peu brutalement, les adeptes de la philosophie nouvelle qui, née au delà de l'Atlantique, parmi les villes noires de fumées et l'activité effrénée, s'apparente à la mentalité de ces grands bourgeois qui subordonnèrent la pensée à l'ambition de conquérir la Toison d'Or. La nouvelle manière a fait école : du Rationalisme de Descartes, de l'Idéalisme de Spinoza, du Criticisme de Kant, du Dilettantisme de Renan ou du Phénoménalisme de Taine, on nous propose, signe des temps, de ne retenir, à l'avenir, que ce qui peut avoir des conséquences pratiques et utiles [1]. Dans le monde moderne, un nouveau Positivisme a surgi : le Pragmatisme.

A vrai dire, il est assez malaisé d'en déterminer nettement les contours. Par pragmatisme, nous dit M. René Berthelot, on peut entendre, en donnant à ce mot son sens le plus général et le plus vague, une certaine attitude de l'esprit, ou même une certaine disposition de l'âme, dans laquelle on attache moins d'importance à la théorie qu'à la pratique, aux principes qu'aux conséquences.

C'est une définition très vaste ! Sainte-Beuve voyait des romantiques partout : les philosophes contemporains risquent fort d'être classés d'office parmi les pragmatistes. N'est-on pas toujours pratique par quelque côté ? Précisons donc : on doit entendre surtout, par pragmatisme, une conception de la vérité « qui serait, comme la condensation ou la cristallisation de cet

---

[1] *Voir* dans ce sens : Maurice BLONDEL, *L'Action*. — E. MALLET, *La Philosophie de l'action* (*Revue de Philosophie*, 1ᵉʳ sept. 1906). — William JAMES, *Le Pragmatisme* (Chap. II, p. 54, 88, 181, 245). — BURDEAU, *Pragmatisme et Modernisme*, etc.

état d'âme » (¹). Les vérités particulières et l'idée de vérité en général seraient créées par l'*action*, par la *pratique*, par *la vie*. Elles constituent les croyances qui nous sont les plus favorables. « La distinction entre le vrai et le faux n'est pas abolie comme dans le scepticisme, mais elle perd la signification que les philosophes lui prêtent d'habitude : sa valeur n'est plus relative à la connaissance, mais à l'action; à la théorie, mais à la pratique (²) ».

Enfin, le mot *pragmatisme* peut servir à désigner une théorie de l'univers d'après laquelle le monde, comme la vérité, loin d'être un système nécessaire, se fait et se crée lui-même dans le temps. Mais Aristote et Descartes n'ont-ils pas admis la liberté, Boutroux et Hamelin n'ont-ils pas aperçu la contingence des lois de la nature sans être des pragmatistes?

C'est donc surtout la théorie de la vérité qui donne la caractéristique de la philosophie nouvelle : c'est sur elle que doit porter principalement notre examen.

Aucun auteur ne représente le pragmatisme avec plus d'autorité que William James. Ses conférences en expriment à la fois les qualités dans ce qu'elles ont de plus franc et les défauts dans ce qu'ils ont de plus saillant. Son style même s'adapte admirablement à la manière nouvelle : il est vivant, ennemi de l'école et du convenu, et sa familiarité nous choquerait, si elle n'apparaissait, à nos yeux de Français, du moins, comme une taquinerie irrévérencieuse, mais spirituelle, à l'adresse des *esprits nobles* qui, dans la pure abstraction, construisent le monde avec des morceaux de rêve. En lisant W. James, nous sommes tentés d'écrire, en marge, le mot de Nietzsche dans le Crépuscule des Idoles « grand jour; déjeuner; retour du bon sens et de la gaieté; rougeur éperdue de Platon ».

Il serait injuste, cependant, de passer sous silence les auteurs principaux dont le pragmatisme se réclame à tort ou à raison : dès 1878, C.-S. Peirce, dans le *Scientific Popular Review*, créait le

---

(¹) René BERTHELOT, *Un Romantisme utilitaire*, p. 4.
(²) René BERTHELOT, *Op. cit.*, p. 4.

nom de la doctrine nouvelle dans un article intitulé : *Comment éclaircir nos idées.* L'auteur y soutenait cette thèse, qu'il faut envisager les conséquences pratiques d'une idée pour en déterminer le sens. L'article de C.-S. Peirce fut traduit en français dans la *Revue philosophique de* 1879 et n'attira que peu l'attention. Plus tard, à l'Université d'Oxford, dans une des forteresses des Hégéliens anglo-écossais, Schiller se fit le champion de la philosophie nouvelle, avec une ardeur de polémiste qui lui valut les critiques sévères de Bradley. Dans la préface de son livre, *Études sur l'Humanisme*, il déclare, sans hésitation, que l'entreprise de la nouvelle doctrine est la plus stupéfiante qu'il y ait dans l'histoire de la pensée. Dewey, professeur à l'Université de Chicago, écrit ses *Études de théorie logique* dont nous parlerons et, la jeune revue florentine, *Le Léonardo*, se livre, au nom du pragmatisme, à de telles excentricités que nous n'en parlerons pas. En France, on cite communément, parmi les représentants du mouvement, Blondel, dans son livre *L'Action*, Le Roy, dans la *Revue de Métaphysique* et les modernistes catholiques, enfin, H. Poincaré et H. Bergson (¹). Mais la même étiquette, appliquée par la mode du jour à des esprits aussi différents, perd toute signification. Ne nous payons pas de mots. Voyons les faits.

2. La pensée si séduisante de W. James prend trop contact avec la réalité, est trop tout entière baignée dans le *concret* pour ne pas être envisagée, d'abord, comme une sorte d'opposition au nom de ce qui est vivant, coloré, varié, contre le rationalisme abstrait et froid. James en veut aux systèmes philosophiques, à tous les systèmes philosophiques : Platon ou Descartes, Leibnitz ou Hegel, tous les grands penseurs, ne

---

(¹) *Voir* M. Hébert, *Le Pragmatisme, Étude de ses diverses formes*, 1908. — Boutroux, *Science et Religion*, II⁰ Partie. — Lalande, *Revue philosophique*, février 1906, et janvier 1908. — Burdeau, *Pragmatisme et Modernisme.*—F. Enriques, *Le Pragmatisme* (traduit de l'italien). — P. Charles, *Le Pragmatisme de l'école française* (*Revue phil.*, avril, p. 392).—Pfleger, *Qu'est-ce que le Pragmatisme? Le Penseur*, décembre 1910, p. 42.

furent que des constructeurs de systèmes logiques, bien bâtis et tout à fait impropres à donner l'impression de la vie vraie et exubérante. « Aussi, voyons-nous des hommes de Science qui préfèrent tourner le dos à la Métaphysique, s'en détourner comme d'une chose qui sent le cloître et qui fait penser à des fantômes. C'est pourquoi, également, nous voyons des hommes d'un esprit tout pratique, secouer la poussière philosophique dont leurs pieds sont couverts et répondre à l'appel que leur adresse le monde, où règne un farouche désordre (¹). »

Ce désordre farouche, ou aimable, cette multiplicité grouillante et fantaisiste, cette infinie variété de la réalité, vue telle quelle, sans parti pris, avant qu'elle n'ait été filtrée par la pensée rationaliste, l'univers « tout en broussaille » avant que les esprits élevés y aient tracé leurs allées rectilignes, voilà ce qui frappe l'esprit de ce philosophe qui, jusqu'à son dernier jour, rechercha la société, le monde et le mouvement, par goût d'abord, et aussi dans la crainte raisonnée de l'abstrait, de la pensée pure, par peur de se trouver un jour emprisonné dans quelque « système clos », marque, peut-être, des esprits raffinés, mais si loin du réel ! C'est par opposition au réel, c'est contre lui que se formèrent les systèmes philosophiques, constructions artificielles, tout un monde factice, et complètement distinct de celui dans lequel vous vivez. « Ces deux mondes sont si étrangers l'un à l'autre, qu'il est absolument impossible de penser à l'un et à l'autre en même temps. Le monde des perceptions concrètes dont fait partie la rue (W. James oppose ici l'*abstrait*, où se meut l'étudiant en classe de philosophie, et le *concret* qu'il rencontre au sortir de l'école) offre une multiplicité, un tumulte qui dépasse l'imagination; c'est un monde tout en broussaille, un monde fangeux; et tout y est laborieux, tout y est confus. Dans le monde où votre professeur de philosophie vous fait pénétrer, tout est simple et net, tout est propre, tout est noble. Ici ne se rencontrent plus les contradictions de la vie réelle. Ce monde-là est une architecture toute classique ; les principes de la raison en tracent les grandes lignes; les néces-

---

(¹) W. JAMES, *Le Pragmatisme*, p. 38.

sités logiques en cimentent les diverses parties; et ce qu'ils expriment avant tout, c'est la pureté, c'est la dignité : on dirait un temple de marbre dont la blancheur resplendit sur une colline » (¹). Et c'est assurément un spectacle fort beau : l'imaginer dénote une grande âme dont il caractérise le « parfum personnel ». Mais, tant pis pour nous : cela n'est pas la réalité. Celle-ci n'est pas un objet raffiné : elle est matière brute. Pour qui veut en avoir une impression complète, du moins aussi complète que possible, il faut absolument abandonner les systèmes où la pensée humaine se complaît, parce qu'ils sont simples, il faut rejeter tous ces préceptes, ces théories d'école qui sentent le renfermé, « toute cette nébuleuse élucubration, cette chose raide comme un bâton, toute rabougrie à force d'être sanglée, toute biscornue à force d'être artificielle, ce produit qui sent l'école et qui sent le moisi, ce rêve de malade, enfin ! Au diable une pareille théorie ! au diable tous les systèmes ! Je n'en veux pas ! Je n'en veux pas ! » (²).

Le défaut commun de tous les systèmes est d'être artificiel. Superbement construits au-dessus de la réalité, ils se surajoutent à elle : ils ne la traduisent pas. Tous, aussi, procèdent d'un fâcheux parti pris de tout ramener à l'unité : Dieu, la substance, etc. On dirait que les philosophes se sont donné le mot pour éloigner, à qui mieux mieux, la réalité luxuriante et pour n'en retenir qu'une armature, qu'un principe. « Le monde est un », disent-ils. Et ce « un » devient un chiffre sacré ! Ramener toute chose à « un », c'est accomplir un pas vers la vérité ! En quoi ? Pourquoi ? En quoi « un » est-il supérieur à quarante-trois ou à deux millions dix unités ? « Dans cette première croyance, si vague à l'unité du monde, on trouve si peu quelque chose à quoi se prendre, qu'on ne sait guère quelle signification elle peut bien avoir ! » (³).

(¹) W. JAMES, *Le Pragmatisme*, p. 37.
(²) *Voir* W. JAMES, *Le Pragmatisme. Le dilemne de la Philosophie moderne*, p. 49. — A. CHAUMEIX, *Les critiques du Rationalisme* (*Rev. hebd.* 1910, janvier, p. 532).
(³) W. JAMES, *Op. cit* p. 128.

H. Bergson, dans la préface qu'il a écrite à l'œuvre de W. James, fait remarquer que cette tendance à tout réduire à l'unité ou à quelques principes très simples, est naturelle à l'esprit qui veut économiser ses efforts. Elle est générale : on peut être spiritualiste, matérialiste, panthéiste, comme on peut être indifférent et satisfait du sens commun : toujours, on se représente un ou plusieurs principes simples, par lesquels s'expliquerait l'ensemble des choses matérielles et morales. Mais, si au lieu de « reconstruire idéalement » le monde, nous nous en tenions simplement à ce que nous donne l'expérience, nous nous exprimerions d'une tout autre manière. Avec ses habitudes d'économie, notre intelligence se représente les effets strictement proportionnés aux causes. *Notre devise est « juste ce qu'il faut », mais celle de la nature est : « Plus qu'il ne faut ».* Entre la réalité et celle que les philosophes reconstruisent, James aurait établi « le même rapport qu'entre la vie que nous vivons tous les jours et celle que les auteurs nous représentent, le soir, sur la scène. Au théâtre, chacun ne dit que ce qu'il faut dire et ne fait que ce qu'il faut faire ; il y a des scènes bien découpées ; la pièce a un commencement, un milieu, une fin ; et tout est disposé le plus parcimonieusement du monde en vue d'un dénouement qui sera heureux ou tragique. Mais dans la vie, il se dit une foule de choses inutiles, il se fait une foule de gestes inutiles, il n'y a guère de situations nettes ; rien ne se passe aussi complètement, ni aussi simplement, ni aussi joliment que nous le voudrions ; les scènes empiètent les unes sur les autres ; les choses ne commencent ni ne finissent ; il n'y a pas de dénouement entièrement satisfaisant, ni de geste absolument décisif, ni de ces mots qui portent et sur lesquels on reste : tous les effets sont gâtés. Telle est la vie humaine. Et telle est sans doute aussi, aux yeux de James, la réalité en général » [1].

Et W. James, en effet, le reconnaît en termes plus saisissants encore : pour le rationaliste, pour le parfait abstracteur de

---

[1] *Voir* H. BERGSON, *Introduction* au livre de W. JAMES, *Le Pragmatisme*, p. 3.

quintessence, le concret est haïssable : « Toutes choses égales par ailleurs, il préfère très réellement n'importe quoi d'incolore et de spectral ! Qu'on lui offre les deux univers : il préférera toujours l'esquisse décharnée au *luxuriant taillis de la réalité*, tant celle-ci est moins pure, moins nette, moins noble ! » (¹).

Or, c'est dans le *luxuriant taillis de la réalité*, que la pauvre humanité est réduite à trouver son chemin.

Comment ?

En d'autres termes, qu'est-ce que la vérité ? où est la vérité ?

3. « La méthode pragmatique, écrit W. James, est avant tout une méthode permettant de résoudre des controverses métaphysiques qui pourraient autrement rester interminables. Le monde est-il un ou multiple ? N'admet-il que la fatalité ou admet-il la liberté ? Est-il matériel ou spirituel ? Voilà des conceptions, dont il peut se trouver que l'une ou l'autre ne soit pas vraie; et là-dessus les débats restent toujours ouverts. En pareil cas, *la méthode pragmatique consiste à entreprendre d'interpréter chaque conception d'après ses conséquences pratiques*. Voici, dès lors, comment se pose le problème : que telle conception fût vraie et non telle autre, quelle différence en résulterait-il *pratiquement* pour un homme ? Qu'aucune différence pratique ne puisse être aperçue, on jugera que les deux alternatives reviennent au même, et que toute discussion serait vaine. Pour qu'une controverse soit sérieuse, il faut pouvoir montrer quelle conséquence pratique est nécessairement attachée à ce fait que telle alternative est seule vraie » (²).

Ainsi l'attitude nouvelle est fille de l'expérience et ne connaît point d'autre critère. A vrai dire, elle était connue depuis longtemps : c'est l'empirisme. Mais un « empirisme radical », l'expérience étant chargée de nous départager *sur tout*, absolument tout, sur les hypothèses scientifiques, aussi bien que sur les croyances morales. Une vérité qui serait purement théorique,

---

(¹) W. JAMES, *Le Pragmatisme*, Chap. II : *Ce qu'est le Pragmatisme*, p. 57.

(²) W. JAMES, *Op. cit.* p. 77.

qui serait inutilisable, qui ne se traduirait par aucune différence, eu égard aux autres théories, dans le monde réel, vivant, que nous habitons, qui resterait à l'état de système philosophique, que l'expérience ne pourrait ni confirmer, ni infirmer, ne serait pas une vérité pour nous.

Le pragmatisme de W. James est même plus absolu. Notre vérité n'est pas seulement relative à notre expérience : il est impossible qu' « il y ait dans le domaine de la vérité abstraite, une différence qui ne se traduise pas par une différence dans un fait concret... différence s'imposant à quelqu'un, quelque part, à un moment quelconque et d'une manière quelconque. Toute la fonction de la philosophie devrait être de découvrir ce qu'il y aura de différent pour vous et pour moi, à tel moment précis de notre vie, selon que telle formule de l'univers, ou telle autre, sera la vraie » (¹).

On le voit, le pragmatisme tend à ramener l'homme vers son univers, comme le positivisme, comme l'esprit scientifique d'un Poincaré, d'un Oswald, d'un Mach, comme les tendances intellectuelles de tous ceux qui, en dernière analyse, n'acceptent que les leçons de l'expérience. Mais à la différence de certains philosophes et de la plupart des savants qui bornent leurs horizons aux lois de la matière, à l'étude des faits, W. James n'entend pas que l'expérience se confine dans un domaine aussi réduit. C'est tout l'univers qu'il revendique comme champ d'expérience ! Tout l'univers, c'est-à-dire, ce qui se voit et ce qui *se sent, les faits et les idées*, les apparences et les croyances, tout le monde des sensations extérieures et intérieures. Tout cela s'offre au pragmatiste qui cherche la vérité. Ce n'est pas seulement l'*objectif*, c'est le *subjectif* aussi qui fait partie du monde réel : ils sont humains l'un et l'autre, au même titre. « Les sentiments puissants qui agitent l'âme à certains moments privilégiés sont des forces aussi réelles que celles dont s'occupe le physicien » (²). Et, dans le même sens,

---

(¹) W. James, *Op. cit.*, Chap. II, p. 60.
(²) H. Bergson, *Introduction* au livre de W. James, *Le Pragmatisme*, p. 6.

Émile Boutroux fait ressortir que le verbe anglais *to experience* qui se trouve, si souvent, sous la plume de W. James, veut dire « non constater froidement une chose qui se passe en dehors de nous, mais éprouver, sentir en soi, vivre soi-même telle ou telle manière d'être... » (¹).

Si W. James a donné quelque importance aux sentiments religieux et à la théorie singulière de Fechner qui fait de la Terre un être indépendant, c'est parce qu'il pensait que les âmes, remplies d'enthousiasme mystique, sont comme transportées et qu'il considérait, comme objet d'expérience, cette force même qui les transporte.

Mais W. James a-t-il vu que toute idée, quelle qu'elle soit, le mensonge même, les systèmes les plus artificiels, la pensée de Platon ou de Kant, sont des forces, et que ces forces agissent diversement sur chaque individu, selon son tempérament, ses prédispositions, en bien ou en mal ; qu'ainsi le pragmatisme pur en est réduit, par l'expérience, à s'abstenir le plus souvent de juger telle ou telle croyance ? Il ne le semble pas. Quand W. James, par exemple, voulant appliquer ses principes, admet la religion pour vraie, parce qu'elle lui paraît *utile*, c'est-à-dire, selon lui, toute remplie d'espoir et d'optimisme, il admet l'optimisme pour une valeur humaine indiscutable. Or, qu'est-ce qui m'empêchera de pratiquer un pragmatisme différent et de dire : le pessimisme aussi est une valeur humaine, qui nous donna Pascal, Byron, Schelley, Léopardi et Guyau, Nietszche et Anatole France ! Est-il bien certain que W. James ait trouvé la méthode « qui permettra de résoudre les controverses métaphysiques qui pourraient autrement rester interminables » et, malgré son désir louable de briser les vieux systèmes, les disciplines mortes, les murs de couvent de la pensée humaine, pour aller au grand air, vers « la nature, avec tout le possible qu'elle renferme », sa pensée ne suppose-t-elle pas, à son tour, quelque arbitraire dans l'appréciation même de ce qui est utile ou non, arbitraire inhérent à l'utilitarisme, et dont la contrainte paraîtra d'autant plus vexa-

---

(¹) L. BOUTROUX, *Revue de Métaphysique et Morale*, novembre 1890.

toire, que le pragmatisme sera pratiqué par des esprits plus ordinaires?

Terrible question que l'avenir, sans cesse, posera au pragmatisme en marche, et qui liguera contre lui ces esprits « nobles » dont W. James parle de façon si méprisante, malgré leur *utilité* manifeste : Déjà, les voilà qui formulent, à leur tour, des critiques si vives qu'on peut, dans une certaine mesure, les considérer comme injustes (¹).

Quoi qu'il en soit, le pragmatisme se déclare une méthode n'admettant que l'expérience, ne voulant voir qu'elle, visant à la pratique, à l'action efficace et mesurant les idées à ce point de vue seul. Le pragmatisme, dit W. James, dans un raccourci saisissant, tourne le dos résolument et une fois pour toutes, à une foule d'habitudes invétérées, chères aux philosophes de profession : il se détourne de l'abstraction; de tout ce qui rend la pensée inadéquate, solutions toutes verbales, mauvaises raisons *a priori*, systèmes clos et fermés; de tout ce qui est un soi-disant absolu ou une prétendue origine, pour se tourner vers la pensée concrète et adéquate, vers les faits, vers l'action efficace. Le pragmatisme rompt ainsi avec le tempérament rationaliste.

« Le grand air, la nature avec tout le possible qu'elle renferme, voilà ce que signifie le pragmatisme prenant position contre le dogme, contre les théories artificielles, contre le faux semblant d'un caractère téléologique, qu'on prétend voir dans la vérité » (²). Mais il n'est qu'une *méthode*, non une théorie, il ne prend partie pour aucune solution particulière. Il ne cherche pas la *clef* du monde, le principe premier, les abstractions magiques qui se formulent par les mots : *Dieu, Matière, Raison, Absolu, Énergie*, et qui constitue le terme dernier des recherches métaphysiques. Il veut aller plus loin : il veut plonger les théories dans la réalité, leur faire remplir leur office dans le champ même de l'expérience, et dégager prosaïquement la valeur qu'elles peuvent avoir « en argent comptant ». Une théorie

---

(¹) *Voir* Schinz, *L'Anti-pragmatisme*, Paris, Alcan, 1908.
(²) W. James, *Op. cit.*, Chap. II, p. 61.

légitime, pour le pragmatiste, ne peut être un système figé, tracé définitivement, mais un instrument de recherches, une hypothèse qui cherche sa vérification. Elle servira, non à nous reposer, mais à nous porter en avant, et nous permettra, à l'occasion, de refaire le monde.

Le pragmatisme est donc une orientation de la pensée, en dehors de toute théorie particulière : il veut, pour qu'une idée ait droit à la vie, qu'elle ait subi avec succès l'épreuve de l'expérience, le baptême de la réalité. Socrate et Aristote le pratiquaient déjà ([1]). Il s'accorde d'ailleurs avec bien des philosophies, car rien n'est absolument nouveau sous le soleil : avec le nominalisme, en faisant toujours appel aux faits particuliers ; avec l'utilitarisme, par l'importance qu'il donne à la pratique ; avec les tendances modernes anti-intellectualistes, par l'attitude hostile qu'il prend en face du rationalisme ; avec le positivisme, par son mépris des solutions verbales et des spéculations métaphysiques. Il est tout entier dans *une orientation qui consiste à détourner nos regards de tout ce qui est chose première, premier principe, catégorie, nécessité supposée, pour les tourner vers les choses dernières, les résultats, les conséquences, les fins* ([2]).

Mais voyons plus avant :

La vérité, vous dira n'importe quel dictionnaire, est une propriété que possèdent nos idées : elle consiste dans ce fait que celles-ci sont « d'accord » avec la réalité. L'erreur est en « désaccord » avec la réalité. Voilà une définition que pragmatistes et intellectualistes admettent également. Cependant, [dit W. James, cette entente n'est qu'apparente : que signifie le terme *accord* ?

L'opinion la plus commune veut qu'une idée vraie soit la copie de la réalité. W. James n'y contredit pas, mais il considère la définition comme insuffisante. Sans doute, dans tel ou tel cas exceptionnel, cette définition trouve son application,

---

([1]) *Voir* l'article d'André Chaumeix dans la *Revue des Deux-Mondes*, 15 octobre 1910.

([2]) W. JAMES, *Op. cit.*, Chap. II, p. 64.

mais, le plus généralement, les vérités auxquelles nous croyons ne peuvent être considérées comme des idées-images, comme des copies. Quand on dit, par exemple, *la chaleur dilate les corps*, de quoi cette vérité pourrait-elle bien être la copie ?

Pour les Anciens, les affirmations vraies étaient des copies des vérités éternelles qui siégeaient quelque part, loin du temps et de l'espace, comme des Dieux. Les modernes ont abandonné les conceptions platoniciennes, mais ils voient encore dans la vérité quelque chose d'éternel et de préexistant à nos affirmations, un trésor qui existe hors de nous, caché sous les phénomènes multiples, et que nous n'avons plus qu'à retrouver. « Tout le travail de la Science consistera à percer l'enveloppe résistante des faits à l'intérieur desquels la vérité est logée, comme une noix dans sa coquille » (¹). Une fois la noix trouvée, le but est atteint. La vérité révélée, vous détenez une connaissance. Ainsi le grand principe des intellectualistes est toujours que la vérité consiste dans une relation toute statique, inerte.

W. James raisonne autrement : quelle valeur cette affirmation donnée pour vraie a-t-elle « en monnaie courante, en terme ayant cours dans l'expérience ? » demande-t-il. Et cette question suppose cette thèse : *les idées vraies sont celles que nous pouvons nous assimiler, que nous pouvons valider, que nous pouvons corroborer de notre adhésion et que nous pouvons vérifier. Sont fausses les idées pour lesquelles nous ne pouvons pas faire cela.*

Plus nettement : « la vérité d'une idée n'est pas une propriété qui se trouverait lui être inhérente et qui resterait inactive. La vérité est un *événement* qui se produit pour une idée. Celle-ci *devient* vraie ; elle est *rendue* vraie par certains faits. Elle acquiert sa *vérité* par un travail qu'elle effectue, par le travail qui consiste à se vérifier elle-même, qui a pour but et pour résultat sa *vérification*. Et, de même, elle acquiert sa *validité* en effectuant le travail ayant pour but et pour

---

(¹) BERGSON, *Introduction* au livre de W. JAMES, *Le Pragmatisme*.

résultat sa *validation* » (¹). S'accorder avec la réalité signifie donc, pour une idée, le fait d'aboutir à l'expérience justificatrice ou de nous faire pénétrer dans certaines autres parties de l'expérience, ou de nous orienter dans leurs directions. S'accorder avec la réalité signifie : lui *agréer*, obtenir son *agrément*. « On voit, souligne H. Bergson, la différence entre cette conception de la vérité et la conception traditionnelle. Nous définissons d'ordinaire le vrai par sa conformité à ce qui existe déjà : James le définit par sa relation à ce qui n'existe pas encore. Le vrai, selon William James, ne copie pas quelque chose qui a été ou qui est ; il annonce ce qui sera ou plutôt, il prépare notre action sur ce qui va être. La philosophie a une tendance naturelle à vouloir que la vérité regarde en arrière ; pour James, elle regarde en avant » (²).

La pensée *vraie* est donc, avant tout, un *instrument pour l'action*. Dans ce monde si divers, où fourmille ce qui peut nous être avantageux et ce qui peut nous être désagréable, l'idée vraie nous renseigne sur ce qui est à prévoir. Sa valeur se mesure à l'importance pratique qu'elle a pour nous, ou qu'elle pourra, à l'occasion, avoir pour nous. Dans ce dernier cas, l'idée vraie est en quelque sorte *surnuméraire :* nous la gardons parmi nos provisions. Le flux mouvant des phénomènes amène-t-il les circonstances qui la rendent utilisable ? « Elle quitte son magasin de dépôt, sa glacière, pour opérer dans le monde réel, et la foi qu'elle nous inspire devient une foi agissante. Vous pouvez alors dire d'elle, ou bien : « elle est utile parce qu'elle est vraie »; ou bien : « elle est vraie parce qu'elle est utile ».

Ces deux phrases veulent exactement dire la même chose : l'une et l'autre constatent qu'il y a là une vérité qui se réalise et qui peut se vérifier. *Vrai* vous sert pour l'idée qui met en mouvement le travail de vérification ; *utile* vous sert pour la fonction remplie par l'idée, lorsque cette fonction s'est com-

---

(¹) W. JAMES, *Op. cit.*, Chap. VI, *Théorie pragmatique de la vérité*, p. 185.

(²) H. BERGSON, *Introduction, Op. cit.*, p. 3.

plétée dans le monde de l'expérience. Jamais une idée vraie n'aurait été distinguée comme telle au milieu des autres idées, jamais elle n'aurait pris un nom générique et encore moins un nom lui attribuant une valeur, si elle n'avait été utile de cette manière, dès son apparition » (¹).

L'idée vraie, en d'autres termes, est celle qui se vérifie avec succès en nous servant de guide dans le champ de l'expérience. C'est une idée directrice qui aboutit. *Le fonctionnement de ces idées directrices, toutes simples, et qui se trouvent pleinement vérifiées, offre le modèle et le prototype du processus ou du travail aboutissant à la vérité.* La pensée vraie suppose toujours que nous l'avons vérifiée ou que nous pourrions, à n'en pas douter, la vérifier, si nous prenions cette peine. Il y a, en effet, des idées vraies que nous ne vérifions plus, parce que d'autres l'ont fait pour nous ou parce que l'expérience antérieure nous a suffisamment éclairés, et que nous jugeons inutile de la répéter et d'ailleurs impossible pour chaque espèce du même genre.

La plupart du temps, la vérité *vit à crédit*. Nos pensées et nos croyances « passent comme monnaies ayant cours », tant que rien ne les fait refuser, exactement comme les billets de banque, tant que personne ne les refuse. Mais ce fait sous-entend des vérifications expressément faites, « des confrontations directes avec les faits ». *Un processus indirect ou simplement virtuel de vérification peut donc être aussi vrai qu'un processus direct et complet.*

Nous comprenons plus clairement maintenant ce qu'il faut entendre par cette proposition : l'idée vraie est l'idée qui est d'*accord* avec la réalité. Le fait d'être d'*accord*, au sens le plus large du mot, avec une réalité, ne peut être que le *fait ou bien d'être conduit tantôt tout droit à elle, tantôt dans son entourage, ou bien d'être mis en contact effectif et agissant avec elle, de façon à mieux opérer, soit sur elle-même, soit sur un intermédiaire, que s'il y avait désaccord.*

(¹) W. James, *Op. cit.*, p. 188.

Et W. James ajoute qu'il s'agit d'opérer *dans le domaine intellectuel*, aussi bien que *dans le domaine des faits matériels*.

L'accord dont il s'agit est essentiellement une question de direction indiquée, de direction prise, et de direction qu'il importe de prendre, parce qu'elle nous conduit là où se rencontrent des objets que nous avons intérêt à rencontrer. Les idées vraies, qui sont de bons *guides*, nous font, en outre, pénétrer dans les régions du discours et des concepts où il n'est pas moins utile d'aller: « Elles nous conduisent à ce qui rend possible l'harmonie et la stabilité, à ce qui facilite le cours des relations sociales. Elles nous détournent de ce qui nous jetterait hors de l'ordre commun et nous isolerait de tout ce qui rendrait la pensée stérile et impuissante. L'absence de tout obstacle aux idées directrices; l'absence, en général, des heurts, des contradictions qui l'entraveraient, voilà ce qu'on accepte comme les vérifiant d'une manière indirecte. Mais tout chemin mène à Rome; et finalement, lorsque l'occasion le permet, toute idée vraie doit aboutir à la volonté de vérifier quelque part les expériences sensibles dont les idées d'un autre homme, et non les nôtres, sont la copie » (¹).

La vérité, pour le philosophe pragmatique, n'est donc pas la relation transcendante, vérifiée ou non, qu'une idée aurait avec la réalité. « La vérité *se fait* de même que la santé, la richesse et la force au cours de notre expérience ». Commentant W. James, Bergson dit, dans le même sens : « tandis que, pour les autres doctrines, une vérité nouvelle est une découverte, pour le pragmatisme, c'est une *invention*. » Elle est résultat : elle ne préexiste pas à nos efforts, comme un trésor caché. *Le vrai consiste simplement dans ce qui est avantageux pour notre pensée, comme le juste consiste simplement dans ce qui est avantageux pour notre conduite* (²).

4. Les critiques contre le pragmatisme n'ont pas fait défaut.

(¹) W. JAMES, *Le Pragmatisme*, Chap. VI, p. 197.
(²) W. JAMES, *Op. cit.* p. 203.

En ce qui concerne, plus spécialement, celles qui furent dirigées contre sa théorie de la vérité, W. James s'est efforcé à les réfuter. Il semble bien cependant, dans la plupart des cas, qu'un malentendu subsiste et même que certaines critiques se justifient.

A première vue, la thèse pragmatique paraît simple, accessible à tous. Mais quand on parcourt les réponses que W. James formule contre les attaques, il semble que ce pragmatisme, si terre à terre, si pratique, devienne à son tour singulièrement subtil. On croirait voir le problème s'obscurcir à mesure qu'on l'approfondit et les principes nouveaux vous glisser entre les doigts, à l'instant précis où l'on croit les saisir. Toutes les critiques, selon W. James, auraient porté à faux : est-ce erreur ou manque de sincérité chez l'adversaire ? Celui-ci fait-il preuve d'une inintelligence parfaite et dont le pragmatisme seul est appelé à souffrir par un privilège inexplicable et fatal ? Ou encore l'accusation est-elle systématiquement faussée par l'effet des colères rationalistes ? Ou bien W. James a-t-il eu le tort de croire qu'on le « comprendrait immédiatement » et le tort d'avoir « négligé de prendre expressément certaines précautions » dans le choix des expressions ? Selon lui, il y aurait un peu de tout cela. Il s'est donc décidé à défendre la notion pragmatique de la vérité « contre ceux qui ne la comprennent pas » (¹).

Le pragmatisme, d'abord, serait à tort accusé d'être une « nouvelle édition du positivisme ». Le positivisme considère la vérité absolue ainsi qu'un raisin *trop vert* et se contente allègrement de la vérité relative, bien suffisante pour nos besoins pratiques. « Tout cela, dit W. James, s'éloigne on ne peut plus de ce que le pragmatiste pense de la vérité ». « Qu'importe, s'écrie le philosophe pragmatique, qu'il y ait ou non dans l'univers un esprit possédant la vérité ! Ce qui importe, c'est de savoir ce qui représente *idéalement* la notion de vérité ! Qu'est-ce que serait un jugement vrai, dans le cas où il y en

---

(¹) *Voir* W. James, Appendice au *Pragmatisme : réfutation de quelques erreurs*, p. 273.

S.

aurait ? Voilà ce qui nous intéresse. Et la réponse proposée par le pragmatisme entend bien s'étendre à la vérité la plus complète qu'on puisse concevoir, à la vérité absolue, si l'on veut, tout autant qu'à la vérité la plus relative ».

Aussi bien nous devons le reconnaître : le positivisme et le pragmatisme ne sont pas identiques. Ils ont seulement, l'un et l'autre, de nombreux points communs. La parenté en est manifeste. S'il m'était permis de résumer une pensée dans une de ces formules trop concises pour être exactes, je dirais que le positivisme est un pragmatisme *latin* et le pragmatisme un positivisme *anglo-saxon :* le premier est un *idéal* terrestre, le second une *méthode d'action*.

Mais passons. On avait cru que le pragmatisme est avant tout un appel à l'action. C'est là une méprise, répond W. James, « méprise provoquée, je l'avoue, par le mot même de pragmatisme, mot mal choisi ». Et l'auteur s'indigne qu'on ait pu croire que sa théorie ne devait servir « qu'aux ingénieurs, qu'aux financiers, qu'aux médecins, qu'aux hommes d'action, et en général à tous ceux auxquels il faut, sous une forme quelconque, toute rudimentaire et tout de suite accessible, une conception de l'univers ». Il y a aussi les *idées!* s'écrie-t-il. Êtes-vous assez terre à terre pour ne penser qu'à vos intérêts, qu'à ce qui réussit dans la pratique ! Eh bien ! et les *idées !* N'avons-nous pas dit qu'elles faisaient parties intégrantes de la réalité, tout comme les forces physiques ?

Ainsi la controverse devient proprement une partie de cache-cache. Le rationaliste dit : « Vous ne pensez qu'à l'action », et nous donne des exemples qui, à eux seuls, sont généralement inaptes à caractériser le pragmatisme total : les exemples plus relevés sont réservés soigneusement. Le pragmatiste se plaint alors du manque de *noblesse* de son partenaire et rappelle, avec force, qu'il pense aussi aux *idées*. Ici, développement de la thèse connue, à savoir que l'idée fait aussi partie de la réalité, etc., mais oubli radical de nous rappeler que l'idée *vraie*, la spéculation intellectuelle vraie, est celle qui *opère*, qui aboutit à ce qui est *avantageux*. La pensée pragmatique reste toujours dominée, ne l'oublions pas, par des considérations pratiques, par les nécessités de l'action, fussent-elles plus nobles que celles auxquelles obéit le financier. Quand W. James, par exemple, défend l'idée de *Dieu*, exclusivement parce qu'il estime qu'il lui est avantageux d'être jugé *avec sympathie*, plutôt que de se heurter à un monde indifférent, ne défend-il pas, ainsi qu'il le dit lui-même, une idée qui, selon lui, *opère* pratiquement ? Et s'il en est ainsi, alors surtout qu'il a écrit son volume pour nous répéter, sous des formes variées, que l'idée vraie est l'idée qui *paye*, croyait-il éclairer sa thèse, en signalant la *méprise* de ceux qui prétendent (assez justement, on l'avouera) que le pragmatisme est un appel à l'action ? L'esprit saisit ici, sur le vif, tout le péril que présente, pour la pensée philosophique, ce besoin trop ardent de se défendre que l'amour des réalités vivantes avait, sans doute, développé en James, comme un défaut de ses qualités ([1]).

Il en est ainsi, semble-t-il, de la plupart des réfutations que W. James destinait aux arguments et aux critiques dont il fut l'objet. Ainsi, il nous dénonce comme une *troisième erreur*, l'affirmation que « les pragmatistes se retirent eux-mêmes le droit de croire à des réalités inconnaissables ». Sans doute, la protestation de W. James est motivée par l'exemple, peut-être malheureux, du professeur Stout, cité dans un article paru dans le *Mind* (octobre 1897). Mais peu nous importe, en somme, que W. James puisse avoir raison contre le professeur Stout sur le point de savoir si un pragmatiste trouve avantageux ou non de croire à l'existence du mal de tête dont se plaint un malade ! Ce qui nous frappe et ce qui n'aide point à la clarté de son opinion, c'est que W. James considère comme une erreur la conviction qu'un pragmatiste s'est retiré logiquement à lui-même le droit de croire à des réalités inconnaissables ([2]). Va-t-il donc considérer maintenant, comme vérité, une inutilité par définition, une idée qui ne *paye pas ?*

([1]) *Voir* W. JAMES. *Le Pragmatisme: Appendice*, p. 276. *La deuxième erreur : Le Pragmatisme est avant tout un appel à l'action.*

([2]) *Voir* W. JAMES, *Id.*, p. 278. *La troisième erreur.*

Et pourquoi protester contre l'accusation « un pragmatiste ne saurait être un réaliste », au point qu'il résulte de ses explications qu'un pragmatiste ne saurait être, tout au contraire, un idéaliste (¹).

Nous aurions pensé que le pragmatisme ne prendrait pas ainsi position entre des *théories particulières*, dans la querelle des idéalistes et des réalistes, qui, entre toutes, paraît supposer un pseudo-problème, sans influence sur notre vie courante et sur notre pratique.

(¹) Les éléments « qui composent notre univers empêchent formellement le pragmatiste d'interpréter autrement que dans le sens réaliste, la fonction de connaître telle qu'il la définit lui-même » (W. JAMES, *Le Pragmatisme : Appendice*, p. 281). *Voir* sur la même question : René JEANNIÈRE, *Un réaliste peut-il être pragmatiste ?* (*Revue de Philosophie*, février 1910, p. 133).

CHAPITRE II.

1. Le Pragmatisme scientifique : Henri Poincaré. La valeur de la Géométrie devant les idéalistes, les empiristes et les mathématiciens contemporains. La Théorie nouvelle : la Géométrie est une convention. — 2. Le Pragmatisme dans les sciences physiques et naturelles. Évolution de la notion de loi : de Newton et Kant à Boutroux et Poincaré. Un Opportunisme inconscient : la loi choisie non parce qu'elle est vraie, mais parce qu'elle est commode. — 3. Entretien de l'auteur avec M. Poincaré : situation du pragmatisme de Poincaré, en face du pragmatisme de W. James et de H. Bergson.

1. Pour mesurer la portée du Pragmatisme géométrique d'Henri Poincaré, il nous faut rappeler en quelques mots les positions prises devant le problème de l'espace par les idéalistes et les empiristes d'une part, par les mathématiciens contemporains, de l'autre [1] :

Chez Kant, l'espace est une forme d'intuition qui s'impose *a priori*. Les vérités géométriques ne sont donc pas issues de l'expérience : elles s'imposent, au contraire, à toute expérience. Fichte cependant trouve encore trop d'empirisme dans les idées kantiennes : d'après le philosophe de Kœnigsberg, la pensée, le jugement supposent l'unification d'une certaine multiplicité, l'unité synthétique de l'aperception, et celle-ci suppose l'espace, donnée primordiale et inexpliquée. Cette théorie, aux yeux de Fichte, ne fait point apparaître un lien *nécessaire* entre la notion de l'espace et l'unité synthétique, caractéristique du jugement : la vérité géométrique garde, par

---

[1] *Voir* sur ces questions l'Ouvrage remarquable de M. René Berthelot : *Un Romantisme utilitaire*, p. 201 et suiv.

rapport à la pensée, un caractère accidentel, empirique, qu'il s'agit d'effacer. Dans ce but, Fichte s'efforcera d'établir que la pensée implique non seulement un acte d'unification, mais encore une multiplicité de termes extérieurs les uns aux autres qui constitueront ainsi l'élément essentiel de l'espace. A cet idéalisme radical, Schœlling ajoute le sien plus radical encore et, dans le *Système de l'idéalisme transcendantal*, il tente de rattacher, à la nature même de notre esprit, la conception des trois dimensions de l'espace que Fichte avait paru abandonner aux explications empiristes : l'esprit procède par thèse, antithèse et synthèse, par position, opposition et composition, et les trois dimensions de l'espace ne sont qu'un cas particulier d'une loi générale qui gouverne la pensée.

Ainsi, dans une sorte de course, chacun s'efforçant de dépasser le voisin, ces philosophes en arrivent à rattacher, de plus en plus fortement, les principes de la Géométrie à la nature même de l'esprit.

Cependant, l'école empiriste anglaise s'installait sur la position opposée : la notion de l'espace est empruntée à l'expérience, et les trois dimensions nous sont données par l'association de nos sensations, telles que nos sensations visuelles, tactiles, musculaires, par exemple. C'est la théorie de Berkeley, de Destutt de Tracy, de Brown, à laquelle Bain donne toute son ampleur. Mais, tandis que chez Bain et Stuart Mill, la notion de l'espace est le résultat de notre expérience individuelle, chez Spencer, elle se renforce de l'acquit héréditaire qui en explique le caractère de nécessité psychologique et se réclame de la loi d'adaptation et de sélection, la représentation spatiale constituant pour l'espèce une arme formidable dans la lutte pour la vie.

Entre ces deux pôles, idéalisme absolu et empirisme radical, oscillent les théories de l'espace dans la philosophie moderne. Kant est dépassé dans un sens ou dans un autre, et les vérités géométriques apparaissent, ici, comme une nécessité tenant à la nature même de l'esprit ; là, comme le résultat inévitable de notre expérience sur les choses. Toutefois, chez tous les philosophes qui s'occupent de cette question, les données de la Science sont acceptées telles quelles. Aucun d'eux, comme un Descartes ou un Leibnitz, n'essaie d'arriver à une conception personnelle sur la valeur même de la Géométrie.

Ce furent les savants contemporains qui, les premiers, apportèrent sur ce point des vues toutes nouvelles. Pour démontrer qu'un système n'est pas nécessaire, rien n'est aussi impressionnant que d'en renverser les termes ! Si le résultat satisfait également notre raison, au nom de quel critère donner la préférence au premier plutôt qu'au second ? Ce tour de force fut accompli dans les Mathématiques, en Géométrie. Ainsi ce qui nous était toujours apparu comme le type même de la déduction logique, rigoureusement nécessaire, s'imposant à l'esprit, tend à perdre son caractère d'absolu et à venir s'inscrire plus modestement sur le grand livre de la relativité. Jadis, les hommes pensaient que la terre était le centre de l'univers : ils abandonnèrent dans la suite cette orgueilleuse position et se cantonnèrent dans un petit coin du monde. L'axe des connaissances humaines est-il à la veille de se déplacer semblablement, de passer du domaine de la nécessité à celui des contingences, de cesser d'être absolu pour devenir relatif, d'échapper au divin pour devenir humain ?

Lobatchefski montra le premier qu'on pouvait construire une géométrie qui ne fut pas basée sur le postulatum d'Euclide : par un point, on ne peut mener qu'une parallèle à une droite donnée. En admettant qu'on puisse en mener plusieurs et en combinant ainsi le nouveau principe avec les principes habituels de la Géométrie, on aboutit à un enchaînement de théorèmes tout aussi rigoureux qu'en acceptant la géométrie euclidienne. La conclusion est qu'il n'y a pas une géométrie, mais plusieurs. D'où vient que nous n'en acceptons qu'une ? Lobatchefski répond : c'est l'expérience qui nous l'impose. Non l'esprit, par conséquent. Et nous voici, à nouveau, revenus vers l'empirisme, par une théorie dont la parenté avec le pragmatisme est évidente. Cette nouvelle voie ouverte, on pense bien que d'autres s'y engagèrent : Riemann, en admettant que, par un point, on ne peut mener aucune parallèle à une droite donnée, créa une troisième géométrie, une géométrie qui n'est plus celle d'Euclide et qui n'est pas non plus celle de Lobatchefski. Mais était-il bien exact de dire que dans les systèmes non euclidiens, les propositions énoncées ne rencontreraient jamais de contradictions ? Beltrami dressa une Table de concordance entre les rapports qui définissent les propriétés des figures des espaces non euclidiens et les rapports qui définissent les propriétés des figures euclidiennes. Ainsi l'espace euclidien, l'espace à trois dimensions, correspond au plan ordinaire des figures à deux dimensions, et l'espace riemannien est l'analogue de la sphère des figures à deux dimensions. Cette concordance fait ressortir qu'il ne peut y avoir de contradictions internes dans les systèmes de géométrie non euclidienne que s'il y en avait dans la géométrie d'Euclide. La logique de l'une garantit les autres. Enfin Sophus Lie (1890) paraît avoir établi que le nombre des géométries non euclidiennes possible est limité, pourvu que l'on conserve le postulat de libre mobilité, d'après lequel on peut toujours déplacer une figure sans déformation.

La géométrie de position, qui fut entrevue par Pascal et qui est aujourd'hui si développée, permit à Hilbert (1899) de présenter le travail peut-être le plus curieux qui ait jamais été fait sur cette question. Au lieu de répartir les axiomes en deux groupes dont l'un est naturellement et logiquement antérieur à l'autre, ainsi qu'il était d'usage, Hilbert les classe en cinq catégories. En éliminant tantôt les uns, tantôt les autres, il obtient des combinaisons plus nombreuses que celles qu'avaient étudiées le géomètre non euclidien. La méthode d'Hilbert nous révèle ainsi une théorie très générale de l'espace, dont les géométries euclidiennes et non euclidiennes ne sont plus que des cas particuliers. Les non euclidiens avaient raisonné en faisant abstraction du postulatum d'Euclide; Hilbert, lui, nie l'axiome d'Archimède relatif à la continuité, et il construit toute une géométrie dans ces nouvelles conditions. Pascal, comme Desargues, avait posé certains axiomes dans des théorèmes projectifs fondamentaux; Hilbert nous montre qu'en renonçant à ces axiomes, il est possible de concevoir une géométrie rigoureusement satisfaisante.

Ainsi, il a été possible de construire des géométries non euclidiennes, non archimédiennes et non pascaliennes !

Tels sont les résultats que la science mathématique offre aujourd'hui aux réflexions des philosophes. Ceux-ci, empiristes ou kantiens, maintenant leurs points de vue, s'efforcent à les faire rentrer dans le cadre de leurs explications traditionnelles. Les premiers ne trouvent-ils pas un adepte nouveau dans Lobatchefski ? Les seconds se contentent de remarquer que Lobatchefski, pas plus que Riemann, ne prouve rien contre eux : ces mathématiciens, disent-ils, ne font que mettre en lumière cette vérité non contestée, à savoir que les axiomes géométriques ne sont pas des jugements analytiques, mais des jugements synthétiques *a priori*. Les attitudes intellectuelles précédentes et consacrées n'auront donc pas besoin d'être modifiées : elles s'adaptent parfaitement aux faits nouveaux.

La pensée philosophique pouvait se remettre de son émoi et reprendre, en somnolant, le chemin battu des discussions coutumières.

Mais quelqu'un troubla la fête : Henri Poincaré.

Sans doute, avant lui, Bertrand Russel avait déjà abordé le problème de façon originale et proposé une solution qui n'appartenait exclusivement à aucune des deux manières opposées, ni au rationalisme, ni à l'empirisme. Selon cet auteur, les rationalistes avaient raison pour certaines catégories d'axiomes, les empiristes pour d'autres. S'agissait-il, par exemple, des axiomes de la géométrie projective et de l'axiome de la libre mobilité, Kant et Fichte avaient gain de cause. Considérait-on, au contraire, le postulatum d'Euclide ou l'axiome des trois dimensions, l'école empirique seule semblait avoir vu juste. Distinction qui faisait jaillir le malaise de la pensée philosophique devant la question, sans paraître elle-même très solidement établie ; distinction, en tous cas, qui n'entraînait aucune vue, aucune théorie vraiment nouvelle, et qui se contentait d'utiliser partiellement les théories anciennes.

Combien plus audacieuse la pensée de l'auteur de *La Science et l'Hypothèse* et de *La valeur de la Science* ([1]) !

Poincaré rejette à la fois l'explication idéaliste et l'explication empiriste : les axiomes géométriques ne sont pas des jugements synthétiques *a priori* comme disait Kant. S'il en était ainsi, en effet, ils s'imposeraient à nous, avec une telle force que nous ne pourrions concevoir la proposition contraire et bâtir sur elle un édifice théorique. Pour s'en convaincre qu'on prenne un véritable jugement synthétique *a priori*, par exemple : *si un théorème est vrai pour le nombre 1, si l'on a démontré qu'il est vrai de $n+1$, pourvu qu'il le soit de n, il sera vrai de tous les nombres entiers positifs*. Qu'on essaie ensuite de s'y soustraire et de fonder, en niant cette proposition, une fausse arithmétique, comme on a créé une géométrie non euclidienne, on n'y pourra pas parvenir.

Devons-nous en conclure que les axiomes de la Géométrie sont des vérités expérimentales ? Les empiristes vont-ils avoir gain de cause ?

« Mais on n'expérimente pas sur des droites ou des circonférences idéales ; on ne peut le faire que sur des objets matériels. Sur quoi porteraient donc les expériences qui serviraient de fondement à la Géométrie ? La réponse est facile.

» Nous avons vu plus haut qu'on raisonne constamment comme si les figures géométriques se comportaient à la manière des solides. Ce que la Géométrie emprunterait à l'expérience, ce seraient donc les propriétés de ces corps.

» Les propriétés de la lumière et sa propagation rectiligne ont été aussi l'occasion d'où sont sorties quelques-unes des propositions de la Géométrie, et, en particulier, celles de la géométrie projective, de sorte qu'à ce point de vue on serait tenté de dire que la géométrie métrique est l'étude des solides et que la géométrie projective est celle de la lumière.

([1]) Henri POINCARÉ, *La Science et l'Hypothèse*. — *La valeur de la Science* (Collection de la Bibliothèque de *Philosophie scientifique*, Flammarion).

» Mais une difficulté subsiste, et elle est insurmontable. Si la Géométrie était une science expérimentale, elle ne serait pas une science exacte, elle serait soumise à une continuelle revision. Que dis-je ? elle serait, dès aujourd'hui, convaincue d'erreur, puisque nous savons qu'il n'existe pas de solide rigoureusement invariable ([1]) ».

Les axiomes géométriques ne sont donc, ni des jugements synthétiques *a priori*, ni des faits expérimentaux. Que sont-ils donc ?

Des conventions.

Notre choix, parmi toutes les conventions possibles, reste guidé par des faits expérimentaux, mais il reste libre et n'est limité que par la nécessité d'éviter toute contradiction. C'est ainsi que les postulats peuvent rester *rigoureusement* vrais, quand même les lois expérimentales, qui ont déterminé leur adoption, ne sont qu'approximatives.

« En d'autres termes, les axiomes de la Géométrie (je ne parle pas de ceux de l'Arithmétique) ne sont que des définitions déguisées.

» Dès lors, que doit-on penser de cette question : La géométrie euclidienne est-elle vraie ?

» Elle n'a aucun sens.

» Autant demander si le système métrique est vrai et les anciennes mesures fausses; si les coordonnées cartésiennes sont vraies et les coordonnées polaires fausses. Une géométrie ne peut pas être plus vraie qu'une autre; *elle peut seulement être plus commode.*

» Or, la géométrie euclidienne est et restera la plus commode :

» 1° Parce qu'elle est la plus simple; et elle n'est pas telle seulement par suite de nos habitudes d'esprit ou de je ne sais quelle intuition directe que nous aurions de l'espace euclidien; elle est la plus simple en soi, de même qu'un polynôme du premier degré est plus simple qu'un polynôme du second degré; les formules de la trigonométrie sphérique sont plus

---

([1]) H. POINCARÉ, *La Science et l'Hypothèse*, p. 66.

compliquées que celles de la trigonométrie rectiligne, et elles paraîtraient encore telles à un analyste qui en ignorerait la signification géométrique.

» 2° Parce qu'elle s'accorde assez bien avec les propriétés naturelles des solides, ces corps dont se rapprochent nos membres et notre œil, et avec lesquels nous faisons nos instruments de mesure ([1]) ».

2. Dans le domaine des sciences physiques, Poincaré professe également des idées empreintes de pragmatisme. Cependant des éclaircissements sont nécessaires : son pragmatisme en Physique mathématique n'est pas tout à fait identique à son pragmatisme en Géométrie. Il y a là une nuance intéressante à saisir. Mais pour bien comprendre la pensée du célèbre savant, il nous faut, ici encore, situer sa théorie dans le milieu, parmi les courants d'idées où elle naquit ([2]).

La Physique mathématique s'était développée au XVIIIe siècle sur le type de la Mécanique céleste de Newton. Comme Newton l'avait fait en Astronomie, on tenta d'établir des lois dans le domaine des phénomènes physiques, en partant de l'expérience et en utilisant le calcul infinitésimal, nouvel instrument de découverte. Ces lois devaient être des lois absolues et universelles. Quant à savoir de quelle manière s'était établi dans la nature un ordre rigoureux, « l'hypothèse Dieu » y répondait. A ce stade d'évolution de la pensée scientifique, correspond la philosophie de Kant : les lois physiques sont aussi universelles, fixes, rigoureuses que les principes mathématiques. Sur ce point, le cartésianisme est confirmé ; toutefois « l'hypothèse Dieu » est devenue inutile. Ainsi dégagée de toute théologie, la Physique mathématique trouve son expression la plus achevée dans *La Mécanique analytique* de Lagrange et dans les traités de Laplace sur *La Mécanique céleste* et sur le *Système du Monde*. Avec ou sans Dieu, le savant

---

([1]) H. POINCARÉ, *La Science et l'Hypothèse*, p. 67.
([2]) *Voir* René BERTHELOT, *Un Romantisme utilitaire*, p. 228 et suiv.

se trouve donc en face d'un univers rigoureusement déterminé, réglé comme la plus précise des machines. La loi n'est point discutée : elle ne peut l'être. Elle est vérité. Mais si tel est le raisonnement des physiciens, certains biologistes, aux prises avec la vie, semblent déjà émettre des doutes et reconnaître aux résultats de leurs recherches, un caractère artificiel. Tandis que Linné et Jussieu croient encore, comme les scolastiques, que leurs classifications correspondent à l'ordre de la nature, au « plan de Dieu », à l'expression d'une volonté supérieure et permanente, d'autres n'y voient plus qu'une convention de langage, qu'une *commodité* de la pensée. A ces vues scientifiques s'apparentera, en philosophie, *La Logique* de Condillac.

La croyance en des lois naturelles, absolues, devait persister, et persiste d'ailleurs encore aujourd'hui chez un grand nombre d'esprits. Cependant, tout un pan des explications scientifiques newtoniennes va s'écrouler : Fourier n'entend tenir aucun compte des hypothèses mécanistes, contrairement à la méthode employée par Laplace. La science physique, pour lui, doit se ramener à un système d'équations différentielles. Le physicien a le droit d'interpoler et d'extrapoler ses formules, comme les mathématiciens, et le rôle de l'analyse mathématique est uniquement de fournir un instrument pour l'expression des lois naturelles. « Nul plus que lui ne mérite, dit M. René Berthelot, à la lettre et dans son sens le plus étroit, le nom de physicien mathématicien, car nul plus que lui n'a réduit l'essentiel de la Physique à des formules mathématiques, et l'essentiel des mathématiques à un langage pour les physiciens ». Comme Fourier rejette l'hypothèse mécaniste, Cuvier, dans les sciences naturelles, rejette l'hypothèse évolutionniste, mais, chez l'un et l'autre, la notion de loi absolue subsiste sans mélange. A ces conceptions scientifiques correspond la philosophie d'Aug. Comte : la Science consiste à dégager des faits, des lois, qui, une fois découvertes, s'imposent à jamais à l'esprit humain, et il convient de rejeter dans la métaphysique stérile, avec les qualités occultes de la scolastique, toute hypothèse moléculaire, évolutionniste ou autre.

Telle était, hier encore, l'habitude intellectuelle la plus courante : dogmatisme, quand il s'agit des lois ; scepticisme et mépris à l'égard des hypothèses. Les positivistes vulgarisèrent cette conception qui n'était pas seulement simple, mais un peu simpliste, qui parut du bon sens à certains, et que l'avenir devait désavouer progressivement comme une naïveté un peu grosse.

Il ne faut être, semble-t-on nous dire aujourd'hui, ni trop certain de la certitude, ni trop dédaigneux de la rêverie.

C'est avec Victor Regnault que s'atténue définitivement le caractère absolu et universel des lois physiques. Le premier, il remarque que celles-ci ne sont vraies qu'entre certaines limites et ne constituent jamais que des relations *approximatives*. Elles ne sauraient être considérées comme des formules rigoureusement mathématiques : la loi de Mariotte, par exemple. A cette conception qui paraît avoir exercé une influence prépondérante sur les physiciens et les chimistes contemporains, correspond, dans une certaine mesure, le probabilisme de Cournot :

L'histoire de la conception de la loi physique, on le voit, a donc passé par trois stades : le premier est celui de Newton et de Kant ; le second, celui de Fourier et d'Aug. Comte : la loi reste la loi éternelle, immuable ; l'hypothèse seule est congédiée. Le troisième, celui de V. Regnault et de Cournot : la loi n'est qu'une approximation.

Nous sommes au début d'un quatrième stade avec Henri Poincaré et Boutroux.

Comme Boutroux, dont il subit l'influence, Poincaré n'admet pas que les vérités les plus générales de chaque science nous soient nécessaires, *a priori*, au sens kantien de l'expression, ni imposées par l'expérience ainsi que le soutiennent les empiristes. L'esprit, en face de la réalité, n'est ni tyran, ni esclave : il est associé, il collabore avec elle, et les vérités scientifiques résultent de son travail sur l'expérience. Vraisemblablement, la pensée de Poincaré a été orientée dans le sens du pragmatisme par la tendance naturelle que l'esprit éprouve, devant des points de vues opposés, à chercher une solution intermédiaire : peut-être, y a-t-il ici une teinte de pragmatisme dans sa méthode même et son opinion pourrait bien, elle aussi, ne pas être vraie au sens vulgaire du mot, mais simplement plus *commode*.

L'esprit travaille donc sur les données de l'expérience; il admettra, pour établir des relations entre les faits, des hypothèses conventionnelles et se laissera guider dans l'infinie variété des suppositions possibles, par la notion de ce qui sera plus ou moins commode. La vérité scientifique n'en existe pas moins, mais il ne faut pas l'entendre de la façon commune : « le signe de la vérité scientifique dans son opposition avec l'erreur, c'est une plus grande commodité, commodité dont l'idée est toujours associée chez Poincaré avec l'idée d'une plus ou moins grande liberté de choix, laissée à l'esprit, avec la croyance que l'esprit du savant n'est obligé, ni par une nécessité logique intérieure, ni par l'expérience et l'observation, d'affirmer les lois auxquelles il aboutit » (¹).

Prenons, par exemple, l'Astronomie et la Mécanique : toute la Mécanique céleste repose sur la mesure du temps. Or, nous n'avons pas l'intuition directe de l'égalité de deux intervalles de temps. Chez Poincaré, comme chez Bergson, le temps psychologique est qualitatif, et sa traduction en temps mesurable et quantitatif, est forcément artificielle. Quand on dit que de midi à 1ʰ, il s'est écoulé le même temps que de 2ʰ à 3ʰ, cette affirmation n'a aucun sens par elle-même : « elle n'aura que celui que je voudrai bien lui donner par une définition qui comportera certainement un certain degré d'arbitraire » (²). De cette définition les psychologues, qui n'ont rien à mesurer, pouvaient se passer; les physiciens et les astronomes ne le pouvaient pas. Or, pour mesurer, on se sert du pendule. On admet « *par définition* que tous les battements de ce pendule sont d'égale durée ». Et ce n'est là « qu'une première approximation ». Mais on peut vérifier

---

(¹) H. BERTHELOT, *Un Romantisme utilitaire*, p. 259.
(²) H. POINCARÉ, *La valeur de la Science*, p. 38.

et corriger l'horloge à l'aide des observations astronomiques. C'est donc la durée de la rotation de la terre qui est l'unité constante de temps : « on admet *par une définition nouvelle*, substituée à celle qui est tirée des battements du pendule, que deux rotations complètes de la terre autour de son axe ont même durée ». Mais la rotation de la terre, pensent certains savants, devient de plus en plus lente, par suite des marées qui agissent comme un frein sur notre globe. « Ainsi s'expliquerait l'accélération apparente du mouvement de la lune, qui paraîtrait aller plus vite que la théorie ne le lui permet, parce que notre horloge, qui est la terre, retarderait ».

Qu'importe, dira-t-on, nos instruments de mesure sont imparfaits, mais perfectibles : il est possible de concevoir idéalement une mesure rigoureusement exacte du temps. Nullement, répond Poincaré : quand nous nous servons du pendule pour mesurer le temps, nous admettons implicitement ce postulat que la durée de deux phénomènes identiques est la même, c'est-à-dire que les mêmes causes mettent le même temps à produire les mêmes effets. Or, il n'est pas impossible que l'expérience elle-même démente un jour notre postulat. Mais ce n'est pas tout : on n'isole jamais une seule cause et son effet : une multitude de causes contribuent à produire l'effet envisagé. Et s'il est « à peu près vrai que le mouvement du pendule est dû uniquement à l'attraction de la terre, en toute rigueur, il n'est pas jusqu'à l'attraction de Sirius qui n'agisse sur le pendule ». Dans ces conditions, dit H. Poincaré, il est clair que les causes qui ont produit un certain effet ne se reproduiront jamais qu'à peu près. Et alors nous devons modifier notre postulat et notre définition. Au lieu de dire :

Les mêmes causes mettent le même temps à produire les mêmes effets,

Nous devons dire :

Des causes *à peu près* identiques mettent *à peu près* le même temps pour produire *à peu près* les mêmes effets ([1]).

([1]) H. POINCARÉ, *La valeur de la Science*, p. 42.

Dans son *Étude sur les diverses grandeurs* (1897), Calinon disait, dans le même sens : « Une des circonstances d'un phénomène quelconque est la vitesse de la rotation de la terre ; si cette vitesse de rotation varie, elle constitue, dans la reproduction de ce phénomène, une circonstance qui ne reste plus identique à elle-même. Mais supposer cette vitesse de rotation constante, c'est supposer qu'on sait mesurer le temps ».

Or, admettons, un instant, la thèse de ces astronomes qui affirment que la rotation terrestre va se ralentissant, c'est-à-dire, somme toute, que l'accélération séculaire de la lune, *calculée d'après la loi de Newton*, serait plus petite que celle qui est déduite des observations, si l'on faisait la correction que comporte le ralentissement de la rotation du globe. Cela équivaudrait à définir le temps de telle façon que la loi de Newton soit vérifiée. Or, la loi de Newton n'est qu'approximative : nous restons donc dans l'*à peu près*. Et « si nous supposons maintenant une autre manière de mesurer le temps, les expériences sur lesquelles est fondée la loi de Newton n'en conserveraient pas moins le même sens. Seulement l'énoncé de la loi serait différent, parce qu'il serait traduit dans un autre langage ; il serait évidemment *beaucoup moins simple*. De sorte que la définition implicitement adoptée par les astronomes peut se résumer ainsi : *le temps doit être défini de telle façon que les équations de la Mécanique soient aussi simples que possible. En d'autres termes, il n'y a pas une façon de mesurer le temps qui soit plus vraie qu'une autre ; celle qui est généralement adoptée est seulement plus commode* » [1]. « Il est possible, dit H. Berthelot, analysant l'œuvre de Poincaré, de construire plus d'une mécanique. Le rôle que joue l'accélération dans la Mécanique actuelle, on pourrait le faire jouer à la vitesse ou à la variation de l'accélération et ainsi de suite. On peut concevoir théoriquement plusieurs mécaniques différentes. Certaines de ces mécaniques ont été construites plus ou moins complètement par Andrade et par le colonel Hartmann. On ne peut pas dire que l'une ou l'autre d'entre elles

---

[1] H. POINCARÉ, *La valeur de la Science*, p. 44.

soit absolument imposée et les autres absolument exclues par l'expérience (¹). »

Une autre difficulté, toujours à propos de la mesure du temps : que veut dire exactement la simultanéité ou l'antériorité des phénomènes qui se reflètent dans des consciences différentes ? « Quand un phénomène nous apparaît comme la cause d'un autre, nous le regardons comme antérieur. C'est donc par la cause que nous définissons le temps ; mais le plus souvent, quand deux faits nous apparaissent liés par une relation constante, comment reconnaissons-nous lequel est la cause et lequel est l'effet ? Nous admettons que le fait antérieur, l'antécédent, est la cause de l'autre, du conséquent. C'est alors par le temps que nous définissons la cause. Comment se tirer de cette pétition de principe ? Nous disons tantôt *post hoc, ergo propter hoc;* tantôt *propter hoc, ergo post hoc :* sortira-t-on de ce cercle vicieux (²) » ? Jamais complètement, sinon par un acte arbitraire : notre conscience nous donne deux sensations qui se suivent et nous *admettons* que leurs causes respectives se succèdent dans le même ordre. Nous l'*admettons*, nous ne le savons pas avec certitude. « De deux coups de foudre, l'un lointain, l'autre rapproché, le premier ne peut-il pas être antérieur au second, bien que le bruit du second nous parvienne avant celui du premier (³) » ? Ce sont toujours des raisons de commodité et de simplicité qui nous guident. Qu'il s'agisse de n'importe quelle question de mesure, celle de la vitesse de la lumière ou de la détermination des longitudes (⁴), on chemine toujours de postulats en postulats lesquels ne sont des nécessités, ni *a priori*, ni expérimentales, mais des *conventions*.

« Ces règles ne s'imposent pas à nous et l'on pourrait s'amuser à en inventer d'autres ; cependant on ne saurait s'en

---

(¹) H. BERTHELOT, *Op. cit. Les principes des Sciences physiques selon Poincaré et Mach*, p. 261.
(²) H. POINCARÉ, *Op. cit.*, p. 49.
(³) H. POINCARÉ, *Op. cit.*, p. 51.
(⁴) Voir *Ibid.*, p. 53.

écarter sans compliquer beaucoup l'énoncé des lois physiques, de la Mécanique, de l'Astronomie.

» Nous choisissons donc ces règles, non parce qu'elles sont vraies, mais parce qu'elles sont les plus commodes, et nous pourrions les résumer en disant : la simultanéité de deux événements ou l'ordre de leur succession, l'égalité de deux durées, doivent être définies de telle sorte que l'énoncé des lois naturelles soit aussi simple que possible. En d'autres termes, toutes ces règles, toutes ces définitions ne sont que le fruit d'un opportunisme inconscient (¹) ».

3. Il nous reste à situer d'une façon précise le pragmatisme de Poincaré au regard de celui de W. James et d'Henri Bergson. Nous cédons la parole à M. Poincaré lui-même qui voulut bien fournir à l'auteur, sur ce point, de précieuses explications :

« Vis-à-vis de W. James, qui a échafaudé une théorie de la vérité, qui ne s'est pas contenté, comme H. Bergson, d'un appel à l'intuition, méthode toujours un peu déconcertante pour un savant, nous dit M. Poincaré, ma pensée est très nette : j'accepte son pragmatisme, *mais pas totalement*. Et ceci demande quelque précision; vous connaissez l'histoire de l'écureuil racontée si drôlement par W. James : un écureuil est cramponné au tronc d'un arbre, tandis qu'un homme se tient de l'autre côté, en face, et cherche à l'apercevoir. Pour y arriver, notre spectateur humain se déplace rapidement autour de l'arbre; mais quelle que soit sa vitesse, l'écureuil se déplace encore plus vite dans la direction opposée : toujours, il maintient l'arbre entre l'homme et lui, si bien que l'homme ne réussit pas une seule fois à l'entrevoir.

» De là ce problème: *l'homme tourne-t-il autour de l'écureuil?* il tourne autour de l'arbre, bien entendu, l'écureuil est sur l'arbre, mais tourne-t-il autour de l'écureuil lui-même ? La discussion s'engage et les personnes présentes se divisent en deux camps sans pouvoir s'entendre.

(¹) H. POINCARÉ, *Op. cit.*, p. 58. — V.-P. GAULTIER, *La convention dans les Sciences* (*Revue bleue*, 26 novembre et 3 décembre 1910).

» Qui de vous a raison ? s'écrie W. James. Cela ne dépend que de ce que vous entendez *pratiquement* par *tourner autour* de l'écureuil. S'il s'agit de passer, par rapport à lui, du Nord à l'Est, puis de l'Est au Sud, puis à l'Ouest, pour vous diriger de nouveau vers le Nord, toujours par rapport à lui, il est bien évident que notre homme tourne réellement autour de l'animal, car il occupe tour à tour ces quatre positions.

» Voulez-vous dire, au contraire, que l'homme se trouve d'abord en face de lui, puis à sa droite, puis derrière, puis à sa gauche, pour finir par se retrouver en face ? il est tout aussi évident que votre homme ne parvient pas du tout à tourner autour de l'écureuil. En effet, les mouvements du second de nos personnages compensent les mouvements du premier, de sorte que l'animal ne cesse, à aucun moment, d'avoir le ventre tourné vers l'homme et le dos tourné en sens contraire. Aussitôt faite, cette distinction met fin au débat. De part et d'autre, vous avez tort et vous avez raison, suivant que vous adoptez l'un ou l'autre de ces deux points de vue pratiques ([1]).

» Eh bien ! j'accepte le pragmatisme de W. James jusqu'à l'écureuil, si je puis dire : je ne vais pas plus loin. Plus loin, c'est ainsi que vous le dites, un pragmatisme moral, rien ne m'autorise à aller jusque-là : sans doute, une hypothèse vraie est celle qui se vérifie, mais il n'est pas légitime de dire, dans le même sens, que la religion, par exemple, est vraie, parce qu'elle vous console, ou encore de prétendre qu'une illusion est vraie, parce qu'elle réconforte ! Nous ne nous entendons plus, ici, sur le sens même du mot vrai. Une illusion, pour moi, ne sera jamais une vérité. La vérité est une réalité, elle a une valeur propre, *elle a un corps*. J'ai dit que nous la traduisions de la façon qui nous est la plus commode et comme pour économiser notre pensée. Je n'ai pas dit autre chose. Il faudrait se garder de croire, du moins à mon avis, que nous faisons la vérité. Celle-ci ne dépend pas de notre tempérament particulier et nous ne pouvons penser arbitrairement. Je crois

---

([1]) W. JAMES, *Le Pragmatisme*, p. 56.

donc que, sur ce point, au regard de la philosophie de W. James, ma pensée est précise : j'espère m'être fait comprendre clairement.

» Vis-à-vis de Bergson, la question est plus délicate, parce que je ne trouve pas chez lui, je ne crois pas, du moins, trouver chez lui une conception très précise, une définition de la vérité. Sa philosophie est avant tout une méthode : la méthode intuitive. Or, je ne puis facilement juger une métaphysique. La méthode bergsonienne ne se meut pas sur le même plan que la science et M. Bergson le reconnaît lui-même. Entre les deux méthodes, je ne vois pas, pour ma part, de points de contact. Mais je reconnais qu'il est très légitime de se livrer aux spéculations métaphysiques. Chacun restant dans son domaine propre, le plus sage est de s'abstenir de se juger réciproquement : les points de vue sont d'ailleurs trop différents et la commune mesure manque. Cependant (est-ce bien justifié ce que je vais dire ? je ne l'assurerais pas) j'ai quelque appréhension : la philosophie de M. Bergson ne risque-t-elle pas d'entraîner à sa suite quelque conséquence fâcheuse, défavorable aux études scientifiques ? C'est l'exemple de Hegel qui me rend ainsi ombrageux, peut-être à tort. Vous savez quelle influence néfaste, lamentable, ont exercé, sur la recherche scientifique, les doctrines hégéliennes.... Mais je me hâte de dire que je mets M. Bergson bien au-dessus de Hegel ! »

M. Poincaré n'est donc pas sans quelque crainte au sujet des conséquences possibles, pratiques de la philosophie bergsonienne. Mais celle-ci est avant tout une protestation contre les prétentions universelles du mécanisme : il était intéressant d'avoir, sur ce point, l'avis du grand mathémacien.

« Le mécanisme, me dit M. Poincaré, expliquera-t-il tout un jour ? Je ne crois pas que nous soyons en état de répondre à la question. Je n'en sais rien. Certains le prétendent, je le sais bien, mais leur attitude, en somme, n'est pas strictement scientifique. Sans doute, à l'appui de leur foi, ils peuvent invoquer le succès croissant des explications mécanistiques. Cependant, il est des faits qui font réfléchir, qui nous arrêtent dans notre élan et nous engagent à la réserve : en Biologie, par exemple, je constate qu'il y a quelque chose de plus dans l'ensemble de l'être que ne donnerait l'addition de chacune de ses parties, à l'inverse de ce qui se passe dans les corps inertes, même les plus complexes. Suis-je donc vitaliste pour avoir fait cette constatation ? Pas le moins du monde. Je regarde, j'observe, je m'instruis, et tout ce que je puis dire, c'est que l'expérience ne me dit pas que tout est réductible ou que quelque chose n'est pas réductible à l'explication mécaniste. Cette expectative me paraît devoir s'imposer aux savants qui devront continuer leurs travaux, par tous les moyens, sans dédaigner aucune hypothèse (mécanisme, énergétique, par exemple), pourvu que celle-ci s'offre à nous comme un bon instrument de recherche.

» Préciser la place que la contingence, la liberté, si vous voulez, peut occuper dans la réalité m'obligerait à sortir des données de l'expérience. Il semble qu'il y ait de la liberté dans l'univers. Vous me demandez si cette liberté que nous croyons voir dépend de notre imperfection à saisir, par le détail, tout le mécanisme du problème, ou si elle est réellement dans la nature, si je vais jusqu'à Boutroux. Ici encore, je m'arrête en chemin, tout ce que je puis dire c'est ceci : tant qu'il restera quelque chose à connaître, il y aura une marge possible pour la liberté, et jusque-là on ne peut affirmer que tout est réductible au mécanisme.

» Mais le jour où tout sera connu, en supposant cette hypothèse réalisable, *il n'y aura plus de Science.* La Science n'existe, on ne l'a peut-être pas assez vu ou assez dit, qu'autant qu'il subsiste un hiatus entre le connaissant et l'objet à connaître, connu partiellement. C'est dire qu'en fait tout se passe comme s'il y avait de la liberté. Des hypothèses plus avancées je n'en fais point et ne veux point en faire et ne puis scientifiquement en faire, tout en reconnaissant qu'il est parfaitement légitime, pour le philosophe, de se hasarder davantage. »

CHAPITRE III.

1. Bergson est-il un pragmatiste ? partiellement seulement. Critique bergsonienne de l'intelligence : l'*Homo faber*. — 2. Critique bergsonienne des Philosophies : de Platon à la Science moderne. Le mécanisme de Descartes, de Spinoza et de Leibnitz, — Kant, — Spencer et la routine de l'intelligence. — 3. Pour comprendre la vie, appel à une faculté méconnue : l'intuition.

1. William James, nous venons de le voir, a voulu déterminer le sens et la valeur de la notion de vérité; Henri Poincaré, dans un pragmatisme partiel, a précisé la relativité que, selon lui, comportent la Géométrie et les sciences physiques. De l'un et de l'autre, on peut dire qu'ils sont des pragmatistes. Est vrai ce qui réussit, dit le premier; la Géométrie et les lois de la nature ne sont vraies que parce que commodes, ajoute le second; c'est-à-dire parce que, considérées comme nous le faisons, elles sont le plus utiles. Tous deux se placent au point de vue pratique et n'expliquent le vrai que par l'utile. Ainsi la nouvelle école peut se réclamer d'eux.

Le peut-elle aussi de Bergson? En partie seulement. Certes, la critique bergsonienne de l'intelligence est d'inspiration pragmatique. Mais Bergson propose à l'esprit humain une voie nouvelle: l'intuition. Si, du point de vue de l'action et de la pratique, Bergson a cru entrevoir la véritable nature de notre intelligence, il en dénonce l'insuffisance devant le problème de la vie. Il n'en prend point son parti et fait appel aux facultés méconnues. Rien n'est plus éloigné du positivisme : l'absolu et la Métaphysique le tentent, mais il entend les aborder avec des moyens nouveaux dont il veut doter l'humanité. Rien n'est plus éloigné de l'utilitarisme : à quoi bon l'intuition? Quel progrès matériel va-t-elle nous donner? Bergson sait bien et reconnaît que l'intelligence seule est utile pratiquement, mais à l'inverse des pragmatistes qui se complaisent dans le domaine de l'utile, il en veut sortir, à tout prix, en révolutionnaire superbement dédaigneux de la pratique. Quelle tristesse de penser que, le malentendu créé et la grossièreté du langage aidant, on rangera, à l'avenir, sous la même étiquette pragmatique, et ceux dont l'horizon même est limité par la pratique, et ceux qui veulent s'en évader ! Le bergsonisme est une réaction du sentiment contre l'intelligence, celle-ci accusée d'être exclusivement *utilitaire* : il n'est donc pragmatique que dans sa partie critique dirigée contre l'intellectualisme : il ne l'est point, tout au contraire, par ses aspirations désintéressées qui relèvent de l'Art et de la Métaphysique.

Pour Bergson, notre intelligence ne vise pas à connaître, encore moins à sentir. Elle vise à fabriquer. En d'autres termes, elle est un organe qui permet, à l'homme, après plus ou moins de tâtonnements, de mieux s'adapter, d'élargir son champ d'action, d'accroître sa puissance. Si nous pouvions nous dépouiller de tout orgueil ; si, pour définir notre espèce, nous nous en tenions strictement à ce que l'histoire et la préhistoire nous présentent comme la caractéristique constante de l'homme et de l'intelligence, « nous ne dirions peut-être pas *Homo sapiens*, mais *Homo faber*. En définitive, *l'intelligence, envisagée dans ce qui en paraît être la démarche originelle, est la faculté de fabriquer des objets artificiels, en particulier des outils à faire des outils et d'en varier indéfiniment la fabrication* » ([1]). Pour comprendre son rôle, c'est au point de vue de l'action qu'il nous faut nous placer.

De là, de multiples conséquences : la fabrication s'exerce sur la matière brute et même, si elle emploie des matériaux organisés, elle les traite en objets inertes. De la matière brute elle-même, elle ne retient que le solide ; le reste se dérobe par sa fluidité même. Si donc l'intelligence tend à fabriquer, on peut prévoir que ce qu'il y a de fluide dans le réel lui échappera en partie, et que ce qu'il y a de proprement vital, dans le vivant, lui

---

([1]) BERGSON, *L'Évolution créatrice*, p. 151.

échappera tout à fait. *Notre intelligence, telle qu'elle sort des mains de la nature, a pour objet principal le solide inorganisé* (¹).

En vue de nos manipulations ultérieures, il est utile de considérer chaque objet comme divisible en parties, elles-mêmes divisibles, et il est nécessaire, à nos manipulations présentes, de tenir l'objet réel auquel nous avons à faire, ou les éléments réels en lesquels nous l'avons résolu, pour *provisoirement définitifs* et de les traiter comme autant d'*unités*. Cette fragmentation que nous imposons à la continuité du réel, c'est elle qui frappe notre esprit et qui nous intéresse. Elle est condition de notre action sur les choses : *notre intelligence ne se représente clairement que le discontinu* (²).

Les objets, sur lesquels s'exerce notre action, sont sans aucun doute des objets mobiles. Or, ce qui nous importe, c'est de savoir où va le mobile, à quel endroit il se trouvera à tel ou tel moment. Nous nous attachons donc à ses positions actuelles et futures et non pas au *progrès* par lequel il passe d'une position à l'autre, progrès qui est le mouvement même. « Ce qu'il y a de mouvant dans l'action, écrit Bergson, ne nous intéresse que dans la mesure où le tout en pourrait être avancé, retardé ou empêché par tel ou tel incident survenu en route. De la mobilité même, notre intelligence se détourne, parce qu'elle n'a aucun intérêt à s'en occuper. Si elle était destinée à la théorie pure, c'est dans le mouvement qu'elle s'installerait, car le mouvement est sans doute la réalité même, et l'immobilité n'est jamais qu'apparente ou relative. Mais l'intelligence est destinée à tout autre chose. A moins de se faire violence à elle-même, elle suit la marche inverse : c'est de l'immobilité qu'elle part toujours, comme si c'était la réalité ultime ou l'élément; quand elle veut se représenter le mouvement, elle le reconstruit avec des immobilités qu'elle juxtapose. Cette opération, dont nous montrerons l'illégitimité et le danger dans l'ordre spéculatif (elle conduit à des impasses et crée artificiellement des problèmes philosophiques insolubles), se justifie sans peine quand on se reporte à sa desti-

---

(¹) Bergson, *Op. cit.*, p. 167.
(²) Henri Bergson, *Op. cit.*, p. 168.

nation. L'intelligence, à l'état naturel, vise un but pratiquemen[t] utile. Quand elle substitue au mouvement des immobilités juxta[-] posées, elle ne prétend pas reconstituer le mouvement tel qu'[il] est; elle le remplace simplement par un équivalent pratiqu[e.] Ce sont les philosophes qui se trompent quand ils transporten[t] dans le domaine de la spéculation, une méthode de penser q[ui] est faite pour l'action. Bornons-nous à dire que le stable [et] l'immuable sont ce à quoi notre intelligence s'attache en vert[u] de sa disposition naturelle. *Notre intelligence ne se représen[te] clairement que l'immobilité* (¹). »

Mais fabriquer consiste à tailler dans une matière les form[es] dont nous avons besoin. L'intelligence, qui vise à fabriquer, [ne] tient pas pour définitive la forme actuelle des choses, elle ima[-] gine qu'elle pourrait les découper d'une autre façon et selo[n] d'autres modèles. « L'ensemble de la matière devra donc app[a-] raître à notre pensée comme une immense étoffe où nous pou[-] vons tailler ce que nous voulons, pour le recoudre comme il no[us] plaira... c'est ce pouvoir que nous affirmons quand nous diso[ns] qu'il y a un *espace* (²). » L'espace est, avant tout, le schéma [de] notre action possible sur les choses. *L'intelligence est caractéris[ée] par la puissance indéfinie de décomposer selon n'importe quelle l[oi] et de recomposer en n'importe quel système.*

Parente avec la matière, soucieuse de cette logique qui n'e[st] que « l'extension d'une certaine géométrie naturelle suggér[ée] par les propriétés générales et immédiatement aperçues d[es] solides »; apte seulement à opérer sur l'inerte et ne prenant s[ur] le flux des choses que des points de vues isolés, distinct[s,] fragmentaires, *cinématographiques;* l'intelligence, en face de [la] matière, peut prétendre à connaître l'absolu. A l'inverse d[es] néo-thomistes, Bergson réserve donc à l'intelligence, parta[nt] à la Science, tout un monde : l'inerte, l'inorganisé, l'abstra[it,] tout ce qui ne vit pas. Là, devant le déterminisme mécaniqu[e] des choses, en face des théorèmes qui se déroulent selon d[es] lois rigoureuses, dans l'*ordre*, dont la genèse est la même q[ue]

(¹) Henri BERGSON, *Op. cit.*, p. 169.
(²) BERGSON, *Op. cit.*, p. 170.

celle de la matière, l'intelligence est réellement chez elle. Mais c'est ce degré de quasi-perfection, auquel elle atteint ici, qui la rendra inapte à comprendre la vie, c'est-à-dire, le spontané, le capricieux, le désordonné. Alors, arbitrairement, elle appliquera au vivant sa méthode calquée sur l'inerte, au caprice, ses habitudes de clarté et d'ordre, à la liberté, son déterminisme universalisé, et les malentendus s'accumuleront devant elle, au point qu'elle pourrait douter de sa propre valeur au delà même de ce qui est juste.

« Toutes les forces élémentaires de l'intelligence tendent à transformer la matière en instrument d'action, c'est-à-dire, au sens étymologique du mot, en organe. La vie, non contente de produire des organismes, voudrait leur donner comme appendice la matière inorganique elle-même, convertie en un immense organe par l'industrie de l'être vivant. Telle est la tâche qu'elle assigne d'abord à l'intelligence. C'est pourquoi l'intelligence se comporte invariablement comme si elle était fascinée par la contemplation de la matière inerte. Elle est la vie regardant au dehors, s'extériorisant par rapport à elle-même, adoptant en principe, pour les diriger en fait, les démarches de la nature inorganisée. De là son étonnement, quand elle se tourne vers le vivant et se trouve en face de l'organisation. Quoi qu'elle fasse alors, elle résout l'organisé en inorganisé, car elle ne saurait, sans renverser sa direction naturelle et sans se tordre sur elle-même, penser la continuité vraie, la mobilité réelle, la compénétration réciproque et, pour tout dire, cette évolution créatrice qui est la vie ([1]). »

Et comment l'intelligence comprendrait-elle la vie qui est continuité et création libre, imprévisibilité, alors qu'elle n'opère que sur le discontinu et le déterminé, et qu'elle n'enregistre de victoires que celles qui consistent à faire rentrer dans le déterminisme universel des choses qui, par la nature ou en raison de notre ignorance, paraissaient réfractaires ?

L'analyse scientifique, toujours plus pénétrante et toujours

---

[1] BERGSON, *Op. cit.*, p. 175.

plus exacte, voit s'accroître devant elle la complexité des org[a]-
nismes à mesure qu'elle les approfondit, mais en épuiserait-el[le]
l'étude, ce qu'il y a de proprement vital dans la plus infim[e]
cellule, dans le dernier atome de substance, lui échappera
encore. Sans doute, dans le laboratoire ou devant les spécimen[s]
paléontologiques, nous pourrons parler d'évolution et de deveni[r]
mais comme une série d'*états* qui se suivent, d'un point de vu[e]
externe : nous continuerons d'ignorer le changement intern[e]
d'un état. Avec des éléments donnés, stables, nous reconstituon[s]
Ce faisant, nous pourrons imiter, par le progrès indéfini de not[re]
addition, la mobilité du devenir, mais le devenir lui-même no[us]
glissera entre les doigts quand nous croirons le tenir. Et, préc[i]-
sément, parce que l'intelligence cherche à tout reconstituer av[ec]
du donné, parce qu'elle veut que des antécédents déterminé[s]
amènent des conséquents déterminés, calculables en fonctio[n]
des premiers, elle renonce à saisir, à comprendre ce qui est pr[o]-
prement nouveau. Or, la vie est création libre et incessant[e]
Il serait aisé de démontrer que l'intelligence, si habile à manipul[er]
l'inerte, étale sa maladresse, dès qu'elle touche au vivan[t]
« Qu'il s'agisse de la vie du corps ou celle de l'esprit, elle procèd[e]
avec la rigueur, la raideur et la brutalité d'un instrument q[ui]
n'était pas destiné à pareil usage ». Aisément, on en découvrira
l'origine dans notre obstination à traiter le vivant comme l'iner[te]
et à penser toute réalité, si fluide soit-elle, sous forme de soli[de]
définitivement arrêté. « Nous ne sommes à notre aise que dan[s]
le discontinu, dans l'immobile, dans la mort. *L'intelligence e[st]
caractérisée par une incompréhension naturelle de la vie* (¹) ».

2. Mais, en tout temps, l'esprit humain s'est penché anxieuse[-]
ment sur les grands problèmes et a cherché à comprendre la vi[e]
et le mouvement. Dans l'histoire de ses défaites, la critiqu[e]
bergsonienne de l'intelligence prétend trouver une confirmation

De Platon à Plotin, en passant par Aristote, la philosophi[e]
antique ne comprit jamais la vie, parce que l'intelligence e[st]
inapte à s'attacher au devenir. L'Antiquité grecque fu[t]

(¹) BERGSON, *Op. cit.*, p. 174.

par excellence, l'époque de la clarté, *de l'intellectualité*. Les doctrines platoniciennes et aristotéliciennes dessinent une vision de l'univers, sublime peut-être, mais figée, immuable, avec ses grands modèles éternels, les idées, dont nos échantillons terrestres ne sont que des exemplaires dégradés et indignes.

Le mot είδος, que nous traduisons par Idée, a un triple sens : il désigne la qualité, la forme ou essence et le dessein de l'acte qui s'accomplit. Ces trois points de vue correspondent à l'adjectif, au substantif et au verbe. Mais la qualité n'est qu'un *moment* du devenir; l'essence, le type *immuable*, au-dessus et au-dessous duquel s'échelonnent les dégradations courantes; le dessein est le *but* fixé. « Ramener les choses aux Idées consiste donc à résoudre le devenir en ses principaux moments, chacun de ceux-ci étant, d'ailleurs, soustrait, par hypothèse, à la loi du temps et comme cueilli dans l'éternité (¹) ».

Or, comment les philosophes antiques, de l'immutabilité toute seule, feront-ils sortir le changement ?

Ce ne peut être par l'addition de quelque chose puisque, par hypothèse, il n'existe rien de positif en dehors des Idées : ce sera donc par une diminution. « Au fond de la philosophie antique gît nécessairement ce postulat; il y a plus dans l'immobile que dans le mouvant et l'on passe par voie de diminution ou d'atténuation, de l'immutabilité au devenir (²) ». C'est du négatif ou, tout au plus, le zéro ajouté au tout qui fait la réalité perçue et changeante. « En droit, il ne devrait y avoir que des idées immuables, immuablement emboîtées les unes dans les autres. En fait, la matière y vient surajouter son vide et décroche, du même coup, le devenir universel. Elle est l'insaisissable rien qui, se glissant entre les Idées, crée l'agitation sans fin et l'éternelle inquiétude, comme un soupçon insinué entre deux cœurs qui s'aiment. Dégradez les Idées immuables : vous obtenez, par là même, le flux perpétuel des choses (³) ».

Ainsi, sous les phénomènes mouvants, l'intelligence retrouve

(¹) Bergson, *Op. cit.*, p. 341.
(²) Bergson, *Op. cit.*, p. 343.
(³) Bergson, *Op. cit.*, p. 343.

l'immobile, l'immuable, tout un système clos de concepts subordonnés les uns aux autres, c'est-à-dire, elle-même. La pensée moderne aura bien quelque velléité de changer de points de vue. Mais un irrésistible attrait ramène l'intelligence à sa tendance naturelle. Et, à l'antique philosophie des Idées, vont se rattacher les conceptions mécanistiques qui répondent aux exigences, avant tout pratiques, de l'intelligence.

La Science moderne ne différera pas *essentiellement* de la Science antique : elle ne peut, d'ailleurs, réaliser ce miracle, car elles sont, l'une et l'autre, œuvre de l'intelligence. Toutefois, un grand progrès aura été accompli par elle : tandis que la Science antique note des moments privilégiés, des espèces types, des positions caractéristiques d'une période et qui en exprime la quintessence, tout le reste étant rempli par le passage dépourvu d'intérêt d'une dégradation à une autre, la Science moderne étudie des points quelconques de la courbe sur laquelle elle prend des vues, isolées sans doute, mais en aussi grand nombre que possible. La première ne braque son objectif que sur ce qui lui paraît résumer et réaliser le type du genre, l'essence; la seconde, le braque n'importe où. *La Science antique croit connaître suffisamment son objet, quand elle en a noté des moments privilégiés, au lieu que la Science moderne le considère à n'importe quel moment*(¹). Ainsi, le savant de nos jours prétend-il, avec raison, serrer de plus près la réalité. A l'horizon mystérieux que scrutent nos regards, Platon n'aperçut que les parties saillantes. Le reste du monde, moins beau, était sans intérêt. Berthelot revendique le droit d'étudier un point, quel qu'il soit, de l'univers et met sa fierté à pouvoir contrôler, non sur un point donné (il n'en est pas de privilégié), mais sur un point quelconque, à un moment quelconque, le cortège fragile des grandes hypothèses. Pour les philosophes grecs, l'intelligibilité du monde et des phénomènes physiques est une réduction à certains concepts, expression d'une quintessence, auxquels correspondent généralement les termes du langage. S'agit-il d'un corps qui tombe? C'est un mouvement vers le *bas*, la tendance naturelle d'une

---

(¹) BERGSON, *Op. cit.*, p. 357.

chose qui, séparée de la terre à laquelle elle appartenait, va y retrouver sa place. On note le terme final ou le point culminant (Τέλος, ακμή). Dans la physique d'Aristote, c'est le concept de haut et de bas, du déplacement spontané et du déplacement contraint, qui définit le mouvement d'un corps lancé dans l'espace. Au contraire, la Science moderne, avec Galilée, estime qu'il n'y a pas de moment essentiel, pas d'instants privilégiés, pas de points culminants. La vraie Science de la pesanteur sera celle qui déterminera, pour un instant quelconque du *temps*, la position d'un corps qui tombe. De ce fait, la différence entre le savoir antique et le savoir moderne est considérable, mais non pas *essentielle*. C'est une différence de degrés, non de nature. « Il y a entre ces deux Sciences le même rapport qu'entre la notation des phases d'un mouvement par l'œil, et l'enregistrement beaucoup plus complet de ces phases par la photographie instantanée (1) ». La Science antique est statique : elle étudie le changement comme un bloc. Elle ne tient pas compte du *temps*. La Science moderne opère d'une façon plus précise et plus satisfaisante. Le grand mérite de ses fondateurs, Kepler et Galilée, fut d'avoir introduit le temps dans leurs calculs : les lois de Kepler établissent une relation entre les aires décrites par le rayon vecteur héliocentrique d'une planète et le *temps* employé à le décrire, entre le grand axe de l'orbite et le *temps* mis à la parcourir, et Galilée relia l'espace parcouru par un corps qui tombe au *temps* de sa chute. *La Science moderne doit se définir surtout par son aspiration à prendre le temps comme variable indépendante* (2).

Mais de quel *temps* s'agit-il ? Ce ne sera pas le temps réel, « envisagé comme un flux ou, en d'autres termes, comme la mobilité même de l'être » et qui « échappe aux prises de la connaissance scientifique », c'est-à-dire, à l'intelligence. Ce sera le temps de l'intelligence, c'est-à-dire celui qui se rapporte aux oscillations d'un mobile et qui permet d'établir des simultanéités entre la position du mobile et celle d'un corps dans l'espace. Sur le flux

---

(1) BERGSON, *Op. cit.*, p. 357.
(2) BERGSON, *Op. cit.*, p. 363.

mouvant des choses, la Science moderne vise un point quelconque, elle prévoit, sur n'importe quel point de sa courbe, le passage d'un astre à tel moment; c'est-à-dire, un nombre exact de correspondances entre la position de l'astre et les oscillations du pendule, mais elle ne cherche pas à saisir, dans une vue unique et prise de l'intérieur, le caractère propre de la durée. Il semble donc que, parallèlement à elle, eût dû se constituer un « second genre de connaissance », une nouvelle méthode : « C'est à l'intérieur du devenir qu'on se serait transporté *par un effort de sympathie*. On ne se fût plus demandé où un mobile sera, quelle configuration un système prendra, par quel état un changement passera à n'importe quel moment : les moments du temps qui ne sont que des arrêts de notre attention, eussent été abolis; c'est l'écoulement du temps, c'est le flux même du réel qu'on eût essayé de suivre. Le premier genre de connaissance à l'avantage de nous faire prévoir l'avenir et de nous rendre, dans une certaine mesure, maîtres des événements; en revanche, il ne retient de la réalité mouvante que des immobilités éventuelles, c'est-à-dire, des vues prises sur elle par notre esprit : il symbolise le réel et le transpose en humain, plutôt qu'il ne l'exprime. L'autre connaissance, si elle est possible, sera pratiquement inutile; elle n'étendra pas notre empire sur la nature, elle contrariera même certaines aspirations naturelles de l'intelligence, mais, si elle réussissait, c'est la réalité même qu'elle embrasserait dans une définitive étreinte (¹) ».

Entre ces deux pôles, entre l'affirmation d'un mécanisme universel, qui suppose que *tout est donné*, que le passé, le présent et l'avenir déroulés d'un seul coup, en éventail, sont régis par des lois d'une rigueur absolue, exclusives de toute création libre et imprévisible, et le sentiment de la vie irréductible aux lois d'airain que lui veut imposer notre intelligence, la Métaphysique a d'abord hésité. Descartes adopte le point de vue mécaniste, mais il croit au libre arbitre et n'ose aller jusqu'aux conséquences extrêmes de sa doctrine. Il s'engage sur l'une et l'autre voie et ne veut, sur chacune d'elles, aller jusqu'au bout. Au détermi-

---

(¹) BERGSON, *Op. cit.*, p. 371.

nisme des phénomènes physiques, il superpose « l'indéterminisme des actions humaines », c'est-à-dire « une durée où il y a invention, création, succession vraie ». Cette durée, il l'adosse à un Dieu qui renouvelle « sans cesse l'acte créateur et qui, étant ainsi tangent au temps et au devenir, les soutient, leur communique nécessairement quelque chose de son absolue réalité » (¹). S'il adopte une métaphysique calquée sur la Science, utilisant, comme elle, « la manière cinématographique », réduite au rôle qui consiste à « scander le rythme d'écoulement des choses », non à s'y insérer, il aperçoit aussi l'autre manière, l'autre voie qui s'ouvre à la philosophie. Toutes deux le tentent.

C'est vers la première qu'il s'oriente cependant. C'était fatal : l'intelligence devait suivre sa pente naturelle et, au risque de s'exposer à des déceptions, empiéter sur des domaines où elle restera toujours étrangère. Ivre de ses premières victoires, elle ne connut plus de bornes. Dans ce sens, aussi, devait se faire sentir l'influence de la philosophie ancienne : artistes à jamais admirables, les grecs ont créé un type de vérité suprasensible, comme de beauté sensible, dont il est difficile de ne pas subir l'attrait. « Dès qu'on incline à faire de la métaphysique une systématisation de la Science, on glisse dans la direction de Platon et d'Aristote. Et, une fois entré dans la zone d'attraction où cheminent les philosophes grecs, on est entraîné dans leur orbite (²). »

Ce fut, avec Spinoza et Leibnitz, que triompha, en Métaphysique, le mécanisme universel. Leurs systèmes, il est vrai, craquent, en maints endroits, sous des « poussées d'intuition », mais à les considérer dans leur ensemble, ils n'en marquent pas moins le point où la Philosophie devient tangente à la Science : l'une et l'autre, répugnant à l'idée d'une réalité qui se créerait au fur et à mesure, c'est-à-dire à l'idée d'une durée absolue, admettent que le réel passé, présent et avenir, est, dès maintenant, donné, tracé d'avance et pourrait être conçu par une intelligence supérieure, sans qu'aucun imprévu puisse s'y glisser. En fait, nous sommes trop ignorants pour atteindre

---

(¹) BERGSON, *Op. cit.* p. 375.
(²) H. BERGSON, *Op. cit.* : *Spinoza et Leibnitz*, p. 375.

à une connaissance complète. En droit, nous pouvons tout connaître. L'intelligence, disions-nous, ne connut plus de bornes ! Et, pour se laisser expliquer par elle, l'univers tout entier dut passer sous les fourches caudines d'un déterminisme implacable.

Assurément, la philosophie de Kant, elle aussi, est imbue de la croyance à une Science une et intégrale, embrassant la totalité du réel. Sa critique consista surtout à limiter le dogmatisme de ses prédécesseurs en acceptant leur conception de la Science, mais en réduisant, au minimum, ce qu'elle impliquait de métaphysique. Du point de vue bergsonien, rien n'est ici particulièrement intéressant à noter. Mais il n'en est pas de même de la distinction kantienne entre la matière de la connaissance et sa forme. « En voyant dans l'intelligence avant tout une faculté d'établir des rapports, Kant attribuait aux termes entre lesquels les rapports s'établissent une origine extra-intellectuelle. Il affirmait, contre ses prédécesseurs immédiats, que la connaissance n'est pas entièrement résoluble en termes d'intelligence. Il réintégrait dans la Philosophie, mais en le modifiant, en le transportant sur un autre plan, cet élément essentiel de la philosophie de Descartes qui avait été abandonné par les cartésiens ([1]). » Peut-être aurait-il pu, par là, frayer la route à une philosophie nouvelle « qui se fût installée dans la matière extra-intellectuelle de la connaissance par un effort supérieur d'intuition ». Mais il ne s'engagea pas dans cette voie où la philosophie actuelle devait s'avancer. Kant croyait, en effet, que la matière était, ou coextensive à l'intelligence, ou plus étroite qu'elle ; il ne pouvait donc pas y découper l'intelligence. Que si l'on se demande pourquoi Kant n'a pas cru que la matière de notre connaissance en débordât la forme, voici la réponse : la critique kantienne consista à préciser ce que doit être notre esprit et ce que doit être la nature, si les prétentions de notre science sont justifiées. Il acceptait ainsi, sans discussion, l'idée d'une science une, capable d'étreindre, avec la même force, toutes les parties du donné. Il ne soupçonna pas que les symboles scientifiques deviennent de moins en moins adéquats, à mesure qu'on s'élève

---

([1]) H. Bergson, *Op. cit.*, p. 387.

de la matière à la vie. Pour lui, n'existe qu'une expérience, et l'intelligence en couvre toute l'étendue. C'est ce que Kant exprime en disant que toutes nos intuitions sont sensibles, ou, selon l'expression kantienne, infra-intellectuelles. Et c'est ce qu'il faudrait admettre, en effet, si notre science présentait, dans toutes ses parties, une égale objectivité. « Mais, supposons, au contraire, que la Science soit de moins en moins objective, de plus en plus symbolique, à mesure qu'elle va du physique au psychique, en passant par le vital. Alors, comme il faut bien percevoir une chose, en quelque façon, pour arriver à la symboliser, il y aurait une intuition du psychique et plus généralement du vital que l'intelligence transposerait et traduirait, sans doute, mais qui n'en dépasserait pas moins l'intelligence. Il y aurait, en d'autres termes, une intuition supra-intellectuelle [1] ». Et non pas seulement infra-intellectuelle, comme le soutiennent les kantiens. Une intuition de ce genre, pense Bergson, serait, sans doute, en continuité avec l'intuition sensible kantienne, par certains intermédiaires, « comme l'infra-rouge avec l'ultra-violet. » Mais, pour saisir les caractères de l'intuition véritable, ultra-intellectuelle, de l'intuition bergsonienne, il eût fallu se placer dans la durée vraie, dans la durée psychologique, celle qui est « l'étoffe même de la réalité », et distinguer, par conséquent, entre cette « durée substantielle des choses et le temps éparpillé en espace ». Or, la critique kantienne et postkantienne n'opéra jamais cette distinction. D'une connaissance par le dedans qui saisirait les faits « dans leur jaillissement même au lieu de les prendre une fois jaillis, qui creuserait ainsi au-dessous de l'espace et du temps spatialisé, il n'est jamais question. Et pourtant, c'est bien sur ce plan que notre conscience nous place [2]. »

Cependant, les développements mêmes de la pensée scientifique aux prises avec la vie devaient suggérer l'idée d'une durée concrète. L'avènement des Sciences modernes, les remarquables progrès de la Psychologie qui, devenue scientifique, refuse ce-

---

[1] H. BERGSON, *Op. cit.*, p. 390.
[2] H. BERGSON, *Op. cit. : La critique de Kant*, p. 390.

pendant de se laisser réduire à la seule mesure, l'importance croissante de l'Embryologie, dans la science biologique, devait attirer l'attention vers une doctrine d'évolution « où le changement deviendrait enfin la substance même des choses. » On décida de tenter de remonter le cours de l'universel devenir et d'en retracer la genèse. Spencer devait éclairer la voie. La tentative échoua : l'esprit humain ne put secouer ses habitudes, et la nouvelle philosophie ne marqua aucun progrès dans la voie de l'intuition, vers le vital enfin ressaisi et compris. *L'artifice de la méthode spencerienne consista à reconstituer l'évolution avec des fragments de l'évolué.* Elle ressembla beaucoup plus à une hypothèse scientifique générale qu'à une philosophie profonde de la vie intérieure. Elle nota des changements sur l'écorce des choses : elle ne visa pas le cœur, mais le schéma ainsi dessiné donna l'illusion du mouvement. Spencer, dit Bergson, « prend la réalité sous sa forme actuelle ; il la brise, il l'éparpille en fragments qu'il jette au vent ; puis il *intègre* ces fragments et en *dissipe le mouvement.* Ayant imité le tout par un travail de mosaïque, il s'imagine en avoir retracé le dessin et fait la genèse (¹). »

3. Ne comprendrons-nous donc jamais la Vie ?

C'est cette question qui provoque la révolte bergsonienne.

Un vrai pragmatique, je veux dire un disciple de William James, s'inquiète peu d'une pareille interrogation. Que lui importe, en effet ? Dans son utilitarisme terre-à-terre, borné à la pratique, il cherche ce qui *opère* et ce qui *paye.* Bergson ne peut s'y résoudre. Certes, l'intelligence seule est vraiment pratique, vraiment utile. Elle suffit à l'espèce qui veut vivre. Mais, s'il est établi qu'elle est inapte à prendre le contact de certaines réalités, de la vie, du mouvement, de la durée, devons-nous nous résigner à ne jamais les connaître ? Devant la question très nette, les esprits se divisent et se classent : les uns se résignent à l'ignorance : ce sont tout à la fois les positivistes et les croyants. Pour ceux-ci, vouloir trop connaître est impie; pour ceux-là, impossible. Les autres, avec fierté, avec orgueil, tentent l'assaut de

---

(¹) H. Bergson, *Op. cit.*, p. 394.

la vérité : d'abord le bataillon glorieux du scientisme qui prétend résoudre le vital en formules mathématiques et chimiques. Mais l'enthousiasme s'éteint : les plus sages s'en tiennent à l'étude du seul rapport des choses qui n'a jamais déçu. L'essence, l'absolu, l'éternel mystère de la vie dans la matière, laissons tout cela, disent-ils : Aug. Comte avait raison. Puis, voici les bergsoniens : leur appel sonne vers une nouvelle voie, qu'ils ont découverte ; l'ont-ils bien découverte ? Il n'importe ; ils veulent que l'humanité se surmonte, se dépasse, comme déjà le pensait Nietzsche. Jetée dans le monde hostile ou indifférent, forcée de se défendre, de lutter pour subsister, des facultés qui sont en elle, l'espèce humaine n'en devait développer qu'une : l'intelligence, qui lui permettait de s'adapter et de vaincre. Ce fut sa grandeur et son humilité. Sa grandeur, puisqu'elle réussit à vivre ; sa faiblesse, puisqu'elle négligea, au point de les laisser s'atrophier, les facultés qui n'avaient point d'utilité pratique, les facultés méconnues.

Au fond de nos âmes, des forces latentes sont là qui dorment, qui meurent depuis des siècles. Elles savent, elles, le secret de la vie. Alors, comme dans le conte de Perrault, où la fée réveille les reines et les pages endormis depuis mille ans, le bergsonisme passe dans les cœurs et des forces nouvelles surgissent.

A l'opposé de l'intelligence qui opère dans le monde extérieur, l'intuition bergsonienne cherchera à éclairer l'intérieur des choses. Et nous avons ainsi deux manières de connaître, au lieu d'une : la première dépend du point de vue où l'on se place et des symboles par lesquels on s'exprime ; la seconde ne se prend d'aucun point de vue et ne s'appuie sur aucun symbole. De la première on dira qu'elle s'arrête au relatif ; de la seconde, quand elle est possible, qu'elle atteint l'absolu. « Quand je parle, dit Bergson, d'un mouvement absolu, c'est que j'attribue, au mobile, un intérieur et comme des états d'âme ; c'est aussi que je *sympathise* avec ces états et que je m'insère en eux par un effort d'imagination (¹) ». Ce que j'éprouverai ne dépendra alors ni du point

---

(¹) *Revue de Métaphysique et de Morale*, janvier 1903. *Introduction à la Métaphysique.*

de vue que je pourrai adopter, puisque je serai dans l'objet même, ni des symboles par lesquels je pourrais le traduire, puisque j'aurai renoncé à toute traduction pour posséder l'original. « Bref, le mouvement ne sera plus possédé du dehors et, en quelque sorte, de chez moi, mais du dedans, en lui, en soi. Je tiendrai un absolu (¹). »

L'effort d'intuition qu'on sollicite ici de nous peut se définir comme une sorte de *sympathie intellectuelle*, par laquelle on se transporte à l'intérieur d'un objet « pour coïncider avec ce qu'il a d'unique et par conséquent d'inexprimable. » C'est l'inverse du travail accompli pour l'intelligence qui analyse : analyser consiste, en effet, à ramener l'objet à des éléments déjà connus, c'est-à-dire communs à cet objet et à d'autres ou, si l'on veut, analyser consiste à exprimer une chose en fonction de ce qui n'est pas elle. Les Sciences les plus concrètes ne travaillent jamais que sur des symboles, non sur la chose elle-même. Une manière différente de connaître, allant du fond de nous-mêmes au fond des choses, se passe de symbole. Notre effort d'intuition vise l'objet même : la Métaphysique est la science qui prétend se passer de symboles (²).

« Il est vrai qu'il faudra procéder pour cela à un renversement du travail habituel de l'intelligence. Penser consiste ordinairement à aller des concepts aux choses et non pas des choses aux concepts. Connaître une réalité, c'est, au sens usuel du mot *connaître*, prendre des concepts déjà faits, les doser et les combiner ensemble, jusqu'à ce qu'on obtienne un équivalent pratique du réel. Mais il ne faut pas oublier que le travail normal de l'intelligence est loin d'être un travail désintéressé. Nous ne visons pas, en général, à connaître pour connaître, mais à connaître pour un parti à prendre, pour un profit à retirer, pour un intérêt à satisfaire... essayer un concept à un objet, c'est demander à l'objet ce que nous avons à faire de lui, ce qu'il peut faire de nous. Coller sur un objet l'étiquette d'un concept, c'est marquer,

---

(¹) *Op. cit.*
(²) *Op. cit.*

en termes précis, le genre d'action ou d'attitude que l'objet devra nous suggérer... mais transporter ce *modus operandi* à la Philosophie, aller, ici encore, des concepts à la chose, utiliser pour la connaissance désintéressée d'un objet qu'on vise cette fois à atteindre en lui-même, une manière de connaître qui s'inspire d'un intérêt déterminé et qui consiste, par définition, en une vue prise sur l'objet extérieurement, c'est marcher contre le but qu'on se propose, c'est condamner la philosophie à un éternel tiraillement entre les écoles, c'est installer la contradiction au cœur même de l'objet et de la méthode. *Ou il n'y a pas de philosophie possible et toute connaissance des choses est une connaissance pratique orientée vers le profit à tirer d'elles, ou philosopher consiste à se placer dans l'objet même par un effort d'intuition* (¹). »

Au lieu de partir des concepts aux contours arrêtés pour essayer d'étreindre avec eux la réalité qui s'écoule, notre esprit ne peut-il pas suivre la marche inverse? Il tentera de le faire. Il essaiera de s'installer « dans la réalité mobile, d'en adopter la direction sans cesse changeante, enfin de la saisir au moyen de cette sympathie intellectuelle qu'on appelle l'intuition. Cela est d'une difficulté extrême. Il faut que l'esprit se violente, qu'il renverse le sens de l'opération par laquelle il pense habituellement, qu'il retourne ou plutôt refonde sans cesse toutes ses catégories. Mais il aboutira ainsi à des concepts fluides, capables de suivre la réalité dans toutes ses sinuosités et d'adopter le mouvement même de la vie intérieure des choses. Ainsi seulement se constituera une philosophie progressive, affranchie des disputes qui se livrent entre les écoles, capable de résoudre naturellement des problèmes, parce qu'elle sera délivrée des termes artificiels en fonction desquels les problèmes sont posés. Philosopher consiste à invertir la direction habituelle du travail de la pensée (²). »

Cette inversion n'a jamais été pratiquée d'une façon méthodique, mais un examen approfondi de la marche de la pensée

---

(¹) H. BERGSON, *Op. cit.*, p. 7.
(²) H. BERGSON, *Op. cit.*, p. 27.

humaine montrerait qu'elle est possible. La Science elle-même n'y fît-elle pas appel? La plus puissante des méthodes d'investigation de l'esprit humain, l'analyse infinitésimale, est née de cette inversion même. La mathématique moderne est, en effet, par quelque côté, un effort pour substituer au *tout fait* le *se faisant*. Seulement, les mathématiques s'en tiennent au dessin, n'étant que la science des grandeurs et n'aboutissant à des applications merveilleuses que par les moyens des symboles.

Mais la Métaphysique, qui ne vise à aucune application, pourra, et le plus souvent, devra s'abstenir de convertir l'intuition en symbole. Dispensée de l'obligation d'aboutir à des résultats pratiquement utilisables, elle agrandira indéfiniment le domaine de ses investigations. Ce qu'elle aura perdu par rapport à la Science, en utilité et en rigueur, elle le regagnera en portée et en étendue. Elle ne s'acheminera pas à la mathématique universelle, cette chimère de la philosophie moderne; bien au contraire, à mesure qu'elle fera plus de chemin, elle rencontrera des objets plus intraduisibles en symbole. Mais elle aura du moins commencé par prendre contact avec la continuité et la mobilité du réel. Elle aura vu, avec une clarté supérieure, ce que les procédés mathématiques empruntent à la réalité concrète, et elle continuera dans le sens de la réalité concrète, non dans celui des procédés mathématiques [1].

De la sorte nous nous efforcerons à atteindre la vie elle-même, à comprendre la durée en la vivant.

On le voit : ce qu'il y a de plus caractéristique dans Bergson, c'est l'appel à l'effort par lequel l'esprit humain va *se transcender*. L'avenir dira si les nouveaux espoirs seront suivis de nouvelles déceptions. Aussi bien la fierté humaine est-elle faite, non de ce que nous savons, mais de la perpétuelle revendication d'apprendre encore et toujours, par tous les moyens ! Il serait indigne d'elle d'en refuser un seul.

Ce sont les esprits sans dogmes, aspirant vers les horizons nouveaux et jamais satisfaits, qui réservèrent à Bergson l'accueil enthousiaste des amphithéâtres combles; les autres, ceux

---

[1] H. BERGSON, *Op. cit.*, p. 27 et 5.

qui restent attachés à quelque vieille croyance immuable, éternelle, ceux-là, qu'on ne s'y trompe pas, chassés par la Science et confondus par l'intellectualisme, ne suivent les cours de l'illustre philosophe que dans l'espoir suprême et intéressé d'y trouver un abri spirituel.

Quelle dérision ! Jamais milieu ne leur fut plus foncièrement défavorable !

Comment les conceptions d'éternité vivraient-elles, transportées au milieu d'une philosophie de changement et de vie, sans lois et sans ordre ?

CHAPITRE IV.

1. Critique du Pragmatisme: le pragmatisme « méliorisle » est arbitraire, le pragmatisme délicat est indifférence. A. Schinz et l'Anti-Pragmatisme : l'influence anglo-saxonne. — 2. Le Pragmatisme tend, lui aussi, à devenir un système: l'Humanisme de Schiller. Le cas Dewey. — 3. Le sentiment de la vie : fin du Monisme. Avènement du Pluralisme : H. Rosny, P. Gaultier. Triomphe du Mobilisme, de la Philosophie de la variété et du changement. — 4. Conséquence : le Catholicisme, conception de stabilité absolue, ne trouve d'appui, ni dans la Science, ni dans le Pragmatisme, ni dans le Bergsonisme. Faillite d'une tentative de rapprochement : le Modernisme.

---

1. Nous venons de préciser les nuances subtiles du Pragmatisme.

Nous voici en mesure de juger et de critiquer ce que la philosophie nouvelle présente de plus net, de plus accusé, de plus *pragmatique* : la notion de vérité, selon W. James.

Nos critiques se résumeront ainsi : le pragmatiste appelle *vérité* ce que nous appelons communément *illusion*. La bonne illusion, celle qui console, soutient, encourage, est proprement l'idée qui *paye*, qui *opère*, qui se *vérifie*. Il y a, ainsi, une vérité psychologique que W. James et ses disciples mettent sur le même plan que la vérité scientifique essentiellement *expérimentale*. C'est *l'opportun* dans la Science comme dans la croyance qui constitue la vérité. Nous voici au centre de la discussion. Et c'est ici que gît le paradoxe.

Il n'y a pas d'identité, en effet, entre *l'opportun* scientifique d'un Poincaré, nous l'avons vu, et *l'opportun moral ou social*. Or, que les pragmatistes l'avouent ou non, c'est ce dernier qu'ils ont en vue et qui a même exercé sur eux une *préoccupation exclusive*.

Il suffit de lire leurs ouvrages pour s'en convaincre. Le pragmatisme scientifique tient aux lois mêmes de l'esprit humain. L'humanité y apparaît prisonnière de son subjectivisme et ce point de vue n'est point nouveau : Hume et Kant s'y étaient déjà placés. Mais la vérité d'hier reste la vérité d'aujourd'hui ; nous choisissons l'explication, l'hypothèse la plus *commode, nous ne changeons pas de vérités.*

Il en est autrement du pragmatisme philosophique ou moral : ici, les vérités meurent et la bonne illusion d'une époque pourra ne plus être utile dans la suite. L'effet d'une illusion est relatif à notre tempérament : or, si les lois de l'esprit, dont le subjectivisme ou le pragmatisme scientifique n'est qu'un aperçu critique, n'ont pas varié depuis qu'il y a des hommes sur terre, notre tempérament, par suite, le subjectivisme ou pragmatisme philosophique, varie, sinon avec chaque individu, au moins avec chaque génération, et aussi avec les conditions économiques, sociales, ethnographiques, etc. Pour prendre un exemple déjà cité ([1]) : Poincaré, en démontrant qu'on peut soutenir scientifiquement que le soleil tourne autour de la terre, tout aussi bien que la terre tourne autour du soleil, a simplement voulu dire que, *selon le point de vue où l'on se place,* il est possible de choisir, non pas entre une vérité et une autre, mais entre deux façons d'interpréter une seule et même idée. Un exemple analogue pourrait nous être fourni par le choix d'une géométrie euclidienne ou non euclidienne. Le pragmatisme scientifique, parmi les chemins qui mènent à la vérité, choisit le plus court. C'est sur ce point seulement qu'opère la *pratique.*

Tout autre est l'attitude du pragmatisme philosophique. Exemple : au XVIe siècle, réfuter les idées admises par les astronomes, c'était ébranler le pouvoir de l'Église. Pour ceux qui pensaient (et W. James sans doute aurait été du nombre) que le Christianisme représentait la forme la plus élevée de civilisation, nécessaire au développement heureux de la vie humaine, *l'opportun scientifique* entrait donc en bataille avec *l'opportun moral.* Les pragmatistes de l'époque n'hésitèrent pas : c'était

---

([1]) *Voir* A. Schinz, *Anti-Pragmatisme,* p. 30. Paris, Éd. Alcan.

l'erreur, parce que, considérée comme utile, comme une bonne illusion, qu'il fallait maintenir coûte que coûte. « Il était pragmatiquement *opportun* que, au moins pour quelque temps encore, le soleil tournât autour de la terre et naturellement pas au sens relatif de la thèse de Poincaré (¹). » Le Pragmatisme peut donc, quoiqu'il s'en défende, aboutir à cataloguer sous l'étiquette de vérité, ce qui est un mensonge ou une erreur : une sophistique est née, d'ailleurs, de la nouvelle philosophie qui donna lieu à de retentissants excès (²), et un auteur est allé jusqu'à composer un *Manuel des Menteurs* (³).

Le Pragmatisme, on l'a vu, est à la fois *tolérant* et *mélioriste*, mais, selon que le tempérament particulier de ses adeptes sera plus spécialement porté à la tolérance ou vers le désir d'être pratiquement utile à l'humanité, il oscillera entre la neutralité absolue qui, n'étant point une opinion, n'est pas non plus une philosophie, et une sorte d'*interventionisme intellectuel*, nécessairement arbitraire et qui procède de l'esprit de système, sans en avoir toujours la noblesse. S'agit-il de ne considérer comme vrai que ce qui améliore nos conditions, l'idée seule susceptible de nous rendre service ? Mais qui donc décidera, quand il y aura doute ? Répondre : l'expérience ; c'est oublier que celle-ci diffère, lorsqu'il s'agit d'expérience *morale*, avec les milieux, les générations, les âges et les caractères. W. James parle d'une expérience religieuse (⁴), mais les croyants les plus sincères peuvent être divisés, et l'ont été d'ailleurs, par exemple, sur l'*opportunité* d'un Dieu sévère et punissant, ou d'un Dieu d'amour, c'est-à-dire sur l'*utilité* de l'une ou l'autre de ces deux conceptions (⁵).

(¹) A. SCHINZ, *Op. cit.* p. 32.
(²) PAPINI, *Le Crépuscule des Philosophes*. — Guisseppe PREZZOLINI, *L'Arte di Persuadere*, Florence, 1907.
(³) *Voir* BURDEAU, *Op. cit.*, p. 84.
(⁴) *Voir* W. JAMES, *L'Expérience religieuse*, Flammarion. Et *voir* sur cet ouvrage la critique de M. Le Dantec. *Réflexions d'un Philistin sur la Métaphysique* (*Grande Revue*, 10 juillet, 1910, p. 6-16).
(⁵) Exemple cité par SCHINZ, *Op. cit.*, p. 12.

Qui donc les départagera ? Dès l'instant qu'il ne s'agit plus de rechercher la vérité qui s'impose, mais les conséquences pratiques d'une idée, fût-elle illusion, aucun critère n'existe plus en dehors de nos préférences, de nos tendances, de notre tempérament personnel. Mais alors, vais-je imposer aux autres mon opinion propre, afin de faire leur salut ? Si oui, ne voit-on pas que la théorie peut aboutir au dogmatisme et à l'arbitraire le plus absolu ? La Scolastique, *ancilla theologiæ*, à ce point de vue, fut pragmatique et l'Église également : n'imposaient-elles pas ce qui leur paraissait nécessaire et les croyances sans lesquelles il leur semblait que l'humanité s'écroulerait ([1]) ? Qui donc jugera, d'ailleurs, de la plus grande utilité d'une idée ? Est-ce la masse ? Est-ce une élite ? Schinz, qui voit dans le Pragmatisme une sorte de démagogie philosophique, pense que la foule sera appelée à décréter ce qui est utile ou non, c'est-à-dire, la Vérité, et veut, avec raison, défendre les droits de l'élite ([2]). « Sacrifier la masse est injuste, dit-il; sacrifier l'élite est stupide. » Mais, que ce soit l'une ou l'autre qui pâtisse, nous disons que l'humanité n'aurait rien à y gagner. Supposons qu'au cours de l'histoire, les hommes, comme le veut W. James, eussent considéré exclusivement comme vrais les croyances, les philosophies, les systèmes, les opinions utiles pratiquement. A quel arbitraire révoltant une pareille conception ne les eût-elle pas amenés ! Aussi bien, n'est-ce pas généralement, au nom de l'ordre, de la *pratique*, des nécessités de la vie sociale, que les idées nouvelles ont été combattues et, pour cette raison, que des conflits sanglants ont éclaté ? Pragmatistes, les Juifs crucifiant Jésus, car pouvaient-ils, sans inconvénients, laisser dérober par un homme l'espoir d'un Messie dont ils vivaient, dont leur vie morale était toute pénétrée ? Pragmatistes, les païens martyrisant les chrétiens, car ceux-ci n'étaient-ils pas un élément de désordre et d'anarchie dans la cité antique, reposant sur les dieux ? Pragmatistes, les inquisiteurs du moyen

---

([1]) Schinz, *Anti-Pragmatisme*.

([2]) *Voir* Schinz, *Op. cit.*, p. 152. « La Scolastique était le pragmatisme du moyen âge : sa philosophie prouvait la Théologie qui soutenait l'Église dans sa tâche sociale ».

âge, car ne croyaient-ils pas défendre des idées *utiles*, détruire des idées *perverses ?* Pragmatistes, nous l'avons vu, les juges de Galilée affirmant que la terre tourne; pragmatiste, la Raison d'État; pragmatiste, le Salut public : n'est-ce pas toujours l'utile qu'on avait en vue?

Mais abandonnons ces exemples trop brutaux. Admettons que le *méliorisme* se soit adouci avec le temps. Même à ne prendre que les exemples d'application du Pragmatisme que W. James nous offre, l'arbitraire intellectuel de la nouvelle philosophie est patent et, par cela même, l'insuffisance de son critérium. Voici, en présence, l'hypothèse Dieu et l'hypothèse Matière : si le monde devait finir ce jour même, qu'importerait, pense James, l'explication métaphysique ? « Si, de l'hypothèse proposée, on ne peut déduire aucun fait particulier pour notre expérience ou notre conduite dans l'avenir, le débat du matérialisme et du théisme devient absolument vain et n'a plus aucun intérêt. « La Matière » et « Dieu » en pareil cas, c'est exactement la même chose »(¹). Et le philosophe pragmatiste de conclure « qu'il est d'un sage de tourner le dos à des discussions oiseuses. » Voilà qui est tolérant, assurément, mais c'est qu'ici le point de vue méliorisle n'a pu se glisser. Dès qu'une lueur de méliorisme est possible, l'arbitraire éclate, absolument déconcertant aux yeux du penseur désintéressé. Nous n'avons pas besoin de chercher bien loin : W. James s'est avisé, un jour, que la règle pragmatique (est vrai ce qui paye) trouve son application dans l'exemple même que nous venons de citer : il revient aussitôt sur ce qu'il a dit, sans hésiter. Il ne s'agit plus d'une querelle oiseuse maintenant : l'humanité y est pratiquement intéressée. Et voici son raisonnement : « La matière fût-elle capable de faire les choses extérieures que fait Dieu, notre idée de la matière ne donnerait pas un *rendement* aussi satisfaisant, parce que le Dieu, dont les modernes éprouvent surtout le besoin, est un être dont la pensée intime ne les ignorera pas et qui les jugera avec sympathie... étant donné notre propre constitution, notre *égoïsme* réclame, avant tout,

---

(¹) W. JAMES, *Le Pragmatisme*, p. 101.

une pensée qui réponde à la nôtre, une affection répondant à nos sentiments (¹) ». C'est admirable, en vérité ! Me voici *obligé de penser en fonction de mon égoïsme !* Jusqu'à ce jour, le chercheur sincère s'était efforcé de faire abstraction, dans la mesure où il le pouvait, des causes d'erreur inhérentes à sa constitution, tenait compte de ce que les savants appellent l'indice personnel, et refusait de prendre ses désirs pour des réalités. Cet état d'esprit est condamné par la philosophie moderne de la pratique : l'anthropomorphisme est réhabilité avec une sorte de cynisme.

On reste confondu devant la tranquille assurance de clergyman avec laquelle W. James tranche les plus grands problèmes ! C'est d'une naïveté touchante sans doute, mais imprévue chez un *pluraliste*, qui devrait bien penser que la diversité des opinions ne peut pas s'unifier aussi facilement. Un Dieu qui nous juge avec bienveillance paraît indispensable à W. James, pour stimuler le *rendement* humain. Schinz, nous l'avons vu, soutient que rien n'empêche des croyants de préférer à cette hypothèse d'un Dieu indulgent, celle d'un Dieu sévère, d'un Dieu gendarme qui *opère* plus efficacement. Les uns et les autres oublient un peu trop délibérément que le *rendement* humain suppose aussi la dignité et la fierté humaines, et qu'il est des tempéraments qui se sentiraient singulièrement à l'étroit, abaissés et déprimés, dans un monde en tutelle, soumis à l'humiliation des récompenses ou des châtiments. A ces tempéraments-là, une vision *satisfaisante* du monde ne peut être donnée qu'en fonction de la Liberté et de la Beauté, et le *méliorisme* intransigeant ou adouci, le *méliorisme* de l'inquisiteur ou du bon pasteur, leur apparaît comme un arbitraire criminel ou une puérilité un peu grosse. Faut-il oublier, enfin, le savant moderne qui met sa fierté à ne rien admettre qui n'ait été scientifiquement démontré, et dira-t-on que le *rendement* d'un Berthelot eût été supérieur, si celui-ci avait suivi la doctrine de W. James ?

Si du point de vue méliorisle, qui s'apparente à la religiosité

(¹) W. JAMES, *Op. cit., page* 67.

des sectes du nouveau monde (¹), le pragmatisme aboutit à l'arbitraire dans le domaine de la pensée; du point de vue tolérance, il aboutit au scepticisme, à l'indifférence intellectuelle et finalement à la négation de toute philosophie. Prétendre placer sur le même plan et réconcilier toutes les conceptions comportant des conséquences pratiquement utiles, c'est s'interdire, somme toute, de porter un jugement de valeur sur les idées. Quelle est donc, en effet, l'hypothèse ou la spéculation métaphysique qui n'est d'aucune portée pratique ? Se figure-t-on que les systèmes rationalistes, si décriés par W. James, furent sans effet sur la mentalité des hommes, et que Boudha, Platon, Jésus ou Kant n'ont pas contribué dans une certaine mesure, à notre formation intellectuelle, à notre éducation, à notre civilisation, à notre morale, à nos actes ? A tout considérer, il n'est pas d'idées qui *n'opèrent* dans le monde de quelque façon. Le caractère actif des idées, de toutes les idées, a été mis en lumière depuis longtemps (²) et il est à peu près impossible d'en citer une qui ne soit utile en quelque manière. Mettre d'un côté les élues et de l'autre les damnées, par une sorte de jugement dernier, au nom de notre intérêt, est une prétention inadmissible et qui doit répugner au pragmatisme *averti* : la diversité même des points de vue et des tempéraments n'est-elle pas utile ?

Ainsi, lorsqu'il n'est pas prisonnier d'un *méliorisme* étroit, le Pragmatisme aboutit à se paralyser lui-même : il ne peut, ni infirmer, ni confirmer, ni exprimer une préférence; il devient le couloir dont parle le philosophe italien Papini, qui donne

---

(¹) Cela paraît incontestable. Rappelons, sans en tirer argument, que W. James était le fils d'Henry James, lequel s'étant rattaché au *Credo* presbytérien d'abord, puis étant devenu swedenborgien, est l'auteur de *La Société rédemptrice*, dans laquelle on lit : « le vrai n'est vénérable qu'autant qu'il est au service du bien » (*Voir* BARGY, *La religion aux États-Unis*, p. 141).

(²) *Voir* FOUILLÉE, *Psychologie des Idées-forces; La pensée et les nouvelles écoles anti-intellectualistes*, p. 283 et suiv. — LALANDE Revue philosophique, janvier 1712, p. 193, 175.

sur un grand nombre de pièces dans lesquelles travaillent, sous son patronage, des philosophes aux tendances nettement opposées, athées et déistes, rationalistes et anti-intellectualistes, matérialistes ou spiritualistes. Dès lors, il n'est plus une *philosophie*, car si le respect des idées est une belle chose, encore faut-il, pour se réclamer du titre de philosophe, qu'on nous propose un point de vue, un critère, une conception. Et si la *pratique*, pierre de touche des pragmatistes, est sans effet pour nous permettre de juger la valeur des philosophies, si elle *n'opère* pas, quelle faillite pour la nouvelle théorie de la vérité !

Comment donc, malgré son insuffisance, la conception pragmatique de la vérité a-t-elle pu se développer et même atteindre au succès ?

Plusieurs causes, sans doute, y ont contribué. L'une d'elles est évidente : le Pragmatisme est né en Amérique, pays de l'action et de la pratique. C'est tout dire.

Les Américains n'ont point d'histoire : les luttes intellectuelles et religieuses, les conflits d'opinions et d'idéaux ont été chez eux réduits au minimum. Ils ont appris, dans les livres, les systèmes d'idées pour lesquels des milliers d'hommes s'étaient déchirés sur le vieux continent et ont assisté, un peu en spectateurs, aux tourmentes dans lesquelles se débattaient, en Europe, l'esprit d'autorité et l'esprit critique aux prises. Chez nous, il y a une lutte philosophique : querelles théologiques du moyen âge, pensée scientifique contre scolastique, idéalisme des hommes de la Révolution ; réaction et révolution politiques, sociales, intellectuelles ; les forces de l'esprit, les théories métaphysiques, les conceptions scientifiques même paraissent se ranger du côté du progrès ou du conservatisme, ou constituer des excès dans un sens ou dans un autre. La littérature et l'art sont entrés dans la lice.

En Amérique, pays libre, mais pratique, terre des affaires, les philosophies européennes ne parurent pas répondre aux besoins. Or, les philosophies subissent aussi, cela va sans dire, l'influence du milieu : les idées de Platon s'apparentent à la Beauté antique comme celle de Kant à la Science moderne.

La philosophie d'Emerson ou de William James devait répondre aux désirs de leurs concitoyens c'est-à-dire, *être utile, pratique, servir à quelque chose*, constituer un ensemble de règles commodes et susceptibles de mettre de l'optimisme et de l'équilibre dans la vie (¹). A quoi bon les luttes sans fin pour la la vérité pure ? Est bien, est vrai ce qui nous sert : philosophie et hygiène, religion et *mindcure* (²), manuels pour éduquer la volonté et devenir plus forts, sont pour l'Américain autant de recettes, différentes sans doute, mais répondant également à des besoins pratiques, susceptibles de nous encourager, de nous développer ou de nous consoler. La pensée apparaît ainsi en fonction de l'activité, de l'activité commerciale et industrielle surtout, qui est la caractéristique de la bourgeoisie et des pays neufs.

Or, cet utilitarisme n'est point sans faire perdre quelque éclat à l'esprit. Il se peut que l'intelligence des hommes n'ait à jouer qu'un rôle conforme aux nécessités économiques et aux conditions extérieures. Encore fera-t-on toujours une différence légitime entre l'*idéal*, si relatif qu'il soit à l'infériorité de notre situation, et un *recueil* de formules et de conceptions, si fructueux qu'en puisse être le rendement. Émerson ne peut être classé parmi les philosophes, pas plus que Maeterlinck ou le pasteur Wagner, mais parmi les moralistes. Il en est autrement, certes, de William James et des fondateurs du Pragmatisme, mais le talent de ces auteurs ne doit pas trop nous éblouir. Chez eux, les grands problèmes restent sans réponse : ils sont philosophes surtout par leurs attaques contre l'intellectualisme dont ils ont souligné les faiblesses et les prétentions ; ils ne le sont guère en proposant la *pratique* pour guide, car ils évitent ainsi les explications nécessaires. Ils nous offrent une chanson de route qui doit nous faire supporter allègrement les fatigues de l'étape : ils n'étudient point le plan de bataille.

(¹) *Voir*, entre autres, l'article de Régis MICHAUD, *L'Optimisme aux États-Unis* (*Revue du mois*, 10 mars 1910).

(²) Citons les Ouvrages de Mrs EDDY, *Science et Santé*, et du Dr MARS, *The interpretation of Life*, New-York, 1908.

Ainsi ramené aux préoccupations d'un utilitarisme immédiat, l'esprit qui tend à poursuivre jusqu'au bout les chemins qu'on lui ouvre, risque de s'abaisser de plus en plus ou de tomber dans la sophistique.

2. Cette absence de haute prétention intellectuelle, de sentiment *noble*, comme dirait W. James, a paru intolérable à quelques pragmatistes notoires. A faire de la nouvelle doctrine un ensemble utilitaire de recettes, à la ramener à ce niveau terre-à-terre, ne va-t-on pas risquer de la discréditer ? Il se peut que, par ses défauts mêmes, comme le croit Schinz, elle soit appelée au succès et agréable aux foules. Mais ne serait-ce pas, pour une idée philosophique, une situation bien singulière et bien instable que de plaire à tous, à l'exception des penseurs? Coûte que coûte, il fallait lui donner une allure de philosophie. Et, dans ce but, on se mit à l'œuvre.

Or, le Pragmatisme ne se fut pas plutôt mué en philosophie, qu'il tendit lui aussi à devenir un *système*.

En voici des exemples :

Schiller forge le nom d'*Humanisme* : le Pragmatisme n'est qu'une théorie de la vérité, exacte, mais spéciale, restreinte à son objet. L'Humanisme sera quelque chose de plus : il sera une découverte philosophique portant sur la nature du monde. Le premier ne sera plus qu'un chapitre du second. On peut, si l'on ne veut pousser plus loin ses investigations, être pragmatiste sans être humaniste : il semble qu'il soit impossible d'être humaniste sans être pragmatiste. Ainsi apparaît l'aveu de l'infériorité du pragmatisme pur et simple au regard des recherches philosophiques. Le Pragmatisme est comparable à une personne qui prétendrait renverser tout ce qui existe et qui, au lendemain de sa victoire, reconnaîtrait, par son inquiétude, sa préoccupation à rechercher une situation nouvelle, tout ce qu'a d'insuffisant son programme, et de critique sa position. Pragmatiste à notre manière, donc respectueux de l'expérience, nous croyons pouvoir prédire : toute nouvelle théorie pragmatiste d'*ensemble*, c'est-à-dire, ne portant pas exclusivement sur une question, sur un problème, sur une science particulière, se présentera tout d'abord comme une confirmation des idées de W. James. A l'examen, on verra qu'il n'en est rien et que, au contraire, l'effort accompli par l'auteur pour établir *une philosophie* susceptible d'être offerte à la spéculation intellectuelle, « aux délicats », constituera, de ce fait même, un désaveu indirect à l'adresse des *barbares* qui créèrent la méthode dans sa pureté première.

Les humanistes à la manière de Schiller en sont la preuve : ils disent que « le monde est une matière à façonner (ὕλη) », qu'il est « ce que nous le faisons ». En vain voudrait-on le définir par ce qu'il était à son origine ou par ce qu'il est en dehors de nous : il n'est ce qu'il est que par nous. Par suite, le monde a pour caractère d'être *plastique* ([1]). La réalité résiste bien à notre volonté, au moins quelquefois; mais toujours, il semble que nous imprimions sur elle notre forme mentale. Qu'est-ce, en définitive, que cette réalité récalcitrante? Nos sensations? Leur existence ne dépend point de nous, il est vrai, mais dépendent de nous, la valeur, l'importance que nous leur donnons, l'usage que nous en faisons dans nos conclusions. « L'univers signifie une victoire pour un philosophe optimiste et une défaite pour un pessimiste. » Objectera-t-on que les *relations* des choses entre elles échappent à notre emprise? Poincaré est là pour répondre, pourraient riposter les humanistes. Les vérités antérieurement acquises? Elles sont déjà façonnées par nous et, d'ailleurs, ne cèdent-elles pas encore assez souvent aux découvertes nouvelles? Une réalité *indépendante* de la pensée humaine, dit W. James, commentant l'Humanisme de Schiller, est une « chose qu'il ne semble pas facile à découvrir. Elle se réduit à la notion de ce qui commence tout juste à se faire sentir et n'a pas encore reçu un nom; ou bien, elle se réduit à quelque *présence* qu'on suppose donnée dès l'origine et toujours sentie, mais sans qu'aucune croyance, relative à cette présence, soit encore apparue, sans qu'aucune conception, ayant quelque chose d'humain, lui ait encore été appliquée. » Bref, cette réalité indépendante se réduit à ce qui reste absolument muet, à ce qui

---

[1] SCHILLER, *Personal idéalisme*, p. 60.

n'apparaît que pour disparaître, à ce qui forme la limite idéale de notre pensée. « Peut-être nous arrivera-t-il de l'entrevoir, pareille à une lueur qui s'évanouit, mais sans jamais la saisir : ce que nous saisissons, ce n'est jamais qu'un substitut de cette réalité, un substitut dont notre humaine pensée possède déjà une peptone apprêtée pour notre consommation (¹). »

Comme le Pragmatisme, l'Humanisme de Schiller ne prétend être qu'une méthode, mais une méthode d'une *application plus large* (²). Et, en effet, le point de vue est plus élevé. Rien n'empêchera d'aller plus loin : d'une part, une méthode peut être transformée en Métaphysique, dès qu'on lui attribue un caractère ultime (³). Et, d'autre part, des méthodes peuvent présenter des affinités métaphysiques : le Pragmatisme peut être conçu comme dérivant d'une métaphysique volontariste ; l'Humanisme, comme impliquant le personnalisme métaphysique. Enfin, des méthodes peuvent conduire, d'une façon plus ou moins définie, à certaines conclusions métaphysiques. C'est ainsi que le Pragmatisme peut être considéré comme suggérant des conclusions relatives à la réalité ultime de l'activité et de la liberté humaine, à la plasticité et à la nature incomplète du réel, à la réalité du processus cosmique « dans le temps » et ainsi de suite. De même, l'Humanisme « suggère l'idée de la personnalité de tout principe cosmique que nous pouvons postuler comme ultime et de sa parenté et sympathie avec l'homme. »

Arrêtons-nous : nous n'avons plus qu'à constater l'ascension de l'utilitarisme américain, du *terre-à-terre* de la doctrine de l'homme nouveau, indifférent à ce qui ne « paye pas », vers les cimes éternelles où l'attendent, en souriant, les Métaphysiques du Passé.

Le cas de Dewey, que les philosophes pragmatiques nous citent pour un des leurs, est plus concluant encore : L'assaut

---

(¹) W. James, *Le Pragmatisme*, p. 225. *Le Pragmatisme et l'Humanisme.*
(²) Schiller, *Études sur l'Humanisme*, p. 22.
(³) *Id.*, p. 24.

qu'il a livré aux conceptions anciennes, avec une sincérité et une puissance de moyens supérieures à celles de W. James, a nettement échoué, et, dans sa chute, il est retombé à la place même qu'il voulait éviter à tout prix. Rien n'est curieux comme cet essai du plus scrupuleux peut-être des pragmatistes : ce qu'il se propose, c'est de rapprocher la Morale et la Science sur le terrain de la Logique. Il tente d'établir l'équivalence des jugements moraux et des jugements scientifiques. Dans ce but, sa méthode ne consiste pas, comme on pourrait le supposer, à démontrer que les jugements moraux sont susceptibles d'un « traitement scientifique », mais, au contraire, à établir que les jugements scientifiques ont les caractères des jugements moraux. Les uns et les autres, quoi qu'on en dise, ne visent à résoudre que des cas particuliers. Les jugements moraux sont individuels, les jugements scientifiques le sont aussi, pour partie, puisqu'ils impliquent l'intervention personnelle du juge dans la classification préalable des possibilités ou prédicats, dans le choix des cas individuels à étudier, et dans la façon de vérifier l'hypothèse, soit par l'expérience, soit par démonstration. « Si l'emploi des ressources de la Science, conclut l'auteur des *Conditions logiques d'un traitement scientifique de la morale*, de la technique dans l'observation et dans l'expérimentation, etc., en guidant l'action de juger (et par là même en déterminant le contenu du jugement), dépend de l'intérêt et des dispositions du juge, nous n'avons qu'à reconnaître cette dépendance (make such dependence explicit) et le jugement scientifique apparaît décidément comme un jugement moral »(¹). D'où il résulte que, puisque les jugements scientifiques ont les caractères fondamentaux des jugements moraux, qu'ils comportent les uns et les autres des éléments subjectifs, les premiers ne sont pas meilleurs que les seconds. Les jugements moraux sont donc aussi bons que les jugements scientifiques : ils sont *équivalents*. Seulement, tandis que l'intrusion de l'élément personnel, réduit à son minimum, est peu

---

(¹) DEWEY, *Les conditions logiques d'un traitement scientifique de la morale*, 1903, p. 14.

sensible dans les jugements scientifiques, il « affecte qualitativement le sens de la situation », dans les jugements moraux, et agit sur la conduite pratique de la vie. Il est donc *logique* de l'ignorer dans la recherche scientifique, et *logique* d'en tenir compte dans la morale, puisque c'est un fait qu'il y joue un rôle important. « Le caractère, comme condition pratique du jugement, devient *logique*, quand son influence est préférentielle dans son effet, quand, au lieu d'être une condition uniforme et impartiale de n'importe quel jugement, il est, quand on le laisse agir (ou quand il agit inconsciemment), un déterminant de ce jugement-ci plutôt que de celui-là » (¹). Or, le caractère, Dewey l'établit, est scientifiquement déterminable, donc scientifiquement déterminé, et ce facteur se combine en « détermination réciproque absolue » avec celui de la « situation jugée » qui, plus encore que le caractère, est affaire de science et relève du déterminisme. C'est dire que l'idéal moral ne sera, lui aussi, qu'un produit de cette combinaison, variable selon les époques.

Nous voici ramenés aux conceptions de M. Lévy-Bruhl (²) qui affirme nettement ce que Dewey ne laisse deviner que prudemment : la possibilité d'une science basée sur l'étude de la réalité objective, sociologique des mœurs. Mais Lévy-Bruhl déclare « qu'une science ne peut être normative en tant que théorique ». Dewey aurait voulu prouver le contraire; il cherchait à établir qu'une science peut être normative et théorique; le voilà à l'opposé du but qu'il poursuivait! Les jugements scientifiques devaient être ramenés aux jugements moraux et voici qu'il finit, la logique aidant, par ramener les jugements moraux aux scientifiques! « Il se trouve, dit spirituellement Schinz, avoir adopté et défendu une thèse diamétralement opposée à celle qu'il voulait prouver. Dewey est le plus philosophique des pragmatistes, seulement on voit que sa philosophie est aux dépens de son pragmatisme » (³).

(¹) DEWEY, *Les conditions logiques d'un traitement scientifiques de la morale*, 1903, p. 16.
(²) LÉVY-BRUHL, *La morale et la science des mœurs* (voir Livre V).
(³) SCHINZ, *Anti-Pragmatisme*, p. 91.

Résumons-nous : la notion pragmatique de la vérité et le pragmatisme anglo-saxon (notre critique ne porte pas contre l'intuition bergsonienne qui est à l'opposé de l'utilitarisme), n'arrivent pas à s'élever au rang d'une philosophie véritable. Le pragmatisme n'est que l'expression d'une réaction de la pratique contre les abus de l'intellectualisme. *Mélioriste*, tourmenté par le besoin de faire le salut de l'humanité, il tombera dans un arbitraire intellectuel d'autant plus intolérable et lourd, qu'il sera manié par des mains moins expertes ; tolérant ou dédaigneux à l'égard des conceptions rationalistes et des systèmes dont les conséquences *pratiques* sont des faits historiques, il n'opère plus et s'inflige à lui-même le plus cruel désaveu. Alors, anxieux de sa destinée, avec Schiller, avec Dewey, il tente un effort pour devenir une philosophie et reprend, tout doucement, le chemin des *systèmes* tant décriés. Ce faisant, sans le vouloir, par la préoccupation dominante de notre *intérêt*, dieu nouveau, il aura risqué d'abaisser les esprits vers la mesquinerie et l'égoïsme, meurtriers des hautes pensées, ou de les rejeter dans le paradoxe. Or, s'il devenait malfaisant, ne se désavouerait-il pas lui-même en vertu de ses propres principes ?

3. Si tout le pragmatisme tenait dans la nouvelle notion de la vérité, que nous venons d'étudier, il mériterait plus de critiques que d'éloges. Heureusement, nous l'avons vu, il nous apporte encore autre chose, par quoi il est bienfaisant. Les « systèmes clos » dont parle W. James avaient créé en nous des habitudes routinières, et les mailles du raisonnement philosophique, toujours logique et serré, mais souvent artificiel, risquaient de nous cacher le monde véritable « tout en broussaille ». Le grand mérite du pragmatisme, ce qui rachète son utilitarisme terre-à-terre, fut de nous rappeler au sentiment de la réalité. Il vaut surtout par sa protestation, au nom de ce qui vit, de ce qui se meut, de ce qui passe, contre l'adoration perpétuelle des perfections immuables. A ce point de vue, il fut salutaire, et son action, ses exagérations peut-être, furent pour nous comme l'appel de la vie, qui est assez vaste et assez belle, pour solliciter notre attention et attirer nos recherches.

En analysant l'œuvre de W. James, au début de cette étude, nous avons assez longuement souligné ce caractère de la pensée nouvelle, pour qu'il ne soit plus besoin de le rappeler. On avait abusé, dans la philosophie, des constructions de pensée et de logique pures, comme dans la littérature classique, on avait fini par gêner le génie par des règles trop strictes et trop artificielles. De même que le romantisme fut une revanche du sentiment, de la vie, contre la règle, de même cette compréhension philosophique plus large de la réalité fut une réaction légitime contre l'étroitesse des formules souvent si sèches et si arides de la pensée intellectualiste.

C'est ici, dans cette aspiration ardente à mieux comprendre la vie et le réel, que le pragmatisme anglo-saxon rencontre le bergsonisme français. Ces deux conceptions, si différentes, s'unissent pour protester contre l'élagage arbitraire de la réalité; mais, tandis que W. James se contente de rechercher ce qui est pratique, et que, sur cette position qu'il croit suffisante, il concentre sa résistance contre le rationalisme, H. Bergson essaie, lui, de dépasser le point de vue pratique de l'intelligence humaine et veut ouvrir la voie aux forces nouvelles, aux sentiments ignorés et dédaignés qui compléteront, par une vision de l'absolu métaphysique, les systèmes déterministes et mécanistes de la Science. Grâce à lui, un grand élan de Vie et de Beauté vient à la rescousse des chercheurs opiniâtres du laboratoire, des pratiquants de méthodes exactes et mathématiques. Et, puisqu'il s'agit de saisir les choses et la vie dans leur ensemble, dans leur lumière et leur coloration, comme par une sorte d'impressionnisme spirituel, et non plus de les découper selon nos plans ou de les réduire à l'unité meurtrière, les traditionnelles conceptions d'unité vont disparaître, et l'esprit va accepter le monde dans son infinie variété. La fin du Monisme a sonné. Annonçons l'avènement du Pluralisme [1].

---

[1] *Voir* H. ROSNY, *Le Pluralisme* (Alcan). — W. JAMES principalement dans sa *Philosophie de l'expérience* (Flammarion). — Ch. MAURAIN, *Les États physiques de la matière*. — Les œuvres de MACH, OSTWALD et DUHEM dont nous parlons plus loin, IIᵉ Partie. —

A l'origine, les hommes ont pu croire que tout était réductible à un seul principe, à un seul élément : à l'eau (Thalès), à l'air (Anaximandre), au feu (Héraclite). Peut-être est-ce une nécessité pratique de notre esprit, car, pour comprendre et raisonner, il faut classer; et pour agir, il faut des idées simples. La seule simplicité d'un système est bien souvent condition du succès.

Donc, pour pénétrer l'infini complexité du monde, les hommes prirent d'abord les chemins les plus simples, les méthodes même grossières, mais capables d'assurer des avantages immédiats. Cette habitude prise explique pourquoi, en dépit des diversités réelles rejetées de force au rang des illusions, la préoccupation de l'unité hanta la Métaphysique et la Science durant des siècles. « Donnez-moi l'étendue et le mouvement, disait Descartes, et je vais faire le monde » (¹). Il arrivera un jour, où devant une telle prétention de reconstruire la monstrueuse réalité, matière et vie, si riche, si nuancée, si disparate, avec deux abstractions, les hommes stupéfaits se demanderont si les sens humains n'étaient pas au XVIIe siècle aussi développés qu'aujourd'hui ! Qui sait aussi si l'Antiquité éprise d'harmonie, c'est-à-dire d'un idéal de haute simplicité et de logique; le Judaïsme et le Christianisme fusionnant les dieux en un seul, n'ont pas légué au Monisme un éclat que les siècles seuls pouvaient ternir? Le triomphe de la barbarie ou de la civilisation des Perses sur les Grecs eût peut-être apporté à l'Occident d'autres idées, substitué à la pensée et à l'art géométrique, au goût de la mesure, le sentiment d'une Beauté de désordre, de débauche et de variétés gigantesques. La défaite de Xerxès et les enseignements de Jésus ont peut-être contribué à prolonger le Monisme jusque dans la conscience de Haeckel !

Quoi qu'il en soit, il semble que l'humanité renonce à découvrir l'uniforme sous le complexe, le permanent, sous le changeant, l'un sous le divers. L'étude scientifique, l'analyse des

---

DUCLAUX, *La chimie de la matière vivante* (Alcan). — Paul GAULTIER, *Revue bleue* des 30 avril 1910 et 28 mai 1910, etc. — LALANDE, *Le Pluralisme*, d'après W. JAMES, *Revue de Philosophie*, janv. 1910, p. 70.

(¹) DESCARTES, *Traité du Monde*, Chap. VI.

détails microscopiques paraissent nous avoir révélé l'hétérogénéité universelle. « Il y a un demi-siècle, dit M. H. Poincaré, on proclamait que la nature aime la simplicité; elle nous a donné depuis trop de démentis ! » « Le sous-sol corpusculaire, écrit Paul Gaultier dans le même sens, s'est montré infiniment plus complexe que tout ce qu'on avait conjecturé. La persistance atomique, dernier refuge de la persistance matérielle, est apparue, de son côté, comme le résultat de mouvements organisés. La masse elle-même, que les physiciens considéraient comme le type des constantes, semble, dans certaines conditions, devenir une fonction de la vitesse. L'ancien concept de matière ne rend plus compte ainsi de la substance. Celui d'énergie non plus... Cette substance unique et simple, qui serait le fond de tout, ou, plus exactement, qui serait tout, mais qu'on ne perçoit jamais que multiple et variée, est plus qu'insaisissable, inintelligible (¹) ». Et l'auteur conclut sèchement : « le Monisme *est périmé* ».

Ce jugement est-il définitif ? Toujours est-il que la philosophie contemporaine paraît devoir le justifier. L'uniformité ne nous apparaît telle, le plus souvent, que faute d'apercevoir ce dont elle est composée. Au fur et à mesure que la Science projette plus de lumière sur le monde, elle le découvre plus compliqué. Un Grec n'avait aucune idée des interférences, de la polarisation, des rayons ultraviolets et infrarouges. « A côté des ressemblances qu'elle met en vedette pour répondre à ses besoins d'unification, une science avertie remarque des différences profondes entre les choses : en dépit des théories monistes, chaque corps n'a-t-il pas ses propriétés qui le différencient de tous les autres? Mettez en présence du marbre et de l'or à des températures différentes, le plus chaud cède de sa chaleur au plus froid : elles ne s'égalisent point. Tout de même que ni la lumière ni le son ne traversent avec la même facilité toutes les substances indifféremment, chacune possède sa chaleur spécifique. L'inégalité, pourrait-on dire, est partout. C'est ainsi que les mouvements browniens de particules infini-

---

(¹) Paul GAULTIER, *La Pensée contemporaine*, p. 267.

tésimales, en suspension dans un liquide, présentent la plus extrême irrégularité. Ils échappent à toute précision. Sous des apparences uniformes, il en va pareillement, à des degrés divers, de tous les phénomènes : il n'y a de régularité qu'en gros. Aussi bien, quand on les veut approcher davantage, leur mesure exige des formules toujours plus souples, des corrections plus nombreuses et variées (¹). »

Le pluralisme paraît avoir atteint son expression la plus intransigeante, non sous la plume de W. James, qui admet bien encore le droit pour l'unité de faire partie de la réalité, mais sous celle de J.-H. Rosny (²) : l'hétérogénéité est irréductible, universelle et foncière. Tout phénomène, tout être est le produit de tout ce qui est et a été, il est le point d'entrecroisement d'une multiplicité prodigieuse de causes. Chaque chose est différente de sa voisine, et celle-ci est formée d'une infinité d'éléments eux-mêmes hétérogènes. L'analyse ici est sans limite. L'hétérogénéité fondamentale implique une discontinuité absolue. Un objet ne paraît former un tout qu'en raison des difficultés que nous éprouvons à rompre les éléments hétérogènes qui le composent. Le monde est une diversité infinie et exclusive.

Mais, dira-t-on, que devient la Science dans un univers où ne subsiste plus que le *particulier?* La Science recherche des analogies et classe les phénomènes. Assurément, elle est vouée à rester éternellement *approximative*, l'identité n'existant pas; mais elle est certaine, par contre, de ne jamais rencontrer de phénomènes qui lui soient rebelles par essence. Plus elle connaîtra, plus il lui restera de choses à connaître, et plus elle sera en mesure d'en connaître de nouvelles.

On le voit, les tendances nominalistes s'épanouissent, chez H. Rosny, en un pluralisme absolu où la Science, quoique

---

(¹) Paul GAULTIER, *La Pensée contemporaine*, p. 270.
(²) BŒX-BOREL, dit ROSNY, *Le Pluralisme* (Alcan). *Voir* aussi : *La philosophie pluraliste de M. Rosny*, par A. BORE (*Spect.*, mai 1910, p. 218, 225).

approximative, est appelée à remplir une mission toujours plus importante et jamais satisfaite. Nous la notons comme un exemple du pluralisme le plus extrême qui soit et qui, vu d'ensemble, ne manque pas de grandeur. Mais il est trop absolu, excessif pour l'époque, par ces temps de Pragmatisme où toute idée, toute analyse, poussée logiquement jusqu'à ses dernières conséquences, prend les aspects d'un système intellectualiste.

« Tout de même, dit le pluraliste P. Gaultier, ce n'est pas parce qu'il y a de la discontinuité dans le monde que le continu doit en être banni. C'est verser dans l'intellectualisme que d'exclure de la réalité l'opposé d'un concept qui lui sied (¹). » La critique moderne, tout imbue de l'ergsonisme, n'admettra pas le pluralisme radical de H. Rosny, encore qu'elle soit adversaire du Monisme; elle lui reprochera de n'avoir pas envisagé la conscience comme une force douée de simplicité et d'unité, séduite par la célèbre théorie du *stream of consciousness* de W. James et par les *Essais sur les données immédiates de la conscience;* par cette psychologie nouvelle qui admet le pluralisme dans le monde, mais l'homogène en nous, qui réhabilite le continu, la durée et la qualité; elle s'étonnera, comme devant une chose désuète, qu'une pensée philosophique puisse encore n'avoir du monde qu'une vision quantitative d'éléments discontinus. Et pour avoir exagéré, jusqu'au paroxysme, il est vrai, une tendance de notre époque, le pluralisme, M. H. Rosny verra se dresser contre lui l'époque elle-même.

Malgré les différences et les oppositions que les idées nouvelles accusent entre elles, c'est du sentiment de la vie et de la réalité *vraie* qu'elles se réclament. Le point de vue actuel est un point de vue de changement : il porte sur l'écoulement des choses ou sur leurs diversités mobiles (²). Philosophie de la pratique, correspondant aux besoins toujours changeants, chez W. James; infinie division des unités particulières en atomes dissemblables, chez H. Rosny; intuition de la vie qui

---

(¹) Paul GAULTIER, *La Pensée contemporaine*, p. 280.
(²) *Voir* CHIDE, *Le Mobilisme moderne*, Alcan.

passe et des états de conscience sans cesse renouvelés, chez H. Bergson : tous les aspects de la pensée contemporaine reflètent la mobilité du réel. Dans ce milieu ondoyant, mobile, toujours différent, les conceptions statiques, les idées éternelles, ne trouvent plus aucun appui.

Alors désemparées, isolées, elles essaient, à leur tour, de se *moderniser*.

4. Nous en trouvons un exemple dans la mésaventure arrivée aux *modernistes*. Elle signifie que sur l'histoire qui change, sur la vie qui passe, il est chimérique de planter un système éternel et rigide. L'orthodoxie ne peut trouver un point d'appui ni sur « l'écoulement des choses » que Bergson veut saisir de l'intérieur, ni sur l'évolution que le savant observe de l'extérieur; elle n'est pas plus en sécurité en se confiant à la pratique, car, qui dit pratique, dit besoins de la vie, et ceux-ci varient essentiellement. Logiquement, l'Église et ses dogmes ne sont en sécurité que sur la révélation qui suppose un autre monde où règne l'*immuable :* n'a-t-elle pas, durant des siècles, opposé son éternité à cet univers éphémère roulant vers la mort ? Comment donc le catholicisme pourrait-il, sans s'exposer aux plus grands périls, se réclamer maintenant de l'universel changement ?

Telle est cependant l'œuvre que les modernistes se proposaient d'accomplir. Entraînés dans le mouvement intellectuel de leur temps, ils n'ont pas vu tout ce qu'il avait de radicalement incompatible avec une doctrine religieuse, dont l'essence réside dans l'immuabilité et la rigidité des principes, ou, si l'on préfère, ils ont bien vu l'antagonisme dont nous parlons, mais ont conçu alors le dessein évidemment hérétique, non point, certes, d'imposer l'autorité de la religion au monde, mais, tout au contraire, de modeler, sur les idées du monde, la religion. Dès lors, ils étaient pris dans ce dilemme : ou leur tentative échouerait devant l'hostilité du catholicisme intransigeant et gardien du dogme, ou elle réussirait, mais au prix d'une concession à laquelle l'Église n'avait jamais consenti et qui constituait, pour elle, et l'abandon de ses principes, et le désaveu de ses traditions. L'Église, devant l'épreuve qui lui était offerte par ses gênants amis, s'enfermait elle-même dans le dilemme suivant: ou se moderniser, c'est-à-dire *cesser d'être* ce qu'elle fut, ou repousser la proposition des modernistes, c'est-à-dire reconnaître hautement et publiquement l'impossibilité de pactiser avec les tendances intellectuelles de l'époque, quelles qu'elles soient, avec la pensée scientifique, évolutionniste, historique, pragmatiste ou bergsonienne. Quand le Pape, par son décret (*Lamentabili*) et par son encyclique (*Pascendi*) (1907), inspiré par les néo-scolastiques de l'école de Louvain, rejeta, avec courage d'ailleurs, les offres des modernistes, de l'abbé Loisy, en particulier, il proclama, et tout critique sincèrement impartial, quelles que soient ses opinions, doit le reconnaître, le divorce total de la pensée moderne, scientifique ou philosophique, d'avec la pensée religieuse orthodoxe: il fit la coupure, dans le domaine purement intellectuel, que son prédécesseur Pie IX avait fait dans le domaine politique et social.

Nous ne chercherons pas ici ce qu'il adviendra de cette croyance orthodoxe que le monde ne suit plus et qui, hors du monde, apparaît sans soutien. Nous constatons son isolement.

Le Modernisme a été précédé, dans sa marche, d'une avant-garde brillante : Newman et Tyrel, en Angleterre; Hecker, aux États-Unis; Schell, en Allemagne; Murri et les romanciers comme Foggazaro, en Italie; Loisy, Le Roy et Blondel, en France ([1]). Peu nous importe les différences de doctrine entre

---

([1]) Il n'entre pas dans le cadre de cet ouvrage d'examiner chacun de ces auteurs. « La meilleure vue d'ensemble se trouve dans le *Catholicisme rouge* (*Il catholicismo rosso*, Naples, 1908), de Prazzolini, d'une finesse et d'une souplesse tout italiennes. » (BURDEAU, *Modernisme et Pragmatisme.*)

Citons aussi parmi les ouvrages jetant quelque lumière sur la question, outre ceux que tout le monde connaît, comme les travaux d'Alfred Loisy : *Demain*, publié sous la direction de Pierre Jay, de 1905 à 1907; *Il Rinnocamento, Revista cratica di idée e di fatti*, sous la direction d'Alfieri, Casati et Gallardi Scotti, 1907 à 1909. — L. BIROT, vicaire général d'Albi, *Le mouvement religieux*, 1910. — Dr Marcel

ces auteurs : *chez les uns et les autres, le Modernisme apparaît comme un pragmalisme religieux, un essai de réforme intérieure de l'Église, dans le but de la réconcilier avec le siècle, basé sur les idées philosophiques et scientifiques contemporaines.*

Chez le cardinal Newman, protestant anglican converti au catholicisme, la thèse nouvelle est déjà en germe : l'assentiment est autonome; il dépend de la conscience, de l'inspiration intime. L'opposition entre la foi et la raison est celle de l'assentiment réel et de l'assentiment logique. La simple logique n'émeut pas; la foi s'attachera, non à l'évidence rationnelle, mais aux faits moraux ([1]). « Sans doute, dit Burdeau, Newman a été dépassé par les modernistes et il les eût désavoués ; mais l'Individualisme est en germe dans sa théorie de l'assentiment ([2]). » Semblablement l'ex-jésuite Tyrel parle d'une vérité religieuse qui ressemble étrangement à la vérité de W. James : elle se crée, se déroule sans cesse, et prétendre la fixer est aussi vain que le serait l'effort du photographe désireux « de fixer le vol d'un oiseau ou le galop d'un cheval ». Une thèse de Blondel sur l'action est plus caractéristique encore : le point de vue de la pratique y domine, et le Pragmatisme s'y exprime, sans contestation possible. Chez Loisy et Le Roy, la nouvelle Apologétique est définitivement formée. Chez tous, on retrouve le reproche, adressé à l'orthodoxie, d'être une immobilité, une cristallisation de dogmes en formule; le désir, souvent nettement exprimé, « d'adapter » l'Eglise aux progrès de l'histoire et de la conscience, d'évoluer. « L'évolution est le grand cheval de bataille des

---

RIFAUX, *Les conditions du retour au Catholicisme : enquête philosophique et religieuse*, 1907. — P. SABATIER, *Les Modernistes*, 1909. — M. PERNOT, *La politique de Pie X*, 1910. — Marc SANGNIER, *Le Sillon : Esprit et Méthode*, 1905. — DELBOS, *Le Pragmatisme au point de vue religieux* (Conférence de *Foi et Vie*, 1910). — BOVET, *La définition pragmatique de la vérité* (Revue de Théologie et de Philosophie, mai-juin 1911, p. 173). — P. VIULLIAUD, *Le modernisme et l'ésotérisme catholique.* — CAZES, *La philosophie moderniste* (*Revue Thomiste*, mars 1910, p. 185). — *Entretiens idéalistes*, 25 janv. 1910, p. 3, 2.

([1]) *Voir* NEWMAN, *Grammaire de l'assentiment.*

([2]) BURDEAU, *Pragmatisme et Modernisme*, p. 173.

modernistes : ils ne seraient pas modernistes s'ils n'étaient pas évolutionnistes. Par l'évolution, ils se rattachent à Newman qui, quelques années avant Darwin, entrevoyait une loi générale de développement (¹) ».

Les positions étaient donc nettement prises : utiliser la pensée contemporaine dans l'intérêt de l'Église et accorder le Dogme avec les idées nouvelles.

Entre tous, l'abbé Loisy est particulièrement clair et significatif : à ses yeux, il existe une vérité religieuse, qui ne serait point révélée, donnée une fois pour toutes. Il faut rejeter, prétend-il, cette doctrine d'une vérité immuable, dessinée définitivement jusque dans ses moindres contours, intégralement fixée dès le début, conception figée qui est commune à l'orthodoxie des théologiens romains et des protestants libéraux, comme Harnack. La vérité religieuse, dit l'auteur, s'est faite peu à peu dans le peuple d'Israël, avant la révélation ; elle a continué à se faire depuis, dans l'Église et à travers l'histoire. Elle continuerait maintenant à se faire, écrit René Berthelot, analysant la théorie de l'abbé Loisy, « dans l'Église vivante, dans l'âme des fidèles, *s'adaptant* au changement des temps et satisfaisant ainsi les besoins les plus profonds de la vie spirituelle, que l'esprit des croyants interprète de plus en plus clairement (²) ».

Ainsi, l'*identique*, l'*immuable*, au cœur même de la religion, sont désavoués, reniés. L'esprit du temps souffle : la vie réclame sa part. Le Catholicisme apparaît, à certains croyants, comme embarrassé d'une scolastique pesante, d'une discipline formelle et rigide, comme faussé du fait qu'on n'a vu en lui que l'essence absolue et éternelle. Et l'abbé Loisy propose de changer de méthode : « Regardons vivre la religion chrétienne, écrit-il, et, en voyant ce dont elle a vécu depuis le commencement, ce par quoi elle se soutient, notons les traits principaux de son existence séculaire, persuadés qu'ils ne perdent rien de leur

---

(¹) Burdeau, *Op. cit.*, p. 175.
(²) René Berthelot, *Un romantisme utilitaire ; Introduction* (*Le modernisme catholique*, p. 76).

réalité ni de leur importance, pour se présenter à nous aujourd'hui *sous des couleurs qui ne sont plus celles d'autrefois.* En réduisant le Christianisme à un seul point, à une seule vérité, que la conscience de Jésus aurait perçue et révélée, on protège bien moins, qu'on ne croit, la religion contre toute attaque, attendu qu'on la prive, à peu près, *de tout contact avec la réalité,* de tout appui dans l'histoire, et de toute garantie devant la raison (¹) ».

Pragmatique également et même davantage, Édouard Le Roy, qui, en 1905, dans un article célèbre intitulé : *Qu'est-ce qu'un Dogme?* et depuis dans son ouvrage, *Dogmes et critiques,* et quelques autres travaux, indique nettement que, si la Science n'est qu'un recueil de recettes pour agir, les dogmes ne sont, eux aussi, que des préceptes d'action : ils n'augmentent pas notre connaissance, ils assignent une direction à la vie spirituelle. Les données de la Science rendent insolubles la plupart des problèmes que soulève le Dogme. Mais, selon l'auteur, la théorie pragmatique de la primauté de l'action permettrait de résoudre la difficulté, sans rien abandonner des droits de la raison et des exigences du Catholicisme. Avant tout, il faut voir, dans le Dogme, conclut E. Le Roy, une prescription d'ordre pratique et qui ne saurait comporter, au point de vue intellectuel, qu'un sens négatif et prohibitif (²). Pour prendre un exemple qui fasse comprendre clairement l'idée moderniste : le dogme de la résurrection de Jésus n'est qu'une métaphore absolument inconcevable au point de vue intellectuel. Il faut l'interpréter : Jésus n'est pas mort, cela devrait s'entendre, selon l'écrivain moderniste, dans ce sens que sa fin matérielle n'entraîna pas la fin de son influence et de son action, qu'elle ne fut pas pour lui, comme pour les autres hommes, une cessation définitive de son activité. Pour un moderniste de l'école de Le Roy, Jésus ressuscité signifie que Jésus « n'a jamais cessé d'être une source jaillissante et une règle efficace de

---

(¹) Alfred Loisy, *L'Évangile et l'Église,* p. 33. *Voir* aussi du même auteur : *Autour d'un petit Livre.*

(²) *Voir* F. Pillon, *L'année philosophique,* p. 226.

vie » (¹). Semblablement, le dogme de la transsubstantation, qui causa tant de disputes au moyen âge, est inintelligible pour le savant, si celui-ci prétend le prendre dans son sens littéral : mais il ne faut pas l'accepter comme une thèse physique. Ce dogme n'a de sens, toujours selon l'auteur, que si le fidèle, en face de l'hostie consacrée, comprend que son attitude doit être la même que celle qu'il aurait devant Jésus lui-même, et cette pensée est susceptible, nous dit-on, d'influencer profondément sa conduite. Le point de vue pratique seul donnerait une signification au Dogme (²).

Telles sont les interprétations, hardies pour des croyants soumis, par lesquelles les modernistes prétendent réconcilier la Philosophie, la Science et la Religion, tout à la fois : il suffirait de se placer au point de vue de la pratique, conseillé par le Pragmatisme, pour accomplir ce miracle.

Que faut-il conclure de l'aventure moderniste et de sa condamnation ?

C'est d'abord que le Modernisme a fait faillite. Cela ne veut pas dire que, rompant avec Rome, il n'aurait pu fonder un Protestantisme nouveau : cela signifie seulement qu'une tentative de moderniser le Catholicisme, sans le désavouer, sans en ruiner la doctrine, est impossible. Les modernistes peuvent encore se révolter : ils ne peuvent pas réformer. Or, d'où vient donc cette impuissance? Comment expliquer l'échec complet de cet essai de réformation, alors que tant de catholiques sincères pensent et disent tout bas ce que l'abbé Loisy a proclamé tout haut? Le Modernisme, dont le programme est accessible à tous, et les aspirations, presque banales, n'a point dû rebuter les esprits ! D'où vient donc qu'il fut aussi parfaitement inopérant? Faut-il en rechercher exclusivement la cause dans la condamnation prononcée par le Pape? Mais la faillite intellectuelle du Modernisme est antérieure au décret *lamentabili* et à la bulle

---

(¹) BURDEAU, *Pragmatisme et Modernisme*, p. 156.
(²) *Voir* G. BOREL, dans la *Revue générale de critique et de bibliographie*, mai 1907.

pontificale; car, fut-on évêque ou libre penseur, il est trop évident que la Religion, selon Loisy ou Le Roy, n'a plus du Catholicisme que le nom, puisque le libre examen et la libre interprétation y sont substitués à l'autorité indiscutable, principe même du Catholicisme. On ne réforme pas ce qu'on détruit. En tant que *réformatrice*, et la théorie des Loisy et des Le Roy n'aspire qu'à ce rôle, la pensée moderniste se détruisit elle-même, dès son apparition. Quel vice caché, quel germe de mort portait-elle donc en elle ?

La réponse s'impose: les modernistes ont voulu donner, au Dogme immuable, un appui sur les conceptions scientifiques qui s'inspirent de l'*évolution* et de l'*adaptation*, et sur les conceptions philosophiques qui aspirent à saisir la vie dans son changement et ses variations incessantes. Ils ont tenté l'impossible : réconcilier l'*immuable* avec le *changement*, le mort avec le vivant, l'immobilité avec le mouvement, le *tout fait* et dont l'état est à jamais le même, avec *ce qui se fait*, ce qui se déroule en histoire et en vicissitudes ininterrompues. Dans la mêlée vivante, remuante, agitée, bigarrée des idées, ils ont jeté le « squelette pétrifié », dont parle E. Le Roy, et les « idées momies ». Alors, pareil à ces êtres morts depuis des siècles, aux attitudes immobilisées, qui dorment sous les ruines des cités anciennes et tombent en poussière au contact de l'air, le catholicisme dogmatique, tout à coup dépaysé, s'évanouit en eux.

La vie et la réalité veulent qu'on soit né d'elles, pour vivre avec elles.

LIVRE II.

LE PROBLÈME DE LA MATIÈRE.
LES ÉNERGÉTISTES CONTRE LES MÉCANISTES.

CHAPITRE I.

1. Atomisme et Mécanisme : de Démocrite à Newton. Les principes classiques de la Mécanique. — 2. Le Mécanisme moderne : J. Perrin.

---

1. Il y a plus de deux mille ans que Démocrite professait sa théorie atomique du monde et que Lucrèce disait : « Rien ne vient de rien, rien ne retourne à rien ». Pour le philosophe, comme pour le poète, l'atome est éternel et immuable : c'est l'Atome-Dieu. Ces idées ne sont peut-être plus celles des poètes de nos jours : elles sont restées celles des philosophes matérialistes contemporains et constituaient, jusqu'à ces derniers temps, l'hypothèse classique de la Science.

Ainsi, un penseur de la Thrace, qui vivait quatre cents ans avant notre ère, et qui s'était crevé les yeux pour ne rien voir des phénomènes extérieurs, donnait, à la Science expérimentale actuelle, une explication de l'univers qu'il avait trouvée par la seule méthode d'une intense spéculation intellectuelle ! Une idée expliquait les faits, à notre époque où les faits sont tout. Si l'on se rappelle que Démocrite s'était instruit aux leçons d'Anaxagore, pour qui le monde était composé d'une infinité d'*homœoméries*, que ce dernier avait lui-même puisé dans l'enseignement d'Anaximène de Milet, qui proposait l'air pour principe premier, et dans Hermotime, qui proposait l'esprit, on saisit la genèse même de l'Atome, simple construction de la pensée, et pourquoi cet Atome, à travers les siècles, devait, de par ses origines, conserver les qualités des Divinités Olympiennes : l'immortalité.

Mais notre siècle est sans respect : les Dieux sont morts, l'Atome se meurt.

Il faut reconnaître que, avant de mourir, l'Atome classique a fourni une longue et glorieuse carrière : au xvie et au xviie siècles, il se présente aux savants qui l'adoptent. C'est l'époque de la renaissance des études scientifiques : les grandes découvertes de Copernic et de Galilée ramènent l'attention sur les problèmes cosmologiques et, par suite, sur l'essence de la matière. Gassendi, dans son ouvrage intitulé : *Exercitationes paradoxicæ contra Aristotelem*, défend le système d'Épicure, et fait siennes les idées de Lucrèce. Pour Descartes, l'essence de la matière, c'est l'étendue : tout ce qui s'y passe peut donc s'exprimer mathématiquement. Quand une partie de la matière se meut, une autre prend immédiatement sa place : tous ses mouvements sont curvilignes et forment un tourbillon. C'est un Mécanisme géométrique qui explique le monde. Sans doute, cette théorie apparaît bien différente de celle de Démocrite. Un examen plus approfondi permet de saisir cependant des analogies frappantes entre les deux doctrines et qui en expliquent le succès : il y a dans la théorie de Descartes, comme dans celle de Démocrite, une *réduction de la qualité à la quantité*, et rien n'est plus conforme aux tendances générales de la Science. Chez l'un, le nombre des atomes (l'atome étant l'unité) forme une quantité discontinue; chez l'autre, l'étendue constitue une quantité continue. L'un a fondé un mécanisme arithmétique; l'autre, un mécanisme géométrique. Dès lors, l'intelligence est dans son milieu : la quantité. Et la science moderne peut se développer.

Et cependant, l'explication dernière, la théorie classique arrivée à maturité, ne fut ni simplement arithmétique, ni exclusivement géométrique : elle fut physique et mécanique. La Mécanique, dont l'application journalière règne dans le domaine de la pratique, semble régner aussi en souveraine dans le domaine de la spéculation pure. C'est la partie de la Physique la p'us susceptible d'application utilitaire qui nous donne le mot d'ordre de l'univers. Le même principe qui permit à Pascal de construire l'humble brouette de nos paysans, se révèle comme la pensée du monde. Et l'homme, courbé vers la terre, y trouve la force qui, au-dessus de sa tête, dirige sans les heurter les astres dans l'espace. Leçon naturelle que feraient bien de méditer ceux qui veulent restreindre les prétentions de l'esprit humain aux seules utilités, comme si la fierté, donc la force humaine, n'était pas dans la revendication incessante de la vérité totale !

Les principes de la Mécanique furent déduits par Galilée, Huyghens et Newton. C'est à Galilée qu'on doit le premier exemple de la résolution d'un problème de dynamique, c'est lui qui a trouvé les lois de la chute des graves et celle du mouvement parabolique des projectiles, d'où se dégage le principe de l'indépendance des effets des forces.

Le rôle de Huyghens a été résumé ainsi par le professeur Mach : « Parmi les successeurs de Galilée, on doit considérer Huyghens comme son égal à tous égards. Peut-être avait-il l'esprit moins philosophique, mais il compensait cette infériorité par son génie de géomètre. Non seulement Huyghens poussa plus loin les recherches commencées par Galilée, mais il résolut, l'un des premiers, le problème de la *dynamique de plusieurs masses*, alors que Galilée s'était toujours limité à la *dynamique d'un seul* corps » (¹). Avec Huyghens, la science mécanique entre en possession de ses lois essentielles.

Enfin, Newton affirme le principe d'égalité entre l'action et la réaction, constitue définitivement la Dynamique et, appliquant les règles désormais établies aux recherches géométriques de Kepler, énonce la loi de la gravitation universelle : les molécules s'attirent en raison directe de leur masse et en raison inverse du carré des distances. Les principales conséquences de la nouvelle découverte furent exposées dans les *Principes de la Philosophie naturelle*, parus en 1687, dont Lagrange

---

(¹) Cité par M. Émile PICARD, *La science moderne et son état actuel*, p. 104.

a pu dire qu'ils étaient « la plus haute production de l'esprit humain. »

Ainsi, une science nouvelle s'est fondée : la Mécanique et principalement cette partie de la Mécanique : la Dynamique qui traite des relations entre les causes du mouvement ou forces et les systèmes matériels auxquels ces forces sont appliquées. L'Univers va donc être considéré comme un composé d'atomes indestructibles, éternels, qui obéissent aux lois du mouvement, aux actions mécaniques désormais connues et précisées mathématiquement. Tout s'expliquera de ce point de vue : la théorie atomique et mécanique va absorber le monde. *Explication scientifique signifiera : réduction des phénomènes à l'explication atomo-mécaniste.* Et Le Dantec appellera *erreur* tout ce qui n'est pas explicable mécaniquement. L'esprit humain n'emploiera plus qu'une méthode : avec la masse et le mouvement, tels que la science mécanique les définit, résoudre le problème de l'Univers. Son succès fut universel : Leibnitz affirme que la doctrine n'est pas une simple induction expérimentale, mais une vérité évidente par elle-même : « Tout se fait mécaniquement dans la nature, principe qu'on peut rendre certain par la seule raison et jamais par les expériences, quelque nombre qu'on en fasse » (¹).

Huyghens déclare : « Dans la vraie philosophie, les causes de tous les effets naturels sont, et d'après moi, doivent être conçus mécaniquement sous peine de renoncer à ne rien comprendre en Physique » (*Hugenii opp. religira*, Amst., 1728, vol. I, p. 2).

Et dans le premier Traité étendu de Physique qui fut publié, celui de Musschenbroek, l'auteur avance comme un axiome : « Aucun changement n'est produit dans un corps qui n'ait pour cause un mouvement » (MUSSCHENBROEK, *Introv. ad. philos. naturalem*, vol. I, cap. I, § 18, édit. Patar, 1768).

Dans la seconde moitié du XIXᵉ siècle, à la suite des découvertes faites en Chimie organique à l'aide de la théorie atomique, des révélations du spectroscope, de l'énonciation

---

(¹) LEIBNITZ, *Nouveaux essais*, édit. Eppmann, p. 383.

de la loi de la conservation de l'énergie, de la théorie mécanique de la chaleur et de la théorie cinétique des gaz, la majorité des savants confirme encore cette proposition que le but et l'objet véritable de toute science physique est une réduction des phénomènes de la nature à un système mécanique cohérent. Kirchhoff, un des inventeurs de l'analyse spectrale, écrit en 1865 : « Le but suprême auquel les Sciences naturelles sont contraintes de viser, mais qu'elles n'atteindront jamais, c'est la détermination des forces présentes dans la nature et de l'état de la matière à un moment donné; en un mot, *la réduction de tous les phénomènes de la nature à la Mécanique.* » (KIRCHHOFF, *Ueber das Ziel der Naturwissenschaften*, Heidelberg, 1865, S. 9-24).

Helmholtz disait, dans le même sens : « L'objet des Sciences naturelles est de trouver les mouvements sur lesquels tous les autres changements sont basés, et les forces motrices correspondantes; de les ramener elles-mêmes à la Mécanique. » (HELMHOLTZ, *Populaerwissenschaftliche Vortraege*, S. 1-93). Clerck Maxwell n'est pas moins net : « Quand un phénomène physique peut être complètement décrit comme un changement dans la configuration et le mouvement d'un système matériel, on dit que l'explication dynamique de ce phénomène est complète. Nous ne pouvons pas concevoir qu'une explication ultérieure soit ou nécessaire, ou possible, car, dès que nous savons ce que signifient les mots configuration, masse et force, nous voyons que les idées qu'ils représentent sont si élémentaires qu'elles ne peuvent pas être expliquées par autre chose. » [CLERCK MAXWELL, *Sur l'évidence de la conception dynamique de la constitution moléculaire des corps* (*Nature*, 4 et 11 mars 1875).] Berthelot ne cessa d'utiliser la même méthode (BERTHELOT, *Sciences et Philosophie : Lettre à Renan*, p. 9).

Les physiologistes parlent dans le même sens : « Chaque analyse de l'organisme, dit Ludwig, en 1852, a mis en lumière le nombre des atomes chimiques, la présence de l'éther, véhicule de la lumière et celle des fluides électriques. Ces données conduisent à cette inférence que tous les phénomènes de la vie animale sont simplement des conséquences, des attractions et des répulsions résultant du concours de ces substances élémentaires » (LUDWIG, *Lehrbuch der Physiologie der Menschen*, Z. Einleitung, p. 2).

Wundt s'exprime de la même manière : « La physiologie apparaît comme une branche de la physique appliquée, son problème étant *la réduction des phénomènes vitaux aux lois fondamentales de la Mécanique* » (WUNDT, *id.*, 4te Auflage, p. 2). Haeckel écrit : « La théorie générale de l'évolution... suppose que, dans la nature, il y a un vaste processus de développement, un, continuel et éternel, et *que tous les phénomènes naturels, sans exception, depuis le mouvement des corps célestes et la chute de la pierre qui roule, jusqu'à la croissance des plantes et la conscience de l'homme, sont soumis à la même grande loi de causalité; qu'ils doivent, en fin de compte, être réduits à la Mécanique atomique* » (HAECKEL, *Freie Wissenchaft und freie Lehre*, p. 910). Et dans le même sens, Huxley parle de « cette conception purement mécanique vers laquelle tendent les efforts de la physiologie moderne » (LAZ, *Sermons; Adresses and reviews*, p. 331).

Jamais une théorie n'obtint un succès aussi unanime.

D'une façon générale, on peut dire que la Physique contemporaine a adopté l'hypothèse atomo-mécanique. Nous verrons plus loin comment l'étude de l'électricité et de la radioactivité des corps entraîna, chez certains savants, un changement des idées reçues sur la constitution de la matière, et l'attitude nettement hostile prise par les *énergétistes*. Pour l'instant, et pour plus de clarté, contentons-nous de résumer les principes essentiels de la théorie atomo-mécanique, explication la plus communément reçue de tous les phénomènes de l'Univers :

Principes mécaniques. — 1° Les éléments primaires de tous les phénomènes naturels, les résultats ultimes de l'analyse scientifique, sont la Masse et le Mouvement.

2° La Masse et le Mouvement sont distincts. La Masse est indépendante du mouvement qui peut lui être donné ou retiré par une transmission de mouvement d'une masse à une autre.

La masse reste la même, qu'elle soit en repos ou en mouvement.

3º La Masse et le Mouvement sont constants.

Parmi les corollaires de la première et de la seconde de ces propositions, il y en a deux aussi évidents qu'importants : l'inertie et l'homogénéité de la masse. Comme la masse et le mouvement diffèrent d'une manière radicale, il est clair que la masse ne peut pas être mouvement ou cause de mouvement : elle est inerte. La masse en elle-même ne peut pas non plus être hétérogène, car toute hétérogénéité est une différence, et toute différence est causée par un mouvement.

4º *Loi de Newton* : les corps s'attirent en raison directe de leur masse et en raison inverse du carré des distances.

Principes atomiques. — Aux propositions ci-dessus énoncées, bases de toute mécanique, explication de tout mouvement, changement, différence, il faut ajouter les principes suivants qui, joints aux précédents, constituent le fondement de la théorie atomo-mécanique :

5º Les unités élémentaires de masse étant simples, sont égales sous tous les rapports. Ceci n'est manifestement rien de plus que l'affirmation de l'homogénéité de la masse. L'atome est indestructible, puisque la masse est constante. « Rien ne se perd, rien ne se crée ».

6º Les unités élémentaires de masse sont absolument dures et inélastiques, conséquences nécessaires de leur simplicité qui exclut tout mouvement des parties et, par suite, tout changement de forme. La matière est composée de parties discrètes : les atomes constituants étant séparés par des espaces intersticiels vides. A la continuité de l'espace s'oppose la discontinuité de la matière. L'expansion d'un corps est simplement un accroissement; sa contraction, une diminution des espaces qui séparent les atomes. L'atome est indivisible.

7º Les unités élémentaires de masse sont absolument inertes et, par suite, purement passives; d'où il résulte qu'il ne peut y avoir aucune action mutuelle entre elles, autre que le déplacement de l'une par l'autre, causé par une impulsion du dehors.

8º Toute énergie, dite potentielle, est en réalité motrice.

Le mot énergie, dans le langage de la Physique moderne, désigne la cause du mouvement. Un mouvement ne peut provenir que d'un mouvement, ni se convertir qu'en un mouvement. Les unités invariables de masse sont inertes, quelle que soit leur position. Une énergie due à la position seule est impossible (¹).

2. Pour donner une idée de la conception moderne des théories physiques mécanistes, on pourrait décrire une des nombreuses constructions figuratives particulières qui ont été tentées : il semble préférable de s'adresser à un savant qui a exposé les principes fondamentaux du mécanisme actuel, en dehors de toute hypothèse particulière sur la constitution de la matière. En examinant la physique de J. Perrin, par exemple, et en la comparant à celle des énergétistes comme Oswald, Mach et Duhem, la divergence des points de vue apparaîtra, d'autant plus que, chez J. Perrin, « la tendance mécaniste est de parti pris réfrénée et son influence réduite au minimum » (²).

J. Perrin commence par définir la *force*. La force est une *quantité donnée par l'expérience :* « Je montrerai, dit-il, comment, à ce mot unique de *force*, correspondent en réalité plusieurs idées distinctes, *successivement imposées par l'expérience,* et qui possèdent en commun des caractères assez essentiels, pour qu'il soit en effet utile de les exprimer par un terme unique.

» Pour cela, *je ferai d'abord appel à des données expérimentales extrêmement familières,* et qui joueront pour nous un peu le rôle que jouent, pour un géomètre, les modèles grossiers, mais tangibles, à partir desquels il s'élève aux concepts de surfaces, de lignes ou points. »

La première de ces données est la sensation de l'effort musculaire et la déformation qui en résulte et qui se traduit

---

(¹) *Voir* notamment : STALLO, *La matière et la Physique moderne.*

(²) A. REY, *Mécanisme et Énergétique,* Alcan, 1910, p. 6. — *Voir,* sur cette question, le résumé de cet auteur dans l'ouvrage cité : *Mécanisme et Énergétique.*

dans la chose à laquelle elle s'applique. Cette déformation nous permettra de mesurer la force. Le cas le plus simple où se présente cette déformation, mesure de la force, est, par exemple, la tension d'un fil élastique, « une fois définie et mesurée, la tension d'un fil, on peut définir et mesurer la pression à l'intérieur d'un fluide. » On dote le mot force d'un sens bien précis : « Un fil tendu fixé à un point applique *une force* à ce point. Cette définition *s'étend et se généralise* quand on considère la *pression*, les *forces de contact*, le *poids*, etc. Tous ces effets peuvent se représenter comme résultats d'une tension d'un fil, et les forces apparaissent toujours, par suite, comme *pouvant être représentées par de tels fils et figurées par des vecteurs*, ayant pour origine, le point d'application, pour direction, celle du fil qui produit la force, pour sens, le sens qui va du point d'application aux autres points du fil, et pour longueur, une longueur mesurée par le même nombre que la force. »

En certains cas exceptionnels, les fils ainsi imaginés ne suffisent pas à maintenir en équilibre le corps auquel ils sont attachés.

Tout se passe alors comme s'il était sollicité par de nouveaux fils invisibles : ce sont alors les forces de seconde espèce. Les vecteurs qui représentent toutes les forces, ainsi définies, jouent un rôle semblable en ceci que, sans distinction d'origine, la somme de leurs projections sur un axe quelconque est nulle, et que la somme de leurs moments, par rapport à un axe quelconque, est nulle.

« Il est tout à fait évident qu'on peut toujours trouver un système de vecteurs satisfaisant à cette condition d'équilibrer un autre système donné. On le peut même d'une infinité de manières, et, si l'expérience ne nous apprenait rien de plus, l'introduction des forces de seconde espèce ne serait qu'un artifice mathématique.

« *Ce qui est remarquable, c'est qu'il existe une solution simple de ce problème indéterminé et qu'on ait su trouver cette solution.*

» En d'autres termes, on a su, *par expérience et par induction*, atteindre à des lois *excessivement simples*, permettant d'affirmer à l'avance que, dans telles conditions, tel système *bien déterminé* de forces de seconde espèce équilibrera les forces de contact appliquées à un corps donné. Si donc ces dernières forces sont inconnues, on aura, par là même, un renseignement sur elles : c'est ainsi que nous avons pu calculer la différence des pressions en deux points d'un fluide. Cet exemple nous fait concevoir comment la considération de forces de seconde espèce, *aisément calculables*, peut faciliter la prévision des phénomènes. »

Les lois qui permettent cette prévision sont la Statique et la Dynamique. La première suppose que le corps *en expérience* est immobile par rapport au sol; la seconde passe au cas général d'un mouvement quelconque. Les notions fondamentales de la statique sont le poids et la masse, les lois de la conservation de la masse et de l'attraction universelle, les lois de l'électrostatique, qui, modifiées par Lorentz, permettent à leur tour de considérer les précédentes comme un résidu d'actions électriques. « C'est par la mécanique simpliste et privilégiée de Newton qu'on a pu ensuite atteindre des lois plus générales. Celles-ci, tout en modifiant profondément notre idée de la nature, n'en peuvent pas moins laisser légitimement la Mécanique rationnelle à la base de la Physique, comme la première approximation qui permet, par des extensions successives, une vue plus compréhensive des choses. Les lois des forces magnétiques, radioactives, lumineuses, se relient de plus en plus aisément aux précédentes, à la suite d'expériences qui nous révèlent à mesure l'identité fondamentale de ces forces avec les forces électriques. » C'est ici que viendrait se brancher tout naturellement une hypothèse sur la constitution de la matière.

On passe ensuite aux principes de la Dynamique, suite naturelle de la Statique. S'appuyant sur l'expérience, il s'agit cette fois de déterminer les lois des phénomènes étudiés, lorsque intervient cette complication : le mouvement et avec lui, les notions nouvelles : vitesse, accélération. Les lois, mises en œuvre ici, sont le principe d'inertie, le principe de d'Alembert, le principe de l'action du milieu, qui, progressivement, nous permettront d'aboutir aux lois relatives à l'énergie.

« Deux corps, dit Perrin, sont en repos ou en mouvement,

l'un par rapport à l'autre, suivant que leur position relative reste invariable ou varie. Les expressions vicieuses de *repos absolu, mouvement absolu*, doivent être rejetées ; et, quand on voit figurer dans une phrase les mots de *repos* ou de *mouvement*, on doit toujours se demander à quoi se rapporte ce repos ou ce mouvement. De même, la trajectoire d'un mobile dépend absolument des axes auxquels on la rapporte : un point du pourtour d'une roue de voiture décrit une circonférence par rapport à la voiture, une cycloïde par rapport au sol. »

Après avoir défini la vitesse et l'accélération, J. Perrin va montrer, « par approximations successives, comment on peut atteindre à une solution *simple* du problème sur la recherche des forces de seconde espèce appliquées à un corps, dans le cas général où ce corps est animé d'un mouvement quelconque par rapport au sol. » Il part de l'*examen d'un cas particulier* qui lui permet de définir la force centrifuge. Il montre qu'elle n'est ni plus ni moins réelle que toute autre force de seconde espèce. Il introduit alors la considération du coefficient d'inertie et des forces d'*inertie*, et donne une première forme approchée de la *loi d'inertie* :

En chaque point de la trajectoire que décrit un point matériel par rapport au sol, il y a équilibre entre les vecteurs qui représentent : les forces de contact, le poids, les différentes forces de seconde espèce qui se calculent par application des lois de Newton, de Coulomb, de Laplace, etc., et la force d'inertie.

« Il paraît inutile d'insister sur l'importance évidente de cette loi et sur la facilité avec laquelle elle se prête à la prévision des phénomènes. Par exemple, on pourra prévoir, avec exactitude, la trajectoire d'un corps donné au travers d'un champ de force donné, pourvu que l'on connaisse la position et la vitesse initiale du point. »

Rien ne sera plus facile alors que de retrouver par exemple, la loi de la chute des corps dans le vide, « cas particulier de la loi d'inertie et qui, en réalité, la suggéra ».

Jusqu'ici tous les mouvements ont été rapportés au sol. Dans ces conditions, la loi d'inertie n'est pas tout à fait exacte. Le coefficient d'inertie ne se trouve pas défini avec une précision parfaite. Mais il est possible d'atteindre à une loi rigoureuse, dont l'énoncé précédent donne seulement une expression approchée.... Nous avons rapporté les mouvements au sol, c'est-à-dire, à la terre, considérée comme étant un corps de forme invariable. Or, le choix de la terre, comme système de référence, peut bien être commode, mais ne s'impose nullement. Nous pouvons donc espérer qu'un choix plus heureux nous conduise à la connaissance d'une loi semblable, en ses grands traits, à celle qu'on vient d'énoncer, mais rigoureusement exacte.

Pour obtenir ce résultat, on se laissera guider par l'*induction rationnelle*. Il suffira de changer les axes de référence, de prendre un système de référence (par exemple, le système défini par le centre de gravité du système solaire et par les étoiles) qui possède la propriété suivante :

« Soit J l'accélération dans ce système d'un point matériel quelconque de masse m, et convenons de dire que le vecteur ($-m$ J) représente la forme d'inertie appliquée à ce point matériel.

» Il y a équilibre, à chaque instant, entre les vecteurs qui représentent les forces de contact; les forces calculables par les lois de Newton, Coulomb, Laplace, etc.; et la force d'inertie. Dès lors que l'on connaît un tel système, on en connaît une infinité assujettis à cette seule condition que le mouvement relatif de deux quelconques d'entre eux soit un mouvement de translation rectiligne uniforme au degré actuel et de précision des mesures; les axes de Newton nous donnent l'un de ces systèmes.

» Le lecteur a reconnu dans l'énoncé le *principe de d'Alembert*.

» Je me suis efforcé dans cette analyse, ajoute J. Perrin, de *distinguer soigneusement ce qui est convention de langage et ce qui est fait d'expérience*. On pourrait peut-être exprimer, de bien des manières, le principe d'inertie et la forme à laquelle on s'est arrêté d'un commun accord, pour être probablement la plus simple, n'a rien de nécessaire. *Ce qui est nécessaire, ce qui est essentiel au point de vue expérimental*, sans impliquer aucun choix d'axes, tient sans doute en ceci :

» Étant connues, à un certain instant, les positions et les vitesses, relations des points matériels qui forment l'univers, on a les éléments nécessaires pour déterminer la configuration formée par ces points à tout instant ultérieur ou antérieur.

. . . .

« Pour tout système matériel, il y a équilibre à chaque instant entre les vecteurs qui représentent les forces de contact appliquées à la périphérie du système; les forces que détermine, par application des lois de Newton, de Coulomb et de Laplace, la considération des corps étrangers au système; et les forces d'inertie. Cela donne des conditions nécessairement vérifiées à chaque instant. »

Ces principes établis, J. Perrin rejette, au nom de l'expérience, les théories de l'action à distance, et propose d'adopter la conception d'un milieu agissant, c'est-à-dire, la *conception physique de l'éther*. L'espace vide, que nous appelons éther, est capable d'exercer des actions variées sur la matière, et, en particulier, d'éveiller certaines sensations, telles que les sensations lumineuses. Si l'on convient qu'il y a réalité, quand il y a possibilité de sensation, l'éther n'est ni plus ni moins réel que la matière. Mais, si vous admettez l'action du milieu, il est impossible de considérer que l'état actuel de la matière détermine seul son avenir. « J'ai fait observer que la loi d'inertie supposée exacte donne en principe le moyen de calculer, pour un instant quelconque, les positions et les vitesses relatives des différents points de l'univers matériel, dès lors qu'on les connaît pour un certain instant. En rejetant les actions à distance, nous sommes obligés à ne voir en ce résultat qu'une approximation plus ou moins haute. L'état actuel de la matière seule ne suffit plus à déterminer son avenir : il faut, en plus, connaître tout le passé de cette matière, ou, si on le préfère, il faut connaître l'état actuel de la matière et *de l'éther*. »

Tel est l'énoncé des principes généraux de la Mécanique, qui régissent *toutes les transformations possibles*.

Cependant, l'examen des facteurs d'action (pression, tension, température, radiation, etc.), ne suffit pas; il faut envisager les transformations réelles que provoquent ces facteurs : « C'est ce que nous allons faire maintenant; nous atteindrons ainsi à l'énoncé de certaines lois restrictives extrêmement générales, qui, dans l'infinie variété des transformations imaginables, délimitent le champ des possibles et nous préviennent à l'avance de l'inutilité de certains efforts. » *L'expérience* va encore contraindre à ces restrictions.

« Parmi ces lois fondamentales, figure le *principe d'équivalence* dont nous nous occuperons tout d'abord et dont on peut dire, en s'aidant d'une comparaison grossière, qu'il nous renseigne sur le prix dont il faut acheter un résultat donné.

» Les difficultés qu'on éprouve à exposer et à comprendre ce principe me paraissent tenir pour une grande part à l'imperfection du langage employé et à l'abus de considérations métaphysiques. J'ai donc cherché surtout à éviter ces deux inconvénients, me résignant, lorsque je l'ai cru nécessaire, à employer des expressions nouvelles. »

La notion de changement sera définie par l'état initial et final. « Lorsqu'on dit qu'une fonction y de la variable x prend l'accroissement $(y_2 - y_1)$, quand la variable subit l'accroissement $(x_2 - x_1)$, on ne fait aucune hypothèse sur les valeurs intermédiaires que prend la fonction dans l'intervalle (x_1, x_2).

« De même, ajoute J. Perrin, je considérerai le *changement* d'un système comme entièrement défini par la connaissance de l'état initial A et de l'état final B du système considéré, quels que puissent être les états intermédiaires pris successivement par ce système durant l'intervalle de temps considéré ou, en d'autres termes, quelle que soit l'évolution du système entre les états A et B.

» Le passage d'un de ces états à l'autre peut se faire d'une infinité de manières, de même qu'il existe une infinité de chemins qui mènent d'un point à un autre; mais cela n'importe pas : c'est la différence brute entre l'état initial et l'état final qui définit le changement.

» Par exemple, le changement subi par 1^{kg} d'eau, d'abord solide à $0°$, puis liquide à la même température, est défini par là même, et sans qu'on ait à se préoccuper de savoir si l'on a obtenu ce résultat en mettant la glace sur un fourneau ou en la soumettant à des frottements, ou en la sublimant, puis en la condensant ou de toute autre manière.

» J'insiste bien sur ce point qu'un changement est entièrement défini par la différence brute entre l'état initial et l'état final. Si, par exemple, nous comprimons une masse gazeuse, nous ne cherchons pas à décomposer ce changement en fractions séparément relatives aux différentes propriétés, température, densité, indice de réfraction, etc. Bien entendu, cela ne nous est pas interdit ; mais, en général, une telle décomposition n'aurait aucun sens précis, et il nous suffira de regarder le changement du gaz comme un tout, donné par l'expérience. Au contraire, et comme la décomposition présente alors un sens parfaitement net, s'il arrive qu'un système soit décomposable en systèmes partiels, faciles à délimiter (par exemple, 1^g de soufre à côté de 1^g d'eau), nous pourrons toujours regarder le changement total comme formé par la juxtaposition des changements des deux systèmes partiels. »

Par application de sa méthode, J. Perrin étudie ensuite quelques cas simples et remarquables, et montre qu'une généralisation est possible. Il considère successivement les machines simples, les changements thermiques, les frottements. Ainsi, dans le premier cas, on constate que l'élévation d'un poids neutralise l'abaissement d'un autre et d'un autre seulement, d'où la généralisation suivante : si, au prix d'un changement C, on obtient un changement K, on ne pourra jamais, de quelque façon qu'on s'y prenne, obtenir, au prix de ce même changement C, un changement (K + K′) : c'est le principe de l'*équivalence des différents mécanismes*. Dans les deux autres cas, ce principe se vérifie, sauf dans le cas d'un changement indifférent :

« En résumé, trois études d'objet très différent relatives : 1º aux machines simples ; 2º à la calorimétrie et à la thermochimie ; 3º aux frottements, nous ont conduits à admettre trois principes partiels, respectivement relatifs aux trois catégories de phénomènes ainsi étudiées.

» J'ai montré que chacun de ces principes partiels est

exprimable par un énoncé beaucoup plus général, le même pour les trois cas, et qui, en tenant compte de la retouche imposée par le dernier exemple, semble pouvoir être applicable à toute catégorie de phénomènes. Nous admettrons, sans pouvoir songer à le démontrer, que cet énoncé général, qui s'est trouvé convenir à des phénomènes très différents, est toujours vérifié, et nous dirons :

» Si, au prix d'un changement C, on a pu obtenir un changement K, on n'obtiendra jamais, pour le même prix, quel que soit le mécanisme utilisé, tout d'abord le changement K, et, en surplus, un autre changement, à moins que ce dernier ne soit de ceux dont on sait par ailleurs qu'ils ne coûtent rien à produire ou à détruire. Ou bien, en un langage plus correct et moins expressif :

» Si l'on a une fois neutralisé le changement C par un changement K, on n'arrivera jamais, de quelque manière qu'on s'y prenne, à neutraliser ce même changement C par un changement (K + K'), à moins que le changement additionnel K' ne soit indifférent.

» Telle me paraît être la forme la plus générale de ce principe d'équivalence des mécanismes. »

A présent que nous connaissons le principe d'équivalence, nous sommes en mesure de montrer comment on peut faire correspondre, à tout changement, un nombre positif ou négatif, qui résume ce qu'on peut attendre de l'effet extérieur de ce changement, quelle que soit la façon dont il se produit. Ce nombre représentera ce qu'on appelle l'*énergie d'un système*.

Quand des changements sont très analogues et, surtout, quand ils peuvent apparaître, grâce à l'emploi de mécanismes analogues, nous disons qu'ils traduisent une même forme d'énergie. Cette façon de parler serait fort dangereuse si elle devait nous conduire à la conception d'une énergie, entité mystérieuse, qui se laisserait deviner derrière tous les phénomènes matériels. Il serait, pour J. Perrin, également inexact de penser, comme Duhem et les énergétistes, qu'il y a différentes formes d'énergie qualitativement différentes. « Je crois bon d'observer ici que les expressions travail mécanique, travail électrique et quantité de chaleur, ne désignent pas du tout, comme on le dit, en général, des formes d'énergie différentes, mais expriment seulement la part que les différents facteurs d'action ont pris dans une transformation donnée : ce sont des *certificats d'origine*.

« Précisons cette idée par un exemple : supposons qu'on fasse fondre de la glace dans un récipient contenant de la glace fondante. Il n'y a pas nécessairement lieu de dire que ce système reçoit de la chaleur, car, s'il est vrai qu'on peut obtenir le résultat indiqué en chauffant le système, on peut aussi bien y arriver par l'abaissement d'un poids ; en ce cas, toute l'énergie reçue par le système est d'origine mécanique. Un même changement peut donc avoir une origine thermique ou une origine mécanique, et cela n'a pas de sens de voir en ce changement une quantité de chaleur plutôt qu'un travail. »

Il convient ici d'attirer spécialement l'attention, d'une part, sur ce que nous appelons l'énergie *potentielle*, l'énergie interne d'un champ de force : cette énergie doit être considérée comme localisée dans l'éther ; d'autre part, sur l'énergie dite *cinétique*, qui se rapporte aux changements définis par une variation dans la vitesse que possède un mobile relativement à des axes de Galilée. Le principe de la *conservation de l'énergie* résulte des énoncés qui précèdent et du principe de l'équivalence des mécanismes. Il faut noter que la valeur de la variation de l'énergie cinétique $\left(\dfrac{\Sigma m v^2}{2}\right)$ n'est bien certaine que dans les limites où la loi d'inertie a été vérifiée, c'est-à-dire pour des vitesses inférieures à 100^{km} par seconde. L'expression des variations d'énergie est donc relative et *dérive des propositions antérieures de la Mécanique*.

Ce serait donc illogique, dit J. Perrin, de la prendre, comme dans l'énergétique, pour point de départ, et d'en tirer les lois de la Mécanique. A procéder ainsi, on oublie les conditions mêmes qui permettent de la formuler.

Enfin, après le principe de la *conservation de l'énergie*, le principe de Carnot : « J'ai fait observer, dit à ce sujet J. Perrin, que le principe de l'équivalence n'introduit aucune dissymétrie entre un changement isolable et le changement inverse. Pourtant, cette dissymétrie existe : je dois à M. Langevin d'avoir compris qu'elle trouve son expression dans le *second principe* de la Thermodynamique ou *principe de Carnot-Clausius*, et c'est sur son conseil que j'ai choisi pour ce principe l'énoncé qu'on va lire.

» Montrons d'abord, brièvement, comment cet énoncé peut être suggéré.

» Nous avons vu qu'on peut fondre de la glace en laissant tomber un poids. Au seul point de vue du principe d'équivalence, il ne serait pas absurde qu'on pût, en congelant de l'eau, remonter le poids. Pourtant, cela n'a pas lieu, et l'on ne sait pas, de quelque manière qu'on s'y prenne, obtenir un changement isolé qui se réduise en définitive à l'élévation d'un poids et à la congélation de l'eau. Nous affirmerons qu'il est impossible d'obtenir un tel changement.

» De même, nous avons vu qu'on peut fondre de la glace en solidifiant du plomb. Il ne serait pas en contradiction avec le premier principe qu'on pût obtenir la fusion d'un morceau de plomb au prix de la congélation d'une certaine quantité d'eau. De façon plus précise, dès lors qu'on peut fondre 1^g de glace en solidifiant $13^g,65$ de plomb, il ne serait pas en contradiction avec le premier principe qu'en fondant $13^g,65$ de plomb, on pût congeler 1^g d'eau, et la somme des nombres mesurant les deux changements ainsi réalisés serait bien nulle ainsi qu'il est nécessaire. Pourtant, quel que soit le mécanisme imaginé jusqu'ici, on n'a pu réaliser un tel résultat. Nous affirmerons encore qu'on ne le réalisera jamais.

» On voit aisément comment on multiplierait de tels exemples, conduisant tous à affirmer que, lorsqu'un phénomène est spontané, le phénomène inverse ne l'est pas. On peut être surpris par la simplicité de pareilles réflexions; nous verrons pourtant quel puissant outil de recherche elles ont donné.

» Bref, nous énoncerons, comme second principe de thermodynamique, la proposition suivante : « Quand un changement » est isolable, le changement inverse ne l'est pas. »

» Les mots employés dans la forme ainsi donnée au second

principe montrent comment il se relie au premier et le complète; voici une autre forme, à peine différente:

« Un système isolé ne passe jamais deux fois par le même » état. »

» Ainsi, tandis que le premier principe ne s'inquiète pas de savoir, entre deux phénomènes causés l'un par l'autre, lequel est antérieur à l'autre, lequel est la cause et lequel est l'effet, et, en quelque manière, ignore toute distinction entre l'avenir et le passé, le second principe affirme un ordre nécessaire dans la succession de ces deux phénomènes sans retour possible aux états déjà traversés.

» C'est pourquoi j'ai cru expressif d'appeler ce principe un *principe d'évolution*.

Des objections peuvent être faites à la généralité de cette loi :

Au point de vue pratique, un système n'est jamais qu'approximativement isolé; si le principe devait n'être applicable qu'aux systèmes rigoureusement isolés, il aurait sans doute assez peu d'intérêt. « Je compléterai donc l'énoncé donné, poursuit J. Perrin, par l'hypothèse suivante :

» *Quand un système, pratiquement isolé, subit une transformation dont une partie au moins ne peut être regardée comme réversible, il ne peut suffire d'une action extérieure infiniment petite pour le ramener à son état initial.* »

Il est naturellement tout entendu que le système et la transformation ont une existence pratique, c'est-à-dire que ce système n'est pas infiniment petit, et que la transformation irréversible le fait passer par des états qui ne sont pas tous infiniment voisins les uns des autres.

« Une objection un peu plus embarrassante est fournie par l'exemple du pendule qui, supposé réalisable sans frottement, peut osciller indéfiniment, repassant périodiquement par un état antérieur. A la vérité, les frottements sont inévitables, mais on perfectionne l'objection et on la rendra plus générale en la présentant sous la forme suivante : l'ensemble formé par deux corps sensibles chacun au champ de force déterminé par l'autre peut éprouver des oscillations spontanées, qui le font repasser périodiquement par le même état. Tel serait le cas pour deux astres extrêmement éloignés de toute autre matière, et décrivant l'un autour de l'autre des orbites elliptiques. »

Nous serions ainsi conduits à modifier légèrement l'énoncé d'abord donné, et à dire, lorsque nous voudrons nous exprimer en toute rigueur :

« *Il est hautement improbable qu'un système isolé passe deux fois par le même état; cela est d'autant plus improbable que la complication du système est plus grande, et pratiquement il serait insensé de se placer dans cette hypothèse d'un retour à l'état initial.* »

On pourra être choqué de voir un principe exprimé d'une façon qui n'exclut toute incertitude qu'au point de vue pratique; si pourtant cela tient à la nature même de la question, si le principe d'évolution présente cette singularité d'exprimer des probabilités très hautes et non des certitudes, il faudra bien s'y résigner.

Il semble bien que tel soit le cas, et que les énoncés ordinaires dissimulent ce caractère, sans pouvoir éviter qu'il intervienne. Cette restriction serait même de nature à mettre en valeur, sur le terrain exclusivement scientifique, la supériorité du mécanisme sur l'énergétique, puisque celle-ci est obligée de prendre pour accordée l'universalité absolue du principe de Carnot. Elle montre, tout comme la restriction relative au principe de la conservation de l'énergie, et dont nous avons parlé plus haut, qu'il est prématuré, aux yeux de J. Perrin, de prendre les principes de l'énergétique pour point de départ d'une systématisation universelle.

CHAPITRE II.

1. L'énergétique : née de la Thermodynamique est proposée pour remplacer l'atomo-mécanisme, né de la Mécanique. — 2. E. Mach : critique du mécanisme. La physique algébrique et le principe de l'économie de la pensée. — 3. Duhem : critique du mécanisme. Un formalisme mathématique aboutissant à l'expérience.

---

1. Le mécanisme essaie d'*expliquer* les phénomènes, de donner une image claire et précise de l'Univers.

L'énergétique aura moins d'orgueil ou plutôt elle mettra son orgueil à ne point se lancer dans l'inconnu, à négliger les hypothèses ingénieuses, toujours prises en défaut, puis rectifiées, réformées, assouplies, parce qu'il faut avant tout, semble-t-il, expliquer, coûte que coûte, les phénomènes nouveaux et récalcitrants, auxquels s'adaptent mal les vieux cadres : elle apparaîtra, non comme une explication, mais comme une *variable mathématique*.

Nous croyons que les critiques formulées par les énergétistes contre les mécanistes ne sont pas dénuées de fondement : quand une hypothèse n'explique pas tout et jusqu'au moindre détail, quand elle n'apparaît plus que comme un à peu près, quand elle devient insuffisante parce qu'elle semble contredite ou gênée par l'expérience nouvelle, on peut légitimement douter de la valeur objective qu'elle comporte, de la loi dont elle prétend donner une image exacte. Elle est encore un moyen, un instrument qui permet au savant de travailler : elle ne peut plus être considérée comme l'expression exacte d'une vérité.

Or, c'est bien ce qui semble arrivé de nos jours au mécanisme universel, à la théorie des atomes et des forces centrales : on croyait, jusqu'à présent, n'apercevoir que des actions réciproques entre des points matériels, ces points s'attirant et se repoussant avec une intensité qui ne dépend que de leur distance et de leur masse : on aboutissait ainsi à tout expliquer par des théorèmes de mécanique pure. Mais ces théorèmes étaient en défaut, dans plusieurs cas, et chaque fois principalement qu'il y avait frottement, c'est-à-dire, dans tous les cas réellement observables ([1]). Cependant, on en était arrivé à établir que la quantité de chaleur, qui apparaît toutes les fois qu'un phénomène nouveau se produit, et quelle que soit la nature des corps, est proportionnelle à l'énergie disparue. L'étude des relations qui existent entre le travail et les quantités de chaleur ou les températures, donna naissance à une science nouvelle : la Thermodynamique.

C'est l'extension des principes de la nouvelle science qui devait constituer l'énergétique. Le mot fut créé par Rankine, en 1859, qui a aussi cherché à fonder la doctrine nouvelle : il montre qu'il est possible d'abandonner les idées reçues sur les forces centrales et les atomes et d'y substituer un système plus général, dont la Mécanique rationnelle ne serait qu'un cas particulier, et qui se déduirait de ce qu'on sait de l'énergie qui existe dans les corps, en partie à l'état actuel, en partie à l'état potentiel.

Rappelons donc les principes de la Thermodynamique indispensables à la compréhension de la théorie énergétique. Ce sont des principes établis par l'expérience, fort simples et indépendants de toute idée préconçue : dès leur apparition, ils se heurtèrent à la théorie *mécanique* de la chaleur, qui comporte des hypothèses particulières sur la constitution moléculaire et sur la nature même de la chaleur.

Rumfort et Davy, les premiers, montrèrent que le travail mécanique peut se transformer en chaleur, mais n'en découvrirent point la loi. Après eux, la notion de l'équivalence du tra-

---

([1]) Lucien POINCARÉ, *La Physique moderne, son évolution*, p. 36.

vail et de la chaleur se précisa, grâce aux recherches de R. Mayer, Joule, Helmholtz et Colding, qui paraissent s'être suivis dans leurs découvertes, à peu d'intervalles. Auparavant, Sadi-Carnot avait découvert le principe qui porte son nom, que Clapeyron et Clausius surtout développèrent plus complètement.

Voici ces deux principes fondamentaux de la Thermodynamique :

1° Le principe de l'équivalence de la chaleur et du travail, dont la forme la plus générale est le principe de la conservation de l'énergie, s'énonce ainsi : Quel que soit le système employé pour transformer le travail en chaleur ou la chaleur en travail, il existe un rapport constant E entre la quantité de travail T et la quantité de chaleur Q, qui interviennent dans une série quelconque de transformations, si l'état final du système est identique à l'état initial

$$\frac{T}{Q} = E \quad \text{ou} \quad T - EQ = o;$$

2° Le principe de Carnot, qu'on appelle encore principe de la dégradation ou principe de la diminution de l'entropie, se formule ainsi : Une machine thermique ne peut fonctionner sans qu'il passe de la chaleur d'une source chaude sur une source froide; autrement dit, il ne saurait y avoir transformation de chaleur en travail sans chute de température. Clausius a traduit analytiquement le principe de Carnot. Soit dQ la quantité de chaleur mise en jeu dans une partie infinitésimale d'un cycle réversible, il démontra que $\int \frac{dQ}{T} = o$ pour un cycle fermé ou, ce qui revient au même, que $\frac{dQ}{T}$ égale une différentielle exacte. L'application des principes de la Thermodynamique exige que la série des transformations forme un cycle fermé et réversible. Quand ces conditions sont remplies, on résout le problème posé : 1° en formant l'expression $dT - EdQ$ et en écrivant que c'est une différentielle exacte;

2° en exprimant que la quantité $\frac{dQ}{T}$ est de même une différentielle exacte.]

Le premier principe, celui de l'équivalence de la chaleur et du travail, a pu trouver une explication se conciliant avec la théorie mécanique; il contribua cependant à préparer les esprits à concevoir pour la Physique de nouvelles assises : « La loi de l'équivalence de la chaleur et du travail, dit M. Rey, dans son remarquable ouvrage (¹), eût semblé, au premier abord, apporter un argument de plus à la théorie mécanique de la chaleur, puisque sous la formule qu'elle établissait entre les quantités de travail mécanique et les quantités de chaleur, elle permettait de conclure une identité entre le mouvement et la chaleur : la chaleur ne devait avoir d'autre facteur qu'un mouvement, continuation logique du mouvement qui l'avait provoquée, mais non visible à notre sens grossier de la vue, alors que le premier l'était. La plupart des physiciens ont, en effet, accepté cette théorie. Mais il est aisé de remarquer aussi qu'une fois établie une formule mathématique simple, capable de représenter toujours d'une façon nécessaire et identique les transformations d'énergie mécanique en énergie thermique, certains esprits, mathématiciens de race, qui se meuvent aisément dans les notions abstraites, mais qui répugnent aux images concrètes, devaient considérer, comme inutile, l'hypothèse d'une image concrète. Pourquoi aller chercher des mouvements invisibles, des masses cachées, des liaisons arbitraires, alors que la formule mathématique suffit à tous les besoins de la Science?

Lorsque, par une généralisation qui s'imposait, la loi expérimentale de l'équivalence du travail et de la chaleur fut transformée en principe général de l'équivalence de toutes les formes de l'énergie, c'est-à-dire, devint le principe de la conservation de l'énergie, cette tendance à se départir du mécanisme tradi-

---

(¹) A. Rey, *La théorie de la Physique chez les physiciens contemporains*, p. 40.

tionnel ne put que s'accentuer. Pourquoi doubler cette formule d'une intelligibilité si claire par des constructions compliquées, et représenter toutes les formes de l'énergie par l'énergie mécanique, c'est-à-dire, par un ensemble de situations et de vitesses initiales? Certaines formes de l'énergie, comme l'énergie électrique, ne hérissaient-elles pas de difficultés les chemins qu'on essayait de tracer pour établir ces correspondances? Pourquoi vouloir ramener à la forme spéciale d'un cas particulier une loi qui paraissait être universelle, et pourquoi s'acharner à dériver, de ce cas particulier, toute la Physique, alors qu'on avait une formule générale d'où l'on pouvait, au contraire, très facilement déduire, à son tour, ce cas particulier? »

Quoi qu'il en soit, ce ne fut pas le premier principe qui permit à la théorie énergétique de se constituer en opposition au mécanisme classique : ce fut le second. Tous les efforts de Clausius n'ont pu faire rentrer le principe de Carnot dans le cadre des explications mécaniques, sauf dans certains cas particuliers, et encore avec des conditions restrictives. D'après ce principe, tout système fini s'achemine vers un état d'équilibre thermique où il ne pourra plus se transformer, ou encore l'entropie d'un système thermiquement isolé va sans cesse croissant. En d'autres termes, on ne peut produire de travail extérieur aux dépens de la chaleur contenue dans un corps quand la température y est uniforme ([1]). Or, si la chaleur consistait en mouvements moléculaires, on pourrait concevoir, comme l'a fait Maxwell (*Theory of Heat*), qu'on empruntât à ces mouvements moléculaires une partie de leur énergie, par des mécanismes convenables. Lippmann a signalé une difficulté

([1]) On connaît les conséquences que Clausius et Lord Kelvin ont tirées de ces considérations, relativement à l'avenir du monde. La quantité d'énergie qui existe dans l'Univers resterait constante, mais elle se transformerait, petit à petit, en chaleur uniformément distribuée, sous une température partout identique. Il n'y aurait plus à la fin ni phénomène chimique, ni manifestation vitale : le monde existerait encore, mais il serait sans mouvement, c'est-à-dire, sans vie.

du même genre et a conclu au rejet de toute interprétation mécanique du principe de Carnot ([1]). Des mécanistes intransigeants ont préféré nier le principe de Carnot ! Et voilà la lutte engagée sans détour. « En fait, dit sagement M. D. Berthelot, il semble difficile d'interpréter mécaniquement les phénomènes de la chaleur et il est possible qu'à côté des longueurs, des masses et des temps qui entrent seuls dans les équations de la Mécanique rationnelle, on se trouve amené à introduire, en Physique, comme nouvelle grandeur fondamentale, la température. Quoi qu'il en soit, la Thermodynamique a pris une place toujours croissante dans le domaine des Sciences ; l'application des deux principes, faite d'abord très prudemment aux phénomènes de la chaleur et aux cycles réversibles, a été étendue ensuite, avec hardiesse et succès, aux phénomènes électriques, magnétiques, chimiques, physiologiques, même irréversibles. Actuellement, nombre de savants voudraient en faire une science nommée *Énergétique* dont le domaine serait plus étendu que celui de la Mécanique elle-même. »

Certes, il a été fait des essais, il a été construit des théories (par exemple, celles de Maxwell, d'Helmholtz, de Gibbs), dans le but de nous donner *quand même* une figuration mécanique de la loi nouvelle. Mais la plupart des savants ne s'en montrent point satisfaits, et toutes ces discussions ne font que mettre mieux en lumière l'importance de l'obstacle. Les contradictions, les bizarreries mêmes de quelques hypothèses, semblent avoir poussé les énergétistes à formuler leurs conclusions extrêmes : « A quoi bon, disent-ils, s'entêter dans le point de vue atomo-mécanique, puisque l'expérience paraît s'insurger contre lui ? » Et d'abord pourquoi vouloir expliquer le connu par l'inconnu, le visible par l'invisible, imaginer, par exemple, un éther que nul œil humain ne verra jamais ? A quoi bon ces explications compliquées à plaisir, comme si elles devaient acquérir plus d'élasticité en raison même de leurs complications ? Toute science, s'écrie Mach qui entend économiser la pensée, a pour but « de remplacer l'expérience

---

([1]) *Rapport au Congrès de Physique de Paris*, 1900, t. I, p. 456.

par les opérations intellectuelles les plus courtes possibles. » Pourquoi donc les théories des phénomènes physiques ne seraient-elles pas la simple expression mathématique des rapports révélés par l'expérience? Elles ne doivent contenir, dit Ostwald, « rien de plus, rien de moins que les faits à représenter ».

Il s'ouvre ici, aux yeux du savant, un horizon entièrement dégagé; les énergétistes en arrivent à nier la réalité du monde ancien de la matière : l'énergie seule, ou plutôt les énergies de toutes sortes, cinétiques, chimiques, magnétiques, électriques, etc., suffisent à expliquer, c'est-à-dire à décrire et à prévoir. Ce sont elles seules que nous constatons, et nous n'avons pas le droit de dériver toutes les représentations que nous offre l'Univers, du type unique de représentation qu'est le mouvement. Le mouvement n'est qu'une manifestation d'énergie, comme les autres; il n'y a aucune raison pour qu'il soit pris comme l'équivalent de toutes les autres. Toutes nos sensations correspondent à des échanges d'énergie, tout ce qui tombe sous nos sens, tout ce que nous expérimentons, c'est de l'énergie. « Quand on prétend démontrer, au philosophe, dit Ostwald, l'existence du monde extérieur en le rossant d'importance, à coups de bâton, on ne lui démontre, en vérité, que la réalité de l'énergie. Le bâton, par lui-même, est inoffensif; c'est sa force vive, son énergie cinétique qui convainc le philosophe. » « On ne peut imaginer, ajoute le même auteur, aucun événement auquel l'énergie n'ait sa part. *L'énergie est donc l'essentiel de toutes les choses réelles*, c'est-à-dire, concrètes; aussi peut-on dire que *c'est dans l'énergie que s'incarne le réel* ([1]). » Et le célèbre chimiste prétend trouver, chaque jour, et à chaque expérience, la confirmation de la retentissante déclaration qu'il lança, en 1895, sous ce titre : *La Déroute de l'Atomisme* ([2]).

([1]) OSTWALD, *L'Énergie d'introduction*, p. 3.
([2]) *Voir* les articles d'Ostwald dans la *Revue générale des Sciences*, novembre et décembre 1895.

2. Les idées de Mach (¹) forment, à notre avis, l'exposé le plus explicite, le plus lumineux de la nouvelle doctrine. Elles empruntent, à une profondeur de vue admirable, un caractère de grandeur, une autorité singulière qui ne peut manquer d'émouvoir l'intelligence et d'y laisser les traces de son passage. Quiconque voudra comprendre la portée de la lutte engagée entre mécanistes et énergétistes, devra lire l'œuvre du grand savant, qui donne à l'énergétique, à la théorie nouvelle, un véritable droit de cité.

Pour la commodité de notre critique, nous diviserons l'œuvre de Mach en deux parties :

a. Critique de l'hypothèse atomo-mécanique. — « L'opinion qui fait de la Mécanique la base fondamentale de toutes les autres branches de la Physique et suivant laquelle tous les phénomènes physiques doivent recevoir une explication mécanique est, selon nous, un préjugé » (²). Ce préjugé a une origine historique. Rien n'est funeste aux idoles comme la connaissance de leur histoire qui fait ressortir leurs faiblesses originelles ! Dans l'espèce, l'histoire nous apprend que les découvertes des lois mécaniques ont été faites les premières. Les savants de la Renaissance et du XVIIe siècle furent attirés spécialement par l'examen du mouvement des corps célestes et par les notions explicatives de l'attraction. Le succès de la Mécanique, confirmé par l'expérience, ouvrit les voies, mais quelques voies seulement, à la pensée humaine qui, du point où elle était arrivée, crut découvrir l'intention de l'Univers ou, comme on disait alors, l'ordonnance particulière du Créateur. C'est là un point de vue qu'on n'abandonne pas facilement. La position venait d'être enlevée de haute lutte à la Théologie, et les résultats obtenus devaient paraître d'autant plus précieux qu'ils avaient nécessité plus d'efforts, et qu'ils avaient été accueillis par un véritable enthousiasme scientifique. Ainsi, cette partie de la Physique, la Mécanique, entraînait les

---

(¹) MACH, *La Mécanique.*
(²) MACH, *La Mécanique*, p. 465.

CHAPITRE III.

1. L'atomisme réformé : les idées du Dr G. Lebon. L'atome radioactif et l'hypothèse du retour éternel. — 2. Aperçu sommaire des théories électroniques de la matière.

---

1. Les positions sont donc très nettement prises par les deux théories rivales : le mécanisme et l'énergétique. Entre les deux points de vue opposés se placent les idées du Dr G. Lebon et les théories électroniques de la matière que les physiciens modernes semblent vouloir adopter. Les unes et les autres sont des conceptions atomistiques, mais combien différentes de l'atomisme classique ! Pour le Dr G. Lebon, l'atome, qui naît et qui meurt, n'a plus aucun des caractères qu'on lui attribuait jadis ; pour la plupart des physiciens contemporains, l'électron, un des constituants de la matière, est une énergie, sans support matériel. Ne semble-t-il pas que, devant les critiques dont il est l'objet, l'atomisme ait voulu se modifier profondément et, si l'on peut dire, se réformer ?

Il est probable, qu'au début de ses expériences sur les émanations spontanées des métaux, le Dr Gustave Lebon n'entrevoyait pas les suggestives découvertes auxquelles il allait aboutir. Le point de départ de ces découvertes, qui ouvrent un si vaste horizon aux méditations humaines, fut la constatation des propriétés radioactives de l'uranium, du thorium, puis du radium. On sait en quoi consiste la propriété particulière de ces métaux étudiés par Becquerel, qui avait répété les expériences anciennes de Niepce de Saint-Victor, par Curie et Mme Curie. Mais Becquerel avait cru qu'il s'agissait d'une sorte de phosphorescence et que les rayons émis se réfractaient et se polarisaient comme ceux de la lumière ordinaire. Gustave Lebon combattit ce point de vue et démontra que ces rayons appartiennent à la famille des rayons cathodiques, opinion qui, aujourd'hui, n'est plus contestée et qui fut acceptée par Becquerel lui-même.

Gustave Lebon exposa bientôt des vues plus audacieuses et auxquelles il dut sa célébrité : les émissions radio-actives, observées avec l'uranium, appartiennent à tous les corps et résultent de la *dématérialisation de la matière* retournant à l'éther, par étapes successives. Loin d'être inerte, la matière est de l'énergie condensée, se résorbant sans cesse en énergie impondérable : *tout se perd. C'est de l'énergie intra-atomique, libérée par la dématérialisation de la matière, que dérivent la plupart des forces de l'univers.* Réciproquement, il est vraisemblable que la matière a passé autrefois de l'état d'énergie impondérable à l'état proprement matériel, sous l'un des quatre aspects connus : gazeux, liquide, solide et cristallin. « La nébuleuse, écrit M. Edmond Picard, n'est plus le point extrême au delà duquel l'Inconnu paraissait barré. Le Dr G. Lebon ajoute une région nouvelle à la géographie des origines.

» ... Il entrevoit ce phénomène colossal en une série de six phases, réalisant, — par une sorte de sistole et de diastole, analogue à celle du cœur, s'élevant, s'abaissant en un temps d'une durée gigantesque, — la concentration et la libération de l'Énergie cosmique :

» 1° C'est d'abord l'Éther remplissant l'espace infini, partout répandu, analogue au chaos d'où, suivant la Bible, Jahvé aurait fait sortir la création. Aucune forme encore, aucun solide. Partout, l'élément impondérable qui existe encore aujourd'hui entre la matérialité des corps célestes, que nous nommons *le vide*, parce que nos sens n'en peuvent palper la réalité, mais dont l'existence n'est niée par aucun physicien, puisque, sans lui, des phénomènes, comme la transmission de la lumière solaire, seraient incompréhensibles ;

» 2° Par une force inhérente à cet Éther et qui fait partie du mécanisme supérieur du Monde, l'Énergie qui le constitue se forme en nœuds ou centres de condensation, dont chacun sera l'origine d'un des systèmes stellaires que nous voyons peupler l'espace. Dès que cette concentration a atteint un certain degré, c'est la nébuleuse : elle ne serait qu'*un nuage* d'Éther.

» 3º A partir de cette période, la théorie nouvelle rejoint la théorie ancienne dans ses aspects extérieurs, mais non dans la conception des forces en action. La condensation d'Énergie augmente, le phénomène tend de plus en plus à lui donner la forme classique de la matière. L'état nébuleux ou gazeux va ainsi à l'état igné, en lequel sont notre Soleil et les étoiles, puis à l'état fluide, enfin à l'état solide proprement dit, telles que sont actuellement les planètes, la nôtre par exemple, la Terre.

» 4º Ici serait le point extrême de la période condensatrice. L'Énergie accumulée en matière solide serait dans un équilibre momentané.

» 5º Mais alors, elle commencerait le mouvement en retour, grandi aux proportions du temps et de l'espace infinis. Ce phénomène serait celui de la radio-activité, véritable échappement ou écoulement de la force intra-atomique solidifiée.

» 6º Cet échappement qui, pour ne considérer que la Terre, aurait lieu partout à sa surface, spécialement aux confins de notre atmosphère où l'Énergie libérée rejoindrait l'Éther, irait en augmentant au cours indéfini des siècles, et aboutirait finalement à la dissolution complète de la matière, retournant à son état originaire, où, bientôt, s'inaugurerait de nouveau le cycle prodigieux que je viens de décrire.

» Et ainsi toujours, dans les siècles des siècles, *in sæcula sæculorum* ([1]) ! »

Un grand nombre d'expériences, dont quelques-unes fort simples et faciles à répéter, servirent au Dr G. Lebon à démontrer la réalité de l'énergie intra-atomique et du phénomène de dématérialisation. Nous ne sortons pas du cadre que comporte cet ouvrage en mentionnant, outre l'exposé des méthodes permettant de constater la dissociation de la matière ([2]) (moyens

---

([1]) Edmond Picard, *Gustave Lebon et son œuvre*, p. 22.
([2]) *Voir*, pour le détail de ces expériences, *L'Évolution de la matière* du Dr G. Lebon, p. 313 à 385.

permettant de contrôler que l'air a été rendu conducteur de l'électricité; électroscope condensateur différentiel) et des méthodes d'observation employées pour étudier la dématérialisation des corps par la lumière, les expériences si curieuses sur la dématérialisation de la matière dans les diverses régions du spectre (action comparée de la lumière solaire et des lumières artificielles; influence de la variation de composition de la lumière solaire sur son aptitude à produire la dématérialisation des corps; identité des produits de la dématérialisation par la lumière avec ceux provenant des substances radio-actives; action photographique des particules et diffusion des effluves provenant de la dématérialisation des corps par la lumière, etc.), les expériences sur la possibilité de rendre radio-actifs des corps qui ne le sont pas, sur la déperdition dite négative des corps électrisés sous l'influence de la lumière, sur la dématérialisation dans les phénomènes de combustion et par les réactions chimiques, sur les origines de la dématérialisation des corps spontanément radio-actifs, sur la dissociation des atomes des gaz, etc. Nous renvoyons ici le lecteur curieux à une foule de documents intéressants ([1]). Trois expériences, toutefois, nous

---

([1]) Articles publiés dans la *Revue scientifique : Premières Notes sur la Lumière noire*, janvier-mai, 1896.

Nature des diverses espèces de radiations produites par les corps sous l'influence de la lumière, 20 mars 1897.

Propriétés des radiations émises par les corps sous l'influence de la lumière, 1er mai 1897.

La Lumière noire et les propriétés de certaines radiations du spectre, 29 mai 1897.

La Luminescence invisible, 28 janvier 1899.

Transparence des corps opaques pour les radiations lumineuses de grande longueur d'onde, 11 février 1899.

Le Rayonnement électrique et la transparence des corps pour les ondes hertziennes, 29 avril 1899.

La Transparence de la matière et la lumière noire, 14 avril 1900.

L'Uranium, le Radium et les émissions métalliques, 5 mai 1900.

Les Formes diverses de la phosphorescence, 8 et 15 septembre 1900.

La Variabilité des espèces chimiques, 22 décembre 1900.

paraissent particulièrement suggestives : 1° expérience sur la dématérialisation spontanée de la matière et sur l'existence dans tous les corps d'une émanation analogue à celle des substances radio-actives : avec un électroscope entouré d'une cage de Faraday, tantôt en exposant l'instrument au soleil, tantôt à la lumière ultra-violette des étincelles électriques, tantôt à la chaleur, on aboutit à démontrer « que les choses se passent comme si le métal contenait une provision limitée de quelque chose, agissant exactement comme l'émanation des matières radio-actives, que ce métal émettrait rapidement par la chaleur, mais ne récupérerait ensuite que par le repos » ([1]); 2° expériences sur la variabilité des espèces chimiques : les corps simples, comme le mercure, le magnésium et l'aluminium qui, à l'état normal, ne peuvent former entre eux aucune combinaison, soumis à certaines conditions de choc ou de pression, sont susceptibles de former des mélanges dans lesquels un des éléments est en proportion très faible par rapport à l'autre et qui acquièrent des propriétés chimiques entièrement nouvelles ; 3° expériences prouvant le passage à travers des obstacles matériels des éléments provenant de la dématérialisation de la matière : un appareil assez simple permet d'augmenter la vitesse des particules provenant de la dématérialisation de la matière, par l'élévation de la tension électrique. L'expérience est frappante : on peut constater soi-même à l'œil nu le passage des particules de matière dissociées à travers une lame d'ébonite. M. F. Legge, avec un transformateur de Tesla, put

---

La Dissociation de la matière, 8, 15 et 22 novembre 1902.
L'Énergie intra-atomique, 17, 24 et 31 octobre 1903.
La Matérialisation de l'énergie, 15 octobre 1904.
La Dématérialisation de la matière, 12 et 14 novembre 1904.
Le Monde intermédiaire entre la matière et l'éther, 10 et 17 décembre 1904.
La Dématérialisation de la matière comme origine de la chaleur solaire et de l'électricité (*Nature*, 16 décembre 1905).
La Dissociation universelle de la matière, 9 juin 1906.
([1]) G. Lebon, *L'Évolution de la matière*, p. 375.

répéter cette expérience dans de meilleures conditions encore.

De ses expériences et de ses recherches, le Dr G. Lebon croit pouvoir avancer les propositions suivantes :

1º La matière supposée jadis indestructible s'évanouit lentement par la dissociation continuelle des atomes qui la composent.

2º Les produits de la dématérialisation de la matière constituent des substances intermédiaires par leurs propriétés entre les corps pondérables et l'éther impondérable, c'est-à-dire entre deux mondes que la Science avait profondément séparés jusqu'ici.

3º La matière, jadis envisagée comme inerte et ne pouvant restituer que l'énergie qu'on lui a fournie, est au contraire un colossal réservoir d'énergie, l'énergie intra-atomique, qu'elle peut spontanément dépenser.

4º C'est de l'énergie intra-atomique, libérée pendant la dissociation de la matière, que résultent la plupart des forces de l'univers, l'électricité et la chaleur solaire notamment.

5º La force et la matière sont deux formes diverses d'une même chose. La matière représente une forme relativement stable de l'énergie intra-atomique. La chaleur, la lumière, l'électricité, etc., représentent des formes instables de la même énergie.

6º Dissocier les atomes ou, en d'autres termes, dématérialiser la matière, c'est simplement transformer la forme stable d'énergie condensée, nommée matière, en ces formes instables, connues sous les noms d'électricité, de lumière, de chaleur, etc.

7º La matière ordinaire peut donc être transmuée en des formes diverses d'énergie, mais ce n'est sans doute qu'à l'origine des choses que l'énergie a pu être condensée sous forme de matière.

8º Les équilibres des forces colossales condensées dans les atomes leur donnent une stabilité très grande. Il suffit cependant de troubler ces équilibres par un réactif approprié, pour que la désagrégation des atomes commence. C'est ainsi que certains rayons lumineux peuvent dissocier facilement les parties superficielles d'un corps quelconque.

9° La lumière, l'électricité et la plupart des forces connues, résultant de la dématérialisation de la matière, il s'ensuit qu'un corps qui rayonne perd, par le fait seul de ce rayonnement, une partie de sa masse; s'il pouvait rayonner toute son énergie, il s'évanouirait entièrement dans l'éther.

10° La loi d'évolution applicable aux êtres vivants l'est également aux corps simples. Les espèces chimiques, pas plus que les espèces vivantes, ne sont invariables.

La théorie n'a rien de commun avec l'énergétique : elle est nettement atomistique. Mais combien méconnaissable l'atome de Démocrite et d'Épicure, l'atome éternel, alors que celui du Dr G. Lebon naît et meurt; l'atome classique immuable, alors que celui qui fait l'objet de cette étude s'évanouit, dépérit progressivement à mesure que s'évadent les forces qu'il recèle; le vieil atome homogène, par définition, et pour satisfaire les nécessités du raisonnement, qui serait maintenant un réservoir de forces prodigieuses que l'humanité, peut-être un jour, songera à utiliser !

2. La Physique moderne paraît vouloir, elle aussi, modifier profondément notre conception de l'atome. Elle n'a pas adhéré officiellement à l'énergétique, mais elle n'en rejette pas moins radicalement le vieil atome de Démocrite, l'atome inerte et éternel. Le Dr Lebon a réduit à néant la légende de l'éternité de la matière; les physiciens contemporains ont détruit celle de son inertie : « On attribue aujourd'hui une structure atomique, dit Becquerel, non seulement à la matière, mais à l'électricité, et l'on considère la matière comme formée par de l'électricité... on a isolé des corpuscules électrisés qui paraissent même être de l'électricité sans matière proprement dite et dont la masse, d'origine électromagnétique, est près de deux mille fois plus petite que celle d'un atome d'hydrogène. Ces atomes d'électricité sont appelés des *électrons*. Ils existent dans tous les corps; ce sont eux qui produisent la conduction de la cha-

leur et de l'électricité. L'électron apparaît comme un constituant universel de la matière, sans être lui-même de la matière au sens ordinaire de ce mot ([1]). »

C'est de l'étude des phénomènes électriques et de la radioactivité qu'est née la notion de l'atome d'électricité ([2]) : toute molécule d'un électrolyte est séparable en deux atomes appelés *ions* qui possèdent des charges égales et des signes contraires. Les uns sont positifs, les autres négatifs. Les lois de l'électrolyse établies par Faraday, complétées par Ed. Becquerel, ont conduit à cette constatation, que les ions *monovalents* (tels que les ions d'hydrogène, chlore, sodium, etc.) transportent toujours la même charge; les *ions* divalents (cuivre) transportent une charge double de la précédente, etc. La charge de l'ion monovalent est la plus petite charge qui ait été observée. Abstraction faite de son support matériel, elle constitue l'électron ou atome d'électricité. Et cette charge élémentaire a pu être mesurée.

L'étude des rayonnements obtenus dans les gaz raréfiés est venue préciser nos connaissances sur l'atome d'électricité : Hittorf découvrit, en 1869, les rayons émanés de la cathode ou rayons cathodiques; Crookes, J.-J. Thomson, Jean Perrin, Lenard, Wien, Villard et tant d'autres les étudièrent. Sir William Crookes, le premier, émit l'hypothèse qu'ils étaient dus à un *quatrième état de la matière*, l'état radiant, donnant lieu à un *bombardement moléculaire*, hypothèse géniale : nous sommes en 1880. Des expériences ultérieures confirmèrent d'une manière éclatante les idées de Crookes, avec cette différence toutefois qu'il n'y a pas à proprement parler, dans les rayons cathodiques, un bombardement de la matière, mais un bombardement de corpuscules électrisés, beaucoup plus petits que les molécules des corps et qui ne sont autres que des *électrons négatifs séparés de la matière*. Jean Perrin, en 1895,

---

([1]) Jean BECQUEREL, *Les Idées modernes sur la constitution de la matière* (*Revue scientifique*, 1er oct., 1910).

([2]) Voir *La Radioactivité et la constitution de la matière*, par BATELLI, OCCHIALANI et S. CHELLA, 1910.

fit une expérience décisive sur ce point. La vitesse des corpuscules cathodiques fut mesurée : elle varie entre 30 000^{km} et 100 000^{km} à la seconde. Le rapport de la masse à la charge est deux mille fois plus petit que celui qui correspond à l'ion d'hydrogène dans l'électrolyse. D'autre part, parmi les trois sortes de rayons qu'émettent les corps radio-actifs, les rayons B sont formés de corpuscules identiques à ceux des rayons cathodiques et, après emploi des méthodes de J.-J. Thomson, de Townsend, de H.-A. Wilson, permettant de mesurer la charge d'un corpuscule cathodique, on a pu énoncer que les corpuscules cathodiques, les rayons B, transportent l'atome d'électricité négative et possèdent une masse deux mille fois plus faible que la masse du plus léger des atomes matériels.

La théorie des électrons reçut une confirmation éclatante en optique : on sait que l'existence des spectres d'émission ou d'absorption et, plus généralement, toutes les modifications subies par les ondes lumineuses dans un corps, soit au repos, soit en mouvement, révèlent l'intervention de la matière dans les phénomènes dont l'éther est le siège. Pour expliquer l'action réciproque de l'éther et de la matière pondérable, Lorentz pensa que les phénomènes lumineux ont leur source dans les mouvements de charges électriques renfermés dans l'atome. Mais c'est à Zeeman que revient l'honneur d'avoir établi que les corpuscules qui produisent ou absorbent la lumière, ont leurs mouvements modifiés par l'aimant, c'est-à-dire sont électrisés et sont produits par des électrons négatifs, tout comme les corpuscules cathodiques.

Les expériences et les nombreuses observations qui furent faites, principalement sur l'action du magnétisme sur l'absorption de la lumière, la transmission de la chaleur et de l'électricité, l'éclat des métaux, etc., ont permis aux physiciens contemporains d'affirmer que l'*électron négatif*, « qui est en quelque sorte tangible dans les rayons B, *est un constituant universel de la matière* » ([1]).

Mais, quelle est la nature de l'atome électrisé, de l'électron ?

([1]) Jean Becquerel, *Op. cit.*, p. 421.

Est-il matière ou est-il d'une autre essence ? Et s'il est d'une autre essence, qu'est-ce à dire ? Il y a donc dans le monde matériel autre chose que de la matière ? La Physique moderne croit pouvoir répondre à la question : « *L'électron est de l'électricité dépourvue de support matériel*, c'est-à-dire une modification, encore inconnue d'ailleurs (peut-être de nature tourbillonnaire), du milieu que nous appelons l'éther. Ainsi l'électron est un état particulier de l'éther : il est un peu matériel, puisqu'il possède une masse, ce qui est l'une des propriétés fondamentales de la matière. Cependant, il n'est pas de la matière au sens qu'on avait jusqu'alors attribué à ce mot, car son inertie se réduit à l'inertie de l'éther. En résumé, on peut considérer l'électron comme un intermédiaire entre l'éther et la matière pondérable ([1]). »

Or, nous avons vu les difficultés auxquelles se heurtent les explications mécaniques si souvent insuffisantes. Ceux même qui voulurent, coûte que coûte, imposer une explication mécanique aux phénomènes récalcitrants, en révélèrent l'invraisemblance par la subtilité des détours auxquels ils furent contraints : Maxwell s'efforça de démontrer que les phénomènes électromagnétiques étaient explicables *par une infinité d'explications mécaniques* et la complication même de sa théorie sert d'argument contre elle. En réalité, de ce point de vue, aucune interprétation suffisante n'a pu être donnée, et l'éther est resté quelque chose de bien différent des corps que nous connaissons. Quand une voie est barrée, on cherche à passer par une autre ; les physiciens contemporains pensèrent qu'il y avait lieu, non plus de chercher une explication mécanique de l'électromagnétisme, mais *de donner une théorie électrique de la formation de la matière et des phénomènes mécaniques*. Les expériences dont nous avons parlé conduisaient logiquement à cette conclusion.

« En effet, on a isolé de la matière un corpuscule qui paraît n'être que de l'électricité ; la masse de cet électron est entièrement d'origine électromagnétique ; on est donc amené à

---

[1] Jean Becquerel, *Op. cit.*, p. 421.

prendre comme point de départ l'électricité pour édifier une théorie des phénomènes physiques et de la matière elle-même. Si la matière est formée par un assemblage d'électrons, son *inertie est tout entière d'origine électromagnétique* : c'est l'éther environnant chacun des électrons, et non la matière elle-même, qui est le siège de toute énergie. Cela ne veut pas dire qu'il n'y a pas de matière, cela signifie seulement qu'il ne faut pas s'illusionner sur les apparences, et qu'il faut envisager la matière autrement qu'on ne l'avait fait jusqu'à ces dernières années.

Si l'inertie de la matière est électromagnétique, la masse des corps dépend de leur vitesse, et ce résultat est, au point de vue absolu, contraire à l'un des principes sur lesquels est basée la Mécanique. Il faut alors bien remarquer que les problèmes traités en Mécanique sont tous renfermés dans un cas particulier, celui où la vitesse est petite par rapport à la vitesse de la lumière : tel est le cas, non seulement pour les vitesses réalisées sur la terre, mais encore pour toutes les vitesses des astres ; dans ces conditions, la masse peut, pratiquement, être considérée comme constante, et il n'y a rien à changer à la Mécanique d'autrefois » ([1]).

Ainsi, la nouvelle théorie est nettement révolutionnaire : les principes séculaires de la Mécanique sont théoriquement renversés. En pratique, rien de changé, parce que les vitesses de notre univers sont insuffisantes, mais l'électron a détruit les croyances surannées d'Archimède et de Newton. Quelle sera la destinée de la nouvelle théorie ? On sait de quel œil sceptique le savant contemporain contemple l'hypothèse : la meilleure, c'est la plus commode. La théorie électrique de la matière présente l'avantage de la simplicité : elle tend à l'unification de tous les phénomènes qui sont ramenés à des manifestations d'un milieu unique, de l'éther. C'est pour elle un brevet de longue vie ([2]).

---

[1] J. BECQUEREL, *Les Idées modernes sur la constitution de la matière* (*Revue scientifique*, oct. 1910).

[2] *Voir* le remarquable article de M. H. PELLAT, *Le nouvel état de la matière* (*Revue scientifique*, 29 avril 1905, p. 518).

Mais il faut reconnaître qu'elle est bien incomplète : la théorie nouvelle n'est basée, comme tant d'autres, que sur des vérités partiellement connues et appliquées audacieusement à l'ensemble. Nous sommes parvenus à une connaissance assez complète d'un constituant de la matière, de l'électron négatif. Fort bien : existe-t-il un électron positif ? Les charges positives se trouvent bien quelque part dans la matière : ont-elles une structure atomique ? Sont-elles d'une autre nature ?

Les avis diffèrent, et la théorie sera boiteuse tant qu'on n'aura pas répondu à cette question : « La connaissance de la masse et des dimensions des deux unités d'électricité, à savoir l'unité positive et l'unité négative, nous fournirait les matériaux permettant de construire ce qu'on pourrait appeler une théorie moléculaire de l'électricité ; et cette dernière serait un point de départ pour une théorie de la structure de la matière, car, à ce sujet, la conception la plus naturelle à retenir, à titre d'hypothèse provisoire, est celle d'après laquelle la matière est composée d'unités d'électricité positive et négative ; d'où il résulte que les forces qui maintiennent réunis les atomes et les molécules, et les propriétés qui différencient une espèce de matière d'une autre ont toutes leur origine dans les forces électriques, exercées par les unités positives et négatives d'électricité, celles-ci groupées de différentes manières dans les atomes des divers éléments. Comme il semble que les unités d'électricité positive et négative sont de dimensions très différentes, nous devons considérer la matière comme un complexe formé de systèmes de types très dissemblables ; l'un de ces types correspondant au petit corpuscule négatif et l'autre à la grosse unité positive » ([1]).

Bien des savants n'ont pas admis l'existence d'un électron positif semblable à l'électron négatif. Certains sont d'avis qu'il n'y a pas d'électron positif et que la matière a une existence indépendante des électrons. L'union de la matière et des électrons négatifs donnerait des atomes d'électricité neutres et les charges positives ne seraient que l'absence d'électrons

---

([1]) J.-J. THOMSON, *La matière, l'énergie et l'éther* (*Revue scientifique*, juillet 1910).

négatifs. D'autres ont imaginé, au centre de l'atome, une charge positive autour de laquelle les électrons négatifs gravitent, comme les planètes autour du soleil, « mais cette hypothèse comporte de graves difficultés... je crois qu'il ne faut pas se laisser entraîner par l'idée séduisante d'une assimilation entre le monde des infiniment petits et le monde des infiniment grands, et il me semble qu'un groupement d'électrons n'est nullement comparable à un monde matériel » [1]. Le système le plus généralement adopté est le suivant : on suppose une charge positive uniformément répartie sur une sphère. A l'intérieur de la sphère, sont les électrons négatifs dont la somme des charges est égale à celle de la charge positive dont on vient de parler. Celle-ci tend à projeter les corpuscules vers le centre de la sphère, mais la répulsion réciproque des électrons négatifs les en écarte et ils s'équilibrent en se groupant régulièrement autour du centre. La théorie est illustrée facilement par plusieurs expériences, principalement celle du professeur Mayer. J.-J. Thomson, d'autre part, a étudié, par le calcul, les positions d'équilibre que doivent prendre les électrons autour du centre. « Mais il est impossible d'avoir une idée de la sphère sur laquelle on suppose répartie l'électricité positive [2]. » Tant que l'électron positif, s'il existe, restera aussi mystérieux, une multitude de théories sont possibles [3]. Tout ce que nous savons, c'est que l'atome a des dimensions considérables par rapport à celles de l'électron négatif. « Le volume d'un atome pourrait contenir quelques milliards de milliards d'électrons. » Et comme sa masse indique qu'il n'en contient guère que quelques milliers, on peut en déduire que les électrons sont à des distances énormes par rapport à leur dimension : « imaginez un essaim de moucherons gravitant dans le vaisseau d'une cathédrale » [4]. Concluons : « Malgré notre ignorance de la

---

[1] J. BECQUEREL, *Op. cit.*, p. 424.
[2] J. BECQUEREL, *Op. cit.*, p. 424.
[3] Émile PICARD dans son Ouvrage *La Science et son état actuel*, p. 172, s'exprime ainsi : « Il serait prématuré d'émettre un pronostic sur l'avenir de ces vues hardies, qui choquent d'autant plus certaines personnes qu'elles croient mieux connaître la matière que l'électricité ».
[4] J. BECQUEREL, *Op. cit.*, p. 424.

nature de l'électricité positive, les faits acquis depuis vingt ans rendent extrêmement probable l'hypothèse d'une constitution purement électrique de la matière. Mais, alors, toutes les substances étant formées par des charges électriques, l'*atome matériel ne peut plus être considéré comme immuable et, sans être alchimiste, on peut dire que la transmutation de la matière n'est pas une utopie* » (¹).

Pour résumer les pages qu'on vient de lire, disons que la Science moderne a une tendance à admettre une nouvelle conception atomistique. L'atome d'électricité devient l'élément fondamental de la matière. Sur sa structure, aussi complexe que notre système planétaire, l'accord ne s'est point fait, et l'hypothèse atomistique nouvelle sous-entend des sous-hypothèses. Telle qu'elle est, la conception électronique de la matière bouleverse l'ancienne hypothèse des atomes, réhabilite les rêves des alchimistes et sape, dans leur base théorique, les principes de la Mécanique. On peut même se demander quelle est la conception la plus radicalement révolutionnaire : de l'énergétique, proposée par quelques savants seulement, ou du nouvel atomisme qui semble être accepté par la majorité. Sous sa forme nouvelle, l'atomisme pourra-t-il subsister ? C'est fort possible (²). Mais des modifications aussi profondes n'ont pu être introduites dans l'hypothèse simpliste de jadis, que parce que les critiques dirigées contre celle-ci n'étaient pas, entièrement au moins, dénuées de valeur. L'hypothèse antique n'est pas morte : elle s'est réformée, elle s'est assouplie aux nécessités des découvertes récentes. La pensée de Démocrite ne s'est point éteinte : elle s'est modernisée.

(¹) J. Becquerel, *Op. cit.*, p. 424.
(²) Dans le sens de l'affirmative, *voir* les appréciations très nettes de W. Thomson : Lectures *On molecular dynamics*, p. 132. — Helmholtz, Préface à l'ouvrage de Hertz : *Die Principien der Mechanik*, p. xxi. — Mme Curie demande qu'on tienne compte de toutes les hypothèses qui peuvent avoir leur intérêt et leur fécondité (*Revue scientifique*, 24 nov. 1906). — J. Boussinesq, *Leçons synthétiques de Mécanique générale*, p. 1.

CHAPITRE IV.

1. Les derniers retranchements de l'atomisme : A. Hannequin : l'atome n'est qu'un concept. II. Poincaré : l'hypothèse n'est qu'un instrument. — 2. Les ambitions de l'énergétique : W. Oswald. Esquisse d'une biologie énergétique, d'une psychologie et d'une sociologie énergétiques. — 3. La défense suprême de l'atomisme : A. Rey. La critique de l'énergétique au nom des nécessités de l'esprit. Critique de cette critique. — 4. Conclusion : le point de vue énergétique, comme le point de vue bergsonien, est légitime. Ne mutilons pas l'esprit humain !

---

1. Nous avons étudié l'atomisme dans sa pureté première. Contre lui, nous avons vu se dresser l'énergétique. Nous venons de voir l'atomisme réformé, assoupli, modifié, méconnaissable. De ce fait seul, les positions primitives de l'atomisme paraissaient abandonnées, tacitement. Mais voici un aveu exprès de sa retraite : L'atomisme, dit Hannequin ([1]), n'est pas ce qu'on pense communément : il a été mal compris, et, compris comme il l'était, les contradictions à sa charge étaient parfaitement justifiées. Elles le sont d'ailleurs toujours, mais n'ont pas la portée qu'on veut bien leur donner, etc. Il semble qu'on dira bientôt ce que me disait le regretté A. Binet, ancien directeur du laboratoire de Psychologie à la Sorbonne : « La conception mécanique de l'univers n'est qu'un réalisme naïf, une figuration enfantine. Comme telle, elle est battue en brèche, aujourd'hui, partout : elle est abandonnée par ses partisans. »

Il est curieux de noter, en tout cas, qu'à mesure que l'éner-

---

([1]) A. HANNEQUIN, *Essais critiques sur l'hypothèse des atomes*, Alcan, 1899.

gétique gagne du terrain, l'atomisme se fait plus humble. Avec Binet, il n'était qu'un symbole ([1]); avec Hannequin, il est un concept ([2]); avec H. Poincaré, il sollicite la faveur d'être admis concurremment avec les autres hypothèses, afin qu'on puisse user de lui, le cas échéant, et aussi en raison des services rendus ([3]). On n'oublie pas aussi allègrement les vieux serviteurs !

Les derniers défenseurs de l'atomisme battent donc en retraite. Mais, en revanche, ils ont adopté une attitude qui rend la critique plus difficile. Habilement, ils ont fait des concessions, espérant ainsi sauver le reste qui constitue à leurs yeux « l'expression la plus haute et comme l'âme de notre science de la nature » ([4]). Ce mouvement n'est pas sans désorienter quelque peu, d'une part, ceux qui avaient pensé que les contradictions internes de l'atomisme révélaient sa faiblesse et son insuffisance et, d'autre part, ceux qui, pour fortifier l'atomisme ébranlé, avaient tenté de faire disparaître ces contradictions, au prix de contorsions et de complications singulières, défis à « l'économie de la pensée ». Les contradictions ? mais elles sont parfaitement établies, riposte Hannequin, qui a la loyauté de les souligner magistralement : pour le géomètre, c'est la contradiction d'une divisibilité nécessaire de l'élément indivisible; pour le physicien, c'est la contradiction entre l'insécabilité de l'atome et l'élasticité « dont il ne saurait se passer », et à laquelle remédie mal la théorie moderne de l'atome-tourbillon. Placez-vous, aussi bien, à n'importe quel point de vue, toujours et partout, vous apercevrez les contradictions résultant de cet atome homogène, sans vie et sans qualités, que nous substituons à la riche variété de la nature vivante ! Malgré tout, pense Hannequin, l'hypothèse des atomes est nécessaire. Elle est contradictoire,

---

([1]) A. BINET, *L'âme et le corps*, p. 27.
([2]) A. HANNEQUIN, *Essai critique sur l'hypothèse des atomes*, 1899.
([3]) H. POINCARÉ, *La Science et l'hypothèse*, p. 251.
([4]) A. HANNEQUIN, *Essai critique sur l'hypothèse des atomes*, 1899, p. 11.

soit, mais indispensable : elle dérive de la constitution même de notre connaissance. Et tandis que Rey réfute l'énergétique, nous le verrons plus loin, au nom des lois de la connaissance, c'est en leur nom que Hannequin entend nous emprisonner dans l'atomisme. Rien de plus curieux et de plus vain, quelquefois, que les efforts dépensés pour défendre les théories séculaires et vénérables, au nom des exigences irréductibles de notre esprit ! La scolastique fut défendue ainsi et les partisans des causes finales n'ont pas dédaigné ces moyens. Tout cela nous laisse un peu sceptiques. Faites avec tant de bonne foi, ces tentatives de diminution intellectuelle nous mettent sur nos gardes : elles nous apprennent que si l'esprit humain n'a rien à craindre de la Science, il a quelquefois à craindre des savants.

L'atomisme, avec ses contradictions internes, est donc une nécessité; celle-ci découle du besoin de rendre intelligible tout ce qui tombe sous l'intuition des sens, tous les phénomènes, et d'en construire le schéma d'une manière adéquate, à l'aide d'éléments empruntés à l'esprit « car c'est la destinée de notre esprit, selon la pensée de Descartes, de ne saisir et de comprendre que ce qui vient de lui » ([1]). « Si la Science humaine, ajoute Hannequin, n'est en définitive que la détermination par la pensée des objets donnés dans le temps et dans l'espace, et si la détermination scientifique des choses n'est, comme nous le croyons, que la mesure de leur rapport dans l'étendue et dans le mouvement, si le nombre enfin est le seul instrument qui nous permette d'accomplir cette détermination et cette mesure, alors l'atomisme s'impose avec la même nécessité que l'explication mathématique de l'Univers, et ses racines vont se confondre avec celles de la Science et de la connaissance humaine » ([2]).

Mais, si l'hypothèse atomique est nécessaire, pourquoi faut-il qu'elle reste embarrassée de contradictions, par là insuffisante, et pourquoi, à mesure que l'esprit plonge plus avant

---

([1]) A. HANNEQUIN, *Op. cit.*, p. 7.
([2]) A. HANNEQUIN, *Op. cit.*, p. 13.

dans la réalité, voit-il s'évanouir les éléments réels, pour ne plus rencontrer aux termes de la réduction qu'un atome idéal et qu'un abstrait ? « On peut en donner la raison : elle est tout entière dans le caractère incomplet de la Science, dans son impuissance à jamais réaliser par le nombre une réduction totale et adéquate de la réalité et du concret. » L'atomisme, principe profond de la réduction de tous les phénomènes au nombre, principe de l'analyse arithmétique, ne sera jamais, comme la Science, qu'une approximation. Il s'en faudra toujours de quelque chose qu'il saisisse dans leur plénitude, l'essence et la nature de son objet. La contradiction ici n'est donc point signe d'absurdité. Elle le serait sans doute si l'atomisme avait la prétention d'atteindre le réel. Qu'il se garde bien de devenir une métaphysique, car il justifierait ainsi toutes les critiques ! *Il n'est qu'un concept*, il ne peut être que cela. « Il est comme la ligne droite, comme la parallèle, comme l'infini des mathématiciens, l'objet d'une définition et, à ce titre, il a son droit d'entrée dans la Science, fût-il la réunion de données inconciliables, pourvu qu'il soit utile ou même indispensable à la représentation et à la déduction d'un nombre remarquable de propriétés » [1].

L'atomisme ne se relève guère avec Poincaré. Le pragmatisme du célèbre physicien lui assigne exactement le même rang qu'aux théories rivales. Se prononcer pour l'une ou pour l'autre, il n'y songe pas. Ne convient-il pas, tout bonnement, d'employer pour chaque cas la théorie la plus commode, c'est-à-dire celle qui permet de relier, les unes avec les autres, le plus grand nombre de relations fournies par l'expérience ? L'atomisme est un instrument à la disposition du physicien, tout comme l'énergétique, tout comme les théories de l'électrodynamique et tant d'autres. « Deux théories contradictoires peuvent, pourvu qu'on ne les mêle pas et qu'on n'y cherche pas le fond des choses, être toutes deux d'utiles instruments de recherches » [2]. Mais ce n'est pas tout : la question ne se borne

---

[1] A. HANNEQUIN, *Op. cit.*, p. 17.
[2] H. POINCARÉ, *La Science et l'hypothèse*, p. 251.

jamais qu'à savoir s'il peut y avoir ou non, au sujet d'un cas particulier, une interprétation mécanique des faits. Dans le cas de l'affirmative, il est vain de rechercher quelle est l'hypothèse mécanique particulière qui devra être admise, car il est certain qu'une infinité d'autres satisferont aux mêmes conditions qu'elle. Maxwell a parfaitement vu ce point, lorsqu'il déclare qu'il s'est efforcé d'établir non pas telle ou telle interprétation particulière des phénomènes électriques, mais, en général, la possibilité d'une interprétation mécanique de l'électricité (¹). Dans sa *Mécanique statistique*, Gibbs a procédé de la même manière.

Il semble, on le voit, que nous assisterons bientôt au déclin de cette hypothèse atomo-mécaniste, qui fut l'enthousiasme de jadis. A mesure que s'accentue le mouvement de retraite de l'antique croyance, s'affirme avec plus d'audace la prétention de l'énergétique à conquérir le monde.

2. La notion d'énergie a la prétention de nous fournir sur tout le dernier mot. C'est la conception, disent ses partisans, la plus vaste et la plus générale à laquelle l'esprit puisse s'élever : c'est elle qu'on trouve finalement derrière tous les problèmes. Elle est la formule dernière de toutes les sciences. Son succès s'affirmera, sans cesse grandissant, jusqu'au jour où, peut-être, une nouvelle découverte jouera vis-à-vis d'elle le rôle qu'elle joua vis-à-vis de l'atomisme et du mécanisme. Souhaitons que l'intelligence humaine, anxieuse de vérité, s'éclaire un jour, d'une façon plus complète, par le moyen de ces approximations successives que les siècles ont formées, que d'autres auront défaites ou modifiées, et dont aucune ne mérite jamais, semble-t-il, ni tout le bien, ni tout le mal qu'on en dit.

Puisqu'à la notion d'énergie, tout est réductible, une esquisse des différentes sciences ne serait-elle pas possible de ce point de vue ? Prenons, avec Oswald, la Biologie, la Psychologie et la Sociologie, à titre d'exemples.

(¹) H. Poincaré, *Op. cit*, p. 249-258.

Selon le célèbre chimiste (¹), une manifestation continue d'énergie ne suffit pas à caractériser la vie, mais en constitue un des caractères essentiels. Un échange constant d'énergie avec conservation de la forme, tel est le premier fait qui nous frappe, lorsque nous étudions un organisme vivant. Un pareil système qui, malgré des changements internes, présente une certaine stabilité, sera un *système stationnaire*. Cependant, nous connaissons beaucoup de choses stationnaires, qui ne sont pas des êtres vivants, et notre définition de la vie n'est point exacte encore. Pour qu'un système énergétique reste stationnaire, il faut qu'il y ait une source qui permettra de remplacer constamment les énergies qui s'en échappent. Ce sont les aliments, en prenant le mot dans son sens le plus large : l'être vivant, un fleuve, une flamme *s'alimentent*. Mais on constate que, seuls, les êtres vivants se procurent eux-mêmes les aliments et sont constitués de façon à ne fixer, parmi les choses diverses qu'ils approchent ou qui s'approchent d'eux, que celles qui sont propres à leur alimentation. La vie serait donc caractérisée par la relation opérée par des énergies sur d'autres énergies, dans le but d'assurer la durée des premières. L'énergie, qui sert à former le système énergétique des corps vivants, est principalement de l'énergie chimique. C'est le soleil qui entretient et qui accumule, dans chaque être, la provision d'énergie libre qui lui est nécessaire pour subsister. Comme le soleil ne se montre guère que 12 heures sur 24 heures, il faut, pour qu'un organisme vivant puisse durer, que celui-ci soit organisé de façon à absorber pendant les 12 heures de jour, non seulement la quantité d'énergie correspondante à ses besoins immédiats, mais encore celle dont il aura besoin durant la nuit. Peut-être que, creusant plus profondément ce point de vue, la Science de demain nous donnera une théorie énergétique du sommeil, de la vieillesse, etc. Dès maintenant, Oswald nous propose une explication énergétique de la mémoire réduite au rang d'une énergie chimique. L'avenir sera riche en explications de ce genre : il y a quelques années encore, aucune explication

---

(¹) *Voir* OSWALD, *L'Énergie*, Alcan, 1910.

quelque peu satisfaisante de l'origine de la chaleur solaire, n'avait pu être donnée, toutes les sources connues de chaleur étant trop pauvres pour remplacer les quantités énormes de chaleur que le soleil perd par son rayonnement. Par la découverte du radium, lequel représente une énergie d'une concentration un trillon de fois plus grande que celle constatée jusqu'à ce jour, le problème cesse d'être insoluble. De même, il n'est pas prudent d'affirmer que les phénomènes vitaux sont essentiellement inexplicables. Attendons. Ceux qui pensèrent que les alchimistes poursuivirent un but chimérique se sont trompés (¹). Ramsay a observé et décrit des cas de transformations indubitables d'un élément en un autre. « On ne connaît pas encore assez cette question pour qu'il soit possible d'avoir sur elle une opinion arrêtée... Mais on ne saurait indiquer de raison générale qui pût empêcher la dynamique chimique de se développer suffisamment pour permettre de porter un jugement certain sur la question de savoir si la production artificielle d'un être vivant est possible » (²).

En Psychologie, le principal problème paraît s'évanouir du point de vue énergétique. On admet généralement une différence essentielle, une différence de nature entre la matière et la pensée, entre l'âme et le corps. Descartes prétendait qu'il y avait entre l'un et l'autre une opposition semblable à celle qui existe entre la pensée et l'étendue. Leibnitz tâcha d'établir un accord entre les deux mondes, d'où sa théorie de l'harmonie préétablie. Mais la théorie qui contribua le plus à empêcher la fusion des deux mondes, à maintenir le dualisme, fut la théorie mécaniste. Comment comprendre clairement la pensée, l'inétendue, si nous sommes réduits à l'expliquer par le jeu exclusif des atomes en mouvement? Dire que dans la glande pinéale, comme le pensait Descartes, le monde matériel rencontre le monde spirituel, c'est affirmer un fait incompréhen-

---

(¹) Nous avons vu l'opinion de Becquerel sur ce point à propos des théories électroniques. Dans le même sens, M. Berthelot (*Science et Philosophie*).

(²) W. Oswald, *L'Énergie*, Alcan, p. 193.

sible. Leibnitz ne l'admit jamais : les deux éléments sont, étant données les notions mécanistes de la matière, parfaitement irréductibles. Et Leibnitz préféra supposer que les deux mondes, ayant été à l'origine liés l'un à l'autre, aux mouvements déterminés du corps, correspondaient exactement au point de vue du temps et du lieu, des phénomènes de l'âme. Corps et âme seraient ainsi réglés l'un sur l'autre comme deux horloges. Aujourd'hui, à l'harmonie préétablie a été substitué le parallélisme psychophysique ; mais la difficulté reste la même et les efforts faits pour donner une explication des concordances de l'âme et du corps n'ont pas encore abouti à des résultats satisfaisants. Restent le matérialisme et l'idéalisme. « Je ne me livrerai pas, dit Oswald, à une critique approfondie de ces deux doctrines opposées. Je me bornerai à rappeler que, malgré des siècles de luttes, aucune n'a remporté l'avantage sur l'autre. Le matérialisme est incapable de répondre à la question de savoir comment le corps peut arriver à produire l'esprit, qui diffère totalement de lui, et le spiritualisme est impuissant à réfuter cette objection que, par cela seul que le monde ne se conforme pas à notre volonté, mais suit, bien souvent à notre dommage, ses propres voies, il ne saurait être une création de l'esprit » [1]. *Toutes ces difficultés, l'énergétique permet d'en sortir* « d'une façon toute naturelle, grâce au fait qu'elle a ruiné et rendu superflue la conception de matière ». On n'a plus à se préoccuper, en effet, de découvrir comment l'esprit et la matière peuvent agir l'un sur l'autre ; la question qu'on a à résoudre est celle de savoir *dans quelle relation la notion d'énergie, qui est beaucoup plus large que celle de matière, se trouve avec la notion d'esprit*. « Les difficultés qu'il y avait à mettre en rapport l'esprit et la matière provenaient seulement de ce que la notion de matière ne convient pas au but qu'on se proposait, attendu qu'elle ne comprend qu'une partie de la réalité physique qui nous est connue, et il y a lieu d'espérer que la notion d'énergie qui est beaucoup plus vaste, puisqu'elle s'applique à tous les phénomènes physiques, pourra être mise en relation directe

---

[1] Oswald, *L'Énergie*, F. Alcan, p. 199.

avec la notion d'esprit. Je crois pouvoir présenter les choses ainsi : *les phénomènes psychologiques peuvent être conçus comme des phénomènes énergétiques et interprétés comme tels, aussi bien que tous les autres phénomènes.* »

Ainsi, si nous prenons des exemples parmi les faits les plus importants de la vie de l'âme qui a sa source dans l'expérience des sens, nous dirons qu'une sensation est un passage d'énergie du monde extérieur à un organisme sensible aux petites différences d'énergie. Le fait que des énergies d'espèces toutes différentes produisent sur le même organe des sensations identiques, démontre qu'il se produit dans l'appareil sensoriel une transformation de l'énergie extérieure « en quelque chose ayant une autre forme et qui est propagé par les nerfs ». Ce quelque chose ne peut être déterminé d'une façon plus précise. Tout ce que nous savons, c'est qu'il s'agit d'une *énergie*, car la chose propagée peut déterminer des actions physiques, telles, par exemple, que la contraction d'un muscle. Nous donnerons le nom d'énergie nerveuse à cette sorte d'énergie qui diffère de toutes les autres énergies connues et dont la propriété est de rester fixée dans le cylindre-axe des filaments nerveux et de se propager le long de ce cylindre avec une vitesse de quelques douzaines de mètres à la seconde.

L'énergie nerveuse est généralement transmise au cerveau ou à la moelle épinière où elle subit une nouvelle transformation qui a souvent pour effet de déterminer un courant qui se rend à un groupe de muscles et en provoque les contractions. Une nouvelle transformation se constate ici, le muscle travaillant aux dépens de sa propre énergie chimique. Chez les êtres inférieurs, « la vie psychique » se réduit, finalement, à cette transformation des énergies extérieures en énergie nerveuse.

Mais chez les êtres supérieurs, tout n'est point que réflexes : un principe nouveau apparaît, la *conscience du moi*, qui influence les opérations électives. Cette conscience du moi, nous en saisissons assez aisément l'élément essentiel : la mémoire, la possibilité de souvenirs potentiels, sans lesquels elle disparaît partiellement ou totalement. Cette observation va permettre une conception énergétique de la conscience.

La Physiologie a prouvé, en effet, que, pendant l'activité psychique, il s'effectue une *concentration d'énergie*. Sans doute, nous ne savons pas de quelle espèce est l'énergie dont il s'agit ici, mais nous savons que la source de cette énergie est de nature chimique, car à toute consommation d'énergie psychique correspond une consommation d'oxygène, et, par suite, l'oxydation d'une partie des substances provenant des aliments. Le système nerveux va nous apparaître comme une sorte de laboratoire où les énergies se transforment. La question qui se pose est celle-ci : *devons-nous regarder, comme on l'a fait jusqu'à présent, les phénomènes psychologiques comme des phénomènes accompagnant les variations d'énergie et situés en dehors de la loi causale, ou pouvons-nous les identifier avec ces variations d'énergie?* Or, tout milite en faveur de cette identification. Il n'existe aucune raison de ne point admettre, dès à présent, au rang des énergies, les phénomènes psychiques [1]. Le seul caractère que doive nécessairement posséder une énergie est d'être une grandeur mesurable, obéissant à la loi de la conservation et à celle de la transformation. Mais aucun principe ne s'oppose à ce qu'on admette l'existence d'une espèce d'énergie présentant les caractères que nous groupons sous le nom d'*énergie nerveuse*. Il n'y a aucune raison pour ne pas admettre, en un mot, que les phénomènes psychiques ne sont pas des phénomènes accompagnant les variations d'énergie psychique, mais constituent cette énergie elle-même. « De même que l'énergie cinétique est caractérisée par des mouvements, de même l'énergie psychique est caractérisée par les opérations psychiques. Et de même que la diversité de formes des corps est due aux propriétés des énergies d'espace, de même la diversité des phénomènes du monde psychique est due aux propriétés de l'énergie psychique [2]. »

---

[1] Le psychologue russe Grote a dit de même : « les principes de la science énergétique ne s'opposent pas à l'existence d'une forme psychique de l'énergie » (Voir *Revue philosophique*, janvier 1909).

[2] W. Oswald, *Les fondements énergétiques de la donnée de la civilisation*, Trad. Pilippi, 1910.

Ainsi, la mémoire, élément primordial de la conscience, pourra être mieux comprise du point de vue énergétique, parce qu'elle apparaîtra dans ce fait qu'une transformation d'énergie qui s'est opérée dans l'éco.ce du cerveau, au moment d'une expérience réelle, peut toujours être reproduite en vertu de cette propriété caractéristique de toutes les opérations organiques de pouvoir être répétées.

La conception énergétique aboutira donc à la disparition du « pseudo-problème qui préoccupe les penseurs depuis deux mille ans ». L'harmonie préétablie de Leibnitz, le parallélisme, expédients nécessaires jadis, deviennent sans objet. La mémoire, élément essentiel du moi, trouve sa théorie. La conclusion est ainsi formulée : *pour le mécanisme, il y a entre les phénomènes physiques, qu'il considère comme des phénomènes mécaniques, et les phénomènes psychiques un abîme infranchissable; pour l'énergétique, il y a, au contraire, une liaison constante entre les manifestations les plus simples de l'énergie, c'est-à-dire ses manifestations mécaniques, et ses manifestations les plus complexes, c'est-à-dire ses manifestations psychiques.*

La Sociologie enfin s'éclairerait du point de vue énergétique ([1]). Les lois de l'énergie appliquée au milieu social doivent amener l'esprit humain à des découvertes capitales : l'homme possède une provision d'énergie, sous forme de travail musculaire potentiel. La différence caractéristique, entre l'homme et l'animal, consiste dans ce fait que le premier apprend à se servir des êtres et des choses, à se confectionner des outils. Or tout instrument n'est qu'un appareil *permettant de transformer de l'énergie d'une façon déterminée et appropriée au but poursuivi.* La pierre, la flèche de l'homme préhistorique transportent en un point donné l'énergie musculaire sous forme de mouvement. De même, l'esclavage ne fut jamais que l'appropriation de

---

[1] W. Oswald, *Études d'énergétique sociale* (*Rev. int. de Sociol.*, déc. 1910, p. 753). — E. Roberty, *Énergétique et Sociologie* (*Rev. Philos.*, 1910, p. 1). — E. Solvay, *Question d'énergétique sociale*, Bruxelles (*Travaux de l'Institut Solvay*, 1910, p. 229).

l'énergie humaine par d'autres hommes. Il en résultait naturellement, pour ceux-ci, un accroissement de puissance sociale. De même en ce qui concerne l'appropriation de l'énergie animale. En se rendant maître des énergies inorganiques, l'homme atteignit un troisième stade dans la conquête de l'énergie : le feu représente la première forme sous laquelle l'humanité a affirmé sa maîtrise sur l'énergie inorganique. Le développement de l'humanité en fut la conséquence : l'énergie inorganique représente, en effet, des quantités d'énergie incomparablement plus grandes que les énergies organiques ; elle se prête à des emplois multiples. Il suffit de considérer un instant les opérations de l'électrotechnique moderne, par exemple, pour se rendre compte qu'elles ne pourraient pas être effectuées par le travail musculaire. Nous en sommes à ce troisième stade : « si l'Angleterre a passé, il y a un demi-siècle, de l'état agricole à l'état industriel, si ce passage s'opère en ce moment en Allemagne, c'est en vertu d'un déplacement, dans ces deux pays, du centre de gravité énergétique de l'activité nationale » (¹).

Les énergies seront facilement groupées au point de vue de leur valeur : dans toute transformation d'une espèce d'énergie se produit une perte d'énergie libre, un déchet. Plus le déchet sera petit, plus grande sera la proportion dans laquelle une énergie pourra se transformer en une autre, plus cette énergie aura de valeur. La connaissance des coefficients économiques des diverses énergies permet donc d'établir une échelle des valeurs sociales. *La tâche générale de la civilisation consiste à obtenir, pour les énergies à transformer, des coefficients de transformation aussi avantageux que possible.* Cette loi s'applique aux hommes aussi bien qu'aux choses : les progrès de son application entraîneront un jour des révolutions d'une portée incalculable. Comme l'énergie humaine est limitée, composée d'une partie de la quantité d'énergie solaire qui nous est apportée chaque jour, « rien ne serait plus propre à améliorer le sort des hommes que de rendre plus avantageux le coefficient

---

(¹) OSWALD, *Op. cit.*, p. 229.

de transformation de l'énergie solaire en énergie chimique. Comme on le sait, le phénomène fondamental, en vertu duquel nous avons de l'énergie à notre disposition, c'est l'accumulation dans les plantes vertes d'énergie provenant du rayonnement solaire; cette énergie, accumulée sous forme de combinaison chimique, peut être libérée par des combustions. Mais les plantes vertes ne capitalisent qu'un ou deux pour cent de l'énergie libre qu'elles reçoivent. Si l'on parvenait à inventer un transformateur leur permettant d'en accumuler seulement quelques centièmes de plus, on apporterait au sort de l'humanité laborieuse une amélioration plus importante que tous les établissements de bienfaisance du monde [1]. »

On voit ainsi que la Sociologie énergétique rejoint le bergsonisme (théorie de l'homo-faber) et pourra, demain, servir de justification scientifique à bien des théories économiques et sociales. Partout où pénètre l'énergétique, il y a comme un jour nouveau qui se répand sur les choses, et il est impossible, à l'esprit impartial que tourmente le mystérieux problème du monde et de la vie, de ne pas être séduit et comme entraîné vers les horizons nouveaux.

3. Alors, l'atomisme se raidit dans une attitude désespérée : il proteste que l'intelligence ne peut le rejeter sans se nier elle-même.

Se plaçant à un point de vue purement psychologique, A. Rey conteste à l'énergétique le droit de satisfaire jamais nos besoins intellectuels les plus impérieux, les plus irréductibles, et voit, en elle, finalement, une sorte de monstruosité que l'esprit humain aurait produit et qui menace ce dernier de violer ses lois fondamentales, de le dérouter et de l'égarer. Quelles sont donc ces lois fondamentales, conditions mêmes de notre connaissance? Il y en aurait deux : la première, qui se passe d'explication, est tout entière dans ce fait que l'esprit cherche l'inconnu déterminé en fonction du connu. La seconde est la loi du rythme qui se formule ainsi : la connaissance pro-

---

[1] Oswald, *Op. cit.*, p. 234.

cède par un rythme perpétuel de synthèse et d'analyse, de généralisation et de restriction.

Mais, d'abord, la première loi est trop générale et trop évidente pour ne pas être respectée. On ne voit pas bien une théorie scientifique, pas plus l'énergétique qu'une autre, engager l'esprit à procéder autrement que du connu à l'inconnu et il n'est pas douteux qu'un système, quel qu'il soit, aurait bien peu de temps à vivre, s'il proposait, comme moyen de recherche, de procéder de l'inconnu au connu, ou du connu au connu, ou de l'inconnu à l'inconnu. A. Rey soutient, qu'à procéder ainsi que font les énergétistes, l'humanité se trouverait entraînée logiquement vers le bouleversement complet de ses manières de voir, à chaque généralisation nouvelle, à chaque grande période de l'histoire de la Physique. Il regrette ce caractère révolutionnaire de l'énergétique à peu près comme un historien qui, ayant postulé qu'aucun progrès ne se fait tout d'un coup, mais seulement par évolution lente, regretterait qu'au lieu d'être issu de la Révolution, le monde moderne n'ait pas été le résultat d'une transformation progressive de l'état social et politique d'autrefois. Mais autre chose est vanter les mérites et les avantages possibles de la *continuité*, de la tradition, et autre chose est faire de cette *préférence* une loi essentielle de l'esprit et, dans tous les cas, une condition indispensable de notre connaissance ! A. Rey voudrait qu'un principe d'explication générale, une fois admis, ne pût plus être modifié par des découvertes nouvelles, qu'à la condition que celles-ci s'ajoutent à celui-là, « soit comme une restriction nécessaire, soit comme une extension légitime ». En vérité, ne voit-il pas qu'il s'agit ici d'une méthode de travail, et nullement d'une loi essentielle de l'esprit humain ? Cette méthode en elle-même, nous n'entendons pas la discuter, encore que les révolutions, dans bien des domaines, ont pu être quelquefois plus utiles qu'un progrès continu. Mais prétendre que cette méthode s'impose à nous comme une condition primordiale de la connaissance, comme s'impose le principe de contradiction, comme une loi psychologique inhérente à notre nature, c'est enfermer l'esprit dans des limites purement arbitraires et je revendique le droit, qu'on ne saurait me refuser au nom des exigences de la connaissance, de rejeter radicalement ce qui me paraît faux, pour adhérer à telle conception nouvelle qui me paraîtrait plus exacte. Ceci ne constitue pas une défense de l'énergétique, mais une défense du droit des énergétistes de procéder comme ils le font et de la légitimité de leur attitude. L'avenir dira s'ils eussent mieux fait de ne se livrer qu'à une « polémique au sein du mécanisme » au lieu de « dévier dans une polémique contre le mécanisme » (¹). Mais il semble téméraire d'affirmer, et quelque peu intolérant, qu'il est contraire aux règles de notre connaissance que les énergétistes expriment une revendication totale, militent pour le *remplacement* des conceptions établies par leurs devanciers et prennent, en somme, vis-à-vis du mécanisme, l'attitude prise par la Science moderne contre l'ancienne scolastique.

De même en ce qui concerne la loi du rythme : il se peut que, dans la majorité des cas, le processus habituel de la pensée ait été de partir d'une connaissance particulière précise vers une connaissance générale très vague et grosse d'erreurs, puis, par une série de faits particuliers nouveaux, de corriger cette conjecture générale, *mutatis mutandis*, en la continuant. Mais cette marche de l'esprit à travers les problèmes ne s'oppose en aucune façon à ce que, arrivé à un certain stade de développement, il ne puisse rejeter les notions qui lui servirent, « les béquilles », dirait Mach, et dont nul ne songe à contester l'utilité passée, pour leur substituer des notions nouvelles qui auront paru plus en rapport avec les données de l'expérience. A-t-on réellement la prétention de canaliser en des formes invariables les efforts de la pensée ? A supposer d'ailleurs que nos recherches n'aient jamais pu se concevoir sous d'autres modalités, est-il dit que ce processus intellectuel ne puisse, à certain moment, aboutir à d'autres résultats, à cette conception d'une science parvenue à la « période formelle » ? En d'autres termes, la pensée serait-elle éternellement condamnée,

---

(¹) A. REY, *L'énergétique et le mécanisme au point de vue des conditions de la connaissance*, p. 56.

en vertu de ses propres lois, à osciller sans fin autour d'un principe n'ayant pour lui qu'une priorité chronologique? Comme on voit bien ici que le conservatisme scientifique, comme le conservatisme politique, trouve sa base dans la limitation des forces d'expansion humaine, dans un système restrictif qu'on veut placer en dehors de la discussion et qu'on nous donne ici pour l'expression de la sagesse divine, là pour les lois mêmes de notre esprit! Et, dans l'un et l'autre cas, la violation des restrictions imposées est sanctionnée par une menace de déroute et de catastrophes! Résumons la critique que nous adressons aux critiques de A. Rey : cet auteur veut assimiler, aux lois de la connaissance, les règles particulières d'une méthode qui a sa préférence. Ces règles, il est vrai, ont pu être suivies dans bien des cas, elles ne constituent pas cependant des lois. La première qui devrait s'appeler règle de continuité, poussée à sa limite extrême, nous obligerait à conserver précieusement des généralisations reconnues erronées. La seconde n'est que la constatation de la façon dont l'esprit se comporte devant les problèmes : c'est évidemment un fait particulier qui permet de généraliser et d'autres faits particuliers qui autorisent à rectifier. Mais on ne voit pas pourquoi le principe même d'une généralisation ne pourrait s'écrouler pour laisser place à un autre, tout comme une civilisation peut disparaître devant un ordre de choses et d'idées différentes. A. Rey postule, au fond, l'intangibilité, non point de l'atomisme sous telle ou telle forme, mais de son principe essentiel, et ce principe est essentiel, non par sa nature, mais parce qu'il fut utilisé le premier. On le revêt, de ce fait, du privilège de répondre seul aux conditions de la connaissance. C'est rabaisser l'esprit à l'atomisme ou élever l'atomisme à la hauteur d'un besoin de l'esprit : l'atomisme ne mérite pas cet excès d'honneur, ni l'esprit cet excès d'indignité.

Mais, bien plus, s'il fallait dégager certaines lois de l'esprit en quête de vérité, ne pourrait-on pas dire que l'esprit n'atteint jamais à l'abstraction, qu'après s'être essayé à comprendre les choses par le moyen concret d'une configuration, d'une image?

Et, dans ce cas, n'est-ce point le passage de la généralisation atomistique à la généralisation énergétique qui traduirait ce développement de l'intelligence humaine ? Ne pourrions-nous pas, suivant l'exemple dangereux de A. Rey, être tentés d'assimiler à une loi de l'esprit le passage de l'image à l'abstrait et justifier ainsi l'énergétique par les nécessités psychologiques? Ce serait là un petit jeu consistant à rétorquer les objections de Rey par le moyen même de la méthode qui lui est chère. Nous ne le jouerons pas.

4. Nous croyons, nous, qu'il faut accueillir favorablement l'énergétique. De quel droit, dans quel intérêt, l'esprit humain opposerait-il une fin de non-recevoir intransigeante et absolue à ces conceptions nouvelles que nous apporte le flux incessant de la pensée ? Dans la nuit où nous cheminons à la recherche des vérités fuyantes, avons-nous donc trop de moyens à notre disposition ? Notre récolte est-elle trop abondante? Sommes-nous trop riches ?

Comme le bergsonisme, l'énergétique correspond à une de nos manières de penser et de sentir, peut-être de connaître : elle est, elle aussi, et avant tout, semble-t-il, une protestation contre cette scolastique nouvelle, dont parle l'auteur de l'*Évolution créatrice*, « qui a poussé pendant la seconde moitié du XIXe siècle autour de la Physique de Galilée, comme l'ancienne autour d'Aristote ». Elle est l'aveu que l'étroitesse du déterminisme mécaniste, enfermant l'infinie variété et le perpétuel changement de l'Univers, apparaît inadéquate, artificielle et simpliste, non pas seulement à l'esprit du philosophe, mais aussi à celui du physicien et du chimiste; elle s'apparente ainsi aux idées modernes, à ces aspirations vers une compréhension plus large de la réalité et de la vie.

Pour beaucoup, la figuration du monde par une infinité d'atomes sans qualité, dont le jeu éternel, forme les choses, les défait et peut les recréer telles qu'elles étaient dans le temps et dans l'espace, n'est que l'expression de notre désir enfantin d'une explication confortable, trop élémentaire et schématique pour être vraie. A ceux qui ont demandé quelquefois une vision du monde à leurs rêves, comme aux savants contemporains frappés par l'*irréversibilité* des phénomènes, il est apparu que le réel était du changement éternel, fleuve qui s'écoule et qui se colore toujours différemment selon les heures qui passent, et que les sensations et les faits de la minute présente jamais ne reviendraient *absolument* identiques. Cette continuité des choses, que visent à la fois les bergsoniens et les énergétistes ([1]), comment peut-on la rendre, la traduire par un système qui consiste à éparpiller l'univers en une multitude moléculaire? Comment l'atomisme peut-il avoir la prétention d'*expliquer* le continu par le discontinu, l'irréversible par le réversible, le dynamique par le statique, le changement par l'inerte? On dira peut-être, un jour, les conceptions étranges auxquelles a mené logiquement la manie intellectuelle de fragmenter l'écoulement des choses et d'obliger celles-ci à se résoudre à n'être qu'une combinaison, qu'un jeu mathématique de particules mortes : quand Blanqui, dans l'*Éternité par les astres*, démontre que les atomes en sont réduits à refaire des mondes identiques, de telle sorte que vous et moi sommes appelés fatalement à revivre la même vie sur une terre pareille, il ne fait que souligner, par une fantaisie de génie, une conséquence nécessaire de la *réversibilité* des phénomènes que l'atomisme implique, contrairement aux lois mêmes découvertes par la Science.

Si l'atomisme paraît inapte à traduire le mouvement sans fin des choses qui passent et ne reviennent plus, c'est-à-dire de tout, il ne l'est pas moins à nous renseigner sur la *qualité*. Que de la combinaison de ces atomes, pures et froides abstractions, dénués de toute propriété autre que leur éternité et leur immutabilité, soit né un univers si riche en qualités diverses, voilà qui tient de la magie! On ne comprendra jamais clairement comment ce qui est, par définition, sans qualité, peut donner naissance aux couleurs, aux sons, aux parfums, aussi

---

[1] Le Roy, *Revue de Métaphysique*, 1899, p. 386, « la démarche extrême de la pensée scientifique nous ramène peu à peu à la continuité de la perception primitive ».

bien qu'aux sentiments qui nous animent. La réduction de tout à la *quantité* paraît être un de ces décrets arbitraires de l'intelligence dont parle certain savant, et le besoin d'explication nette, auquel l'atomisme se fait gloire de répondre, semble bien, quelquefois, se contenter d'affirmations simplement commodes. Dire que le fond des choses est exclusivement *quantité*, ce n'est pas seulement choquer l'impression des bergsoniens, c'est dépasser, sans aucun droit, les données mêmes de l'observation objective. C'est faire naître en nous le soupçon libérateur que nous nous prenons quelquefois aux pièges du raisonnement même dans lesquels nous escomptions prendre la vérité.

La Physique nouvelle, l'énergétique, entend rester la traduction, sans plus, de l'expérience ; elle constitue un système de mesurage et de repérage, une « promotion directe de la Mathématique » ([1]). Mais le seul fait qu'elle abandonne la généralisation atomistique, l'hypothèse élue de la quantité, la rend plus sympathique à la *qualité*, dans laquelle elle ne voit pas, de prime abord et par une sorte de parti pris, un péril pour ses conceptions. C'est avec impartialité qu'elle considère les qualités spécifiques des énergies multiples qui forment le réel. Où les atomistes travaillaient, avec une sorte d'intransigeance, à réduire la diversité qualitative à l'unité quantitative, les énergétistes affectent un libéralisme souriant. Les formules algébriques, qui fixent les relations des énergies entre elles, leur suffisent et, à l'abri de cette attitude nouvelle, comme derrière les protestations bergsoniennes contre le mécanisme, il semble que le monde reprenne un peu sa liberté et sa physionomie originale. Quand Duhem expose ses idées, non plus sur la Science qui, on le sait, trouve sa dernière expression dans un formalisme mathématique, mais sur la Métaphysique, il écrit :

« La Physique nouvelle admet, dans ses raisonnements, la considération des *qualités ;* elle rend à la notion de mouvement toute la généralité que lui attribuait Aristote. Là est le secret de sa merveilleuse souplesse. Par là, en effet, elle se débarrasse

---

([1]) A. REY, *La Philosophie moderne*, p. 126.

de la considération de ces mécanismes hypothétiques qui répugnaient à la philosophie naturelle de Newton, de la recherche des masses et des mouvements cachés, dont le seul objet est d'expliquer géométriquement les qualités ; délivrée de ce labeur, que Pascal proclamait incertain, pénible et inutile, elle peut, en toute liberté, consacrer ses efforts à des œuvres plus fécondes.... La création de cette mécanique fondée sur la Thermodynamique est donc une réaction contre les idées atomistiques et cartésiennes, *un retour* — bien imprévu de ceux-là mêmes qui y ont le plus contribué — aux principes les plus profonds des doctrines péripatéticiennes. Ainsi, par une contre-révolution opposée à la révolution cartésienne, la mécanique nouvelle reprend les traditions de la Physique de l'école si longtemps et si violemment décriée ([1]). »

Mais, par les *principes les plus profonds des doctrines péripatéticiennes*, il faut se garder d'entendre, comme l'a fait l'esprit de parti, tout ce qu'il y a de définitivement condamné et abandonné dans la Scolastique. Les énergétistes n'ont point recours, qu'on se rassure, aux « qualités occultes » et ne diront pas que le pavot fait dormir parce qu'il a « une vertu dormitive ». Ils raisonnent sur des données positives, les seules mêmes que nous connaissions, les énergies, et s'efforcent de chercher dans quelles conditions et selon quel rapport mathématique leurs variations se produisent ; ils renoncent à toute explication sur la nature intime de ces énergies et, à plus forte raison, aux explications naïves du Thomisme. L'attitude des énergétistes est incontestablement scientifique : ils fixent les rapports des faits en formules mathématiques et s'abstiennent de donner des choses une figuration atomistique, parce que rien ne leur permet scientifiquement d'aller jusque-là. Les atomistes, pensent-ils, sont des métaphysiciens. Rien, d'ailleurs, de plus incapable que l'énergétique de devenir jamais une *ancilla theologiæ*, puisque, de l'aveu même d'un de ses adversaires, elle renonce à dépasser les données scientifiques

---

([1]) DUHEM, *Revue générale des Sciences*, t. I, 1903, p. 429.

et la portée de notre connaissance, à chercher « une source homogène et unique d'où pourraient se déduire tous les phénomènes naturels » (¹). L'énergétique est étrangère à la théologie plus encore que le mécanisme qui a bien pu détruire la scolastique, mais qui, dans l'esprit de Descartes au moins, s'adossait à la divinité. Seulement, et c'est ici qu'elle se rapproche dans une certaine mesure des théories péripatéticiennes, elle ne postule pas la réduction arbitraire de la qualité à la quantité. Si le monde comportait des énergies qualitativement différentes et irréductibles, il importerait peu à l'énergétique, tandis que l'atomisme en mourrait. Quantité et qualité sont les deux aspects sous lesquels la réalité se présente à nous : l'énergétique n'éprouve nul besoin de nier l'un des deux termes ; son ambition, exclusivement scientifique, est d'établir des lois entre les faits.

On voit dans quelle mesure, assez délicate à saisir, la préoccupation bergsonienne de la *continuité* et de la *qualité* a trouvé un écho chez les physiciens modernes. Il était assez curieux de noter comment ces préoccupations allaient s'exprimer en se transportant dans le domaine de l'abstrait et des formules mathématiques.

Ce parallélisme entre le bergsonisme et l'énergétique peut être poussé plus avant encore : comme le bergsonisme, l'énergétique aboutit à une manière nouvelle de connaître. Nous avons cité, au cours de cette étude, un passage où Mach fonde la connaissance des choses sur le fait qu'elles nous sont devenues familières et où la *sympathie* paraît jouer un rôle (²). Assurément, ce n'est pas là cette connaissance de l'intérieur, en soi, que réclame Bergson, mais c'est l'abandon par un physicien, non par un philosophe, ce qui est remarquable, de la connaissance mécaniste basée sur la seule constatation des causes et des effets. Pour Mach, la Science ne peut être que *descriptive*. L'évolution biologique entraîne l'adaptation de

---

(¹) A. Rey, *L'énergétique et le mécanisme*, p. 29.
(²) *Voir*, p. 121.

plus en plus complète de l'organisme à son milieu et le progrès intellectuel n'est pas autre chose qu'une adaptation des idées aux faits et des idées entre elles ([1]).

Comme le bergsonisme enfin, l'énergétique s'apparente au pluralisme : il n'a jamais prétendu qu'il n'y eût qu'une énergie; il y en a une infinité et cette diversité ne l'inquiète nullement. Il passe, étranger, à côté du monisme, et, ici encore, il semble que la manière nouvelle du physicien concorde, mieux que l'ancienne, avec ce courant d'idées pluralistiques, dont nous avons parlé, et que la réaction contre l'atomisme s'accentue. On démêle ainsi les liens multiples par lesquels l'énergétique reste attaché aux nouvelles méthodes philosophiques, aux nouvelles manières intellectuelles et, si l'on peut dire, à l'esprit de son temps.

Entre ces deux grandes conceptions, atomisme et énergétique, le divorce est-il complet, la lutte sans merci, ou peut-on trouver un terrain d'entente ?

Certains ont cru qu'une transaction se préparait et ils se sont flattés d'en voir l'ébauche dans les théories cinétiques contemporaines : « la plupart des résultats modernes, dans le domaine de la Chimie physique, ont été acquis, dit W. Nernst, par une heureuse combinaison des méthodes thermodynamiques avec les considérations théoriques moléculaires » ([2]). Cependant, il est douteux que deux points de vue aussi opposés que l'atomisme et l'énergétique arrivent jamais à s'entendre. Quel compromis est possible entre le *continu* et le *discontinu*, l'énergie et l'atome ? Même dans cet atomisme réformé dont nous avons parlé, même dans la théorie électronique où les molécules acquièrent une complexité et une vitesse stupéfiantes, alors même que les corpuscules d'électricité seraient de l'électricité en mouvement, sans support matériel, l'atome reste l'atome et ne se confond pas avec l'énergie. Les deux théories opposées gardent leurs positions. Aussi n'est-ce pas

---

[1] *Voir* MACH, *La connaissance et l'erreur*, Flammarion, 1911.
[2] W. NERNST, *Revue générale des Sciences*, 15 mars 1908.

sur le terrain des principes qu'il faut les rapprocher, mais sur celui de la pratique (¹).

En droit, nous ne demandons que la liberté pour l'une et l'autre. L'atomisme et l'énergétique constituent les tendances entre lesquelles se partagent aujourd'hui les savants qui étudient la nature inanimée. Elles correspondent, sans doute, à deux manières de penser : il nous paraît impossible que l'une d'elles, au nom de son passé séculaire, prétende condamner sa rivale naissante.

Comme dit M. Émile Picard : « Ne mutilons pas l'esprit humain ! »

(¹) Emile PICARD, *La Science moderne et son état actuel*, p. 134 : « Ces tendances extrêmes sont radicalement opposées dans leur esprit; mais, pratiquement, il y a entre elles bien des ponts, et, dans la recherche, le partisan le plus convaincu de l'énergétique purement expérimentale n'hésite pas à faire parfois certaines représentations dont le caractère est en désaccord avec ses propres idées. Cela est fort heureux; ce n'est qu'en adoptant des points de vue divers, quelquefois opposés, que les sciences progressent. Ne mutilons pas l'esprit humain dans la tâche immense qu'il a à accomplir. » Ajoutons que les deux méthodes sont employées concurremment par un grand nombre de savants. Citons, parmi les chimistes : Van 't Hoff, Van der Vaals et Nernst.

LIVRE III.

LE PROBLÈME DE LA VIE.
LES NÉO-VITALISTES CONTRE LES MÉCANISTES.

CHAPITRE I.

1. Le point de vue mécaniste: Le Dantec. Une théorie nouvelle de la vie excluant tout facteur téléologique ou vitaliste. — 2. Déclarations de Le Dantec à l'auteur : l'erreur, ce qui n'est pas réductible au mécanisme. La théorie de la conscience épiphénomène.

1. Devant le problème de la vie, la pensée contemporaine se divise entre ces deux points de vue, d'ailleurs éternels : *déterminisme* et *liberté*. D'un côté, se rangent les mécanistes, ceux qui pensent pouvoir se rendre compte de tous les phénomènes vitaux, y compris la conscience, par le jeu des lois physiques et chimiques. Le XIXe siècle fut le siècle de la Science, des recherches expérimentales, des résultats positifs : il devait nécessairement préparer l'éclosion d'une biologie mécaniste, et, en général, de systèmes exclusivement mécanistes, d'où seraient exclus, comme indigne, tout élément libre et irréductible à la discipline rigoureuse des causes et des effets. Qu'on y prenne garde cependant : la grande majorité des savants qui étudient la vie, admettent, avec Claude Bernard, un *principe vital;* ceux-ci ne sont donc pas rigoureusement mécanistes, scientistes, puisqu'ils reconnaissent l'existence d'une force sur laquelle le raisonnement purement logique n'a pas toujours de prise.

Il subsiste, dans l'opinion commune des spécialistes scientifiques, un vitalisme atténué, atténué autant que possible, tout comme subsiste, amoindrie quelquefois jusqu'à la subtilité, l'idée des causes finales. Nous notons dans cet ouvrage, non point l'opinion moyenne et courante, mais les positions les plus caractéristiques occupées par les tendances opposées. Entre elles se place la gamme sans fin des distinctions et des nuances.

Du côté opposé au point de vue rigoureusement physico-chimiste, s'affirme, avec un éclat réellement exceptionnel dans l'histoire des idées, la conception du néo-vitalisme moderne. Sans doute, celui-ci doit en partie son succès aux exagérations même de ses adversaires. A vouloir forcer la pensée humaine et lui imposer des cadres artificiels, quels qu'ils soient, au nom de la Religion ou au nom de la Science, on provoque sa révolte. Mais c'est encore à d'autres causes que le néo-vitalisme bergsonien doit sa fortune : il est, exprimé dans une langue admirable de penseur, de poète et d'artiste, l'expression d'un sentiment très noble qui fut de toutes les époques, mais qui s'éleva à un degré d'exaltation particulier, à travers le romantisme et l'individualisme des temps présents : la répulsion de l'être humain à être assimilé à un automate. Certes, si la vérité devait nous apprendre, un jour, que nous ne sommes que des machines et que mon histoire, comme la vôtre, est réglée et écrite par avance, il nous faudrait nous incliner. Nous constaterions, alors, simplement, et sans en tirer aucune conclusion, la désharmonie de l'être qui *sent* et qui *veut* la liberté, et des lois naturelles qui la lui refusent.

Mais les néo-vitalistes soutiennent que rien ne permet d'affirmer ce mécanisme rigoureux et cette réglementation universelle; qu'au contraire, l'antique idée de fatalité, dont les conceptions déterministes paraissent le reflet adouci et redressé, se heurte aux résultats auxquels aboutit une analyse psychologique exempte de prévention, aux données immédiates de la conscience.

Hier comme aujourd'hui, la lutte reste ouverte entre les

deux tendances, explication mécaniste, conception vitaliste, mais jamais encore celles-ci n'avaient été précisées plus catégoriquement. Jamais, non plus, le vitalisme ne s'était exprimé sous une forme plus impressionnante, étayé d'autant d'arguments scientifiques [1], offert à nous avec plus de splendeur, telle une vision magnifique de la vie, si bien qu'on peut dire qu'il vivra dans l'esprit des hommes, comme y vécurent, durant des siècles, vérités ou non, les Idées de Platon.

La théorie nouvelle de la vie, que nous devons à Le Dantec [2], paraît constituer le type des explications mécanistes de l'existence. Il n'est pas d'auteur, à notre connaissance, qui ait su mieux éliminer, de son raisonnement, tout élément téléologique ou vitaliste [3] : de la monère élémentaire jusqu'à l'homme, de l'être monoplastidaire jusqu'aux êtres polyplastidaires, Le Dantec, par un raisonnement rigoureusement scientifique, qui ne fait appel qu'à l'expérience et aux lois physico-chimiques, échafaude toute une théorie de la vie remarquable surtout, au point de vue où nous nous plaçons, par la constante préoccupation de bannir toute hypothèse, de procéder par déductions contrôlées, et de démontrer que, parmi cet ensemble de phénomènes que nous appelons *vitaux*, aucun n'est « en dehors des lois naturelles établies pour les corps bruts ». « Voilà, dit triomphalement l'auteur, en terminant son livre, ce que je voudrais avoir établi au cours de cette étude des phénomènes de la vie. » Il nous semble donc que cette théorie est un excellent exemple du mécanisme physico-

---

[1] *Voir* H. BERGSON, *L'Évolution créatrice : La variation brusque*, p. 67 et suiv. — *L'orthogenèse. L'hérédité de l'acquis*, p. 82 et suiv., etc.

[2] *Voir* du même auteur : *Traité de Biologie*, 1906. — *Le déterminisme biologique et la personnalité consciente*, 1908. — *Élément de philosophie biologique*, 1908.

[3] Citons cependant dans le même sens, E. REGALIA, *Contra una theologia fisiologica. Archivio per l'antropol e l'Etnol*, t. XXVII, 1897, fasc. 3, p. 16). *Voir*, par contre, les réserves formulées par Pierre AUBRY (*Revue du mois*, 10 mars 1909; *La Philosophie de M. Le Dantec*).

chimique appliqué à la vie, quels que soient les divergences de vues qui séparent Le Dantec des autres physiologistes, de Claude-Bernard, de Dastre, etc., sur des questions spéciales, telles que la loi de l'assimilation fonctionnelle et quelques autres.

Supposer qu'il y a dans la cellule vivante, dans le plastide ou son noyau, un élément vital réfractaire à toute explication et cependant explicatif des phénomènes, c'est, pour Le Dantec, tomber dans l'erreur des chimistes, avant Lavoisier, qui pour rendre compte des propriétés combustibles des corps, avaient imaginé un principe insaisissable, dont ceux-ci devaient être plus ou moins chargés et que Stahl appelait : *le Phlogistique*. Un corps brûlait-il ? C'est qu'il contenait du phlogistique. Était-il incombustible ? C'est qu'il avait perdu son phlogistique. L'ignorance revêtue d'une étiquette prenait figure d'explication. « Aujourd'hui, la Chimie existe, l'hypothèse de Stahl nous semble absurde ; avant Lavoisier nous eussions peut-être discuté gravement la nature du principe de la flamme; nous nous serions demandé s'il réside à la surface ou à l'intérieur des corps, nous aurions essayé de le définir, et un sage se serait trouvé là pour nous dire : il n'y a pas de définition des choses naturelles ([1]) » comme Claude Bernard devait le dire de la vie ([2]).

Eh bien ! il en serait du mot *phlogistique* comme du mot *vie*. Un mot. Rien de plus. Un mot qui cache un ensemble de réactions chimiques et de nécessités physiques d'autant plus délicates et complexes que les êtres présentent des structures plus compliquées.

Il faut distinguer la vie élémentaire (être monoplastidaire) de la vie proprement dite (être polyplastidaire) et ne pas raisonner en descendant de la vie proprement dite, que Le Dantec appelle tout simplement *la vie*, à la vie élémentaire de l'être unicellulaire. Évitons, tout d'abord, d'attribuer

---

([1]) LE DANTEC, *Théorie nouvelle de la vie*, p. 3.
([2]) Claude BERNARD, *Leçons sur les phénomènes de la vie communs aux animaux et aux végétaux*, p. 22.

aux êtres les plus simples, les qualités des êtres supérieurs et d'obscurcir, par une sorte d'anthropomorphisme, des questions qui ne relèvent que des sciences chimiques et physiques. Que Haeckel dote ses monères d'une conscience, c'est son droit ; ce n'est qu'une hypothèse. Cette hypothèse, nous n'en avons nullement besoin pour expliquer la vie élémentaire, et nous pourrons faire la même réflexion chaque fois qu'on sera tenté de projeter dans un plastide les qualités et les sentiments de l'homme lui-même. Ainsi : supposons que l'être A ait la propriété d'être attiré, comme on le remarque souvent chez l'être monoplastidaire, par la substance B. Voici qu'après avoir été soumis quelque temps à l'action d'une solution de la substance B, A n'est plus attiré, reste indifférent (¹). Dirons-nous alors qu'A s'est adapté, s'est *habitué* à sa nouvelle condition ? Ce serait une expression déplorable, conséquence de la notion préconçue d'individualité. J'ai du sel marin dans un flacon, je le traite à chaud par l'acide sulfurique et il dégage de l'acide chlorhydrique ; au bout de quelque temps, il n'en dégage plus, quelque quantité d'acide sulfurique que j'ajoute : dirai-je que mon sel marin est *habitué* à l'acide sulfurique ? Ce serait absurde. C'est pourtant *exactement la même chose* (²). *Toutes les propriétés vitales des plastides ne sont que les propriétés chimiques des substances qui les constituent.*

Objectera-t-on le mouvement ? Celui-ci n'est pas spontané et ne résulte nullement d'un principe vital et mystérieux ! Il provient des réactions physiques et chimiques qui se produisent entre la substance du corps et le milieu. Quand nous laissons tomber sur l'eau un morceau de potassium, la réaction très violente qui se produit est manifeste. La chaleur dégagée par l'oxydation du métal enflamme l'hydrogène et le solide se met à tourner à la surface du liquide. Invoquera-t-on des principes immatériels pour expliquer ce mouvement ? Certainement non :

(¹) G. MASSART a montré qu'on peut rendre insensible à des solutions plus concentrées des bactéries qui, primitivement, étaient sensibles à des solutions moins concentrées.

(²) LE DANTEC, *Théorie nouvelle de la vie* (*Vie élémentaire*), p. 27.

on se contente de l'attribuer aux modifications apportées par la réaction même à l'état d'équilibre des corps réagissants. Ce phénomène, pour être plus brutal que celui du mouvement du plastide, n'en est pas moins de même nature, et, dans les deux cas, nous assistons à la naissance de forces mécaniques qui proviennent uniquement de réactions entre le mobile et le milieu (¹).

L'influence de la chaleur, de l'électricité, de la lumière déterminera aussi les mouvements de la cellule vivante : ainsi qu'il résulte d'expériences nombreuses (observations d'Engelmann, de Stahl, de Brandt, de Verworn), l'action de la lumière s'exerce vigoureusement. Cette action est toujours en rapport direct avec la direction des radiations : on constate seulement que telle espèce est attirée par les rayons et telle autre, au contraire, repoussée. Autrement dit : il y a des plastides positivement et d'autres qui sont négativement phototactiques (²).

La Chimiotaxie et les expériences de Pfeffer ont mis en relief ces phénomènes d'attraction ou de répulsion exercés par des substances chimiques sur la substance chimique des plastides. Engelmann s'est amusé à prendre au piège des bactéries qu'il attirait par un point lumineux. Ce sont des causes du même ordre qui expliquent les propriétés phagocytaires des globules blancs, dont Metchnikoff a souligné le rôle défensif.

En général, la substance nuisible à l'être élémentaire exercera sur lui une répulsion : elle sera négativement chimiotropique; la substance nutritive, au contraire, l'attirera : elle est dite positivement chimiotropique. Les téléologistes y trouveront une nouvelle preuve d'une harmonie préétablie, d'une providence divine et admirable : il n'en est rien cependant ! D'abord, il est des exemples de plastides attirés par la substance chimique même dont ils mourront. Ensuite, n'est-il pas évident que ceux qui sont à ce point *inadaptés* qu'ils fuient les conditions favorables à leur développement et courent

---

(¹) Le mouvement dépend aussi de la *forme* du plastide. Le Dantec cite BÜTSCHLI, *Bronn's klassen unordnungen des thierreichs, Protozoa*.

(²) *Voir* le *Traité de Botanique* de M. Van Tieghem, p. 123 et suiv.

à leur perte, sont fatalement appelés à disparaître, ce qui explique, *mécaniquement*, la survivance actuelle presque exclusive des autres ? Ici encore, à quoi bon les hypothèses téléologistes, antropomorphistes, vitalistes ?

Tout se passe mécaniquement, chimiquement : les phénomènes d'*addition*, par quoi des substances nouvelles se trouvent ajoutées à la masse du plastide sont, comme le mouvement, susceptibles d'explications d'ordre chimique. Le Dantec analyse, puis catalogue ces phénomènes qui constituent l'équivalent identique de ceux qu'on constate dans la combinaison de certains corps bruts. Ou bien, ils consistent dans « l'addition au protoplasma de substance identique à lui. » C'est absolument comme si l'on ajoutait de l'eau à de l'eau. Ou bien, dans l'addition au protoplasma de substances miscibles avec lui, mais différentes de lui. C'est absolument comme si l'on ajoutait du vin à de l'eau. Ou bien, dans l'addition au protoplasma de substances solides, solubles dans le protoplasma. C'est absolument comme si l'on ajoutait du sucre à de l'eau. Les deux dernières formes d'addition tendraient naturellement à modifier la composition du protoplasma, si aucun phénomène ultérieur n'intervenait. L'addition dépend de la nature de la surface de séparation du plastide et du milieu.

En résumé, tous les phénomènes de la vie élémentaire, que permet de constater une observation de courte durée, sont des manifestations des propriétés chimiques du protoplasma des plastides.

Que nous apportera une observation de longue durée ? Elle nous permettra d'étudier le phénomène par quoi sera distingué l'être vivant de la matière brute. C'est le phénomène de l'assimilation. Quand j'ajoute un aliment différent du protoplasma au protoplasma d'un plastide à l'état d'activité, je renouvelle le protoplasma même du plastide. Autrement dit, l'ensemble de réactions qui constituent la vie élémentaire ne se traduit pas seulement par des phénomènes externes, par du mouvement, par un certain travail, mais encore par la conservation ou l'accroissement des substances constituantes du plastide, c'est-à-dire *par une reconstitution* des substances mêmes qui sont actives dans les réactions considérées, de telle manière que le plastide conserve ses propriétés. Or, c'est là un *fait nouveau*, sans analogie avec les phénomènes de la matière brute, d'une importance capitale : c'est véritablement *le signe distinctif de la vie*. Nous ne connaissons en Chimie aucune substance *qui ne se détruise en tant que composé défini, chaque fois qu'elle réagit d'une manière quelconque*. En dehors de l'état d'indifférence chimique, la quantité d'un composé défini est toujours décroissante.

Nous sommes ici, en présence du fait contraire. C'est cette *propriété* du plastide qui caractérise en dernière analyse la vie élémentaire. Jusqu'à présent, le noyau de la cellule vivante n'a joué aucun rôle et Le Dantec s'élève contre le vitalisme de Bruno Hofer, qui dote le noyau d'une influence mystérieuse. Il n'en va pas de même pour le phénomène de l'assimilation : celle-ci a toujours lieu en présence du noyau, jamais en son absence. C'est le point précis où la substance vivante va différer enfin de la substance morte. C'est sur ce point que la lutte entre mécanistes et vitalistes paraîtrait devoir un jour devenir particulièrement intéressante. Malheureusement les progrès de la Chimie et de la Mérotomie n'ont pas permis encore d'éclairer la question au point qu'une explication mécanique et chimique suffisante puisse être donnée. Mais *cette explication est possible*, elle est certaine pour l'avenir, pense Le Dantec, et voilà ce qui nous intéresse ici. Certes, nous pouvons être étonnés de cette propriété nouvelle qu'ignore la chimie des matières brutes : la faculté assimilatrice des corps vivants. Mais ne sommes-nous pas étonnés aussi de ce que deux gaz, l'oxygène et l'hydrogène, puissent se métamorphoser en liquide ? Et plus généralement, quelle est donc la substance chimique dont la propriété, à la réflexion, ne nous étonne pas ? La possibilité pour un gramme de levure de bière de réagir avec tant de grammes de liquide Pasteur pour donner tant de grammes d'alcool, tant de grammes d'acide carbonique, etc., plus *deux* grammes de levure de bière, n'est-elle pas une propriété toute aussi curieuse ? Ne connaissons-nous pas des phénomènes grossièrement analogues à l'assimilation dans certains cas de cristallisation ? Bref, « dans l'hypothèse atomique, nous rapportons généralement les propriétés des corps à des structures moléculaires spéciales. La Chimie ne nous a pas encore appris la structure moléculaire des substances physiques des plastides vivants; nul doute que sa découverte nous explique le phénomène d'assimilation » [1].

Avec ce qui précède, *sans recourir à aucune hypothèse*, en nous contentant de raconter, *sans les interpréter*, les faits d'observation courante, nous pouvons, dit l'auteur de la *Théorie nouvelle de la vie*, arriver à une notion précise et complète de la vie élémentaire et à des définitions rigoureuses de tout ce qui s'y rapporte.

Essayons d'établir l'équation de la vie élémentaire manifestée : soit un plastide vivant A au temps T_0; il est formé à ce moment précis de n substances chimiques et le milieu contient m substances chimiques.

Par suite d'affinités chimiques, des réactions se produisent entre quelques-unes de ces $n + m$ substances. Au temps $T_0 + \theta$, le plastide est composé de n' substances et nous n'avons nullement le droit, *a priori*, de considérer le plastide A du temps $T_0 + \theta$ comme identique au plastide A du temps T_0. Poursuivons notre observation : par suite de déformations successives, le plastide se divise en deux plastides B_1 et B_2 qui, au temps T'', seront identiques d'aspect à ce qu'était A au temps T_0. Comme A, B_1 et B_2 *réagissent* et grandissent. Puis, pour des raisons d'équilibre, ces deux plastides se divisent à leur tour en quatre masses isolées C_1, C_2, C_3, C_4, chacune d'elles identiques d'aspect à A du temps T_0. Ainsi nous constatons que l'ensemble des réactions chimiques qui se sont produites sous nos yeux depuis le temps T_0 a remplacé A par quatre masses qui semblent égales. Le phénomène, évidemment, n'a pu se produire qu'au détriment du milieu ambiant. Comme *rien ne se perd*, nous pouvons affirmer qu'il y a équivalence entre les éléments existants dans le milieu y compris les plastides, aux temps T_0 et T''. Si nous appe-

---

[1] LE DANTEC, *Op. cit.*, p. 111.

lons a l'ensemble des substances plastiques de A au temps T_0, cette équivalence se traduira par l'équation suivante :

(I) $\qquad a + Q = 4a + R,$

l'équation de la vie élémentaire devra donc s'écrire ainsi

(II) $\qquad a + Q = \lambda a + R,$

où λ est un nombre plus grand que 1. La mort du plastide sera le résultat de toute réaction subie en dehors des conditions de l'équation (II). La vie latente ou indifférence chimique ne sera qu'une destruction très lente.

Un plastide se trouvera donc toujours dans l'une de ces trois conditions :

Condition n° 1. — Vie élémentaire manifestée ou conditions de l'équation (II).

Condition n° 2. — Destruction ; c'est-à-dire activité chimique dans tout milieu autre que celui qui est nécessaire à la vie élémentaire manifestée, à l'application de l'équation (II).

Condition n° 3. — Vie latente, cas particulier de la condition n° 2.

Mais, dira-t-on, ces formules mathématiques n'expriment que la composition et le nombre des unités vivantes par rapport au milieu. Expliquent-elles la *forme* que prend la substance vivante ?

Les questions soulevées par la morphologie des plastides, c'est-à-dire le problème de leur forme spécifique, n'arrêtent pas Le Dantec dans ses explications mécanistiques. Elles avaient cependant arrêté Claude Bernard, qui n'avait pas cru pouvoir constater l'existence d'un lien immuable entre la Morphologie et la Physiologie : « En admettant, disait le grand biologiste, que les phénomènes vitaux se rattachent à des manifestations physico-chimiques, ce qui est vrai, la question, dans son essence, n'en est pas éclaircie pour cela, car ce n'est pas une rencontre fortuite de phénomènes physico-chimiques qui construit chaque être sur un plan et suivant un dessin *fixe et prévu d'avance*, et suscite l'admirable subordination et l'harmonieux concert des actes de la vie » ([1]).

Le plasma, pour Claude Bernard, est une sorte de *chaos vital* : il lui manque l'*organisation*. Et celle-ci ne se confond pas avec la substance sur laquelle elle travaille. « L'être vivant est un protoplasma façonné; il a une forme spécifique et caractéristique... *la forme de la vie est indépendante de l'agent essentiel de la vie, le protoplasma*, puisque celui-ci persiste *semblable* à travers les changements morphologiques infinis. La forme ne serait donc pas une conséquence de la nature de la matière vitale. Un protoplasma identique dans son essence ne saurait donner origine à tant de figures différentes. Ce n'est point par une propriété du protoplasma qu'on peut expliquer la morphologie de l'animal ou de la plante » ([2]). Sur ce point, constatons l'opposition très nette du mécanisme absolu de Le Dantec et des idées de Claude Bernard. Le Dantec s'inscrit en faux contre la théorie de l'unité de la substance vivante, *idée préconçue*, qui n'est tirée d'aucun résultat expérimental, et affirme l'existence de substances chimiques « telles que les réactions de chacune d'elles sont précisément celles d'une espèce déterminée de plastides » ([3]). Des expériences de mérotomie, qui montrent la cellule, dont le noyau est intact, reconstituer sa forme partiellement détruite, on peut conclure : *pour un protoplasma de composition chimique déterminée, il y a une forme spécifique déterminée qui est la forme d'équilibre de ce protoplasma à l'état de vie élémentaire manifestée*. En d'autres termes, un noyau entouré d'une couche amorphe de protoplasma spécifique, si minime qu'elle soit, fabriquera de la substance spécifique qui, lorsqu'elle sera assez abondante, prendra comme forme d'équilibre, à l'état de vie élémentaire manifestée, la forme spécifique correspondante. La dimension aussi jouera un rôle dans cet équilibre : celui-ci

---

([1]) Claude BERNARD, *Leçons sur les phénomènes de la vie communs aux animaux et aux végétaux*, p. 50.

([2]) Claude BERNARD, *Op. cit.*, p. 292.

([3]) LE DANTEC, *Op. cit.*, p. 130.

ne pouvant subsister ni au-dessus, ni au-dessous d'une certaine taille spécifique. La cellule se régénère dans sa forme, comme le cristal, par exemple, qui, pour personne cependant, n'est un organisme vivant. On doit admettre un rapport déterminé entre la composition chimique des protoplasmas et la forme d'équilibre de leur vie élémentaire manifestée. En d'autres termes, *il y a un lien immuable entre la morphologie et la physiologie des plastides* (1).

L'évolution et la mort du plastide se comprendront facilement à l'aide des formules que nous avons posées plus haut : dans un milieu illimité, l'évolution ne présente rien de remarquable et le mot lui-même devient à peu près inutile; dans un milieu limité, les substances Q disparaissant petit à petit, et les substances R, s'accumulant de plus en plus, les conditions d'existence se trouveront changées et emporteront la modification du plastide, tant qu'il reste dans la condition n° 1 ou n° 3. C'est la limitation du milieu qui déterminera, entre les organismes, la lutte pour la vie. Quant à la mort, elle est la réalisation de la condition n° 2. Ici encore, Le Dantec ne comprend pas Claude Bernard qui affirmait « qu'il est impossible de séparer ces deux idées : ce qui est vivant, mourra, ce qui est mort a vécu » (2). La mort n'arrive jamais dans la condition n° 1, et la condition n° 2 n'est point la conséquence de la première. Quand Bichat disait : « la vie c'est le contraire de la mort » il était plus près de la vérité. Le Dantec dirait : la condition n° 1 est tout à fait *autre chose* que la condition n° 2.

Une observation de très longue durée, permettant de se rendre compte de l'évolution de l'espèce des plastides et de leur adaptation au milieu, ne ferait que confirmer cette interprétation exclusivement physico-chimiste et mécaniste : « *toute*

---

(1) Le Dantec, *Op. cit.*, p. 156.

(2) « De sorte que toute manifestation d'un phénomène dans l'être vivant est certainement liée à une destruction organique; et c'est ce que j'ai voulu exprimer lorsque, sous une forme paradoxale, j'ai dit ailleurs (*Revue des Deux Mondes*, t. IX, 1875) : la vie, c'est la mort (Claude Bernard, *Leçons sur les phénomènes de la vie*, p. 41).

substance, qui n'est pas inerte par rapport à un plastide, détruit le plastide, est un poison pour le plastide si elle n'est pas une des substances nécessaires au milieu de sa vie élémentaire manifestée. Dans la plupart des cas, une telle substance détruit effectivement le plastide, le tue ; mais *quelquefois elle le transforme en un autre corps qui est également un plastide* et, si ce plastide est nettement différent du premier par des caractères importants, nous dirons qu'il est *d'une autre espèce* (¹). Nous avons assisté à l'évolution artificielle d'une espèce (²).

En remontant le cours des périodes géologiques, on peut arriver à comprendre comment tel plastide, dans lequel on distingue aujourd'hui *n* parties distinctes (paraplasma, hyaloplasma, noyau, nucléole, etc.), est provenu, par modifications chimiques, d'un plastide beaucoup plus simple histologiquement, fut-il réduit au début à une masse de substances miscibles entre elles et présentant une structure homogène comme les monères de Haeckel.

Ce qui se passe très rapidement « au cours des variations de composition, que subit la cellule-hôte d'un sporozoaire, a dû se passer plus lentement au cours des variations plus lentes apportées dans le milieu océanique par la vie élémentaire manifestée des plastides qu'il contenait, pendant les périodes géologiques » (³). Ainsi Le Dantec en arrive à expliquer *chimiquement* l'idée fondamentale de la doctrine transformiste.

Ainsi, pour Le Dantec, les lois de la Physique et de la Chimie suffisent à rendre compte des phénomènes de la vie élémentaire : il en sera de même des phénomènes de la vie des êtres polyplastidaires, c'est-à-dire des phénomènes de la vie proprement dite. La complexité croissante d'un objet n'en modifie pas la nature. Seulement le problème étant plus compliqué, un grand nombre d'influences diverses venant à se combiner, l'esprit saisit plus difficilement la genèse exclusivement mécanique du résultat qu'il envisage. Alors, pour sortir d'un seul coup des diffi-

---

(¹) LE DANTEC, *Op. cit.*, p. 184.
(²) LE DANTEC, *Op. cit.*, p. 186.
(³) LE DANTEC, *Op. cit.*, p. 188.

cultés qu'une analyse scrupuleuse pourrait seule réduire, il suppose quelque principe immatériel doué de vertus miraculeuses. Le Dantec ne veut pas suivre cette méthode et essaye de comprendre *la mécanique biologique* des êtres supérieurs.

Il est aisé de constater que, dans un organisme biplastidaire, par exemple, chaque plastide n'a plus sa liberté entière et que le mouvement de chacun d'eux est remplacé par le mouvement d'ensemble de la masse dont il fait partie. Ce mouvement d'ensemble est un phénomène de la vie de l'être composé que nous supposons. Dans l'être le plus différencié, les choses ne se passent pas autrement, celui-ci est le résultat : 1º des phénomènes de vie élémentaire dont nous avons longuement parlé, propres à chacun des plastides qui le compose ; 2º des phénomènes de vie qui sont les manifestations d'ensemble, la résultante des activités élémentaires de tous les plastides et qui comprennent, en outre, les réactions provenant, dans chaque plastide, de l'influence des plastides voisins.

Mais on pourrait se demander comment expliquer mécaniquement la différenciation cellulaire des êtres supérieurs. Deux observations préliminaires sont indispensables ici pour résoudre le problème : l'une porte sur les plastides incomplets, l'autre permettra à Le Dantec de poser une loi biologique nouvelle : l'assimilation fonctionnelle.

La théorie des plastides incomplets peut se résumer ainsi : de la multiplicité même des cellules agglomérées résulte une inégale distribution des substances plastiques. Une blastula comportera, par exemple, une paroi cellulaire continue, d'une seule couche d'épaisseur de cellules circonscrivant une cavité de segmentation (¹). Dans ces conditions, les pôles internes et externes du blastomère seront en contact, le premier avec le milieu intérieur, le second avec le milieu extérieur. Dans chacun de ces milieux, l'un étroit, l'autre plus

---

(¹) *Voir*, pour plus de détails, LE DANTEC, *Op. cit.* : *Théorie des plastides incomplets*, p. 210 et suiv.

vaste, les substances R vont se répartir inégalement : il en résultera, pour les parties correspondantes du blastomère, une *différenciation* de substances plastiques. Une bipartition du blastomère pourra donc donner deux blastomères différents. Ainsi, dès l'origine, dans l'œuf même, la différenciation cellulaire commence et produira, dans un stade plus avancé, les éléments épithéliaux, nerveux, musculaires. On pourrait ainsi remonter l'échelle des êtres et suivre, dans sa complication croissante, la différenciation histologique.

Cette théorie des plastides incomplets servira à Le Dantec pour expliquer le système nerveux et la conductibilité protoplasmique et pour rendre compte de l'influx nerveux [1]. Tout est mécanique, et le vitalisme n'aurait même plus l'occasion de se montrer.

L'assimilation fonctionnelle va accentuer encore la différenciation des éléments. On avait cru avec Frédéricq et J.-P. Nuel « que le travail, les contractions musculaires, usant certains principes chimiques de la substance contractile, ces principes finissent pas s'épuiser » [2], et, avec Claude Bernard, que « lorsqu'un muscle se contracte, quand la volonté et la sensibilité se manifestent, quand la pensée s'exerce, quand la glande sécrète; la substance des muscles, des nerfs, du cerveau, du tissu glandulaire, se désorganise, se détruit et se consume. De sorte que toute manifestation d'un phénomène dans l'être vivant est nécessairement liée à une destruction organique [3] ». Rien n'est plus inexact : l'erreur provient de ce qu'on a voulu comparer le fonctionnement d'un organisme au fonctionnement d'une machine. Alors, il a fallu tenir compte de l'usure. En réalité, l'assimilation, la synthèse, la création organique concordent avec le fonctionnement de l'organe. Le fonctionnement de la cellule est un phénomène de

---

[1] LE DANTEC, *Op. cit.*, p. 224 et suiv.
[2] FRÉDÉRICQ et J.-P. NUEL, *Éléments de Physiologie humaine*.
[3] Claude BERNARD, *Revue des Deux Mondes*, 1875. — L'interprétation de ce passage a cependant été contestée. — *Voir* VUILLEMIN, *Assimilation et Activité* (*C. R. Acad. Sciences*, février 1896).

la condition n° 1. Bref, il ne faut pas dire qu'un élément histologique fonctionne et, en outre, se nourrit pour réparer les pertes occasionnées par son fonctionnement. Il faut dire : le fonctionnement d'un élément histologique n'est autre chose que l'une des manifestations extérieures physiques ou chimiques, propres à cet élément, des réactions qui déterminent précisément la synthèse de sa substance, ou encore : *le fonctionnement est un des phénomènes de la vie élémentaire manifestée de l'élément; fonctionnement et vie élémentaire manifestée sont inséparables* (¹). Enfin, si un organe dépasse son fonctionnement moyen, il faudra qu'un autre organe diminue le sien, le milieu intérieur (substances R et Q) se modifiant nécessairement au détriment des organes les moins actifs.

Nous ne pouvons évidemment développer, dans tous ses détails, la théorie nouvelle de la vie que Le Dantec nous propose comme un *essai de mécanique biologique*. Cette analyse succincte suffira à en faire comprendre l'esprit et la portée. Pour son auteur, représentant le plus intransigeant du déterminisme mécaniste, un être s'explique *complètement* par ce qu'il était hier et parce qu'il a fait depuis hier; ce qu'il était hier s'explique par ce qu'il était avant-hier et par tout ce qu'il a fait dans l'intervalle et, ainsi de suite, en remontant jusqu'à l'œuf. Aucune place pour le mystère; aucune non plus pour la liberté. Certes, le déterminisme, le mécanisme universel n'est point nouveau : il nous faut reconnaître, cependant qu'il n'avait que bien rarement été appliqué à la Biologie d'une façon aussi rigoureuse ! C'est le triomphe du scientisme, de l'abstraction mathématique dans le domaine de la vie, le triomphe de ceux qui pensent que la « définition de l'erreur gît dans l'impossibilité d'une traduction mécanique » (²). Et c'est peut-être bien aussi, la Science mise au service, non plus de la théologie certes, mais de la philosophie cartésienne. On part de cette idée, métaphysique d'ailleurs, que le mécanisme seul est la vérité, toute la vérité. Et l'on tente alors, de

---

(¹) LE DANTEC, *Op. cit.*, p. 251.
(²) LE DANTEC, *Science et Conscience*, p. 6.

ce seul point de vue, une remarquable interprétation des faits. En admettant qu'il y ait quelque arbitraire dans cette façon d'opérer, ne nous en plaignons pas. C'est en poussant, jusqu'à leurs conséquences extrêmes, les tendances de l'esprit humain qu'on aboutit aux résultats fructueux, souvent aussi à la nécessité de modifier le trajet parcouru, ce qui est encore un résultat. Dans tous les cas, une discussion, comportant toute l'ampleur voulue, abordée dans le seul esprit de hausser de quelques degrés le savoir humain, d'accroître la richesse morale de l'humanité, n'est efficace que si chacun affirme nettement son point de vue et pose franchement ses principes. Il faut savoir gré à Le Dantec de l'avoir fait.

2. Au cours d'un entretien que M. Le Dantec voulut bien me réserver, l'auteur de la *Théorie nouvelle de la Vie* et des *Éléments de Philosophie biologiques* m'exprima l'intransigeance et la netteté absolue de son point de vue : *tous* les faits, selon lui, sont susceptibles d'une traduction mécanique, d'une explication objective. Aucune exception. La conscience, sur laquelle H. Bergson base sa philosophie, ne joue aucun rôle objectif : c'est un épiphénomène, expression, peut-être impropre, que M. Le Dantec emploie par habitude, après Huxley. Il faut l'entendre ainsi : tout ce qui se passe chez autrui, toutes les réactions chimiques, qui se traduisent chez lui par des phénomènes physiologiques, se passeraient de la même manière s'il ne s'en apercevait pas. Dans *Science et Conscience*, M. Le Dantec a précisé sa théorie de la conscience épiphénomène [1]. On y trouve, sans doute, des études les plus curieuses sur les éléments de conscience, le caractère de l'habitude, qui fait d'un acte conscient un acte instinctif; mais l'affirmation fondamentale est la suivante : la conscience ne joue aucun rôle objectif, elle ne peut être un des termes de l'équation susceptible d'expliquer un phénomène quelconque.

L'ouvrage de Le Dantec est précédé d'un dialogue entre deux personnages symboliques, M. Mesure (la méthode scien-

---

[1] LE DANTEC, *Science et Conscience : Philosophie* du XIXe siècle.

tiste) et M. Vieilhomme (le vitalisme ou toute théorie n'admettant pas le mécanisme absolu), et rien n'est plus significatif : M. Mesure dit : « Toutes les opérations dans lesquelles nous considérons la conscience comme active sont dirigées par des changements matériels qui sont conscients, mais qui agissent en tant que changements matériels, et non parce qu'ils sont conscients. Ces changements existeraient dans l'hypothèse absurde où vous vous placez (si la conscience n'existait pas); ils proviendraient des mêmes causes et produiraient les mêmes effets. L'évolution du monde serait la même quoiqu'il n'y eût là personne pour le constater ». M. Vieilhomme demande : « Et l'homme aurait tout de même inventé le phonographe ? » « L'homme, répond M. Mesure, serait objectivement ce qu'il est et *aurait fait objectivement tout ce qu'il a fait.* »

Pour M. Le Dantec, l'homme est une marionnette, un automate qui a l'illusion de la liberté. « Je puis vous affirmer, me dit-il, que toutes les observations et les expériences auxquelles je me suis livré, tout l'effort de ma vie scientifique a abouti à cette conviction que le monde, sans aucune exception, tous les phénomènes qui forment l'univers sont soumis aux lois rigoureuses du déterminisme, de la mécanique, des mathématiques. Peut-être cela choque-t-il le vieilhomme qui est en nous, et j'ai trouvé de nombreux critiques de mes théories, plus nombreux en France qu'à l'étranger. Cependant, le mécanisme universel et absolu est pour moi plus qu'une conviction, je l'ai écrit : *ma méthode consiste uniquement en une foi ardente dans la mécanique universelle,* et je vais, sur ce point, fort des résultats acquis par l'expérience, *jusqu'au dogmatisme.* M. Bergson part d'un point de vue tout différent : il a bien voulu me faire savoir que nous ne parlions pas le même langage. Pour moi, scientiste, il est incompréhensible ».

On sait que M. Le Dantec avait essayé d'analyser l'œuvre de Bergson [1] : l'élan vital, dont nous parlerons au prochain chapitre, lui paraissait être une traduction, en langage subjectif, de cette constatation que la vie d'un être se définit par

---

[1] *Revue du mois,* 10 août 1907.

sa victoire dans la lutte. Henri Bergson protesta contre cette interprétation ([1]) : « partant des données de la biologie actuelle, écrivait-il, on peut se proposer de les relier entre elles, ou par des schémas mathématiques (c'est je crois ce que fait M. Le Dantec), ou par des schémas psychologiques (c'est ce que j'ai tenté de faire). Ce ne sont pas là, comme M. Le Dantec paraît le croire, deux manières différentes de dire les mêmes choses. Ce sont deux points de vue opposés sur l'évolution de la vie. La première méthode élimine de l'évolution de la vie toute espèce de contingence. La seconde fait à la contingence une part, qu'elle vise précisément à délimiter ».

C'est pourquoi les conclusions de la philosophie bergsonienne ne peuvent rejoindre celles de Le Dantec : l'auteur de l'*Évolution créatrice* ne peut admettre que l'*élan vital* se confonde avec la *lutte universelle*. Cet élan vital est un principe de changement bien plus que de conservation, et c'est un principe dont on n'obtiendra jamais une approximation que par des schémas d'ordre psychologiques.

Nous nous serions flattés cependant de l'espoir d'un rapprochement possible des deux auteurs, sur le choix de certaines formules. Le Dantec en avait cité un exemple : la logique, pour lui comme pour Bergson, semble-t-il, est avant tout une logique des corps solides. Et nous pensions, en vérité, que, sur ce point au moins, les deux auteurs auraient pu s'entendre. C'était une illusion. « Là même, dit Bergson, où M. Le Dantec et moi parlons la même langue, je crains que nous ne soyons encore très loin de nous entendre. » Et Le Dantec de conclure : « Je me résignerai à ne pas comprendre M. Bergson... ».

Ainsi, devant le problème de la vie, les deux points de vue, mécanisme et vitalisme bergsonien, se trouvent dressés l'un contre l'autre, opposés, presque hostiles.

([1]) *Revue du mois*, septembre 1907.

CHAPITRE II.

1. Le point de vue vitaliste : l'*Évolution créatrice* d'Henri Bergson. — 2. La philosophie d'Henri Bergson lui est réellement personnelle : elle constitue une vision merveilleuse de la vie. — 3. Elle n'emprunte rien au finalisme. Exemple : la théorie des causes finales de Ch. Richet. — 4. Elle ne doit rien aux théories vitalistes contemporaines. Examen, à ce point de vue, des idées d'Olivier Lodge, des théories vitalistes ou finalistes de Reinke, Pauly, Hartmann et Driesch.

---

1. L'existence, écrit H. Bergson ([1]), dont je suis le plus assuré et que je connais le mieux, est incontestablement la mienne. Que va-t-elle me permettre de constater ?

D'abord, je constate que je passe d'un état à un autre. Sensations, sentiments, volitions, représentations, voilà les modifications entre lesquelles mon existence se partage et qui la colorent tour à tour. Je change donc sans cesse. A première vue, ce changement est constitué par la succession de plusieurs états, différents les uns des autres, analogues à des images qui, l'une après l'autre, se remplaceraient dans le champ de ma conscience. Un effort plus attentif me révèle, au contraire, que les états de conscience variant incessamment, augmentant ou diminuant, forment toujours *une durée*, une continuité, dont on ne peut se rendre aucun compte exact si on la représente par des parties fragmentaires, des images successives. L'état d'âme varie continuellement : s'il cessait de varier, *sa*

([1]) Nous nous sommes attaché, dans cette analyse, à exposer, aussi exactement que possible, la pensée de H. Bergson et nous avons reproduit scrupuleusement, en maints endroits, ses propres formules.

durée cesserait de couler. Mais *il est commode* de ne pas faire attention à ce changement ininterrompu et de ne le remarquer que lorsqu'il devient assez important pour imprimer au corps une nouvelle attitude, à l'attention une direction nouvelle. A ce moment précis, on trouve qu'on a changé d'état. En réalité, on change sans cesse, et l'*état lui-même est déjà du changement.* La transition est continue ou, si l'on veut, disons qu'il n'y a pas de différence essentielle entre passer d'un état à un autre et persister dans le même état. Bref, les états de conscience ne sont pas des éléments distincts : *ils se continuent, les uns les autres, en un écoulement sans fin.*

Mais, précisément parce que nous fermons les yeux sur l'incessante variation de chaque état psychologique, nous sommes obligés, quand la variation est devenue si considérable qu'elle s'impose à notre attention, de parler comme si un nouvel état s'était juxtaposé au précédent. L'*apparente discontinuité de la vie psychique tient donc à ce que notre attention se fixe sur elle par une série d'actes discontinus.* Or, ces fragments séparés, il nous faudra ensuite les réunir par un lien superficiel. C'est pour répondre à ce besoin que nous avons inventé le *moi, amorphe, immuable, indifférent,* sur lequel les états psychiques s'enfileront comme les perles d'un collier. On aura beau, dès lors, aligner ces états, les uns à côté des autres, sur le *moi* qui les soutient, *jamais ces solides enfilés sur du solide ne feront de la durée qui coule.* La vérité est qu'on obtient ainsi une imitation artificielle de la vie intérieure, un équivalent statique qui se prêtera mieux aux exigences de la logique et du langage, précisément parce qu'on en aura éliminé *le temps réel, la durée concrète.*

Le temps réel, c'est donc notre histoire vécue : la mémoire est là qui met notre passé dans le présent. Le passé tout entier nous suit à chaque instant : « ce que nous avons senti, pensé, voulu depuis notre première enfance est là, penché sur le présent qui va s'y joindre, pressant contre la porte de la conscience qui voudrait le laisser dehors. Le mécanisme cérébral est précisément fait pour en refouler la presque totalité dans l'*inconscient* et pour n'introduire dans la conscience que ce qui est de nature à éclairer la situation présente, à aider l'action qui se prépare, à donner enfin un travail utile » (¹). De cette survivance du passé résulte l'impossibilité pour une conscience de traverser deux fois le même état. On ne se baigne pas deux fois dans le même fleuve disait le philosophe ancien. Rien n'est plus vrai, selon Bergson : *notre durée est irréversible.* Elle est comparable à ces dépenses d'énergie dont parlent, nous l'avons vu, les énergétiques.

Enfin, comme notre personnalité pousse, grandit, mûrit sans cesse, chacun de ses mouvements est du nouveau qui s'ajoute à ce qui était auparavant. Allons plus loin : ce n'est pas seulement du nouveau : c'est de l'*imprévisible*. Une intelligence même surhumaine, et voici qui est nettement opposé au mécanisme, ne pourrait prévoir ce que deviendra de la vie évoluant. Prévoir, consiste, en effet, à projeter dans l'avenir ce qu'on a aperçu dans le passé ou à se représenter, pour plus tard, un nouvel assemblage des éléments déjà perçus. *Mais ce qui n'a jamais été perçu et ce qui est en même temps simple, est nécessairement imprévisible.* Tel est bien le cas de chacun de mes états de conscience envisagé comme un moment d'une histoire qui se déroule : il est simple ; il n'a jamais été perçu, puisqu'il concentre en lui tout son passé avec, en plus, ce que le présent y ajoute. *C'est un moment original d'une non moins originale histoire.* La vie est créatrice.

Certes, le mécanisme a raison, et il est accepté par Bergson, quand il s'agit des phénomènes matériels : un objet présente les caractères inverses de ceux que nous venons d'énumérer. Ceux-ci ne s'observent que dans la vie, dans la durée. La matière, elle, n'a pas d'histoire. Ou l'objet reste ce qu'il est, ou il change sous l'influence d'une force extérieure et nous nous représentons alors ce changement comme un déplacement des parties qui, elles, ne changent pas et qu'une autre force peut toujours ramener aux positions qu'elles occupaient antérieurement. Une intelligence surhumaine, ici, calculerait parfaitement, pour n'importe quel moment du temps, la posi-

---

(¹) BERGSON, *L'Évolution créatrice : La durée*, p. 5.

tion de n'importe quel point d'un système dans l'espace. Nous disons, à n'importe quel moment du temps, et l'on voit bien qu'il s'agit, ici, du temps abstrait, du temps qui ne *mord pas* sur les choses, du temps attribué par la Science à un objet matériel ou à un système isolé, et qui ne consiste jamais qu'en un nombre déterminé de *simultanéités* ou plus généralement de *correspondances*, ce nombre restant le même *quelle que soit la nature des intervalles* qui séparent les correspondances les unes des autres, de telle sorte que, si tout le passé, le présent et l'avenir de l'objet étaient étalés d'un seul coup dans l'espace, il n'y aurait rien à changer aux formules des savants. Or, c'est sur les corps matériels que nous avons modelé notre façon de penser, et c'est pourquoi nous sommes tentés d'appliquer à tout, même à la vie, ce qui ne s'applique qu'aux corps inertes. D'où la formule que je puis énoncer ainsi : « le présent ne contient rien de plus que le passé et ce qu'on trouve dans l'effet était déjà dans la cause ». C'est pour satisfaire aux besoins de notre intelligence, instrument d'*action* sur les choses, que nous avons admis, parce que cette méthode nous est commode, parce qu'elle nous permet de *prévoir* et d'*utiliser*, que les changements se réduisent toujours à un dérangement de parties et que l'irréversibilité du temps est une apparence relative à notre ignorance.

Mais les corps vivants ne sauraient être soumis utilement aux traitements mathématiques qui peuvent s'appliquer victorieusement au système solaire, par exemple. On peut, sur la courbe décrite par un objet matériel, prendre des instantanés, des vues cinématographiques, prévoir le point précis où le mobile passera à tel moment. Mais on ne peut, de cette façon, se représenter l'évolution de la vie, parce que, ici, il s'agit d'une continuation du passé dans le présent, d'une durée réelle qui est un *trait d'union*, du temps qui coule et qui transforme sans cesse, et non d'une simple correspondance entre la position de l'aiguille sur le cadran de l'horloge et l'apparition du phénomène matériel prévu. La connaissance d'un être vivant doit porter *sur l'intervalle même de la durée*, et non sur des simultanéités.

Devant le problème de l'évolution des espèces, devant l'idée transformiste, adoptée par toutes les écoles et presque universellement, les différents points de vue en présence, mécanistes, finalistes, vitalistes, vont se placer en pleine lumière. L'occasion est excellente pour les fixer définitivement : les mécanistes, les partisans de l'explication physico-chimique, considèrent que l'avenir et le passé sont calculables en fonction du présent et prétendent que *tout est donné*. Les savants qui ont cru à l'objectivité des théories mécanistes, ont, consciemment ou non, supposé une hypothèse du genre de celle dont parlait Laplace : « Une intelligence qui, pour un instant donné, connaîtrait toutes les forces dont la nature est animée et la situation respective des êtres qui la composent, si d'ailleurs elle était assez vaste pour soumettre ces données à l'analyse, embrasserait dans la même formule les mouvements des plus grands corps de l'univers et ceux du plus léger atome : rien ne serait incertain pour elle, et l'avenir comme le passé seraient présents à ses yeux » (¹).

C'est par le jeu des causes extérieures que le mécanisme explique l'évolution des espèces. Tantôt ces causes agissent indirectement, comme dans la théorie de Darwin, en favorisant les êtres que les hasards de la naissance ont mieux adaptés au milieu, en éliminant leurs rivaux plus faibles ; tantôt elles agissent directement, occasionnant la variation des organismes par les modifications physico-chimiques qu'elles déterminent dans la substance vivante. Autrement dit, certains savants attribuent, aux conditions extérieures, une action positive ; d'autres, une action négative. Dans le premier cas, la cause suscite directement ces variations ; dans le second, elle élimine les moins bien adaptés et assure le triomphe des plus *aptes*. Les deux explications sont mécanistes. Toutes deux doivent être rejetées, dit Bergson. Nous voyons, en effet, que sur des lignes d'évolution indépendantes, dans des conditions différentes, des structures identiques se forment par une

---

(¹) LAPLACE, *Introduction à la théorie analytique des probabilités* (*Œuvres complètes*, t. VII, Paris, 1886, p. vi).

accumulation d'effets qui se sont ajoutés les uns aux autres.

Or, comment supposer que des causes accidentelles, se présentant dans un ordre accidentel, aient abouti plusieurs fois au même résultat ? Et cela, alors que ces causes sont infiniment nombreuses et l'effet infiniment compliqué ? Que deux promeneurs, partis de points différents et errant au hasard, se rencontrent, cela peut arriver; qu'ils dessinent, dans leur promenade, exactement le même parcours superposable, voilà qui est invraisemblable; qu'ils fassent, l'un et l'autre, des détours compliqués, et que cependant le chemin parcouru par l'un coïncide exactement avec celui parcouru par l'autre, voilà qui est impossible. Que dirons-nous donc quand il s'agira d'un organe composé de millions de cellules dissemblables et dont chacune est d'une complexité extraordinaire ? Comment admettre, si tout est occasionné par des causes extérieures et accidentelles, que le même organe ait poussé, après toute une longue histoire, sur des êtres différents, vivant dans des milieux différents ? *Le mécanisme serait donc réfuté, si l'on pouvait établir que la vie fabrique certains appareils identiques, par des moyens dissemblables, sur des lignes d'évolution divergentes. La force de la preuve serait d'ailleurs proportionnelle au degré d'écartement des lignes d'évolution choisies et au degré de complexité des structures similaires qu'on trouverait sur elles.* Or, Bergson offre plusieurs exemples répondant à cette définition : il insiste sur la structure très complexe et cependant identique de l'œil d'un vertébré et de certains mollusques. Les exemples cités sont assurément frappants (¹). Comment les expliquer mécaniquement ? Que ces phénomènes soient le résultat de variations légères, accumulées par l'effet de la sélection naturelle, ou le résultat d'une de ces variations brusques que Hugo de Vries a observées, le mystère n'est pas plus éclairci dans un cas que dans l'autre ; le mécanisme n'explique pas qu'il ait pu se produire, soit par une suite de petits accidents, soit par le fait d'une explosion

---

(¹) BERGSON, *L'Évolution créatrice*, p. 67, 82. — M. LE DANTEC nous a déclaré qu'il contestait l'exactitude et la portée de ces exemples.

soudaine, des formes absolument identiques et également compliquées dans des milieux et chez des êtres totalement différents.

Le finalisme ne sera pas davantage accepté, du point de vue bergsonien. Sous sa forme extrême, telle que nous la trouvons dans Leibnitz, le finalisme implique que les êtres et les choses ne font que réaliser un programme, une fois tracé. Ici aussi rien d'imprévu, point d'invention, pas de création libre. Et pour cette raison, la doctrine finaliste se heurte aux mêmes difficultés que le mécanisme : l'une et l'autre admettent que *tout est donné*. C'est dire que ni l'une ni l'autre ne tiennent compte du temps, de la durée.

A vrai dire, le finalisme n'est pas attaqué de front par Bergson avec autant de netteté et de franchise qu'il en met à critiquer le mécanisme. C'est que le finalisme n'est pas une doctrine *aux lignes arrêtées*. Il comporte autant d'infléchissements qu'on voudra lui en imprimer. La philosophie mécanistique est à prendre ou à laisser. Au contraire, le finalisme ne sera jamais complètement réfuté, parce que l'idée de la cause finale peut devenir extrêmement subtile, extrêmement souple. Son principe est d'essence psychologique, et il est impossible de prouver que la nature n'a pas l'intention de réaliser un plan ou n'en conçoit pas un, au fur et à mesure qu'elle évolue.

La critique bergsonienne porte contre le finalisme classique, l'harmonie intégrale que Leibnitz voit dans la nature; elle porte aussi contre ce finalisme plus habile qui a renoncé à voir l'harmonie dans l'univers, mais l'affirme, au contraire, dans chaque organisme, où travaillent de concert, dans un ordre parfait, des complications infinies. Poser que la nature ne suit, dans son ensemble, aucun plan préétabli, mais que chaque être en réalise un immanent à sa substance, qu'est-ce à dire? C'est briser en morceaux l'antique conception de la finalité. En se faisant plus petit, le finalisme se figure-t-il offrir moins de surface aux coups? Les mêmes critiques qu'on pouvait adresser au finalisme universel portent contre le finalisme ainsi rétréci. Il n'y a pas un finalisme externe qui serait ridicule et dont on aurait le droit de se réjouir aux dépens du pauvre Bernardin de Saint-Pierre, et un finalisme interne qui constituerait une vue profonde des choses. Chaque être, chaque organe, chaque cellule vivante est un univers et, en subordonnant la vie de l'organisme infime à la vie du plus grand, nous rétablissons le principe d'une finalité externe. La conception d'une finalité interne se détruit ainsi d'elle-même. Au surplus, si l'individu peut avoir son plan, chaque élément organisé qui entre dans la composition de l'individu peut aussi bien revendiquer le sien. L'individu lui-même n'est d'ailleurs pas isolé dans le monde : il se rattache au moins, et par des liens de solidarité étroite, à l'évolution de son espèce ; il n'est qu'une partie de cette évolution à qui l'on va très injustement refuser le droit de réaliser son plan propre. Bref, s'il y a finalité dans le monde vivant, elle embrasse la vie entière dans une seule et indivisible étreinte. Ce n'est pas en *pulvérisant* la finalité qu'on la fait admettre plus facilement. Ou l'hypothèse d'une finalité immanente à la vie doit être rejetée en bloc, ou c'est dans un tout autre sens qu'il faudra la modifier.

On s'explique, d'ailleurs, facilement, le succès des théories mécanistes et finalistes. Notre intelligence s'est façonnée aux exigences de l'action humaine. *Primo vivere,...* il a fallu vivre, c'est-à-dire agir, dompter. Aujourd'hui, nous naissons calculateur et artisan. Nous projetons nos qualités dans le monde : notre façon d'être est devenue notre façon de voir. Pour le calculateur, le monde est une suite de déterminations mathématiques : Mécanisme. Pour l'artisan, il est un projet de construction : Finalisme. Pour l'un, comme pour l'autre, *tout est donné d'avance.*

Quelle est donc la cause profonde des variations des espèces ?
Selon Bergson, on ne peut se l'expliquer qu'en supposant un élan originel de la vie passant d'une génération de germes à la génération de germes suivants, par l'intermédiaire des organismes développés qui forment entre ces germes un trait d'union. A un certain moment, en certains points de l'espace, un courant

bien visible a pris naissance. Ce courant de vie traversant les corps qu'il a organisés tour à tour, passant de générations en générations, s'est divisé entre les espèces et éparpillé entre les individus, sans rien perdre de sa force : c'est l'élan vital. Sans doute, les théories physico-chimiques pourront expliquer, dans tel ou tel cas, les modifications de formes que les causes extérieures auront pu provoquer, et l'on pourra constater la disparition de telle ou telle espèce insuffisamment armée pour la lutte, mais ce ne seront là que des phénomènes accidentels, en tout cas, d'importance secondaire.

La philosophie bergsonienne ne nie pas ces faits, mais elle déclare : autre chose est reconnaître que les circonstances extérieures sont des forces avec lesquelles l'évolution doit compter, et autre chose soutenir qu'elles sont les causes directrices de l'évolution. *L'adaptation explique les sinuosités du mouvement évolutif, mais non pas les directions générales du mouvement, encore moins le mouvement lui-même* (¹). L'hypothèse mécaniste a le grand tort d'exclure absolument l'hypothèse d'un élan originel ou poussée intérieure, force qui s'est divisée, ramifiée de mille façons, et dont certains courants ont abouti à des formes de vie supérieures, tandis que d'autres se sont ralentis dans la vie végétative. L'hypothèse finaliste, au contraire, n'exclut pas la force intérieure, mais elle croit découvrir dans la nature un désir de réaliser un plan préétabli, donné une fois pour toutes, un acheminement vers l'harmonie.

Dans l'hypothèse de Bergson, si l'harmonie existe, c'est plutôt au début de l'élan originel, mais non dans la suite, puisque la force vitale s'est coulée dans des avenues divergentes, dans mille petits chemins et jusque dans des impasses. Il y a là, une sorte de finalisme à rebours. La force vitale ne tend pas à converger, mais à diverger.

Assurément, le mouvement évolutif serait chose simple si la vie décrivait une trajectoire unique ! Mais la vie est une force

---

(¹) Ce point de vue a été signalé par M. F. Marin dans un article sur l'*Origine des espèces* (*Revue scientifique*, nov. 1901, p. 580; cité par H. BERGSON).

qui s'est lancée dans plusieurs directions, puis ramifiée, comme un projectile qui éclaterait en tous sens et dont les éclats eux-mêmes se diviseraient à leur tour. Les causes de ces divisions sont d'abord les causes extérieures, la résistance de la matière brute et, ensuite et surtout, la tendance interne de cette force à se développer en forme de gerbe, créant des divergences, par le seul fait de sa croissance. « L'auteur qui commence un roman met dans son héros une foule de choses auxquelles il est obligé de renoncer à mesure qu'il avance. Peut-être les reprendra-t-il plus tard dans d'autres livres, pour composer avec elles des personnages nouveaux qui apparaîtront comme des extraits ou plutôt comme des compléments du premier; mais presque toujours ceux-ci auront quelque chose d'étriqué en comparaison du personnage originel. Ainsi pour l'évolution de la vie. Les bifurcations au cours du trajet ont été nombreuses, mais il y a eu beaucoup d'impasses à côté de deux ou trois grandes routes; et de ces routes elles-mêmes, une seule, celle qui monte le long des Vertébrés jusqu'à l'homme a été assez large pour laisser passer librement le grand souffle de la vie ([1]). » Les autres s'arrêtent, ou se séparent et se ramifient à leur tour : il en résulte une divergence, une désharmonie, un désordre croissant, argument décisif contre le finalisme classique qui s'entête à voir, dans l'avenir, convergence et harmonie. Dans la réalité, ce sont des créations nouvelles qui se poursuivent sans fin, en vertu d'un mouvement initial. Ce mouvement fait l'unité profonde du monde organique, unité d'où naît la diversité, unité féconde, d'une richesse infinie, supérieure à ce que l'intelligence humaine pouvait rêver, puisque celle-ci n'est qu'un des produits de celle-là.

La vie, concentrée à l'origine, s'est donc lancée dans des directions différentes et divergentes. Comment allons-nous distinguer telle ligne d'évolution de telle autre, le règne végétal du règne animal, par exemple ? Nous ne pouvons trouver le critérium dans certains caractères bien définis

---

[1] BERGSON, *L'Évolution créatrice*, p. 190.

qui seraient possédés par l'un et non par l'autre, autorisant ainsi des distinctions bien établies comme on en constate dans les objets matériels. Il s'agit ici de la vie, et tous les êtres vivants, provenant de cet élan originel, peuvent avoir gardé quelque air de parenté entre eux. Mais ces lignes d'évolution, nous l'avons dit, divergent à mesure qu'elles s'étendent. A mesure qu'elle évolue, l'espèce tend de plus en plus à *mettre l'accent* sur les caractères qui la différencient. Le groupe ne devra donc pas se définir par la possession de certains caractères, *mais par la tendance à les accentuer*.

A ce point de vue, les végétaux seront facilement différenciés des animaux. Les premiers prennent de la terre leurs substances sous la forme minérale; les seconds assimilent les mêmes éléments, quand ceux-ci ont déjà été fixés dans des substances organiques, soit animales, soit végétales. Certaines exceptions pourront bien être relevées, mais la tendance générale est indiscutable. A cette différence s'en rattache une autre, plus importante encore: l'animal, ne pouvant fixer directement le carbone et l'azote qui sont partout présents, est obligé, pour se nourrir, de chercher les végétaux qui les ont fixés dans leurs tissus et les animaux qui eux-mêmes les ont empruntés aux végétaux. D'où la *mobilité*, dont la plante, au contraire, n'a que faire.

Ici encore, il ne faudrait pas donner à ce caractère : la mobilité, la valeur d'un critérium absolu. Il n'y a pas de critérium pour distinguer la plante de l'animal. Il existe des plantes douées de mouvement et des animaux parasites et presque immobiles : c'est la *tendance* à accentuer ce nouveau caractère qui déterminera la distinction entre le règne végétal et le règne animal. Or, on ne peut nier que, « si la mobilité et la fixité coexistent dans le monde végétal comme dans le monde animal, la balance est manifestement rompue en faveur de la fixité dans un cas et de la mobilité dans l'autre » (¹).

Enfin, la mobilité entraîne avec elle la conscience : l'organisme le plus humble est conscient dans la mesure où il se

---

(¹) Bergson, *L'Évolution créatrice*, p. 119.

meut librement. La conscience est fonction de la mobilité et de l'action. Sans doute, la conscience des organismes supérieurs paraît solidaire de certains dispositifs cérébraux : mais le système nerveux n'est pas, selon Bergson, la condition indispensable de la conscience, il n'est que la condition indispensable d'un progrès dans la conscience; permettant à l'individu de *choisir* entre une multitude de réflexes possibles ou d'emmagasiner des possibilités de réflexes, réserve qu'on utilisera à l'occasion. Une conscience moins perfectionnée existe chez tout être qui se meut, dans toute cellule qui réagit, et « il serait aussi absurde de refuser la conscience à un animal, parce qu'il n'a pas de cerveau que de le déclarer incapable de se nourrir parce qu'il n'a pas d'estomac » (¹).

Les végétaux n'ont besoin ni de se déplacer ni de sentir, puisqu'ils se nourrissent sur place, et que chaque organisme est en quelque sorte réglé par son besoin propre, par les nécessités de l'*action* utile. Ce qui correspondra chez les végétaux à la mobilité de l'animal, ce sera l'attraction vers la lumière solaire; ce qui correspondra à la sensibilité, ce sera l'impressionnabilité de la chlorophylle à la lumière. Un système nerveux étant avant tout un mécanisme qui sert d'intermédiaire entre des sensations et des volitions, le véritable système nerveux de la plante nous paraît être le mécanisme ou plutôt le chimisme *sui generis*, qui sert d'intermédiaire entre l'impressionnabilité de sa chlorophylle à la lumière et la production de l'amidon. Ce qui revient à dire que la plante ne doit pas avoir d'éléments nerveux et que « le même élan, qui a porté l'animal à se donner des nerfs et des centres nerveux, a dû aboutir dans la plante, à la fonction chlorophyllienne » (²).

La vie est donc une force née d'un élan initial et qui s'est prolongée et ramifiée en mille directions différentes.

(¹) BERGSON, *L'Évolution créatrice*, p. 120.
(²) BERGSON, *Op. cit.*, p. 124. — *Voir* aussi, cité par BERGSON, *Les expériences de Maria von Linden* (*C. R. de la Soc. de Biologie*, 1905, p. 692 et suiv.).

Ici, elle s'affirme timidement : c'est la torpeur végétative; là, avec l'instinct et l'intelligence, elle s'affirme victorieusement. Partout, il semble qu'elle utilise la matière, qu'elle biaise avec elle pour s'y insérer et aboutir à la création d'êtres plus ou moins adaptés. Chaque ligne d'évolution se modifiant, non seulement par suite des obstacles matériels qui encombrent son parcours, mais aussi sous l'effet de l'impulsion première, ces directions divergentes s'affranchissent ou se souviennent plus ou moins de leur origine commune. *Quand une tendance s'analyse en se développant, chacune des tendances particulières qui naissent ainsi, voudrait conserver et développer de la tendance primitive, tout ce qui n'est pas incompatible avec le travail où elle s'est spécialisée.*

Au début, le mouvement vital charriait à la fois trois éléments, trois manières d'exister : la torpeur végétative, l'instinct et l'intelligence. Tous trois, par la suite, se sont dissociés et ont cherché fortune, chacun dans une autre direction. *L'erreur capitale, celle qui, se transmettant depuis Aristote, a vicié la plupart des philosophies de la nature, est de voir dans la vie végétative, dans la vie instinctive et dans la vie raisonnable, trois degrés successifs d'une même tendance qui se développe, alors que ce sont trois directions divergentes d'une activité qui s'est scindée en grandissant.* Autrement dit, nous ne descendons pas les uns des autres, en ligne directe : nous sommes les fils de trois frères, qui avaient chacun des caractères et des tendances différentes et qui se sont séparés. Mais leur mère commune, l'élan originel, avait, en elle, les trois tendances réunies.

Il est probable que la vie, dans le règne animal, s'est manifestée primitivement en des êtres simples, souches communes de tous les autres, « doués d'une certaine mobilité et surtout assez indécis de forme pour se prêter à toutes les déterminations futures. Ces animaux pouvaient ressembler à certains de nos vers, avec cette différence toutefois que les vers, aujourd'hui vivants auxquels on les comparera, sont les exemplaires vidés et figés des formes infiniment plastiques, grosses d'un avenir indéfini, qui furent la souche commune des Échinodermes, des Mollusques, des Arthropodes et des Vertébrés (¹). »

C'est dans ces quatre directions divergentes que s'engouffra la vie animale. Son but supérieur paraît d'avoir été de créer et d'introduire de l'indétermination ou de la liberté dans l'être. Et ceci demande quelques éclaircissements : Cuvier disait : « le système nerveux est, au fond, tout l'animal; les autres systèmes ne sont là que pour le servir ». Bergson reprend la même idée : « un organisme supérieur est essentiellement constitué par un système sensori-moteur, installé dans des appareils de digestion, de respiration, de circulation, de sécrétion, etc., qui ont pour rôle de le réparer, de le nettoyer, de le protéger, de lui créer un milieu constant, enfin et surtout, de lui passer de l'énergie potentielle à convertir en mouvement de locomotion » (²). Or, le système nerveux n'est lui-même qu'un appareil qui nous permet de choisir entre des solutions différentes ou de réserver notre choix. « Un système nerveux, avec ses neurones placés bout à bout, de telle manière qu'à l'extrémité de chacun d'eux s'ouvrent des voies multiples où autant de questions se posent, est *un véritable réservoir d'indétermination*. Que l'essentiel de la poussée vitale ait passé à la création d'appareil de ce genre, c'est ce que nous paraît montrer un simple coup d'œil jeté sur l'ensemble du monde organisé » (³).

Quelle fut la fortune de ce courant vital, dont nous venons de voir l'orientation générale, et qui se divisa, dans le règne animal, en quatre directions différentes (Échinodermes, Mollusques, Arthropodes et Vertébrés) ? Ce qu'on peut dire de plus général, c'est que les formes supérieures de vie paraissent avoir été le prix de l'audace, la récompense méritée par ceux qui, dans la lutte pour l'existence, acceptèrent les plus gros risques. Ainsi la faune des époques primaires offre un grand nombre de spécimens emprisonnés sous une carapace ou dans

---

(¹) BERGSON, *Op. cit.*, p. 141.
(²) BERGSON, *Op. cit.*, p. 136.
(³) BERGSON, *Op. cit.*, p. 137.

une coquille. Le lourd moyen de défense, efficace sans doute, mais gênant comme le bouclier ou l'armure du soldat d'autrefois, est singulièrement répandu, à l'origine ([1]). Or, les espèces qui se développèrent furent celles qui renoncèrent à l'abri sûr mais encombrant pour acquérir plus de célérité.

C'est une observation du même genre qu'appellent ces deux formes de l'activité psychique : l'instinct et l'intelligence. L'instinct agit à coup sûr, mais n'autorise aucun progrès ; l'intelligence est sujette à erreur, elle procède par tâtonnement, elle est loin d'être infaillible, elle se trompe souvent et comporte ainsi un gros lot de risques pour l'espèce, mais elle mène celle-ci plus loin et permet des combinaisons infinies. L'intelligence a un horizon immense ; l'instinct n'en a pas.

2. Assurément le vitalisme n'est point nouveau ([2]) : il est un des points de vue que la pensée humaine a adoptés de tout

---

([1]) *Voir* GAUDRY, *Essai de paléontologie philosophique*, 1896, p. 14, 16, 78, 79 ; cité par Bergson.

([2]) Encore faut-il tenir compte des différences sensibles qui séparent les théories contemporaines des doctrines anciennes. « Des néo-animistes de notre temps, ni M. Chauffard, en 1878, ni M. von Bunge, en 1889, ni M. Rindfleisch plus récemment, ne pensent exactement comme Aristote, saint Thomas ou Stahl. Les néovitalistes contemporains, physiologistes comme Heidenhain, chimistes comme Armand Gautier, ou botanistes comme Reinke, ne parlent pas, entre 1880 et 1900, le même langage que Paracelse au xve siècle et Van Helmont au xviie siècle, que Barthez et Bordeu à la fin du xviiie siècle, ou seulement que Cuvier et Bichat, au commencement du xixe siècle. Enfin, les mécanicistes eux-mêmes, qu'ils soient des disciples de Darwin et Haeckel, comme le plus grand nombre des naturalistes de notre temps, ou des disciples de Lavoisier, comme la plupart des physiologistes actuels, sont assez loin des idées de Descartes. Ils renieraient le grossier matérialisme du célèbre philosophe. Ils ne feraient plus de l'organisme vivant une machine montée, uniquement composée de rouages mécaniques, de ressorts, de leviers, de pressoirs, de cribles, de tuyaux et de soupapes ; ou encore de matras, de cornues, d'alambics, comme le croyaient les iatro-mécaniciens et les chimiâtres de jadis. » (DASTRE, *La vie et la mort*, p. 7.)

temps. Il sera donc facile de soutenir que Bergson n'a fait que reprendre une vieille idée, dont la persistance est, d'ailleurs, singulièrement suggestive, et que, bénéficiant des circonstances, du mouvement de réaction anti-intellectualiste, de l'anxiété des esprits et des groupes d'esprits qui cherchent, les uns, des voies nouvelles vers des horizons nouveaux, les autres, des voies nouvelles vers des buts connus, le grand philosophe contemporain n'a fait que repeindre, avec les couleurs à la mode, une très vieille chose. L'*Animisme* ne fût-il pas soutenu par Platon et Aristote ? Leibnitz et Stahl n'ont-ils pas prétendu que les manifestations vitales, bien qu'elles n'eussent rien de commun avec celles de la conscience et de l'esprit, étaient des effets de l'âme ? Bert.. et l'École de Montpellier n'ont-ils pas répandu cette idée que la force vitale constituait un principe à part, distinct à la fois de la matière et de la pensée, créant ainsi le *vitalisme* ? Et l'on n'a pas oublié non plus l'*organicisme* de l'École de Paris, avec Cabanis, Broussais, Pinel, Bichat, qui chercha l'explication de la vie, dans la propriété des organes dont les forces particulières se combinent. Tous ces penseurs sont *finalistes*, à l'ancienne mode, c'est-à-dire, admettent que l'être vivant poursuit une fin externe, comme s'il avait, en quelque sorte, une mission à remplir qui commande la hiérarchie et l'harmonie des éléments qui le composent. C'est la finalité, dans sa forme *extrême*, décriée aujourd'hui et justement abandonnée. L'harmonie, en effet, n'est point une règle absolue ni même une tendance générale : les cas de désharmonie et d'inadaptation sont trop certains et trop nombreux, pour que nous gardions, là-dessus, quelque illusion (¹). La finalité est alors morcelée, comme le remarque H. Bergson : elle devient, pour chaque organisme individuel ou pour chaque organe, l'*idée directrice* de Claude Bernard (²) :

(¹) *Voir* plus loin, notre étude sur Metchnikoff, p. 235.
(²) CLAUDE-BERNARD a-t-il considéré « l'idée directrice de l'évolution vitale » comme une force *réelle* ? Il a écrit, dans ce sens : « C'est l'idée vitale qui conserve l'être en reconstituant les parties vivantes désorganisées par l'exercice ou détruites par les accidents ou les ma-

l'équilibre biologique est déterminé par un *plan*. C'est la théorie de Kant, revue et corrigée par la Science. Chez ces auteurs, — et que d'autres pourrions-nous citer de l'antiquité à nos jours ! — la vie apparaît comme un principe spécifique, irréductible aux phénomènes physico-chimiques. Le vitalisme n'est donc point nouveau : c'est entendu. Mais combien injuste une critique qui s'en tiendrait à cette seule constatation !

En réalité, Bergson a tracé une vision de la vie si grandiose, si prodigieusement impressionnante qu'aucun des systèmes que nous avons rappelés ne peut lui être comparé. La simple affirmation, qu'on trouve dans les auteurs animistes, vitalistes, organicistes, finalistes, d'un élément vital originel, ne peut être confondue, avec la description géniale de l'élan vital qui pousse dans la matière des lignes d'évolution divergentes, sur lesquelles il crée et répète à l'infini des formes, comme un artiste au travail. Je ne crois pas qu'il soit possible de visiter une galerie de paléontologie sans rêver à tout ce que l'hypothèse bergsonienne renferme de vraisemblable, sans comprendre, avec émotion, que, pour la première fois, on nous offre une vision de la vie, qui a toute l'ampleur et la beauté que nous faisait confusément prévoir l'infinie variété des manifestations vitales. Et c'est par là que s'explique cette sorte d'ivresse dont le bergsonisme a rempli l'esprit contemporain. Est-ce de la Poésie ? Est-ce de l'Art ? Peut-être. Mais l'Art et la Poésie ne sont pas nécessairement à l'opposé de la vérité.

Parti des études les plus abstraites, des mathématiques, pour aboutir à la psychologie, au concret, à l'immédiatement perçu, étayant son jugement des observations scientifiques

---

ladies ». Qu'est-ce qu'une idée qui reconstitue des parties vivantes, sinon une force ? Voir GLEY, *Le néo-vitalisme et la physiologie générale* (*Revue scientifique* du 4 mars 1911) et sa critique de l'idée directrice dans le *Dictionnaire encyclopédique des sciences médicales*, 4º série, t. XVI, 1889. — *Essais de philosophie et Histoire de la Biologie*, Paris, 1900, p. 52 et 84.

les plus précises et les plus détaillées, utilisant, à la fois, et le sentiment et l'intelligence, l'intuition libre et la déduction nécessaire, Bergson trace une théorie de la vie qui est à la hauteur de la vie. Ce n'est point chez lui la réserve traditionnelle des vieilles écoles d'un élément indépendant, d'une âme d'essence divine, comme l'esprit de parti prétend nous le faire croire ([1]), ou comme l'en accuse une critique insuffisamment avertie; ce n'est point non plus cette idée d'harmonie finale, puérilité à l'usage des bonnes âmes, et dont l'outrecuidance fait sourire, c'est l'expression du sentiment profond de l'humanité en face de la vie qui déroule ses transformations sans fin, et, dépassant le tracé d'une conception qui procède de la psychologie, de la biologie et des sciences expérimentales, la révélation d'une métaphysique, d'autant plus profonde et troublante, que notre conscience obscurément l'avait pressentie, sans pouvoir ou sans oser en parler ! « La vie entière, écrit Bergson, depuis l'impulsion initiale qui la lança dans le monde, nous apparaît comme un flot qui monte et que contrarie le mouvement descendant de la matière. Sur la plus grande partie de sa surface, à des hauteurs diverses, le courant est converti, par la matière en un tourbillonnement sur place. Sur un seul point, il passe librement, entraînant avec lui l'obstacle qui alourdira sa marche mais ne l'arrêtera pas. En ce point est l'humanité; là est notre situation privilégiée. D'autre part ce flot qui monte est conscience, et, comme toute conscience, il enveloppe des virtualités sans nombre qui se compénètrent, auxquelles ne conviennent, par conséquent, ni la catégorie de l'unité ni celle de la multiplicité, faites pour la matière morte. Seule la matière qu'il charrie avec lui et dans les interstices de laquelle il s'insère peut le diviser en individualités distinctes. Le courant passe donc traversant les générations humaines, se subdivisant en individus : cette subdivision était dessinée en lui vaguement, mais elle ne se fut pas accusée sans la matière..... le mouve-

---

([1]) Par exemple : Mme COIGNET, *De Kant à Bergson.* — P. SABATIER, *L'orientation religieuse de la France actuelle.*

ment d'un courant est distinct de ce qu'il traverse, bien qu'il en adopte nécessairement les sinuosités. La conscience est distincte de l'organisme qu'elle anime, bien qu'elle en subisse certaines vicissitudes.... Elle est essentiellement libre; elle est la liberté même ; mais elle ne peut traverser la matière sans se poser sur elle, sans s'adapter à elle : cette adaptation est ce qu'on appelle l'*intellectualité*. » Cette marche en avant de la vie, à la fois aidée et gênée par la matière, nous offre la plus belle vision, peut-être, qu'il nous ait été donné d'entrevoir : « nous ne nous sentons plus isolés dans l'humanité, l'humanité ne nous semble pas non plus isolée dans la nature qu'elle domine. Comme le plus petit grain de poussière est solidaire de notre système solaire tout entier, entraîné avec lui dans ce mouvement indivisé de descente qui est la matérialité même, ainsi tous les êtres organisés, du plus humble au plus élevé, depuis les premières origines de la vie jusqu'au temps où nous sommes, et dans tous les lieux comme dans tous les temps, ne font que rendre sensible aux yeux une impulsion unique, inverse du mouvement de la matière et, en elle-même, indivisible. Tous les vivants se tiennent, et tous cèdent à la même formidable poussée. L'animal prend son point d'appui sur la plante, l'homme chevauche sur l'animalité, et l'humanité entière, dans l'espace et dans le temps, est une immense armée qui galope à côté de chacun de nous, en avant et en arrière de nous, dans une charge entraînante capable de culbuter toutes les résistances et de franchir bien des obstacles, même peut-être la mort » (¹).

3. Le relief et l'éclat, l'originalité de la pensée bergsonienne, apparaissent mieux encore quand on la compare, d'une part, au finalisme moderne, au finalisme adouci, nous dirions presque au finalisme honteux, qui est resté dans le tiroir du savant comme instrument discrètement utilisable, et, d'autre part, au mouvement néo-vitaliste actuel, issu, lui, directement des écoles célèbres de jadis. A l'appui de nos

---

(¹) H. BERGSON, *L'Évolution créatrice*, p. 394.

dires, examinons chacune de ces deux tendances dans quelque espèce caractéristique. Nous pourrons situer, ensuite, en connaissance de cause, l'*élan vital* de Bergson, vis-à-vis de la notion de causes finales et vis-à-vis des théories les plus célèbres du vitalisme contemporain.

Comme la plupart des hommes de Science, Ch. Richet ([1]), par exemple, ne défend plus qu'un finalisme atténué encore qu'il reste un représentant convaincu de la doctrine. Il a vu, comme tant d'autres, ce que le finalisme de jadis avait d'excessif. La naïveté optimiste du bon Bernardin de Saint-Pierre s'éloigne vraiment trop du point de vue scientifique, et les critiques de Voltaire, disant ironiquement que le nez est fait pour porter des lunettes, sont méritées. Rejetons, en même tant que le finalisme enfantin, le finalisme anthropocentriste : « la matière n'a pas été faite pour l'homme; les forces de la nature n'ont pas été créées pour l'homme; les lois de la Chimie et de la Physique ne sont pas faites pour que l'homme puisse vivre ».

Mais la Physiologie, comme l'Anatomie, nous montre une extraordinaire complexité dans le jeu des parties. Chacun des éléments d'un organe concourt au même but. Il y a tout un mécanisme merveilleux dans l'ensemble et dans les détails les plus minuscules qui nous permet d'affirmer la cause finale et d'en constater les effets. L'examen anatomique de l'œil, par exemple, nous obligerait à commenter cette simple proposition : l'œil a été fait pour voir. L'utilité, le but, voilà ce qui domine, ce qui dirige et éclaire l'anatomiste : la nature n'a pas fait d'organes inutiles. « Je suis absolument convaincu, écrit Ch. Richet, qu'il n'est pas possible de supprimer la théorie des causes finales de l'Anatomie, de la Zoologie et de la Physiologie. *Le tout est d'en faire un usage modéré.* »

Jusqu'où pourra s'étendre légitimement le finalisme ? Ce n'est pas seulement la partie qui est subordonnée au tout.

([1]) *Le problème des causes finales*, Sully Prud'homme et Ch. Richet, 1907.

Chaque être essaie de vivre son maximum de vie, fait effort vers la vie. La nature a voulu la perpétuité de l'espèce et a pris tous les moyens nécessaires à l'assurer. Elle a un but. Nous pouvons affirmer l'adaptation des êtres à la vie et la tendance à vivre. « Il semble que tout être vivant, paraissant à la surface de la Terre, ait comme une sorte de consigne qui lui enjoint de vivre. Tout, dans sa structure et sa fonction, est organisé pour la vie, autrement dit, pour la résistance aux causes de destruction qui l'entourent » ([1]). En dernière analyse, il paraît bien que la loi de la vie se confonde, par le fait même de la lutte pour l'existence, avec la *loi du progrès*, acheminement graduel à un but dont nous ignorons la cause, mais que cependant nous voyons clairement : une somme de matière vivante de plus en plus grande, avec des êtres de plus en plus compliqués et de plus en plus nombreux. L'hypothèse de l'*effort de la vie* est donc légitime. Et l'on pourrait compléter ainsi l'explication darwinienne : « à mesure que la Science progresse, nous sommes tentés de raisonner anthropomorphiquement ou, si vous préférez, humainement ; de dire qu'il y a quelque loi cachée sous ces adaptations extraordinaires, que cette loi cachée n'est pas la sélection ; que la sélection n'est qu'une partie du problème et qu'il faut chercher au delà. Et nous voilà ainsi revenu aux causes finales ([2]). »

Résumons : « Le monde vivant tend au mieux, comme les sociétés humaines. Sous le mécanisme mathématico-chimico-physique qui nous gouverne, nous sentons planer vaguement comme une idée directrice (l'expression est de Claude Bernard). Cette idée directrice, nous sommes hors d'état de la comprendre, pauvres êtres bornés que nous sommes ; pourtant nous avons la notion confuse qu'elle existe ; et ce sentiment nous engage à chercher et à expérimenter pour la moins mal entrevoir. C'est donc une hypothèse féconde.

» De plus, c'est une hypothèse justifiée ; car chaque pas en avant dans les sciences biologiques montre que, pour chaque

---

([1]) C. Richet, *Op. cit.*, p. 19.
([2]) C. Richet, *Op. cit.*, p. 139.

organisme, il existe une adaptation parfaite; pour chaque danger, une mesure préventive; pour chaque organe, une fonction régulière. Jamais la loi de la finalité ne s'est trouvée en défaut dans l'étude des êtres vivants.

» Enfin, c'est une hypothèse presque nécessaire; car on ne peut la remplacer par aucune autre. On peut la condamner comme téméraire; car elle n'est ni démontrée, ni démontrable. Mais, quand une hypothèse est féconde, vaste, riche en conclusions scientifiques et morales, il est bon parfois de l'adopter, plutôt qu'une douloureuse et stérile négation (¹). »

Causes finales, dit Richet; poussée créatrice et libre, pense H. Bergson. But d'harmonie, écrit le premier; divergence croissante, répond le second. H. Bergson n'avait-il pas raison de dire que sa philosophie heurtait le finalisme, presque autant que le mécanisme ?

4. Si la pensée d'Henri Bergson n'emprunte rien au finalisme moderne, elle ne doit rien non plus aux théories vitalistes actuelles. Des différences profondes existent entre l'une et les autres, que fera ressortir un examen même sommaire de ces dernières.

Au mouvement de réaction contre les explications mécanistes de la vie, se rattache, tout d'abord, la philosophie d'Olivier Lodge, que nous connaissons mieux en France, depuis la traduction de J. Maxwell. Que nous apporte-t-elle ? (²). L'intérêt de *La Vie et la Matière*, il faut bien le dire, paraît condensé surtout dans la partie critique, réquisitoire méthodique contre le mécanisme, en général, et contre Haeckel, en particulier. L'auteur y prétend réfuter « deux erreurs généralement admises » : l'une qui consiste dans cette idée que la somme des énergies matérielles étant constante, il en résulte que ses transformations et ses transmutations ne peuvent être guidées, dirigées, contrôlées par la vie; la seconde, que « le pouvoir spécifique dirigeant », appelé *vie*, ne serait simple-

---

(¹) Ch. Richet, *Op. cit.*, p. 141.
(²) *Voir* Olivier Lodge, *La Vie et la Matière*, F. Alcan, 1908.

ment qu'une énergie matérielle, de sorte que des formes équivalentes d'énergie doivent apparaître pour la remplacer, dès qu'elle abandonne sa connexion avec la matière. L'ouvrage est destiné « à servir d'antidote à ce qu'il y a de destructeur dans celui du professeur Haeckel ». Une controverse entre l'auteur et Mac Cab, disciple autorisé de Haeckel, éclaire assez bien les différents points de la question (¹). C'est une défense du spiritualisme, du dualisme, du vitalisme, bien que l'auteur, on ne sait pourquoi, se défende d'employer le terme *principe vital*, que Claude Bernard, nous l'avons vu, ne dédaignait pas. Malheureusement l'*antidote* a quelque chose de déplaisant : on y sent, un peu trop, je ne sais quelle préoccupation puritaine de raffermir la morale et de sauver la religion, comme il convient, sans doute, à un recteur de l'Université de Birmingham, et l'on se demande, quelquefois, si ces considérations ne nuisent pas au désintéressement de la recherche philosophique qui ne doit poursuivre qu'un but : la vérité. Nous voici déjà très loin de Bergson (²).

L'auteur proteste donc contre les conceptions physico-chimiques de la vie; contre la théorie qui ne veut voir, dans la vie, qu'une fonction de la matière; dans le cerveau, qu'un organe productif de la pensée. La vie, pour lui, est quelque chose d'étranger au système mécanique; elle est en dehors des catégories de la matière et de l'énergie, quoiqu'elle puisse diriger ou contrôler les forces mécaniques, les régler et déterminer leurs points d'application; elle est toujours soumise aux lois mécaniques; elle complète ces lois ou s'y associe, sans jamais les contrarier ou les traverser. En d'autres termes, l'énergie qui existe dans le monde peut être conduite, dans des voies qu'elle n'aurait pas automatiquement suivies, et dirigée de manière à obtenir des effets qui n'eussent pas été autrement obtenus.

(¹) *Voir* Olivier Lodge, *Op. cit.*, p. 100. *Voir* aussi : Hibbert, *Journal*, janvier et juillet 1905.

(²) *Voir*, dans le chapitre final, les déclarations de M. Bergson à l'auteur.

Mais comment cette vie, qui n'est ni matière, ni énergie, qui échappe aussi bien à Haeckel qu'à Oswald, peut-elle entrer temporairement en rapport avec le monde matériel? Lodge pense qu'elle existe d'une manière indépendante, comme un principe spirituel, mais que, dans cet état, elle est inaccessible à nos sens, à peu près comme existent, pour un sourd, les ondes de l'éther qui provoquent des sons chez les autres. Elle ne se manifeste sensiblement à nous que lorsqu'elle *s'incarne* dans la matière. Pour donner une idée de cette incarnation, Lodge compare la vie aux forces magnétiques : « Aucun physicien ne songerait à contredire que tout magnétisme préexiste dans une condition de l'éther; qu'il ne disparaît jamais de l'existence essentielle, mais qu'il peut être mis en relation avec le monde de la matière par certains faits; qu'une fois entré ainsi en rapport avec la matière, il manifeste une activité spéciale, contrôlant le mouvement des corps, mêlant son action à celle des autres formes de l'énergie, produisant maints effets pendant un certain temps et disparaissant ensuite de notre horizon pour retourner à la région immatérielle dont il était venu » (¹).

Telle serait la vie. Ajoutons que Lodge est finaliste au sens ordinaire du mot : la vie dirige et contrôle. Elle pénètre le système physique et, sans troubler les lois qu'étudient le chimiste et le physicien, elle prétend en affecter profondément les conséquences. « Ma thèse est que la vie et l'esprit ne peuvent engendrer de l'énergie, ni exercer directement de la force, mais qu'ils peuvent faire agir la force de la matière sur la matière et, par là, faire œuvre de direction et de contrôle. Ils peuvent régler toute opération, de manière à produire des résultats concordant avec *une idée, un plan, une intention*, en disposant la matière existante et en réglant la libération de l'énergie présente. En un mot, ils peuvent viser et faire feu. »

Tout cela n'est pas très original, on le voit : Lodge exprime, tout bonnement, la persistance de l'animisme et du spiritua-

---

(¹) LODGE, *La Vie et la Matière*, p. 1116 : *Hypothèses et analogies relatives à la vie.*

lisme traditionnel, du spiritualisme à tendances religieuses, par opposition à celui de Bergson, merveilleusement dégagé de toute préoccupation du même genre, expression claire et émouvante de ce que la conscience sent confusément, du torrent de choses que charrie la vie et parmi lesquelles l'humanité, pour vivre, a opéré un tri. La thèse de Lodge atteste encore la survivance du finalisme banal, du finalisme qui ne cherche point à se dissoudre en subtilités, qui réalise un plan, tend vers l'harmonie, contrairement au *finalisme à rebours* de Bergson, intuition profonde des origines communes, de l'élan originel de tous les êtres vivants, du grand courant créateur des formes infiniment variées et multiples. Elle atteste, par son peu d'originalité même, par son insuffisance philosophique, qui semble mieux faire ressortir l'intérêt de la partie purement critique, la pulsion naturelle de certains esprits à ne voir dans la vie e des combinaisons de la matière mue par les lois mécaniques. Elle constitue le type du spiritualisme désuet, se prolongeant jusqu'à nos jours, en raison des abus mêmes et des étrangetés du matérialisme haeckelien qui suppose « l'inexplicable, mais le relègue au fond de l'atome, dans l'espoir qu'on n'y fera pas de plus amples recherches » ([1]), étrangetés que n'admet pas plus Le Dantec, au nom du Mécanisme, que Lodge, au nom du Spiritualisme. C'est, en effet et en partie, à l'exclusivisme du matérialisme haeckelien, aux exagérations de la scolastique mécano-chimique, qu'est due la persistance des anciennes formes du spiritualisme, du spiritualisme universitaire et moralisateur, gardien de la foi et refuge habituel des dévots.

A ce même mouvement de réaction anti-haeckelienne se rattachent aussi les théories vitalistes de certains savants allemands.

Le Vitalisme avait été longtemps le point de vue de la science officielle allemande. Sa fortune, qui s'était éclipsée après la mort du célèbre physiologiste Johannes Muller, semble remonter, aujourd'hui, avec Reinke, Driesch et quelques autres.

([1]) O. LODGE, *La Vie et la Matière*, p. 46.

En 1904, au Congrès de Philosophie, Reinke expose sa théorie : l'ancien vitalisme, celui qui prétendait que la vie pouvait arrêter l'action des causes purement physiques et comme lancer un défi à l'ordre rigoureux et mécanique, a définitivement vécu. Il ne s'agit plus d'admettre, au travers et contre les forces mécaniques et énergétiques, je ne sais quelle puissance transcendante. Comme celui de Bergson, le vitalisme de Reinke n'est pas absolu : il rend hommage au Mécanisme ; il reconnaît que les phénomènes vitaux sont soumis à ses lois. Seulement, Reinke ne pense pas que ces lois constituent toute la réalité, expliquent l'univers total. On peut être soumis aux lois mécaniques et n'être pas exclusivement une combinaison des éléments sur lesquels opèrent physiciens et chimistes. Les lois propres à la vie ne sont nécessairement ni mécaniques, ni énergétiques. Le Mécanisme affirme qu'il n'y a pas autre chose dans la vie qu'une composition physico-chimique : le Néo-Vitalisme n'en est pas sûr. Le premier pose un dogme : le second fait des réserves.

Or, ce qui caractérise l'être vivant, selon Reinke, c'est l'ordre, l'harmonie, le plan sur lequel il est bâti et qui semble subordonné à une fin. Chaque organe est adapté à sa fonction, chaque individu à son but. Croit-on que la causalité puisse donner de ce miracle une explication satisfaisante ? Il faudra faire intervenir les causes finales, mais la finalité ne peut se comprendre comme une propriété de la matière, et Kant, non sans raison, l'appelait *étrangère* à la nature. Soutenir qu'il n'y a rien de plus dans la vie que dans les phénomènes inorganiques, c'est dire qu'il n'y a rien d'autre, dans une symphonie, que les forces mécaniques qui font agir les cordes ou les cuivres. Pourquoi persisterait-on dans ce préjugé ? L'étude des Sciences naturelles et de la Botanique amène Reinke à soutenir que les phénomènes de la vie laissent transparaître des forces de direction à travers le jeu des combinaisons physico-chimiques, des forces immanentes qui forment et conduisent l'organisme : *les dominantes*.

Pour plus de précisions : les êtres vivants sont, d'une part, de simples mécaniques, des automates, comme le pensait

Descartes ; mais, d'autre part, ils gardent quelque chose de particulier qui les place au-dessus des combinaisons matérielles, comme le croyait Kant. Certaines forces sont communes aux machines et aux vivants : l'*énergie*. Celle-ci met la machine en train et l'on sait que la vie la reçoit des rayons du soleil. *La structure*, les conditions dans lesquelles la machine est construite, machine matérielle ou vivante, dont l'agencement des parties augmente ou diminue l'action et la solidité, constituent ce que l'auteur appelle : les *forces de système* (Système Kräfte).

Ainsi, *énergie, forces de système*, voilà les forces qu'on trouve aussi bien dans une usine que dans une plante ou un animal. Chez celui-ci, l'instinct, qui agit avec la sûreté d'un mécanisme bien réglé, n'est autre qu'une force de système. Mais la machine a été construite, chacune de ses parties adaptées par une force ingénieuse et intelligente. Des forces travaillent et dirigent l'ovule qui formera un organisme vivant avec toutes ses capacités : ce sont *les dominantes*, qui ne se confondent avec aucune des forces connues ; qui n'ont rien de commun avec les forces énergétiques, car elles se multiplient elles-mêmes et disparaissent à la mort ; qui restent quelquefois à l'état latent et peuvent être réveillées et déclanchées sous l'influence de certaines conditions extérieures. Ce sont elles qui feront que l'œuf donne un animal et la graine un végétal : ce sont elles qui organisent, dirigent et, finalement, constituent la vie ([1]).

Dans le même ordre d'idées, on pourrait mentionner le *vitalisme psychologique* de Pauly ([2]), qui doit beaucoup aux idées de Lamarck : l'action de tout ce qui vit, vise un but final et s'explique par le *besoin*. L'organisme *tend* vers la satisfaction de ce qu'il désire et vers les moyens nécessaires. C'est un état psychologique qui, agissant comme une force, pénètre, dirige,

---

([1]) Voir REINKE, *Die Welt als Tat*, 1899. *Philosophie der Botanik*, Leipzig, 1905. — *Le néo-vitalisme et la finalité en Biologie* (*Biologisches Centralblatt*, 1904, t. XXIV, p. 5 et 8).

([2]) PAULY, *Darwinisme et Lamarkisme*.

transforme la matière vivante : le besoin crée l'organe. En d'autres termes, c'est une cause interne qui agit, et non pas seulement les causes mécaniques et externes. « Les animaux supérieurs, dit l'auteur, ressentent des besoins, et chaque besoin ressenti, émouvant leur sentiment intérieur, fait aussitôt diriger les fluides et les forces vers les points du corps où une action peut satisfaire au besoin éprouvé. Or, s'il existe sur ce point un organe propre à cette action, il est excité à agir et, si l'organe n'existe pas et que le besoin ressenti soit pressant et soutenu, peu à peu l'organe se produit et se développe à raison de la continuité et de l'énergie de son emploi » (¹). « Le premier pas vers la Physiologie devient ainsi un pas vers la psychologie, parce que le besoin, c'est-à-dire la sensation d'un état, est reconnu comme cause d'un phénomène » (²). Les états physiques sont des manifestations de l'énergie psychologique : dans la quantité de cette énergie, dans son équivalence aux autres formes d'énergie, on aperçoit le côté du problème qui peut être étudié du point de vue mécanique. La manière d'agir de cette énergie appartient, au contraire, à la Biologie et à la Psychologie (³).

D'où vient que cette théorie n'ait pas été admise, sans réserves ? C'est que les savants, répond l'auteur, nourrissent à l'égard de la psychologie une prévention invincible. La psychologie, « cette mystique », est dans une union suspecte avec la Philosophie, et le facteur psychologique étant considéré comme un produit accessoire de la structure moléculaire, on ne pouvait élever la conséquence et l'effet au rang des causes. « La Biologie ne pouvait pas admettre que ce facteur, considéré comme effet des circonstances matérielles, pût être la cause de la finalité organique; elle ne pouvait pas penser que ce facteur pût présenter un champ central d'études, dans lequel se croisent toutes les catégories des phénomènes accessibles à nos

---

(¹) PAULY, *Histoire naturelle des animaux sans vertèbres : Introduction*, p. 186.
(²) PAULY, *Op. cit.*, p. 5 et 6.
(³) *Darwinisme et Lamarkisme*, p. 145 et suiv.

recherches, que ce facteur pût nous expliquer la loi de l'union de tous ces phénomènes. Ce pouvait être une idée philosophique, c'est pourquoi il fallait la repousser ([1]). »

Pour Hartmann ([2]), la finalité est un principe aussi légitime que la causalité. Elle résulte de l'action inconsciente, naturelle, des individus et, exceptionnellement, indirectement aussi, des motifs conscients. L'ensemble de sa doctrine se rattache à sa philosophie générale : nous ne soulignons ici que les raisons qui autorisent à la classer parmi les théories néo-vitalistes.

Dès qu'il s'agit d'étudier la nature, la finalité apparaît comme un fait frappant, indéniable, une sorte d'orientation générale de tout ce qui vit : l'homme forme lui-même une partie de la nature dans laquelle opèrent des causes finales, des forces poursuivant un but. La finalité se constate aussi bien à l'état *statique*, dans une organisation donnée, qu'à l'état *dynamique*, dans l'adaptation réactive; elle se manifeste même dans la nature inorganique, dans les constellations primordiales, dans les constantes et les lois exprimées en formules mathématiques.

Ainsi, dans la vie, le *finalisme* est le fait caractéristique *primordial* : sans doute, les organismes vivants utilisent la matière suivant les lois du monde inorganique, mais ils la transforment en vue d'un but; ils agissent d'après leurs propres lois superposées aux lois de la nature inerte. Comparer l'être vivant à une machine, c'est omettre ses qualités essentielles. Encore une fois, si celui-ci utilise les phénomènes thermodynamiques, osmotiques et chimiques, il les utilise *à sa manière* et sans comparaison possible avec la façon dont ces mêmes phénomènes se comportent et agissent dans la nature inorganique et dans la technique. Et Hartmann se livre à de nombreuses démonstrations ayant pour but d'établir les différences qui séparent le processus thermo-dynamique, dans

---

([1]) PAULY, *Op. cit.*, p. 53.
([2]) HARTMANN, *Theorie des Lebens*, 1906. *System des Philosophie Grundriss*, t. II. *Naturphilosophie*, 1906.

l'organisme, et celui des machines techniques. Également, en ce qui concerne le processus osmotique, chimique et électrique, observé dans l'être vivant, et celui qui se développe dans la matière.

Bref, il existe des forces organiques supérieures. Ces forces, pas plus que les dominantes de Reinke, ne figurent au nombre des forces connues, mécaniques ou énergétiques. Mais il ne faudrait pas croire, non plus, qu'elles agissent comme l'intelligence, d'une façon consciente et raisonnée. « Elles montrent une intelligence supra-consciente, c'est-à-dire une intelligence qui dépasse toute conscience, qui est absolument inconsciente ([1]). » Elles reçoivent leur individuation à la naissance de l'être et la perde à sa mort : elles n'ont pas leur siège dans le corps et n'y trouvent qu'un champ d'action. Superposées aux forces mécaniques, elles ne les brisent jamais. On sait que, respectueux des exhortations de Reinke, le néo-vitalisme ne prétend plus heurter de front les lois découvertes par le physicien et le chimiste, mais aspire à se marier avec elles et à faire bon ménage.

Un mot, enfin, sur la théorie des *entéléchies* de Driesch, qui présente bien des points communs avec celle de Reinke. Comme les dominantes, comme les forces de Hartmann, les *entéléchies* n'entrent pas en collision avec les lois du monde inorganique. Mais, à la différence des précisions que donnent Reinke et Hartmann sur le rôle des principes vitaux qu'ils croient entrevoir dans les organismes vivants, Driesch ne nous donne que peu de renseignements sur la nature de ces forces mystérieuses. Il reconnaît lui-même que l'état des sciences est encore trop peu avancé pour qu'il soit possible de connaître tous les caractères que présente l'élément vital. Les entéléchies seraient des multiplicités intensives, qui ne sauraient être juxtaposées dans le temps et dans l'espace et qui appartiennent à la sphère de la téléologie dynamique. Elles ne

---

[1] G. SELIBER, *Le néo-vitalisme en Allemagne* (*Revue philosophique*, juin 1910).

sont ni substance, ni énergie, et leur produit est lui-même le lieu de leur manifestation. C'est le cas de rappeler le mot de Hegel : « l'action passe dans son produit ». Les phénomènes vitaux ne peuvent être expliqués par les notions et les lois du monde inorganique, et la Biologie doit introduire, dans ses recherches, un nouvel élément primaire, qui ne peut guère être expliqué, quant à présent, mais qui permet la généralisation de toute une catégorie de phénomènes.

« La preuve directe de l'autonomie de la vie et de la légitimité de l'entéléchie se fonde sur l'analyse psychologique de notre propre action. Driesch démontre qu'il est impossible d'admettre un parallélisme psycho-physique. L'idéalisme solipsistique rigoureux, le seul point de vue d'une théorie de la connaissance non métaphysique, doit amener à la conclusion que la série phénoménologique des états conscients, qui peuvent être considérés comme parallèles aux états de notre corps, est interrompue par une série de phénomènes qui est désignée, par la psychologie, sous le nom de *série intrapsychique* » (¹). Or, tout ce que peut affirmer la Science, ici, c'est que, lorsqu'il s'agit de phénomènes intérieurs, il y a lieu de tenir compte d'un facteur appelé *psychoïde*, et qui constitue, comme l'entéléchie, une multiplicité intensive. Ainsi l'idéalisme phénoménologique conduit au vitalisme.

Aujourd'hui comme hier, on le voit, les théories vitalistes et finalistes s'inspirent d'une idée fondamentale : l'existence d'un élément plus ou moins libre poursuivant un plan ou répondant à un besoin, avec plus ou moins d'intelligence. Sur ce thème, toutes les distinctions, toutes les subtilités, toutes les nuances sont possibles. Mais, à envisager ces théories en bloc, dans ce qu'elles présentent de commun et d'essentiel, le caractère qui les différencie du vitalisme bergsonien apparaît tout de suite. Et c'est ici, remarquons-le bien, plus qu'une différence de degré : une différence de nature.

Le finalisme de Ch. Richet ou de Hartmann, le vitalisme

(¹) G. SELIBER, *Le néo-vitalisme en Allemagne* (*Revue philosophique*, juin 1910, p. 135).

psychologique de Pauly, les forces directrices, dominantes ou entéléchies, de Reinke ou de Driesch, toutes ces hypothèses ne semblent être que des points de vue pris sur quelque objet d'expérience, sur une partie très limitée de l'univers, et qui, par cela même, font l'effet d'un vêtement singulièrement *étriqué*, quand il s'agit d'en revêtir la réalité totale, la luxuriante réalité, dont parle W. James. Alors le vêtement craque de toutes parts. Et ceux-là seulement se contentent d'un système aussi insuffisant, qui obsédés par leur petit point de vue ou fermant les yeux, de parti pris, devant le spectacle du monde, se bercent de la douce illusion qu'il est harmonie quand même. De l'ordre, une tendance à l'harmonie, sans doute, le physiologiste en trouve dans l'organe qu'il dissèque et le botaniste dans la plante qu'il examine. Mais de ce que les organismes vivants que nous avons sous les yeux, eux-mêmes produit d'une sélection, d'une bataille atroce pour la vie, présentent une harmonie souvent incomparable, souvent aussi prise en défaut, constituent des cas d'adaptation, il ne s'en suit pas que la loi du monde soit une aspiration vers l'accord parfait. A vouloir regarder l'univers à travers les harmonies que révèle à l'esprit impressionné l'examen d'un organisme vivant, on risque fort de n'en avoir jamais qu'une idée bien imparfaite ! Ne s'en contenteront, ni l'intelligence qui veut tout *savoir*, ni le sentiment qui veut *vivre* : ni la Science, ni l'Art n'y trouvent leur compte. Harmonies ? Sans doute, en partie ; mais combien d'embryons et de graines ont dû périr pour permettre, à un seul d'entre eux, de se développer ? Avoir traduit la loi de Darwin dans le sens d'une tendance à la perfection et d'une preuve d'harmonie, alors que ce n'est pas du tout ainsi qu'il faut l'entendre ([1]), est l'exemple le plus significatif de l'audace avec laquelle l'humanité prend ses désirs pour des réalités ! Harmonies ? Sans doute, mais pourquoi passer sous silence, comme s'il s'agissait d'un fait secondaire, le désordre, le gâchis prodi-

---

([1]) *Voir* METCHNIKOFF, *Études sur la nature humaine*. *Voir* aussi l'ouvrage si curieux de Kropotkine, *L'Entr'aide*.

gieux de forces et de vie dans la production incessante, fabuleuse, de milliards et de milliards d'êtres, quelques-uns chefs-d'œuvre éphémères, la plupart mort-nés et inadaptés ? Et chez les vivants mêmes, combien de désharmonies criardes ? Metchnikoff a écrit là-dessus des pages lumineuses (¹). Bref, le monde ne nous apparaît pas du tout, dans son ensemble, comme un mécanisme méthodiquement réglé, en marche, sans secousse, vers la perfection idéale; mais comme une force mystérieuse, formidable, qui paraît dépenser intarissablement son génie d'artiste, si l'on peut dire, à produire, à jeter, à éparpiller, sans compter, tout à la fois les ébauches manquées et les chefs-d'œuvre, à réaliser toutes les possibilités d'erreurs et de beauté.

Or, c'est précisément là, la vision de Bergson, nous le savons. Il y a la même différence entre la conception que Bergson expose dans l'*Evolution créatrice* et les théories finalistes et vitalistes que nous avons parcourues en dernier lieu, qu'entre une fresque, largement brossée, où le drame et la poésie humaine se jouent dans l'ombre et dans la lumière, et une miniature, une peinture de Boucher, où tout s'ordonne gracieusement et prend les couleurs de l'Amour.

Les préférences, ici, ne sauraient être exclusives. Mais seule la conception géniale et grandiose paraît avoir trouvé une traduction du monde qui soit complète, qui soit digne de lui. C'est l'humanité totale, avec ses misères et ses grandeurs, ses joies et ses souffrances, que chantent Shakespeare et Victor Hugo. Ainsi, dans la Philosophie, Bergson essaye-t-il de s'élever jusqu'à la Vie et de l'exprimer tout entière.

(¹) Metchnikoff, *Études sur la nature humaine*, p. 23 et suiv.

CHAPITRE III.

1. Les points de vue de révolte en Biologie : René Quinton : les lois de constance organique et l'insurrection des Vertébrés. Entretien de l'auteur avec René Quinton : la morale biologique. — 2. Les conséquences, selon Rémy de Gourmont : une loi de constance intellectuelle et une loi de révolte. — 3. Les points de vue de révolte en Biologie : Metchnikoff. Fin de l'illusion des harmonies naturelles : l'humanité contre la mort. Entretien de l'auteur avec Metchnikoff : la fin de la religion.

---

1. Nous voudrions, pour terminer cette étude du problème de la vie, essayer de fixer le sens exact qu'il convient de donner à certaines théories biologiques nouvelles.

Une explication nette est nécessaire : l'esprit de parti ne désarme jamais; il est à l'affût de tout ce qui peut lui être utile; il se tient aux portes mêmes du laboratoire pour agripper au passage le savant à qui il fera dire, par quelque habile interprétation, ce qu'il n'a jamais dit, ou dont il surprendra la bonne foi. Or, bien des gens sont simplistes et, comme dit Paul Adam, unilatéraux. De ce que leurs adversaires adoptent telle attitude, ils se croient obligés d'adopter l'attitude opposée. Transportée dans le domaine de la pensée pure, cette méthode aboutit proprement à privilégier les moins scrupuleux, dont les tentatives d'accaparement intellectuel se trouvent ainsi, sans discussions et sans efforts, reconnues à l'égal d'une prétention légitime, par le fait même des attaques dont est immédiatement l'objet, le philosophe ou le savant compromis malgré lui. Est-il rien de plus affligeant ? La pensée ne vaut-elle pas qu'on la dispute, et qu'on la libère, par respect pour la Vérité sacrée, des menaces de captation sournoise ou d'intimidation insolente, contre lesquelles, souvent, elle sait mal se défendre ?

René Quinton n'avait pas plus tôt exprimé ses lois de constance biologiques, qui révèlent, dans la nature vivante, un état de fixité et de permanence, que des royalistes, — nous tenons l'incident de M. R. Quinton lui-même, — s'efforcèrent d'obtenir son adhésion aux conclusions d'ordre politique qu'ils prétendaient tirer des découvertes nouvelles ! Leur raisonnement était spécieux : puisque, disaient-ils, il y a permanence dans la nature, il doit y avoir aussi traditions, conservatisme, fixité dans l'état politique. Et la monarchie, naturellement, leur apparaissait comme l'expression politique et sociale de cette fixité. René Quinton refusa de souscrire à des déductions aussi audacieuses : il nous déclara lui-même que tirer des conséquences de ce genre, d'ordre politique, de ses découvertes biologiques, c'était aller évidemment au devant du sophisme et aboutir à des assertions trop fantaisistes pour qu'il soit besoin de les discuter : des lois de constance thermique, osmotique et saline qu'il croyait avoir établies, aucun parti politique, ni de droite, ni de gauche, ne saurait légitimement se prévaloir [1]. Mais voici où la comédie tourne à l'imbroglio : tandis que les royalistes se livraient aux intrigues

---

[1] Dans le même sens, Rémy de Gourmont a écrit : « On sait comment les spiritualistes ont cherché à accaparer Pasteur, parce que ses théories, en niant la génération spontanée, leur semblaient la consécration du vieux dogme d'un Dieu créateur. Pasteur n'avoua jamais de telles idées; il se bornait à faire, avec génie, son métier de savant. Ce n'est pas sans tristesse que, harcelé par des admirations trop pieuses, il écrivait à Sainte-Beuve, je crois : « Continuons nos travaux, sans nous soucier des conséquences philosophiques ou religieuses qu'on en peut tirer. » Or, voici que ces mêmes hommes tentent, avec beaucoup de maladresse d'ailleurs, de détourner à leur profit les résultats d'une nouvelle théorie scientifique qui commence à faire beaucoup de bruit dans le monde, la loi de constance vitale » (Rémy de GOURMONT, *Promenades philosophiques*, IIe série, éd. du *Mercure de France*, p. 115).

dont nous venons de parler, certains groupes révolutionnaires, adoptant immédiatement l'attitude contraire, se mettaient en devoir de démolir, sous leurs critiques véhémentes, la nouvelle théorie biologique, au nom du progrès ! En vérité, sera-t-il permis encore aux savants de penser et de travailler en paix ?

Revenons à la région sereine des discussions désintéressées :

On a dit de René Quinton, qu'il a su découvrir « un des rythmes essentiels de la nature » et que son œuvre constitue « un des plus beaux efforts de la Science française dans notre siècle » ([1]). René Quinton est en Biologie ce que le Dr Lebon est en Physique : un révolutionnaire, si l'on veut entendre par ce mot, celui qui bouleverse les idées reçues et leur substitue leur opposé. A l'atome immortel, Lebon oppose l'évolution des forces et la mort de la matière; à la théorie évolutionniste, à l'affirmation que la vie est un changement perpétuel, Quinton oppose une loi de constance organique, en vertu de laquelle le progrès va apparaître comme une défense de l'identité fondamentale. Si l'on songe que, de toutes les théories philosophiques et scientifiques, celle de l'évolution est la seule qui parut réunir la quasi-unanimité des suffrages, que l'évolutionnisme a envahi tous les domaines de la pensée, Science, Philosophie, Sociologie, Politique, on se rendra compte de l'intérêt qui s'attache à la doctrine nouvelle, s'installant au cœur même des sciences naturelles, comme si elle avait voulu, par un excès d'audace, surgir à la place même où était née celle de Darwin.

Le principe des *lois de constance* est simple : il y a dans tous les êtres vivants une tendance à maintenir invariables les conditions primitives, intimes et essentielles de la vie. De l'époque précambrienne à nos jours, rien n'est changé à ce point de vue : le premier des organismes vivants fut un organisme marin. L'eau de l'océan dans lequel il baigne comporte une concentration saline de 8^g pour 1000; sa température est

---

([1]) Lucien COPERCHOT, *Les découvertes de Quinton* (*La Revue hebdomadaire*, 1910).

d'environ 44°. Si, d'un seul bond, parcourant toutes les séries des temps géologiques et la succession des espèces, nous examinons le dernier représentant de celles-ci, l'être vivant apparu le plus récemment sur la Terre : l'Oiseau, l'analyse nous révèle que son plasma sanguin et lymphatique, où vivent ses cellules, est exactement de l'eau de mer. Sa concentration saline est de 8^g pour 1000 ; sa température de 44°. Ainsi, la loi fondamentale de la vie n'est pas le changement, l'évolution, mais la *constance*. On doit la formuler ainsi : *En face des variations de tout ordre que peuvent subir au cours des âges les différents habitats, la vie animale apparue sur le globe à l'état de cellule, dans des conditions physiques et chimiques déterminées, tend à maintenir à travers la série zoologique, pour son haut fonctionnement cellulaire, les conditions des origines.*

Chaque fois qu'une de ces conditions, marines, salines, thermiques, vient à manquer, l'activité organique décroît, la vie se ralentit. C'est pour « conserver le phénomène cellulaire dans son activité maxima, qu'en face des variations cosmiques et vis-à-vis de l'hostilité croissante du monde ambiant, la nature, par un effort impressionnant, a tendu à maintenir autour de la cellule les conditions des origines, les seules qui lui permettent le fonctionnement intensif, intégral ».

Cette loi générale de constance originelle se décompose elle-même en trois lois partielles : la loi de constance marine, la loi de constance thermique et la loi de constance osmotique ou saline. Ne les admettez même qu'à l'état d'hypothèse : n'est-il pas remarquable de constater que les faits nouveaux qu'elles permettaient de prévoir, tout à fait invraisemblables dans l'état actuel de nos connaissances, aient pu être vérifiés par l'expérimentation physiologique et l'analyse chimique ?

L'étude des Vertébrés, à ce point de vue, fit ressortir la persistance du milieu marin originel, comme milieu vital des cellules. On connaît les expériences désormais classiques par lesquelles fut établie l'équivalence entre le plasma sanguin et l'eau de mer ([1]). Le globule blanc du sang, organisme si

---

([1]) « S'il y a équivalence entre le plasma sanguin et l'eau de mer,

fragile que la Science n'était parvenue jusqu'alors à le faire vivre dans aucun milieu artificiel, manifesta dans l'eau de mer toutes les conditions normales de son existence. L'analyse chimique ne donna pas des résultats moins suggestifs; elle établit l'identité des éléments minéraux de l'océan et de la cellule vivante.

Chez les Invertébrés, l'expérience fut également concluante : ceux qui vivent dans la mer sont perméables à l'eau et au sel, quelle que soit l'épaisseur de leurs carapaces ou de leurs coquilles. M. Edmond Perrier fit observer à Quinton, qui venait de découvrir ce phénomène après une longue série d'études poursuivies, en 1898, au laboratoire de Saint-Vast-la-Hougue, que ce pouvoir osmotique, s'il tendait à prouver, chez les invertébrés marins, la loi de constance marine, allait au contraire l'infirmer, quand on se trouverait en présence des invertébrés d'eau douce. Ou alors, il faudrait supposer, ce qui paraissait bien invraisemblable, que des animaux de même anatomie auraient des facultés physiologiques différentes ! Eh bien !

---

on doit pouvoir impunément retirer une partie du plasma sanguin d'un animal, puis le remplacer par une quantité égale d'eau de mer. De même, on doit pouvoir impunément injecter un organisme d'une quantité considérable d'eau de mer. On doit pouvoir encore retirer du sang de l'animal certaines de ses cellules, les transporter dans un milieu marin, et la vie doit continuer.

» C'est ce que Quinton vérifia dans des expériences devenues classiques. Il put saigner un chien à blanc, c'est-à-dire l'amener à un stade voisin de la mort, puis lui rendre la vie, l'aisance de ses mouvements, en lui injectant aussitôt une quantité d'eau de mer égale à celle du sang enlevé. Huit jours après cette expérience, les chiens ainsi opérés présentaient un aspect plus vif qu'avant la saignée, ils avaient reconstitué, et au delà, toute l'hémoglobine perdue.

» D'autre part, Quinton a pu injecter impunément à des chiens 81 pour 100 de leur poids; le Dr Hallion a même été jusqu'à injecter 104 pour 100 de son poids à un chien, c'est-à-dire un poids d'eau de mer supérieur au poids du corps de l'animal et cela, en quelques heures, sans que l'organisme présente aucun trouble sérieux. »
(COPERCHOT, Op. cit., p. 514.)

ce fut l'invraisemblable qui devint la réalité contrôlée : les invertébrés, dont la composition chimique intérieure est identique à celle de l'eau de mer, sont imperméables à l'eau douce. L'invertébré qui quitte l'océan et passe dans les eaux douces acquiert donc un pouvoir nouveau, sans subir cependant aucun changement, ni dans sa composition chimique, ni dans sa structure physique. L'observation est des plus curieuses et pourrait être relevée par Bergson à l'appui de sa thèse, car on n'aperçoit guère l'explication mécanique d'un tel phénomène. Certains invertébrés d'eau douce, il est vrai, n'ont pu se défendre contre le milieu : Quinton prévoyait qu'ils ne devaient vivre que d'une vie ralentie, c'est-à-dire ne brûler qu'une quantité d'oxygène insignifiante. Les expériences qu'il entreprit sur ce point, en 1905, avec M. J. Amyot, confirmèrent ses prévisions.

En résumé, René Quinton croit pouvoir affirmer que *la vie animale, apparue à l'état de cellule dans les mers, a toujours tendu à maintenir pour son haut fonctionnement cellulaire, à travers la série zoologique, les cellules composant chaque organisme, dans un milieu marin.*

La loi de constance thermique se formule ainsi : *En face du refroidissement du globe, la vie animale apparue par une température déterminée, tend à maintenir pour son haut fonctionnement cellulaire chez des organismes indéfiniment suscités à cet effet, cette température des origines.*

La vie, nous l'avons vu, serait apparue sur le globe par une température d'environ 44°. Le monde s'est progressivement refroidi et les Reptiles se sont équilibrés thermiquement au milieu, descendant à 35°, 30°, 20°, etc. A ce moment, ont dû apparaître les animaux à sang chaud, c'est-à-dire les espèces douées du pouvoir d'élever leur température dans le milieu plus froid, capables de maintenir une des conditions primitives de l'existence. Puis, à mesure que le globe se refroidissait, des espèces nouvelles surgissaient, douées de la propriété de récupérer en elles-mêmes la chaleur perdue de l'extérieur, de telle sorte qu'on peut déterminer l'ordre d'apparition de chaque espèce par la place qu'elle occupe dans l'échelle thermique. L'hypothèse se vérifie : 1° parce que les plus anciens vertébrés à sang chaud ont une température spécifique presque reptilienne, n'excédant que de quelques degrés celle du milieu extérieur; 2° parce que la température est croissante chez les organismes de moins en moins anciennement apparus; 3° parce que les êtres vivants, les Oiseaux, par exemple, apparus le plus récemment, ont une température voisine de 44°. Elle se vérifie surtout par ce fait que chaque espèce, dont l'embryologie, l'anatomie comparée et la paléontologie nous révèlent la date de naissance, possède un degré de température déterminé, qui répond à la place qu'elle occupe dans l'histoire des êtres et que l'expérience vient invariablement confirmer, quelque singulier qu'en soit le résultat. Quinton avait fait connaître à l'avance les résultats de ses expériences d'échelonnement thermique, et ses prophéties les plus invraisemblables se réalisèrent, à l'encontre des prévisions de Milne Edward et de Ch. Richet.

Enfin, la loi de constance osmotique ou saline : *la vie animale apparue à l'état de cellule dans des mers d'une concentration saline déterminée, a tendu à maintenir, pour son haut fonctionnement cellulaire, à travers la série zoologique, celle concentration des origines*. La concentration saline des mers actuelles est environ de 35^g pour 1000; celles des vertébrés les plus récemment apparus sur la terre, de 7^g à 8^g pour 1000. Or, l'analogie est frappante entre la loi de constance thermique et de constance osmotique : les organismes marins, derniers-nés, possèdent une concentration saline qui fut vraisemblablement la concentration originelle; les organismes moins récents présentent une concentration saline variant en 7 pour 1000 et la concentration de 35^g des mers actuelles; les organismes les plus inférieurs et les plus anciens sont équilibrés osmotiquement au milieu, comme ils le sont thermiquement. Le phénomène est ici d'autant plus remarquable qu'il nécessite une dérogation aux lois générales de l'osmose :

« Étant donné, écrit Quinton, les origines du milieu vital, étant donné que chez les organismes primordiaux, composés d'une seule cellule, il est le milieu marin lui-même, qu'il est encore le milieu marin chez les premiers organismes organisés de la série animale, qu'il reste encore, au point de vue minéral et osmotique, ce milieu marin chez tous les invertébrés des mers, le fait que chez d'autres organismes (poissons marins) *originaires des océans et ne les ayant jamais quittés*, il cesse osmotiquement d'être ce milieu pour présenter une concentration saline tout à fait différente et inférieure, est assurément l'un des plus imprévus et des plus suggestifs de la Biologie.

» L'observation montre chez tous les Vertébrés une tendance et une puissance extrêmement fortes à maintenir invariable, en face de tous les agents qui pourraient tendre à le modifier, le degré de concentration saline ancestral de leur milieu vital.

» C'est ainsi que les poissons d'eau douce, dans un milieu d'une concentration saline presque nulle, témoignent d'un degré de concentration saline de leur milieu vital voisin de celui des poissons marins dont ils descendent.

» C'est ainsi que les reptiles et mammifères, adaptés à la vie marine, conservent dans les mers, c'est-à-dire dans un milieu hautement concentré, le degré de concentration faible du milieu vital des espèces terrestres dont ils dérivent.

» C'est ainsi que les vertébrés herbivores ou granivores, avec une alimentation pauvre en sodium, n'en maintiennent pas moins, au degré spécifique de leur classe (Mammifères ou Oiseaux), la concentration saline de leur milieu vital.

» C'est ainsi que l'homme n'arrive pas à élever la sienne, par l'usage immodéré qu'il peut faire du sel de cuisine.

» C'est ainsi qu'on peut soumettre un chien au jeûne absolu, à un régime sursalé, à un régime dessalé, à des injections intraveineuses d'une eau fortement sursalée, sans parvenir dans les cas les plus extrêmes à modifier de plus de un cinquième à un dixième le degré de concentration saline de son milieu vital.

» A tous les degrés de l'échelle, dans tous les milieux, dans toutes les conditions, le Vertébré s'accuse comme *un conservateur extraordinairement tenace du degré de concentration saline ancestral de son milieu vital.*

» La loi de constance osmotique ainsi vérifiée montre, ajoute Quinton, ce que la science moderne s'est efforcée d'ignorer : que la vie est un phénomène assujetti à des conditions assez étroitement déterminées, puisque, depuis les origines, malgré les temps écoulés, malgré les causes de variations qui se sont offertes ou produites, *la vie ne paraît pas avoir pu mieux faire que de maintenir invariables, pour son activité maxima, les conditions des origines.* »

D'autres critiqueront, au point de vue scientifique, la théorie de Quinton : à ne la juger qu'au point de vue philosophique, il faut lui reconnaître le mérite et l'attrait de la nouveauté.

Toute la pensée du siècle était dominée par l'évolutionnisme, par la loi supérieure du changement incessant et il semblait que la vie fût le changement lui-même. L'histoire, la littérature, l'esthétique, la politique s'inspiraient des principes de l'évolution, et les doctrines nouvelles cherchaient presque toutes un point d'appui en elle. Celle-ci, a pu dire justement Jules de Gaultier, fut l'aimant vers lequel fut attiré tout le grand mouvement des idées philosophiques du XIXe siècle. Vivre, c'était évoluer. Pour Quinton : vivre, c'est avant tout, défendre contre le milieu, des conditions immuables. La forme change, mais le fonds reste fixe à travers l'éternité, et, de la cellule primitive à l'homme, le fait le plus remarquable n'est pas la modification et la complexité croissante de l'organisme, mais le maintien tenace d'une identité intérieure. « La vie, écrit Jules de Gaultier, emploie tout son génie à se mettre à l'abri du changement, à s'inventer, à se construire, en guise de demeures, de forteresses et d'usines, des organismes où soient conservées ou reproduites toutes les circonstances qui accompagnent sa genèse. Le changement n'est pas en elle; il n'atteint que les divers appareils où elle s'abrite et où il intervient expressément comme condition de sa fixité. » Ainsi, si les théories de Quinton constituent, à certain point de vue, une confirmation du transformisme, elles apparaissent, à d'autres égards, comme l'opposé des idées de Darwin, parce qu'elles réhabilitent l'*immuable* derrière l'évolution dont l'importance passe au second plan, parce qu'elles révèlent que la fixité domine les transformations. Dans le flot qui passe des philosophies du devenir, dans le mobilisme moderne, elles s'élèvent comme une sorte de contradiction audacieuse et superbe, comme un roc au milieu du mouvant océan. Une foule d'hypothèses et de systèmes pourront demain s'inspirer de ce principe nouveau, des lois de constance vitale : il faudra, certes, ne les accueillir qu'après un contrôle minutieux. Mais le penseur sincère se demandera si le *credo* moderne, l'évolution, la loi de transformation universelle, n'est pas à son tour mise en échec aujourd'hui et si le mystère du monde ne roule pas, pêle-mêle, avec l'harmonie et le désordre, la quantité et la qualité, la loi et la liberté, — l'immuable et le changement.

Mais, en même temps que la théorie de René Quinton affirme l'identité fondamentale de l'être vivant, elle souligne aussi la fière beauté des espèces supérieures qui, révoltées contre les exigences du milieu, firent effort pour le dépasser et pour vaincre. Certaines espèces acceptent de vivre d'une vie végétative dans des conditions défavorables, c'est vrai : si nous ne connaissions que celles-là, l'exemple de leur résignation et de leur stagnation pourrait nous impressionner fâcheusement. Mais, à côté d'elles, nous voyons les Vertébrés *s'insurger* (Quinton l'écrit textuellement) et forger, si l'on peut dire, eux-mêmes, les conditions nécessaires à leur plein développement, à la haute vie qu'ils poursuivent, à travers les obstacles, comme un idéal. La théorie de Quinton recèle donc *un point de vue de révolte*, dont nous ne cherchons pas, pour notre part, à tirer des conséquences morales ou politiques, mais qu'on ne saurait cependant passer sous silence. Voici, sur ce point, ce que l'auteur lui-même écrit dans son ouvrage, *L'eau de mer, milieu organique :*

« Le Vertébré ressort comme marqué d'un caractère particulier, qui l'oppose au reste du règne animal et le situe à part, au-dessus. Tandis que le règne animal tout entier *accepte*, ou plutôt *subit*, en face de la concentration progressive des mers et du refroidissement du globe, les conditions nouvelles qui lui sont faites, et auxquelles il ne peut se plier qu'en pâtissant, les Vertébrés témoignent d'un pouvoir spécial : *ils se refusent à un tel « accept » et maintiennent, en face des circonstances ennemies, les seules conditions favorables à leur vie…. Ils ne sont donc point, comme les invertébrés, les jouets passifs de circonstances qui les dominent, mais, pour une part, les maîtres des conditions foncières, inhérentes à leur prospérité. Au milieu du monde physique qui l'enveloppe, l'ignore et l'opprime, l'homme n'est pas le seul insurgé, le seul animal en lutte contre les conditions naturelles, le seul tendant à fonder, dans un milieu instable et hostile, les éléments fixes d'une vie supérieure. Le simple poisson, le simple mammifère… tiennent en échec les lois physiques essentielles.* Quand l'homme s'attaque aux forces naturelles qui l'entourent, pour les dominer dans ce qu'elles ont d'ennemi, il participe d'abord du *génie du Vertébré.* »

Ces vues me furent encore confirmées à moi-même, par M. René Quinton, au cours d'une conversation. L'auteur de *L'eau de mer, milieu organique* voulut bien me faire part de ses idées sur la morale biologique, et l'on verra comment elles viennent corroborer sa thèse. Je lui laisse la parole :

« L'être, me dit M. René Quinton, tend à vivre *sa plus haute vie cellulaire.* Il y a dans les espèces une poussée qui les porte à rechercher les conditions de leur plus grand développement. Ceci posé, précisons ce qui s'est passé : devant le refroidissement du globe, parmi les organismes vivants, les uns *acceptèrent* les conditions nouvelles qui leur furent faites ; les autres *refusèrent de se soumettre* et cherchèrent par des moyens divers à récupérer la chaleur dont ils avaient besoin pour vivre leur vie pleine. Les premiers devinrent les animaux à sang froid que nous connaissons : sans force de réaction suffisante, n'ayant pu trouver en eux-mêmes les moyens d'accroître leur température, ils se trouvèrent condamnés à vivre d'une vie végétative et incomplète. Les seconds au contraire, la plupart des Vertébrés, ceux qui n'avaient pas accepté leur déchéance, travaillèrent à réparer par des moyens nouveaux, par l'intelligence chez l'homme, qui personnifie le génie de son espèce, le dommage résultant d'un milieu inclément.

» La perfection des organes de la digestion, l'abondance, la fréquence et la composition des aliments, le feu dans l'humanité, furent les premiers moyens et les plus importants par lesquels les Vertébrés essayèrent de s'adapter. »

Et comme nous faisions remarquer qu'il nous paraissait y avoir une différence essentielle entre l'adaptation de l'être qui fait sa soumission et celle de l'être qui se révolte et cherche, par un effort, à se donner à lui-même ce que le milieu naturel lui refuse; que l'une est une adaptation d'esclave et l'autre un adaptation de dieux, M. R. Quinton nous répondit « que telle était bien sa pensée et qu'il avait toujours vu dans l'adaptation du Vertébré au milieu, une *victoire*, tandis que l'adaptation des êtres qui s'étaient soumis, constituait une *défaite*. Le Vertébré est un héros.

» Or, poursuivit M. Quinton, la morale, végétative chez les êtres sans raison, consciente chez l'Homme, est, elle aussi, en fonction du refroidissement de la Terre. Assurément cette affirmation est de prime abord de nature à surprendre. A la réflexion cependant et surtout après un examen minutieux des mœurs de l'homme et des animaux, après une étude approfondie de la Biologie et des sciences naturelles, cette proposition qui étonne, devient conviction raisonnée et certitude. Il s'agit chez les êtres, dont le milieu ambiant s'est refroidi, de rétablir les conditions thermiques indispensables à la haute vie cellulaire : les pays chauds nous offrent de multiples exemples d'une morale relâchée parce que inutile. Chez les nègres, la morale se réduit souvent au minimum. Des explorateurs ont rapporté sur l'instinct maternel des femmes indigènes de certaines régions équatoriales, des précisions tout à fait concluantes, cet instinct disparaissant complètement dès que l'enfant, quoique tout jeune encore, pouvait se dispenser des premiers soins et trouver tout seul, grâce à la chaleur et à la richesse luxuriante du milieu, les conditions thermiques extérieures et intérieures de nature à favoriser son plus haut développement. Dans cette ambiance rêvée, les besoins alimentaires étant moindres, puisque la chaleur est partout, la paresse et l'indolence sont des qualités appropriées. Chez les animaux, des exemples analogues abondent. Un des plus curieux ou des plus propres à faire comprendre la thèse est le suivant : l'oiseau des pays chauds, l'autruche, si l'on veut, paraît dénuée d'instinct maternel. C'est que celui-ci n'a point de raison d'être : l'œuf déposé dans le sable et exposé au soleil n'a pas besoin d'être couvé. La nature donne elle-même, au petit autruchon, tout ce qu'une mère attentive et tendre pourrait lui donner : il est majeur au sortir de l'œuf, et les soins d'une tutelle dévouée n'auraient aucune raison d'être. Au contraire, voyez l'oiseau de nos pays : des vertus, — ne peut-on pas employer ce mot ? — lui sont nécessaires. La température rend indispensable la couvée des œufs et celle-ci indispensable la présence au nid, de la mère. Quand la femelle s'absente, c'est le mâle même qui la remplace dans ses fonctions calorifères. L'un cherchant la nourriture de l'autre, ils restent tous deux unis et fidèles, tant que les petits ont besoin d'eux. Et leur morale inconsciente ne s'explique jamais que par la nécessité de maintenir les conditions de chaleur que la Terre vieillie leur refuse. Ainsi pourrait-on multiplier les observations : chez toutes les espèces d'organismes vivants, la moralité, à son degré le plus humble ou au terme de son évolution la plus haute et la plus consciente, apparaît toujours comme un phénomène biologique, en rapport avec le refroidissement du globe. La vertu irraisonnée de l'oiseau couvant sa nichée ou la pensée la plus belle de Socrate, procède des mêmes causes profondes. Et ce point de vue nous invite à être à la fois, très fiers d'appartenir à la race géniale du Vertébré, et très modestes en songeant que nos plus hautes vertus ne sont guère que le prolongement des vertus végétatives visibles chez les autres êtres, qu'une communauté de conditions a poussés dans les mêmes directions. On pourrait finalement justifier cette proposition qui, dans sa forme au moins, paraîtra extraordinaire : la moralité, c'est, pour chaque espèce, la plus haute consommation d'oxygène.

» De ce point de vue, la moralité consciente, la moralité humaine appelle certaines réflexions : les premiers hommes, ajouta M. Quinton, furent des nègres et habitaient les régions les plus chaudes du globe. A mesure qu'ils envahirent les régions situées plus au Nord, leur moralité s'accrut et s'accusa plus nettement. Le mariage, par exemple, la fidélité entre époux s'explique aussi aisément en raison du refroidissement de la Terre que la fidélité des oiseaux durant la période d'élevage des petits. Phénomène des plus curieux et qui semble justifier, à côté des lois de Darwin, dont nul ne songe à nier l'importance et la réalité, une loi opposée : dans cet exode vers le Nord, ce ne sont pas les plus forts qui, s'installant dans les régions chaudes, auraient chassé les plus faibles. Ce sont les plus faibles qui sont restés. Ceux-là sont partis, au contraire, qui se trouvaient être les mieux armés pour entreprendre la conquête des régions plus proches du pôle ». — Il y a donc, faisions-nous remarquer, en songeant aux idées de Guyau, un désir, un besoin du *risque* dans les espèces animales ? — Le mot *risque*, répartit M. Quinton, n'est pas exact : elles ne risquent rien, en effet. Ce qu'on peut dire, c'est qu'il y a, au sein de chaque espèce, des êtres particulièrement doués pour que leur audace soit justifiée et pour qu'ils puissent victorieusement résister à des milieux peu favorables. Or, pour qu'il en soit ainsi, il faut que, par avance, ils aient acquis l'embryon des organes nouveaux dont l'usage leur sera indispensable dans le milieu où ils seront appelés à vivre. Je pourrais démontrer, dans ce sens, qu'un des estomacs, inutile actuellement chez certains ruminants, ne constitue pas les survivances d'un organe qui disparaît, mais, au contraire, autorise à prévoir l'organisme nouveau qui sera utilisé et qui se développera, lorsque remontant vers le Nord, l'espèce aura besoin de récupérer, en brassant des aliments plus nombreux, la chaleur nécessaire à sa haute vie cellulaire, que les conditions du milieu nouveau lui auront refusée. Mais, s'il semble que l'être acquiert ainsi, souvent par avance, le commencement d'organe dont il aura besoin, il n'est pas douteux qu'il garde en lui comme des souvenirs de son amoralité première, du temps où, baignant dans la chaleur, il n'était point obligé de la produire lui-même. De là, l'opposition dramatique dans l'humanité, entre l'instinct et le devoir. Si le devoir nous exhorte au travail et si la nature nous pousse à la paresse, si le premier veut les époux fidèles, si la seconde livre les hommes à leurs passions, cela signifie, en termes de Biologie, que l'effort nécessité par le rétablissement de nos conditions thermiques les plus favorables peut se trouver contrarié par les habitudes prises au temps où cet effort n'eût été d'aucune utilité. »

Cet exposé si curieux d'une morale biologique confirme ce que nous disions : un grand souffle de révolte passe à travers l'œuvre de Quinton. L'avenir est à ceux qui n'acceptent pas les conditions médiocres, qui prétendent à les surmonter, à ceux qui entendent créer leurs conditions, eux-mêmes, conformément à leur volonté de vivre toute leur vie, leur plus haute vie. Et la morale, elle-même, apparaît, chez Quinton, comme un des moyens, une des armes que les êtres, en révolte contre le milieu, se sont forgés pour le vaincre.

2. Aussi bien, est-il des esprits auxquels ce point de vue n'a pas échappé. Des théories biologiques de Quinton, Rémy de Gourmont tente de tirer deux lois nouvelles : une *loi de constance intellectuelle* et une *loi de révolte*. Ces deux idées sont acceptées par Quinton lui-même, dans la mesure (dépassée, peut-être, par leur auteur) où elles constituent des hypothèses d'ordre philosophique, sans prétention d'engendrer des conséquences d'ordre politique ou social.

La loi de constance intellectuelle est une transposition, dans le domaine de l'intelligence humaine, de la loi de constance vitale. On peut supposer « que l'intelligence s'est maintenue, à travers les siècles, invariable en son fonds, en son pouvoir, et qu'elle a, quelque jour, atteint son maximum de capacité, et, depuis lors, ce maximum n'a pu être dépassé. En d'autres termes : l'élasticité intellectuelle a des limites et ces limites sont spécifiques. Du moment que l'espèce homme a été constituée, ses possibilités intellectuelles se sont trouvées établies et fixées *comme sa physiologie même*. Au lendemain de sa constitution, la race blanche était capable de génie, absolument dans les mêmes proportions que de nos jours » (¹). La capacité intellectuelle, le pouvoir génial de l'homme, si l'on peut dire, n'a pas augmenté. Ceux qui trouvèrent le feu, qui inventèrent les instruments de pierre et, plus tard, de bronze, témoignaient d'une intelligence aussi puissante que celle de Galilée ou de Newton, et le génie qui balbutie dans les pierres des vitrines du Musée de Saint-Germain « est d'égal degré avec celui qui calcule aux Arts et Métiers ou qui chante au Louvre ». La capacité intellectuelle n'aurait donc pas varié, mais seulement ses moyens, les matériaux dont elle dispose.

La *loi de révolte*, elle, n'a pas été, à vrai dire, formulée sous ce titre par Rémy de Gourmont, mais elle ressort, quelle que soit sa dénomination, d'une façon indiscutable, des critiques que cet auteur a consacrées à la question.

Puisqu'il est prouvé que, lorsque le monde se refroidit, la vie animale se trouve dans cette alternative, ou d'accepter les conditions nouvelles du milieu, ou de s'insurger contre elles de lutter et de maintenir intérieurement, en dépit de la température extérieure, la température élevée des origines; que, dans le premier cas, c'est la déchéance et, dans le second, la possibilité d'une vie maxima; « puisque l'animalité presque tout entière fit sa soumission, tandis que le Vertébré s'insurgea et tint en échec « les lois physiques essentielles », *la vie apparaît donc comme une nécessité permanente de révolte. Loin d'enseigner la stagnation, la résignation, l'acceptation, il* (R. Quinton) *conseille, au contraire, si l'on sait le comprendre, la révolte contre tout ce qui viendrait empêcher la vie de maintenir ses plus hautes conditions de force et d'intensité* » (²). Il faut grandir ou déchoir; il faut vaincre ou se soumettre.

« Il en est, ajoute Rémy de Gourmont, des individus et des peuples comme des espèces animales : ceux qui acceptent les conditions que leur fait le milieu traditionnel, ceux qui ne réagissent pas, sont condamnés à la décadence : ce sont des

---

(¹) Rémy DE GOURMONT, *Promenades philosophiques*, 2ᵉ série, Éd. du *Mercure de France*, p. 8.

(²) Rémy DE GOURMONT, *Op. cit.*, p. 12.

invertébrés. Les caractères de l'organisme supérieur, au contraire, sont de réagir, soit par une évolution profonde et continue, soit par une brusque révolution, contre la médiocrité du milieu où il vit et qui tend à le dominer et à l'amoindrir... *Quand les conditions sociales que l'ancien régime faisait à la France ont paru aux hommes insuffisantes au maintien de leur vie, ils ont agi en bons vertébrés : ils se sont insurgés* » (¹).

Il faut grandir ou déchoir ! se soumettre ou triompher ! il faut être au-dessous ou au-dessus de l'obstacle ! La Biologie nous enseigne la nécessité de conquérir la vie maxima. Ne semble-t-il pas, ici, que les pensées les plus hautes de *révolte* nietzschéennes rejoignent celles de Quinton dans son laboratoire ?

3. Le finalisme, qui est un point de vue d'*harmonie*, et les lois darwiniennes de sélection qui, pour beaucoup, sont une tendance au *progrès*, ont abouti à l'édification d'hypothèses toujours optimistes et souvent naïves. Jusque dans le cabinet du savant, où l'austère préoccupation de la vérité a seule le droit d'entrer, le *méliorisme* s'est glissé, le point de vue moral et consolant a trompé l'intelligence, et, tout de suite, il est apparu que nous prenions nos désirs pour des réalités. Singulière disposition de l'humanité à vouloir régler l'univers selon ses volontés, au lieu d'élargir ses horizons et de goûter la beauté des choses qui nous dépassent ! Si l'univers tout entier devait obéir aux causes finales, c'est-à-dire se *hiérarchiser* parfaitement en vue d'un but, comme le veut Sully Prudhomme; si, comme le prétend Ch. Richet, une loi de progrès, c'est-à-dire une *discipline*, devait l'étreindre et l'amener fatalement à un point prévu, alors éclaterait, croyons-nous, la plus douloureuse des désharmonies qui se puisse concevoir : encagé dans ce monde sans air, à l'étroit dans cette administration au service du Dieu-Harmonie, l'homme libre étoufferait, comme dans un cercueil. Que la Société utilise un finalisme grossier; qu'elle ait besoin de hiérarchie, de

---

(¹) Rémy DE GOURMONT, *Op. cit.*, p. 13.

peines et de récompenses, soit : mais n'en faites pas une loi du monde ! Et puisque la réalité le permet, laissez-moi voir l'espace libre !

Or, la réalité le permet; que dis-je ? elle le commande. Nulle part, la nature n'offre le spectacle reposant et ridicule des *Harmonies* de Bernardin de Saint-Pierre. Et, si celui-ci a pu écrire son ouvrage à la fin du XVIIIe siècle, Metchnikoff, au début du XXe, a pu affirmer *les désharmonies de la nature :* c'est le titre de la première partie de ses études et son point de départ [1].

Les lois de sélection, dont aucun savant ne discute l'importance, ne doivent pas être considérées comme des lois de progrès continu : elles ne veulent rien dire, sinon que ceux-là survivent et se propagent qui se trouvent dans des conditions propres à assurer leur survie et leur propagation. Et cela ressemble presque à une tautologie. Mais ces conditions peuvent être tout juste suffisantes pour conserver une vie languissante; et l'adaptation complète, l'harmonie parfaite entre les organes, les fonctions, les instincts et le milieu est un cas accidentel et fort rare. Des espèces supérieures ont disparu [2]; des espèces inférieures se sont maintenues jusqu'à nos jours, sans parler des êtres si mal, si insuffisamment adaptés que leur existence est un supplice, comme la monstrille, vouée à mourir de faim, parce qu'elle n'a pas d'estomac [3]. « Ces faits ne plaident pas en faveur de l'idée exprimée à plusieurs reprises, qu'il existe dans la nature une loi de progrès universel qui tend à la production d'organismes de plus en plus perfectionnés au point de vue de la complexité de leur structure » [4]. S'il est d'ailleurs incontestable que les organismes supérieurs aient eu des ancêtres inférieurs « il ne s'ensuit pas que ce développement

---

[1] *Voir* METCHNIKOFF, *Études sur la nature humaine*, Masson, 1904.
[2] *Voir* notamment GAUDRY, *Mammifères tertiaires*, 1878, p. 235.
[3] METCHNIKOFF, *Essais optimistes*, Maloine, 1907, p. 154. — *Archives de Zoologie expérimentale* (*Observation de M. Malaquin*), t. IX, 1901, p. 81.
[4] METCHNIKOFF, *Op. cit.*, p. 23.

prenne toujours une marche progressive ». Après l'homme, sont apparus les microbes et les parasites de l'homme. « C'est chez eux qu'il faudrait chercher le dernier mot de la création ! » « Dans la nature, écrit encore Metchnikoff, *il n'existe pas de tendance aveugle vers le progrès*. Une quantité énorme d'organismes naissent tous les jours avec des caractères variables. Ceux d'entre eux, qui s'adaptent bien aux conditions extérieures, survivent et donnent naissance à une progéniture semblable aux parents, mais beaucoup n'arrivent pas à terme et, inaptes à vivre longtemps, meurent sans avoir laissé de descendants » [1]. Sans doute, nul ne songe à nier l'existence d'harmonies dans la nature ! Il faut bien que les espèces que nous connaissons, présentent un minimum d'accord et d'harmonie, sans lequel elles n'auraient pu subsister jusqu'à nous, et « voilà pourquoi dans la nature nous trouvons plus facilement des caractères harmoniques que des particularités nuisibles ». L'observation de Metchnikoff est sur ce point analogue à celle de Le Dantec. Mais l'adaptation parfaite, généralisée en loi ou conçue comme une cause finale, n'est pas la tendance de la nature. Ceux qui semblent le croire ont été, le plus souvent, victimes de la séduction exercée sur leur esprit par les cas de merveilleuses harmonies qu'ils avaient observés [2].

Le tableau des *désharmonies* de la nature n'est pas difficile à dresser. En ce qui concerne les désharmonies de la nature humaine, il faut rappeler tout d'abord les conclusions bien connues de Wierdersheim [3] : 17 organes, chez l'homme, sont en décadence, quoique encore capables de remplir leur fonction physiologique d'une façon plus ou moins incomplète; 107 organes ne peuvent plus servir à aucun usage physiologique approprié et subsistent à l'état plus ou moins rudimen-

---

[1] METCHNIKOFF, *Op. cit.*, p. 23.
[2] Parmi les auteurs les plus récents qui sont dans ce cas, citons H. FABRE, *Souvenirs entomologiques*, 4ᵉ série, p. 47, et MAETERLINCK, *L'intelligence des fleurs*.
[3] *Der Bandes Menschens*, 3ᵉ édition, 1902.

taire! Mais les exemples les plus frappants de désaccord et de non adaptation nous seraient fournis, selon Metchnikoff, par l'appareil digestif. « Tandis que le gros intestin servant d'abri à des microbes devient une source d'intoxication du dedans, l'instinct aberrant de l'homme le pousse à s'empoisonner par l'alcool, l'éther, l'opium et la morphine introduits du dehors. Le rôle immense et si néfaste de l'alcoolisme nous fournit l'exemple le plus démonstratif et le plus constant de la désharmonie entre l'instinct du choix des aliments et l'instinct de la conservation et de la vie » (¹). L'appareil reproductif n'échappe pas à une critique analogue (²). Déjà, à propos des aberrations sexuelles, Schopenhauer avait dit : « Le fait que quelque chose d'aussi fatalement contraire à la nature et même d'aussi opposé à son but principal puisse être produit par la nature même est un paradoxe tellement inouï que son explication constitue un problème des plus difficiles...» (³). De même encore, l'instinct de la vie, qui paraît s'accroître à mesure que la mort s'approche, constitue une désharmonie évidente et souvent terrible, puisqu'il crée un désir aussi impérieux qu'impossible à satisfaire. Et Metchnikoff conclut : «...il ne peut y avoir de doute que la nature humaine, bien que parfaite et sublime sous beaucoup de rapports, ne présente des désharmonies très nombreuses et très grandes, sources de tant de malheurs. N'étant pas aussi adaptée aux conditions de la vie que le sont, par exemple, les orchidées pour la fécondation par l'intermédiaire des insectes, ou les guêpes fouisseuses pour la conservation de leur progéniture, la nature humaine rappelle plutôt *les insectes* qui se brûlent les ailes, poussés vers la lumière par leur instinct » (⁴).

Devant le problème des désharmonies de la nature, l'humanité avait entrevu trois solutions : *la solution religieuse* qui

---

(¹) METCHNIKOFF, *Op. cit.*, p. 98-99.
(²) METCHNIKOFF, *Op. cit.*, p. 5.
(³) SCHOPENHAUER, *Die Welt als Wille und Vorstellung*, t. II, Supp. au Chap. XLIV.
(⁴) METCHNIKOFF, *Op. cit.*, Chap. VI, p. 174-175.

nous conseille de prendre notre mal en patience et nous promet l'immortalité pour nous consoler. Mais « la vie future ne peut être soutenue par aucun argument sérieux, tandis que son absence cadre bien avec tout l'ensemble des connaissances humaines ». « Les religions n'ont pas atteint leur but de combattre les désharmonies de la nature » (¹). *La solution de l'optimisme philosophique*, plus ou moins nette, mais qui se réduit finalement, ou à promettre l'immortalité, comme la religion, ou à enseigner la résignation aux lois naturelles. Nous pourrions en citer de nombreux exemples : Platon, racontant l'histoire de la mort de son maître Socrate, fait parler Phédon ainsi : «...l'intrépidité qu'il montrait devant la mort me persuadait qu'il ne quittait pas cette vie sans le secours de quelque divinité qui le menait dans une autre, pour le mettre en possession de la plus grande félicité dont les hommes ont jamais joui » (²); Aristote, qui n'admettait pas l'immortalité platonicienne de l'âme, croyait à l'indestructibilité de la *raison active*. Les stoïciens, semblablement, crurent à une âme universelle qui englobe tout dans son sein. Cicéron, disait : « que si je me trompe en croyant à l'immortalité de l'âme, c'est une illusion que j'aime et je ne veux pas qu'on me l'arrache tant que je vivrai » (³). Sénèque, avec plus de philosophie, exprime cette réflexion : « *Une grande âme doit se soumettre sans hésitation à la loi universelle. Si elle ne quitte pas cette vie pour une vie meilleure, et pour trouver dans les cieux un séjour plus brillant et plus tranquille, du moins, exempte de souffrances, elle sera rendue au principe qui l'a produite et retournera se confondre dans la masse générale* » (⁴). Pour Marc-Aurèle aussi, la sagesse est la conformité aux lois naturelles : « La philosophie est d'attendre la mort d'un cœur paisible et de n'y voir qu'une dissolution des éléments dont chaque être est composé... cela est conforme à la nature. Or, rien

---

(¹) METCHNIKOFF, *Op. cit.*, p. 180 et 215.
(²) *Œuvres complètes de Platon;* tr. Saisset, t. V. Phédon.
(³) *Œuvres complètes*, Paris, t. II, p. 110.
(⁴) SÉNÈQUE, *Lettres*, t. LXXI; *Œuvres*, t. I, p. 253.

n'est mal qui est conforme à la nature » (¹). Ainsi, on le voit, l'optimisme philosophique oscille de l'immortalité de l'âme à la résignation aux lois du cosmos. La philosophie moderne n'apporte, sur ce point, rien de nouveau : c'est toujours, en somme, *la résignation à l'inévitable*. Reste, enfin, *la solution de la philosophie pessimiste* qui dénonce, elle, nos misères et nos désharmonies, qui en possède souvent une vision très nette, mais qui, logiquement, doit aboutir à la mort, au suicide. Le but suprême pense Schopenhauer est « la négation de la volonté de vivre, car la misère et les souffrances, cette destination véritable de la vie humaine », nous conduisent à la *résignation* (²). Hartmann se livre, lui aussi, à une critique du bonheur qu'il estime irréalisable. Le monde est à ses yeux « souverainement misérable et pire que s'il n'existait pas du tout ». Que l'humanité « renonce définitivement à tout bonheur positif et n'aspire plus qu'à l'absence absolue de douleur, au néant, Nirvâna » (³). Mainlaender conclut d'une façon plus impressionnante encore : « le sage regarde joyeusement et fixement, dans les yeux, l'anéantissement absolu ! » (⁴).

Ainsi les remèdes proposés pour pallier aux conséquences douloureuses de nos désharmonies ne sont, les uns et les autres, que des points de vue de résignation : résignation religieuse dans l'attente de l'au-delà, résignation philosophique aux lois naturelles, résignation, ou plutôt aspiration boudhiste vers le néant, chez les pessimistes. Au fond, toutes ces idées ne sont guère que l'expression de l'adaptation de tempéraments différents aux tristesses de notre destinée. Elles sont des théories d'*acceptation :* les idées de Metchnikoff, au contraire, constituent un *plan de révolte*.

Sans doute, Metchnikoff parle, lui aussi, d'*adaptation;* il voudrait que l'être humain fût un être parfaitement adapté,

---

(¹) *Pensées* de Marc-Aurèle. Trad. Alexis Renan, t. II, p. 17.

(²) Schopenhauer, *Die Welt als Wille und Vorstellung*, Leipzig, t. II, p. 694.

(³) Edouard Hartmann, *Philosophie des Unbewunten*, 1869, p. 316.

(⁴) Mainlaender, *Die Philosophie der Erlösung*, 1894, p. 358.

mais n'oublions pas que le mot *adaptation*, en Biologie, a deux sens ou plutôt, qu'il exprime un rapport de l'organisme aux choses pouvant s'obtenir par des moyens différents et même opposés : l'être qui se plie docilement aux nécessités, s'adapte; celui qui se révolte et qui surmonte les nécessités, qui transforme ses conditions de vie et de développement, s'adapte aussi. Seulement, le premier *subit*, le second *impose*.

Dans le premier cas : l'esclavage; dans le second : la liberté. Ici, la défaite; là, la victoire. C'est à une victoire que veut nous mener le célèbre savant. Professeur à l'Institut Pasteur, il a constaté la puissance de la Science contre la maladie. La théorie microbienne, la sérothérapie ont produit des résultats qui eussent semblé miraculeux, il y a quelques siècles, et autorisé les plus vastes espoirs. Or, la vieillesse aussi est une maladie : elle est essentiellement pathologique et non physiologique. Elle est un cas d'artério-sclérose : « l'artério-sclérose des vieillards, dit Metchnikoff, est une véritable maladie inflammatoire, pareille à l'inflammation des artères dans n'importe quelle affection ». Cette ossification des artères et des vaisseaux de l'organisme résulterait de la *phagocytose*, c'est-à-dire du carnage des *cellules nobles* par les éléments ennemis; les cellules libres, en suspension dans les globules blancs du sang, qui d'ordinaire sont nos agents de défense, se mettant subitement, dans la vieillesse, à se repaître de nos tissus.

Metchnikoff pense que la vie humaine peut être prolongée. Dans les *Essais optimistes*, il indique, avec plus de précision et de détails encore que dans les *Études sur la nature humaine*, dans quelle direction la science médicale devra s'orienter pour atteindre ce but. Est-ce donc une vie éternelle qu'il nous promet? Nullement : la vie humaine devra être prolongée jusqu'à son terme normal, de telle façon que la mort, cessant d'être « la reine des épouvantements », coïncide avec une éclipse de la volonté de vivre, c'est-à-dire avec le moment où l'instinct de la vie deviendrait l'instinct de l'anéantissement. « Rassasié de jours », l'être harmonieux, pleinement adapté à ses conditions naturelles, finirait par ressentir le besoin d'une fin. « L'homme, à cause des désharmonies fondamentales de sa nature, ne suit pas son développement normal. La première partie de la vie évolue sans trop de troubles ; mais, après l'âge adulte, notre développement dévie plus ou moins et se termine par une vieillesse prématurée et pathologique et par une mort précoce et anormale. Le but de l'existence humaine ne doit-il pas plutôt consister dans l'accomplissement du cycle complet et physiologique de la vie, avec une vieillesse normale, qui aboutit à la perte de l'instinct de la vie et à l'apparition de l'instinct de la mort naturelle ? » (¹). Ce besoin du repos absolu, du néant, après une existence ayant accompli sa longue évolution, apparaît chez certaines espèces animales. Chez l'homme même, des phénomènes psychologiques s'expliqueraient par une sorte de prescience de l'instinct de la mort, que notre existence trop courte ne nous a pas permis encore d'acquérir : « Peut-être la recherche pleine d'angoisse d'un but de l'existence n'est-elle que la manifestation d'une tendance vers la sensation de la mort naturelle » (²).

Pour parvenir à réaliser cette vie plus longue et complète, l'humanité devra se laisser guider par la Science. Par elle, instruits dans l'art de bien vivre, dans l'orthobiotique, pratiquant la science de la vieillesse (gérontologie) et celle de la mort (thanatologie), les hommes, renonçant au luxe et aux plaisirs meurtriers, institueront une politique et une justice rationnelles, une morale fondée sur l'intérêt de l'individu et sur l'altruisme tout à la fois. « La reconnaissance du vrai but de l'existence humaine » et de la Science, comme unique moyen pour y parvenir, servira d'*idéal* pour l'union des hommes : ils se grouperont autour de lui, comme, autrefois, ils se groupaient autour de l'idéal religieux » (³).

Jamais encore la Science ne nous avait fait de telles promesses (⁴) : de Renan à Metchnikoff, la distance est énorme.

(¹) METCHNIKOFF, *Études sur la nature humaine*, p. 377.
(²) *Origine animale de l'homme*, p. 327.
(³) *Op. cit.*, p. 397.
(⁴) « Mais quelle est la bonne mesure de durée de la vie qui nous est impartie ? M. Metchnikoff admet comme très probables les âges

Dans l'*Avenir de la Science*, c'était la puissance illimitée sur les choses, c'était le progrès matériel qui brillaient de toute leur magie séductrice; dans Metchnikoff, c'est un projet de révolution humaine qu'on nous propose et dont on nous offre les moyens de réalisation.

L'homme va se surmonter, comme dans Nietzsche. Il va corriger l'œuvre de la nature, perfectionner les conditions physiologiques de son organisme et se transformer selon ses désirs. « La nature humaine n'étant pas immuable peut se transformer au profit de l'humanité ». Mais où donc s'arrêtera cet auto-transformation ? Qui peut dire les conséquences que pourra avoir sur notre cerveau, donc sur l'intelligence, la prolongation de la vie humaine? Rémy de Gourmont pose l'identité, à travers le temps, de la capacité intellectuelle des hommes : qui peut prévoir ce qu'eût été la capacité intellectuelle d'un Newton ou d'un Goethe, si leur cerveau avait pu se développer durant plusieurs siècles? Le point de vue de Metchnikoff est un point de révolte grandiose. Ce n'est point une adaptation qu'il recherche, au sens du moins qu'on donne généralement à ce mot lorsqu'on parle du caractère adéquat d'un être serve au milieu qui le domine, c'est une *sur-adaptation*, conforme à notre idéal, qu'il enseigne. *Avant tout, il faut tenter, pour ainsi dire, de redresser l'évolution de la vie humaine* (¹). Il évoque la créature humaine, tourmentée dans ses désharmonies douloureuses, résignée aux contradictions meurtrières, s'affirmant tout à coup, fièrement, essayant de *redresser* ce qu'a

---

attribués à plusieurs personnages bibliques. Abraham vécut 175 ans, Ismaël 137, Joseph 110, Moïse 120. Buffon croyait à l'existence d'un rapport entre la longévité des animaux et la durée de leur croissance. Il l'avait fixé à 7. Un animal dont le développement dure deux ans aurait 14 ans de vie promise. Cette loi nous promettrait 140 ans; mais le chiffre est exagéré et Flourens a réduit le rapport à celui de 1 à 5; ce qui nous donnerait encore 120 ans. Platon est mort, en conversant, à 81 ans; Isocrate a écrit son Panathénaïque à 94; Gorgias mourut en pleine possession de son intelligence à 107 ans » (DASTRE, *La Vie et la Mort*, p. 117).

(¹) METCHNIKOFF, *Op. cit.*, p. 379.

fait le hasard des choses et prétendant diriger le monde selon sa volonté !

M. Metchnikoff a bien voulu me confirmer lui-même, verbalement, les conséquences que je croyais pouvoir tirer de ses découvertes, au point de vue philosophique. D'abord c'est l'*obsession* de l'harmonie naturelle enfin écartée, il faut l'espérer du moins. Elle aura fait bien du mal, aveuglé bien des esprits ! Le parti pris de voir, dans la nature, un optimisme, jamais pris en défaut, fut un des obstacles qui barra la vue à l'humanité. Mille problèmes s'éclairciraient, de nouvelles recherches seraient tentées et beaucoup, sans doute, aboutiraient, si les hommes n'avaient pas postulé une loi de progrès général et une tendance invétérée vers l'harmonie, par lesquels il semble qu'ils aient voulu, coûte que coûte, rendre compte de la réalité totale qui comporte cependant tant de phénomènes indifférents et tant de désharmonies caractérisées. Sans doute, on peut être optimiste. « Je le suis, pour ma part, me déclare M. Metchnikoff, mais je l'entends d'une certaine manière qui n'a rien de commun avec le parti pris quasi-religieux dont nous venons de causer. L'être humain est incomplètement adapté et en souffre. Il est puéril de nier cette souffrance et au moins étrange de s'y résigner, au nom de je ne sais quelle sagesse philosophique : il faut la détruire, au contraire ! Il faut restituer à l'homme les conditions de développement normal qui lui sont nécessaires. J'ai la conviction profonde, absolue, que la Science parviendra à prolonger la vie humaine et, la vie humaine prolongée, qui peut dire les progrès de toutes sortes qui seront réalisés de ce fait, les progrès intellectuels et matériels, le nombre d'erreurs et d'illusions dont nous sommes environnés qui disparaîtront ? »
— Pouvons-nous anticiper, demandais-je, et, dès maintenant, préciser une des erreurs appelées à disparaître quand l'humanité vivra sa vie totale ? — La discussion s'engagea alors sur la religion. M. Metchnikoff me déclara qu'elle était un exemple de nature à illustrer sa thèse : l'homme, nous le savons, ne vit pas toute sa vie ; mourant trop jeune, il s'indigne légitimement à la pensée que sa personne et son œuvre, qui norma-

lement devaient se continuer, puissent entièrement disparaître. Il sent qu'il ne devrait pas en être ainsi, que son existence, en droit, n'est pas terminée, mais il constate, d'autre part, qu'en fait, la réalité est là qui le tue. Alors, croyant impossible la prolongation de sa vie sur la terre, il projette dans le ciel, par un effort d'imagination, son désir de vivre et essaye de se dédommager, par l'espoir d'une survie éternelle, de sa mort prématurée. Il crée ainsi, de toutes pièces, une illusion née du seul désir de se prolonger : cette illusion disparaîtrait donc, si, parcourant tout son cycle, l'homme arrivait au but normal de sa carrière, à l'instinct final du néant, à la *satiété des jours* à laquelle, dit-on, les patriarches avaient atteint. Au vieillard n'aspirant plus qu'au repos éternel, l'immortalité et le paradis sembleraient des récompenses peu enviables. Et la religion, n'ayant plus personne à séduire ni à flatter, mourrait, à son tour, de sa belle mort.

LIVRE IV.

LA MÉTHODE BERGSONIENNE ET LA MÉTHODE SCIENTIFIQUE EN PSYCHOLOGIE. ESSAI D'ENTENTE.

CHAPITRE I.

1. *Les données immédiates de la conscience*, bases psychologiques de la philosophie bergsonienne : les états affectifs sont *qualités* et non grandeurs mesurables. — 2. L'Espace, le Temps et la Durée selon Bergson. — 3. Le duel entre la conception *qualitative* bergsonienne et la conception *quantitative* de la psychophysique.

---

1. C'est de l'étude de la conscience qu'Henri Bergson s'est élevé, nous l'avons vu en examinant son *Évolution créatrice*, aux généralisations métaphysiques sur la vie et la matière. Son œuvre est essentiellement psychologique ; mathématicien, parti de l'abstrait, il a abouti à la psychologie, à l'étude des *données immédiates de la conscience*, c'est-à-dire au concret. Il a passé du *compris* au *vécu*. Telle est, résumée, l'histoire profonde de toute sa vie intellectuelle et de toute sa philosophie.

La psychologie, chez Bergson, est donc à la base même de son œuvre, ou plutôt, disons qu'elle en est l'inspiratrice à tout instant. Cette science qui, nous le verrons, paraît devoir aujourd'hui envahir toutes les autres, dont elle constitue, en quelque sorte, le centre rayonnant, a singulièrement progressé grâce à la méthode expérimentale et, du point de vue bergsonien, a vu s'ouvrir devant elle des horizons nouveaux. C'est à son développement qu'est due cette renaissance de la métaphysique que l'on croyait à jamais éteinte dans notre monde moderne si positif. Sa marche victorieuse va s'affirmer chaque jour; son autorité est mise à contribution dans tous les domaines et par toutes les connaissances humaines. Ne va-t-elle pas fournir un champ d'exploration commun, à la fois, à la science et à la méthode bergsonienne et, par ce rapprochement même des méthodes, une occasion d'entente et de collaboration féconde ?

Il s'agit, pour H. Bergson, de s'expliquer clairement et une fois pour toutes, sur la nature de nos états psychologiques, sur ce que nous appelons leur intensité. Sont-ils *qualité* ou sont-ils *quantité*. Là est la question. Ses idées, sur ce point précis, constituent la préface nécessaire de toute son œuvre. Nous en verrons, tout de suite, certaines conséquences relatives à la notion de nombre, d'espace et de temps, qui d'ailleurs fait corps avec la thèse elle-même (¹).

On admet communément que les états de conscience, sensations, sentiments, passions, efforts, etc., sont susceptibles de croître et de diminuer. Nous disons, par exemple, qu'un son est plus ou moins fort, une douleur plus ou moins vive, un chagrin plus ou moins profond : le sens commun érige ainsi en grandeur une intensité pure; en réalité, quelque chose qui n'est ni extensif, ni mesurable. A cette pratique, prétend Bergson, nous perdons complètement de vue la nature véritable de nos états psychiques, qui nous étaient donnés immédiatement par notre conscience; nous revêtons le sentiment ou la sensation d'un vêtement si peu fait pour eux que nous n'avons plus l'idée de ce qu'ils sont tout nus. La mesure ne peut s'appliquer qu'à ce qui est étendu : quand on avance qu'une chose est plus grande qu'une autre, on sait fort bien ce que cela veut dire. Il s'agit ici d'espaces inégaux, le plus grand contenant le plus petit. Mais comment une sensation plus intense contiendrait-elle une sensation de moindre intensité ? Dira-t-on qu'il

---

(¹) Sur les développements qui suivent, *voir* H. BERGSON, *Essai sur les données immédiates de la conscience.*

faut distinguer entre deux quantités : celle qui est extensive et mesurable, celle qui est intensive et ne comporte pas de mesure? On répondra : « Que peut-il y avoir de commun, au point de vue de la grandeur, entre l'extensif et l'intensif, entre l'étendu et l'inétendu? Si, dans le premier cas, on appelle plus grande quantité celle qui contient l'autre, pourquoi parler encore de quantité et de grandeur alors qu'il n'y a plus de contenant ni de contenu? (1) »

Pour plus de clarté, examinons la nature des états psychologiques. Nous n'aurons pas de peine à conclure que nous sommes ici dans le domaine de la qualité et non de la quantité, de l'intensif et non de l'extensif, de l'inétendue et non de l'étendue, et que c'est brouiller la réalité que de traduire l'un par l'autre.

Et d'abord, voyons les sentiments : passions, joie ou tristesse, émotions esthétiques, etc.; l'intensité de nos états d'âme se « réduit à une certaine qualité ou nuance dont se colore une masse plus ou moins considérable d'états psychiques ou, si l'on aime mieux, du plus ou moins grand nombre d'états simples qui pénètrent l'émotion fondamentale » (2).

Par exemple, un obscur désir est devenu peu à peu une passion profonde. Il est facile de constater que la faible intensité de ce désir consistait, d'abord, en ce qu'il semblait isolé et comme étranger à notre vie interne. Puis, il pénètre un plus ou moins grand nombre d'éléments psychiques, les teignant, pour ainsi dire, de sa propre couleur, au point que tout vous semble changé. La passion profonde se juge à ce que les impressions ne sont plus les mêmes. L'amant gratifie sa maîtresse et l'univers entier de qualités jadis insoupçonnées par lui. Toutes ses idées paraissent *rafraîchies*. « C'est comme une nouvelle enfance ». Comment peut-on affirmer que les faits psychologiques se comptent, se mesurent et se juxtaposent comme des choses ! Quand on dit qu'un sentiment occupe une grande place dans l'âme ou même qu'il y tient toute la place,

---

(1) BERGSON, *Essai sur les données immédiates de la conscience*, p. 3.
(2) BERGSON, *Op. cit.*, p. 6.

on doit entendre simplement par là que la nuance de nos perceptions et de nos souvenirs s'est modifiée par lui. « Mais cette représentation toute dynamique répugne à la conscience réfléchie, parce qu'elle aime les distinctions tranchées, qui s'expriment sans peine par des mots, et les choses aux contours bien définis, comme ceux qu'on aperçoit dans l'espace. Elle supposera donc que, tout le reste demeurant identique, un certain désir a passé par des grandeurs successives, comme si l'on pouvait encore parler de grandeur là où il n'y a ni multiplicité ni espace » (¹). Ainsi les intensités d'un sentiment, d'une émotion ne sont jamais que des changements *qualitatifs*. Prenons encore un exemple : parmi les sentiments esthétiques, celui de la grâce. Et laissons la parole à Bergson dont l'exposé, sur ce point comme sur tant d'autres, constitue un chef-d'œuvre de délicatesse et d'art :

« Les sentiments esthétiques nous offrent des exemples plus frappants encore de cette intervention progressive d'éléments nouveaux visibles dans l'émotion fondamentale, et qui semblent en accroître la grandeur quoiqu'ils se bornent à en modifier la nature. Considérons le plus simple d'entre eux, le sentiment de la grâce. Ce n'est d'abord que la perception d'une certaine aisance, d'une certaine facilité dans les mouvements extérieurs. Et comme des mouvements faciles sont ceux qui se préparent les uns les autres, nous finissons par trouver une aisance supérieure aux mouvements qui se faisaient prévoir aux attitudes présentes où sont indiquées et comme préformées les attitudes à venir. Si les mouvements saccadés manquent de grâce, c'est parce que chacun d'eux se suffit à lui-même et n'annonce pas ceux qui vont suivre. Si la grâce préfère les courbes aux lignes brisées, c'est que la ligne courbe change de direction à tout moment, mais que chaque direction nouvelle était indiquée dans celle qui la précédait. La perception d'une facilité à se mouvoir vient donc se fondre ici dans le plaisir d'arrêter en quelque sorte la marche du temps et de tenir l'avenir dans le présent. Un troisième élément inter-

---

(¹) BERGSON, *Op. cit.*, p. 7.

vient quand les mouvements gracieux obéissent à un rythme, et que la musique les accompagne. C'est que le rythme et la mesure, en nous permettant de prévoir encore mieux les mouvements de l'artiste, nous font croire cette fois que nous en sommes les maîtres. Comme nous devinons presque l'attitude qu'il va prendre, il paraît nous obéir quand il la prend en effet; la régularité du rythme établit entre lui et nous une espèce de communication, et les retours périodiques de la mesure sont comme autant de fils invisibles au moyen desquels nous faisons jouer cette marionnette imaginaire. Même, si elle s'arrête un instant, notre main impatientée ne peut s'empêcher de se mouvoir comme pour la pousser, comme pour la replacer au sein de ce mouvement dont le rythme est devenu toute notre pensée et toute notre volonté. Il entrera donc, dans le sentiment du gracieux, une espèce de sympathie physique et, en analysant le charme de cette sympathie, vous verrez qu'elle vous plaît elle-même par son affinité avec la sympathie morale, dont elle vous suggère subtilement l'idée. Ce dernier élément, où les autres viennent se fondre après l'avoir en quelque sorte annoncé, explique l'irrésistible attrait de la grâce : on ne comprendrait pas le plaisir qu'elle nous cause, si elle se réduisait à une économie d'efforts, comme le prétend Spencer. Mais la vérité est que nous croyons démêler dans tout ce qui est très gracieux, en outre de la légèreté qui est signe de mobilité, l'indication d'un mouvement possible vers nous, d'une sympathie virtuelle ou même naissante. C'est cette sympathie mobile, toujours sur le point de se donner, qui est l'essence même de la grâce supérieure. Ainsi les intensités croissantes du sentiment esthétique se résolvent ici, en autant de sentiments divers, dont chacun, annoncé déjà par le précédent, y devient visible et l'éclipse ensuite définitivement. C'est ce progrès qualificatif que nous interprétons dans le sens d'un changement de grandeur parce que nous aimons les choses simples et que notre langage est mal fait pour rendre les subtilités de l'analyse psychologique » ([1]).

([1]) BERGSON, *Op. cit.* p. 9 et suiv.

Même raisonnement en ce qui concerne l'effort musculaire. S'il est un phénomène qui paraisse se présenter immédiatement à la conscience sous forme de quantité ou tout au moins de grandeur, c'est sans contredit l'effort musculaire. « Comme la force musculaire qui se déploie dans l'espace et se manifeste par des phénomènes mesurables nous fait l'effet d'avoir préexisté à ses manifestations, mais sous un moindre volume et à l'état comprimé, pour ainsi dire, nous n'hésitons pas à resserrer ce volume de plus en plus, et finalement nous croyons comprendre qu'un état purement psychique, n'occupant plus d'espace, ait néanmoins une grandeur » (¹). La science inclinait, d'ailleurs, à fortifier l'illusion du sens commun sur ce point; Bain dit que « la sensibilité concomitante du mouvement musculaire coïncide avec le courant centrifuge de la force nerveuse »; Wundt parle également d'une sensation d'origine centrale (²). La plupart des savants se seraient même rangés à cette opinion si, il y a quelques années, William James n'avait prouvé que nous n'avons jamais conscience d'une émission de force, mais du mouvement de muscles qui en est le résultat (³). Autrement dit : le sentiment de l'effort est centripète et non pas centrifuge.

Bergson dépasse encore ces affirmations : quand je soulève un poids, ce que je prends pour un accroissement de l'effort, c'est l'augmentation du nombre de muscles qui se contractent et qui peuvent se trouver répartis dans le corps tout entier; la sensation particulière éprouvée par le bras reste longtemps constante et ne change que de qualité, la pesanteur devenant fatigue, et la fatigue, douleur. Il n'y a nullement accroissement continu d'une force psychique affluant au bras, malgré l'illusion que j'en puisse avoir. Donc : la conscience d'un accroissement d'effort musculaire se réduit à la double perception

---

(¹) Bergson, *Op. cit.*, p. 16.
(²) *Voir* Wundt, *Psychologie physiologique*, trad. Rouvier, t. I, p. 423.
(³) William James, *Le Sentiment de l'effort* (*Critique philosophique*, t. II, 1880).

d'un plus grand nombre de sensations périphériques et d'un changement qualitatif survenu dans quelques-unes d'entre elles.

Qu'il s'agisse, on le voit, de l'intensité d'un sentiment profond de l'âme ou de celle d'un effort superficiel, dans un cas comme dans l'autre, il y a *progrès qualitatif* et complexité croissante obscurément sentis.

D'où vient donc que l'humanité s'entête à traduire en termes de grandeur des phénomènes qualitatifs? Cela est facilement explicable.

Quand il s'agit de sensations représentatives, nous apercevons l'objet extérieur qui en est la cause. Or, cette cause est extensive et, par conséquent, mesurable : « Une expérience de tous les instants, qui a commencé avec les premières lueurs de la conscience et qui se poursuit pendant notre existence entière, nous montre une nuance déterminée de la sensation répondant à une valeur déterminée de l'excitation. Nous associons alors, à une certaine qualité de l'effet, l'idée d'une certaine quantité de la cause; et finalement, comme il arrive pour toute perception acquise, nous mettons l'idée dans la sensation, la quantité de la cause dans la qualité de l'effet. A ce moment précis, l'intensité, qui n'était qu'une certaine nuance ou qualité de la sensation, devient une grandeur. On se rendra facilement compte de ce processus en tenant une épingle dans la main droite, par exemple, et en se piquant de plus en plus profondément la main gauche. Vous sentirez d'abord comme un chatouillement, puis un contact auquel succède une piqûre, ensuite une douleur localisée en un point, enfin une irradiation de cette douleur dans la zône environnante. Et plus vous y réfléchirez, plus vous verrez que ce sont là autant de sensations qualitativement distinctes, autant de variétés d'une même espèce. Pourtant, vous parliez d'abord d'une seule et même sensation de plus en plus envahissante, d'une piqûre de plus en plus intense. C'est que, sans y prendre garde, vous localisiez dans la sensation de la main gauche, qui est piquée, l'effort progressif de la main droite qui la pique. Vous introduisiez ainsi la cause dans l'effet et vous interprétiez inconsciemment la qualité en quantité, l'intensité en grandeur. Il est aisé de voir que l'intensité de toute sensation représentative doit s'entendre de la même manière » (¹).

2. Nous voici arrivé au point culminant de la thèse, la partie centrale de l'*Essai sur les données immédiates de la conscience* et la clef de voûte de toute la Philosophie bergsonienne : la théorie du Nombre, de l'Espace et du TEMPS.

Le nombre, dit-on communément, est une collection d'unités ou, pour préciser, la synthèse de l'un et du multiple. La définition n'est pas fausse : elle est incomplète. Il faut ajouter : *à l'aide d'une intuition dans l'espace.* L'idée du nombre implique une multiplicité de parties ou d'unités absolument semblables les unes aux autres. Et pourtant il faut bien qu'elles se distinguent par quelque endroit puisqu'elles ne se confondent pas en une seule. « Supposons tous les moutons du troupeau identiques entre eux; ils diffèrent au moins par la place qu'ils occupent dans l'espace ». « L'espace est la matière avec laquelle l'esprit construit le nombre, le milieu où l'esprit le place » (²).

De là, une distinction importante : Il y a deux sortes de multiplicité ; la multiplicité des objets qui sont donnés dans l'espace ou multiplicité numérique et la multiplicité propre aux états de conscience qui n'est pas une multiplicité numérique, puisque tout nombre suppose l'espace et que les états de conscience sont inétendus. Seulement, *pour compter les faits de conscience, nous sommes obligés de les représenter symboliquement dans l'espace* et cette représentation symbolique modifie les conditions normales de la perception interne. « Rappelons-nous ce que nous disions un peu plus haut de l'intensité de certains états psychiques. La sensation représentative, envisagée en elle-même, est qualité pure; mais vue à travers l'étendue, cette qualité devient quantité en un certain sens; on l'appelle *intensité*. Ainsi, la projection que nous

---

(¹) BERGSON, *Op. cit.*, p. 32.
(²) BERGSON, *Op. cit.*, p. 68.

faisons de nos états psychiques, dans l'espace, pour en former une multiplicité distincte, doit influer sur ces états eux-mêmes et leur donner, dans la conscience réfléchie, une forme nouvelle que la perception immédiate ne leur attribuait pas »(¹).

Mais dira-t-on, peut-être, pourquoi faire intervenir l'espace comme une condition nécessaire de la multiplicité numérique et distincte des états de conscience? Ne peut-on concevoir, indépendamment de toute idée d'espace, la vie psychique se déroulant, dans le temps, à l'aide de la mémoire, constituant l'unité de la pensée? Bergson prévoyait bien la question : l'idée que nous nous faisons du temps, nous répond-il, *le temps homogène*, c'est de l'espace. « Remarquons que lorsque nous parlons du temps, nous pensons le plus souvent à un milieu homogène où nos faits de conscience s'alignent, se juxtaposent comme dans l'espace et réussissent à former une multiplicité distincte. Le temps ainsi compris ne serait-il pas, à la multiplicité de nos états psychiques ce que l'intensité est à certains d'entre eux, un signe, un symbole absolument distinct de la durée vraie? Nous allons demander à la conscience de s'isoler du monde extérieur et, par un vigoureux effort d'abstraction, de redevenir elle-même. Nous lui poserons alors cette question : la multiplicité de nos états de conscience a-t-elle la moindre analogie avec la multiplicité des unités d'un nombre? La vraie durée a-t-elle le moindre rapport avec l'espace?... Si le temps, tel que se le représente la conscience réfléchie, est un milieu où nos états de conscience se succèdent distinctement de manière à pouvoir se compter, et si, d'autre part, notre conception du nombre aboutit à éparpiller dans l'espace tout ce qui se compte directement, il est à présumer que le temps, entendu au sens d'un milieu où l'on distingue et où l'on compte, *n'est que de l'espace* ».

Le temps homogène ou, si l'on préfère, le temps conçu de la façon habituelle, c'est de l'espace. Réciproquement, l'espace, c'est tout milieu homogène. « L'homogénéité consistant ici dans l'absence de toute qualité, on ne voit pas comment deux

---

(¹) BERGSON, *Op. cit.*, p. 69.

formes de l'homogène se distingueraient l'une de l'autre. Néanmoins, on s'accorde à envisager le temps comme un milieu indéfini, différent de l'espace, mais homogène comme lui : l'homogène revêtirait ainsi une double forme, selon qu'une coexistence ou une succession le remplit. Il est vrai que lorsqu'on fait du temps un milieu homogène où les états de conscience paraissent se dérouler, on se le donne par là même tout d'un coup, ce qui revient à dire qu'on le soustrait à la durée. Cette simple réflexion devrait nous avertir que nous retombons alors inconsciemment sur l'espace. D'autre part, on conçoit que les choses matérielles, extérieures les unes aux autres et extérieures à nous, empruntent ce double caractère à l'homogénéité d'un milieu qui établisse des intervalles entre elles et en fixe les contours : mais les faits de conscience, même successifs, se pénètrent, et dans le plus simple d'entre eux peut se réfléchir l'âme entière. Il y aurait donc lieu de se demander si le temps, conçu sous la forme d'un milieu homogène, ne serait pas un concept bâtard, dû à l'intrusion de l'idée d'espace dans le domaine de la conscience pure. De toute manière, on ne saurait admettre définitivement deux formes de l'homogène, temps et espace, sans rechercher d'abord si l'une d'elles ne serait pas réductible à l'autre. Or, l'extériorité est le caractère propre des choses qui occupent de l'espace, tandis que les faits de conscience ne sont point essentiellement extérieurs les uns aux autres, et ne le deviennent que par un déroulement dans le temps, considéré comme un milieu homogène. Si donc l'une de ces deux prétendues formes de l'homogène, temps et espace, dérive de l'autre, on peut affirmer *a priori* que l'idée d'espace est la donnée fondamentale. Mais, abusés par la simplicité apparente de l'idée de temps, les philosophes qui ont essayé d'une réduction de ces deux idées ont cru pouvoir construire la représentation de l'espace avec celle de la durée. *Ce temps, conçu sous la forme d'un milieu indéfini et homogène, n'est que le fantôme de l'espace obsédant la conscience réfléchie* » [1].

---

[1] BERGSON, *Op. cit.*, p. 75.

Si le temps homogène, le milieu dans lequel se déroulent les événements, se ramène en dernière analyse à l'espace, qu'est-ce donc que la durée, la durée pure dont j'ai conscience?

La durée toute pure est la forme que prend la succession de nos états de conscience quand notre moi se laisse vivre, quand il s'abstient d'établir une séparation entre l'état présent et les états antérieurs. « Il n'a pas besoin, pour cela, de s'absorber tout entier dans la sensation ou l'idée qui passe, car alors, au contraire, il cesserait de durer. Il n'a pas besoin non plus d'oublier les états antérieurs : il suffit qu'en se rappelant ces états, il ne les juxtapose pas à l'état actuel comme un point à un autre point, mais les organise avec lui, comme il arrive quand nous nous rappelons, fondues pour ainsi dire ensemble, les notes d'une mélodie. Ne pourrait-on pas dire que, si ces notes se succèdent, nous les apercevons néanmoins les unes dans les autres, et que leur ensemble est comparable à un être vivant, dont les parties, quoique distinctes, se pénètrent par l'effet même de leur solidarité? La preuve en est que si nous rompons la mesure en insistant plus que de raison sur une note de la mélodie, ce n'est pas sa longueur exagérée, en tant que longueur, qui nous avertira de notre faute, mais le changement qualitatif apporté par là à l'ensemble de la phrase musicale. On peut donc concevoir la succession sans la distinction, et comme une pénétration mutuelle, une solidarité, une organisation intime d'éléments dont chacun, représentatif du tout, ne s'en distingue et ne s'en isole que pour une pensée capable d'abstraire. Telle est, sans aucun doute, la représentation que se ferait de la durée un être à la fois identique et changeant, qui n'aurait aucune idée de l'espace » (¹).

Ainsi, la durée vraie est qualité, comme l'intensité des états psychologiques, et l'on saisit l'étroite liaison de cette thèse avec celle développée, dans le chapitre premier, sur l'intensité des faits de conscience. En d'autres termes, il y aurait deux réalités : celle de l'espace (homogénéité pure) et celle de la durée réelle, de la conscience (hétérogénéité pure). L'une est proprement le domaine de la quantité, l'autre de la

---

(¹) BERGSON, Op. cit., p. 76-77.

qualité. Le temps conçu communément n'est qu'un « concept bâtard », une substitution de celle-là à celle-ci, en vue des commodités de l'action et du langage, avec tout le sans-gêne d'une pratique grossière, qui se moque d'altérer la réalité originale. Les deux réalités, espace quantitatif, durée qualitative, se rejoignent, en effet, et de leur jonction naît l'illusion du temps homogène.

« Quand je suis des yeux, sur le cadran d'une horloge, le mouvement de l'aiguille qui correspond aux oscillations du pendule, je ne mesure pas de la durée, comme on paraît le croire; je me borne à compter des simultanéités, ce qui est bien différent. En dehors de moi, dans l'espace, il n'y a jamais qu'une position unique de l'aiguille et du pendule, car des positions passées il ne reste rien. Au dedans de moi, un processus d'organisation ou de pénétration mutuelle des faits de conscience se poursuit, qui constitue la durée vraie. C'est parce que je dure de cette manière que je me représente ce que j'appelle les oscillations passées du pendule, en même temps que je perçois l'oscillation actuelle. Or, supprimons pour un instant le moi qui pense ces oscillations dites *successives;* il n'y aura jamais qu'une seule oscillation du pendule, une seule position même de ce pendule, point de durée par conséquent. Supprimons, d'autre part, le pendule et ses oscillations; il n'y aura plus que la durée hétérogène du moi, sans moments extérieurs les uns aux autres, sans rapport avec le nombre. Ainsi, dans notre moi, il y a succession sans extériorité réciproque; en dehors du moi, extériorité réciproque sans succession : extériorité réciproque, puisque l'oscillation présente est radicalement distincte de l'oscillation antérieure qui n'est plus; mais absence de succession, puisque la succession existe seulement pour un spectateur conscient qui se remémore le passé et juxtapose les deux oscillations ou leurs symboles dans un espace auxiliaire. Or, entre cette succession sans extériorité et cette extériorité sans succession, une espèce d'échange se produit, assez analogue à ce que les physiciens appellent un phénomène d'endosmose » [1].

---

[1] BERGSON, *Op. cit.*, p. 83.

Comme les phases successives de notre vie consciente correspondent chacune à une oscillation du pendule et que ces oscillations sont nettement distinctes, nous contractons l'habitude d'établir la même distinction entre les moments successifs de la conscience. D'où l'idée erronée d'une durée interne, homogène, analogue à l'espace. Mais, d'autre part, les oscillations du pendule, qui ne sont distinctes que parce que l'une s'évanouit quand l'autre paraît, bénéficient en quelque sorte de leur rencontre avec notre vie consciente. Grâce au souvenir que notre conscience a organisé de leur ensemble, elles se conservent, puis elles s'alignent : « Bref, nous créons pour elles une quatrième dimension de l'espace, que nous appelons le temps homogène, et qui permet au mouvement pendulaire, quoique se produisant sur place, de se juxtaposer indéfiniment à lui-même. Que si maintenant nous essayons, dans ce processus très complexe, de faire la *part* exacte du réel et de l'imaginaire, voici ce que nous trouvons. Il y a un espace réel, sans durée, mais où des phénomènes apparaissent et disparaissent simultanément avec nos états de conscience. Il y a une durée réelle, dont les moments hétérogènes se pénètrent, mais dont chaque moment peut être rapproché d'un état du monde extérieur qui en est contemporain et se séparer des autres moments par l'effet de ce rapprochement même. De la comparaison de ces deux réalités, naît une représentation symbolique de la durée, tirée de l'espace. La durée prend ainsi la forme illusoire d'un milieu homogène, et le trait d'union entre ces deux termes, espace et durée, est la simultanéité, qu'on pourrait définir l'intersection du temps avec l'espace » ([1]).

Nous n'avons pas craint de multiplier les citations caractéristiques. La pensée de Bergson y apparaît, en effet, avec une clarté et une netteté incomparables. Nous serions tentés d'en citer d'autres : le passage où l'auteur expose les « deux aspects du moi », le moi superficiel, qui participe de l'extériorité quantitative et le moi profond où coule le devenir, et dont le romancier le plus subtil ne peut nous présenter qu'une ombre « dis-

---

[1] BERGSON, *Op. cit.*, p. 83.

posée de manière à nous faire soupçonner la nature extraordinaire et illogique de l'objet qui la projette » est, peut-être, l'un des plus singulièrement troublant que l'auteur ait jamais écrit (¹).

Quoi qu'en dise l'auteur, ces deux premiers chapitres sont plus qu'une introduction au troisième où l'on assiste à l'évanouissement du problème de la liberté : ils constituent une préface à la philosophie bergsonienne tout entière issue du témoignage même de la conscience saisie dans sa nature intime et épurée de l'obsession de l'espace, de la quantité, que produit sur elle le contact avec le monde extérieur. La notion de la durée vraie conçue comme une hétérogénéité pure, comme un devenir indivisible, et par suite non susceptible de mesure, est à la base même des idées du célèbre philosophe; il suffira de nous donner cet écoulement de la durée vraie comme imprévisible, déjouant tout calcul et toute logique, pour aboutir à l'épanouissement magnifique de l'Évolution créatrice.

C'est la thèse psychologique la plus importante des temps modernes : sur elle fleurit tout une philosophie; par elle se prépare une renaissance de la Métaphysique. Par elle aussi, Bergson se place au rang des plus grands penseurs : son ouvrage n'est rien moins que l'*Esthétique transcendantale* de Kant, reprise et critiquée du point de vue psychologique; il affirme une conception nouvelle du temps, de la conscience, du problème de la liberté, il annonce une méthode intuitive de connaissance, il ouvre de nouvelles voies à l'esprit humain.

3. Cette psychologie *qualitative* devait se heurter aux tentatives de réduction des phénomènes conscients à la mesure, à *la quantité*. Assurément, bien avant Bergson, la Psychophysique avait été critiquée et, en somme, convaincue d'impuissance, dans les termes au moins où son fondateur, Fechner, l'avait posée. Cependant, les deux thèses sont trop réellement hostiles pour que le conflit ait pu être évité. Aussi bien n'est-il pas sans intérêt de les situer réciproquement et avec netteté.

(¹) Bergson, *Op. cit.*, p. 100 et suiv.

Après les remarquables études de Delbœuf, Foucault, Van Biervliet et quelques autres, il serait singulièrement téméraire de venir parler encore de la Psychophysique. Le sujet est épuisé. Au surplus, il ne saurait entrer dans le cadre de cet ouvrage d'exposer et de commenter les sensationnelles formules que Fechner publia en 1860.

Chacun sait qu'à cette époque on crut avoir trouvé, selon les expressions de l'auteur lui-même, une « théorie exacte des rapports de l'âme et du corps, du monde physique et du monde psychique » et l'on connaît la loi célèbre : « La sensation croît comme logarithme de l'excitation ». La nouvelle découverte suscita un véritable enthousiasme dans le monde philosophique. Aujourd'hui encore, après la faillite de la Psychophysique, l'admiration pour Fechner n'est point morte, mais elle porte sur une autre partie de sa philosophie [1].

Les premiers enthousiasmes passés, vinrent les déceptions, puis les critiques ; maintenant même, les moqueries [2]. Pour tous, ou presque tous aujourd'hui, la fameuse découverte postule un non-sens, car des deux quantités que l'on compare dans la loi logarithmique, l'excitation en est bien une, mais non pas la sensation. Que n'a-t-on pas dit, justement d'ailleurs, de la façon arbitraire dont Fechner pose le zéro de la sensation, de sa distinction des sensations en positives et affirmatives, etc. Mathématiciens, philosophes, physiologistes furent bientôt d'accord pour adresser au physicien de Leipzig des critiques dont la Psychophysique ne se releva plus. Hering, dans une séance mémorable de l'Académie de Vienne (9 décembre 1875), Delbœuf, dix ans plus tard, dans son *Examen critique de la loi psychologique*, relevèrent les inexactitudes des psychophysiciens au point que le second put dire du premier : « Hering soumet la loi à une critique ingénieuse, pénétrante, implacable, l'examine dans sa base expérimentale, dans sa portée psychologique, et la réduit à néant ou peu s'en faut » [3]. Delbœuf,

---

[1] *Voir* William James, *L'Expérience religieuse*.
[2] Gaston Rageot, *Les savants et la Philosophie*.
[3] Delbœuf, *Examen critique de la Psychophysique*, Paris, 1883, p. 113.

cependant, fut plus accommodant, au moment de l'apparition de l'ouvrage précité : il indiqua qu'on pouvait accepter *provisoirement* la loi de Fechner et que « l'avenir ne la condamnera pas, mais la transformera ». Cette indulgence disparut plus tard. Nous savons qu'il écrivit à Van Biervliet : « Vous êtes sévère pour la loi psychophysique, et vous avez raison. Sauf pour les sensations de lumière et de son, c'est une fantasmagorie ».

Mais n'était-ce pas encore beaucoup d'en admettre la valeur quand il s'agit de lumière et de son? Les philosophes du Pragmatisme vont en critiquer le bien-fondé d'une façon absolue : si la sensation est une grandeur, les *Données immédiates de la Conscience* sont incompréhensibles. Si elle n'est que qualité, c'est Fechner et même Delbœuf qui se sont trompés.

Ce sont ces critiques que nous allons examiner.

Est-il besoin de dire que si nous nous associons ici à ces critiques, nous n'entendons nullement nous associer aux railleries auxquelles nous avons fait allusion. Fechner fut un esprit d'une vigueur peu commune. Ses efforts portèrent à faux, sans aucun doute. Est-ce à dire qu'ils aient été inutiles? Quelques-uns le disent [1]. D'autres soutiennent le contraire [2]. En réalité, un effort aussi puissant ne peut pas être perdu. Il en est des grandes erreurs des savants comme des utopies généreuses : elles sont fécondes. Le fechnérisme fut le signal de l'investigation scientifique dans le domaine de la Psychologie, et l'on ne peut pas dire que la Psychophysiologie, la Psychométrie et surtout la Psychologie expérimentale ne donnèrent pas de résultats ! Il marqua une réaction, devenue nécessaire à la recherche de la vérité, contre la philosophie professée par les Victor Cousin, les Royer-Collard, les Jouffroy. Il est juste et courageux de dire : « L'absolutisme mathématique de Fechner a rendu des services. Pour les nouveaux venus en Psychologie, au sortir du vague de l'observation écossaise,

---

[1] Voir MÉNARD, *Analyse et critique des Principes de la Psychologie de William James*, p. 73.

[2] Entre autres : J. PHILIPPE, *Revue de Philosophie*, 1909, p. 112.

il a été un idéal de rigueur scientifique sur lequel leurs yeux restaient fixés au cours des recherches. L'œuvre de Fechner n'a donc pas été complètement inutile, et la considérer comme entièrement négative serait lui être injuste (¹) ».

Weber avait prétendu, qu'étant donnée une certaine excitation provoquant une certaine sensation, la quantité d'excitation qu'il faut joindre à la première, pour que la conscience s'aperçoive d'un changement, serait dans un rapport constant. Cette proposition, Bergson ne la critique pas : il ne s'agit pas, en effet ici, de mesurer la sensation, mais seulement de déterminer le moment précis où un accroissement d'excitation la fait changer. Mais comment passer ensuite, comme le veulent les psychophysiciens, d'une relation entre l'excitation et son accroissement minimum, à une équation qui lie la « quantité de la sensation » à l'excitation correspondante ? Or toute la Psychophysique est dans ce passage !

Examinons le cas de plus près. Soient E l'excitation qui correspond à la sensation S, et ΔE la quantité d'excitation de même nature qu'il faut ajouter à la première pour qu'une sensation nouvelle se produise. On aura $\frac{\Delta E}{E}$ = const. selon la loi de Weber. Or, l'on convient maintenant de considérer comme un accroissement de S, la conscience que nous avons d'un accroissement d'excitation : on l'appelle donc ΔS. Puis on pose en principe que toutes les sensations ΔS correspondant au plus petit accroissement perceptible d'une excitation, sont égales entre elles. *On les considère donc comme des quantités.* Ces quantités étant égales entre elles, comme d'autre part l'expérience a donné entre l'excitation E et son accroissement minimum une certaine relation $\Delta E = f(E)$, on exprime la constante de ΔS en écrivant

$$\Delta S = C \frac{\Delta E}{f(E)},$$

C étant une quantité constante. On convient ensuite de remplacer les petites différences ΔS et ΔE par des différences

---

(¹) Dr J. Philippe, *Revue de Philosophie*, 1909, p. 112.

infiniment petites : dS et dE. D'où une équation *différentielle* : $dS = C \dfrac{dE}{f(E)}$. Il ne restera plus qu'à intégrer les deux membres pour obtenir la relation cherchée :

$$S = C \int_0^E \frac{dE}{f(E)}.$$

« Et l'on passe ainsi d'une loi vérifiée où l'apparition de la sensation était seule en cause, à une loi *invérifiable*, qui en donne la mesure » (¹).

Fechner a compris qu'on ne saurait introduire la mesure en Psychologie, sans y définir d'abord l'égalité et l'addition de deux états simples, de deux sensations par exemple. Mais comment comprenez-vous que deux sensations soient égales? Quelle idée claire l'*égalité* de deux sensations peut-elle bien éveiller dans l'esprit? « Deux sensations différentes ne peuvent être dites égales que si quelque fond identique demeure après élimination de leur différence qualitative et, d'autre part, cette différence qualitative étant tout ce que nous sentons, on ne voit pas ce qui pourrait subsister une fois qu'on l'aurait éliminée » (²). Fechner eut beau faire, il ne parvint pas à vaincre cette difficulté. Il inventa un trompe-l'œil : alors que l'excitation progresse d'une façon continue, la sensation varie par sauts brusques. Eh bien ! ces différences de sensations seront baptisées : différences *minima*. « Dès lors, un fond commun leur restera par où elles s'identifieront en quelque sorte ensemble : elles sont *minima* les unes des autres. Voilà la définition cherchée de l'égalité. Celle de l'addition suivra naturellement » (³). Qui ne voit que c'est ce postulat fondamental qui vicie l'opération? Supposez que j'éprouve une sensation S et que faisant accroître l'excitation d'une manière continue, je m'aperçoive de cet accroissement au bout d'un certain temps.

(¹) H. BERGSON, *Essai sur les données immédiates de la conscience*, p. 47.
(²) H. BERGSON, *Op. cit.*, p. 48.
(³) H. BERGSON, *Ibid.*

Me voilà averti de l'accroissement de la cause. Mais quel rapport établir entre cet avertissement et une différence? Sans doute S a changé, il est devenu S'. Mais si S et S' sont des états simples, en quoi consiste l'intervalle qui les sépare? « Et que sera donc le passage du premier état au second, sinon un acte de votre pensée, qui assimile arbitrairement, et pour le besoin de la cause, une succession de deux états à une différenciation de deux grandeurs? » (¹). Ou vous vous en tenez à ce que la conscience vous donne, ou vous usez d'un mode de représentation conventionnel. Jules Tannery, que Bergson considère comme le plus pénétrant des critiques de Fechner, a écrit : « On dira qu'une sensation de 50° est exprimée par le nombre des sensations différentielles qui se succéderaient depuis l'absence de sensation jusqu'à la sensation de 50°. Je ne vois pas qu'il y ait là autre chose qu'une définition aussi légitime qu'arbitraire » (²).

La méthode des graduations moyennes de Delbœuf n'a pas, quoi qu'on en ait dit, fait entrer la Psychophysique dans une voie nouvelle. Delbœuf a seulement été assez adroit pour choisir un cas particulier où la conscience et le sens commun parurent lui donner raison. La différence n'est pas essentielle entre la méthode des modifications minima et celle des graduations moyennes. « Toute psychophysique est condamnée par son origine même à tourner dans un cercle vicieux, car le postulat théorique sur lequel elle repose la condamne à une vérification expérimentale et elle ne peut être vérifiée expérimentalement que si l'on admet, d'abord, son postulat » (³).

A vrai dire, l'erreur des psychophysiciens est celle du sens commun. Les exigences de la pratique nous ont habitués à apercevoir l'extensif derrière l'intensif, la quantité derrière la qualité, et c'est ce qui fait que, mettant le premier terme dans le second, nous traitons arbitrairement nos sensations comme des grandeurs. Si l'on admet qu'une sensation puisse

---

(¹) H. Bergson, *Op. cit.*, p. 49.
(²) *Revue scientifique*, 13 mars et 24 avril 1874.
(³) H. Bergson, *Op. cit.*, p. 52.

être plus forte qu'une autre sensation, si l'on croit que cette inégalité réside dans les sensations mêmes, indépendamment de toute considération de temps et d'espace et que ce n'est pas là seulement une façon commode de parler, alors les psychophysiciens ont raison, parce qu'il est légitime de chercher à mesurer des grandeurs. Sinon, il faut reconnaître aux sensations leur nature exclusivement qualitative. « Ou la sensation est qualité pure, ou, si c'est une grandeur, on doit chercher à la mesurer ». Mais personne ne défend plus aujourd'hui les lois de Fechner et de Weber. Le bergsonisme triomphe facilement ici : il ne paraît pas possible, en Psychologie, d'exclure le point de vue *qualitatif*.

CHAPITRE II.

1. Le problème de la relation du corps et de l'esprit. Théorie bergsonienne de la perception. — 2. Le problème de la relation du corps et de l'esprit : Théorie bergsonienne de la mémoire. Un nouveau spiritualisme.

---

1. L'idée dominante de Bergson et par laquelle s'affirme son pragmatisme, est qu'il ne faut pas chercher dans le corps l'organe d'une fonction de connaissance, mais seulement celui de l'action. Le corps est un centre d'action : il ne saurait faire naître une représentation, et la perception, par suite, ne peut s'expliquer qu'en fonction de l'activité. Qu'est-ce qui nous est donné? des images, « des images au sens le plus vague où l'on puisse prendre ce mot, images perçues quand j'ouvre mes sens, inaperçues quand je les ferme ». Donc, pour mieux dire, deux systèmes d'images nous sont donnés : l'un absolu, où chaque image (choses) garde une valeur constante, où les actions et réactions sont exactement proportionnées et s'exercent en tous sens; l'autre (mon corps) tout différent, pourvu d'un centre auquel tout se trouve rapporté et tel que le moindre accident le bouleverse, qu'un coup de scalpel l'anéantit. Ainsi, ces images rentrent, à la fois, dans deux systèmes distincts, celui de la Science et celui de la Conscience. Demandons-nous quels sont les rapports que ces deux systèmes d'images soutiennent entre eux.

La question n'est pas nouvelle, tant s'en faut ! Mais combien significative l'impuissance des philosophies à en donner la solution ! Ni le Réalisme ni l'Idéalisme ne résolvent le problème, et comment pourrait-il en être autrement? Chacune de ces deux théories pose l'un des systèmes d'images et cherche à en déduire l'autre. Or, si vous donnez, avec les réalistes, le système d'images où chaque élément possède sa grandeur et sa valeur absolues, on ne voit pas pourquoi ce système s'en adjoint un second où chaque image prend une valeur indéterminée et vient se subordonner à la vie d'un centre. Pour expliquer ce phénomène étrange, il faudra donc faire intervenir quelque *deus ex machina*, telle que la conscience épiphénomène de l'hypothèse matérialiste. Ici, la représentation n'est pas niée, mais c'est tout juste : on n'y attache aucune importance ; elle est sans utilité, simple phosphorescence que laissent derrière elles les vibrations cérébrales, lesquelles viennent là, on ne sait comment ni pourquoi.

Si, au contraire, avec les idéalistes, vous donnez un système d'images relatives, groupées autour d'un centre privilégié et se modifiant avec lui, vous excluez l'*ordre* de la nature. Alors, comme l'ordre est un fait que vous ne pouvez pas plus nier que les matérialistes ne peuvent nier la conscience, vous aussi, vous appelez à votre aide un *deus ex machina* : on supposera, par exemple, une harmonie préétablie entre les choses et l'esprit, entre la sensibilité et l'entendement, pour nous servir ici du langage de Kant. « C'est la Science qui deviendra alors un accident et sa réussite un mystère ». Réalisme et idéalisme viennent finalement, en sens contraire, « butter contre le même obstacle ». Creusons, nous dit Bergson, au-dessous des deux doctrines et nous le découvrirons. Il est dans le postulat, commun aux deux philosophies, qui s'énonce ainsi : « La perception a un intérêt tout spéculatif ; elle est connaissance pure ».

Or, rien n'est plus inexact.

Le corps n'est qu'un « objet destiné à mouvoir des objets » ; il n'est pas moyen de connaissance : il est moyen d'action. Il recueille, non des représentations du monde extérieur, mais ce qui, dans l'objet, intéresse sa propre action possible sur lui. Les images extérieures « dessinent, en quelque manière, sur la face qu'elles tournent vers mon corps, le parti que mon corps pourrait tirer d'elles ». De fait, j'observe que la dimension, la forme, la couleur même des objets extérieurs se modifient selon que mon corps s'en approche ou s'en éloigne, que la force des odeurs, l'intensité des sons augmentent et diminuent avec la distance, enfin que cette distance elle-même représente surtout la mesure dans laquelle les corps environnants sont assurés, en quelque sorte, contre l'action immédiate de mon corps. A mesure que mon horizon s'élargit, les images qui m'entourent semblent se dessiner sur un fond plus uniforme et me devenir indifférentes. Plus je rétrécis cet horizon, plus les objets qu'il circonscrit s'échelonnent distinctement selon la plus ou moins grande facilité de mon corps à les toucher et à les mouvoir. Ils renvoient donc à mon corps, comme ferait un miroir, son influence éventuelle; ils s'ordonnent selon les puissances croissantes ou décroissantes de mon corps. Les objets qui entourent mon corps réfléchissent l'action possible de mon corps sur eux » ([1]).

En d'autres termes, le système nerveux tout entier est un organe moteur que les causes extérieures provoquent : les nerfs centripètes transmettent des mouvements au cerveau et à la moelle; les nerfs centrifuges renvoient ce mouvement à la périphérie. Le système nerveux tout entier est un véhicule de l'action, un outil. Le cerveau ne constitue pas un laboratoire mystérieux et magique où l'ébranlement se transforme et se spiritualise en connaissance. Il suffit de comparer la structure du cerveau à celle de la moelle pour se convaincre qu'il y a seulement une différence de complication, et non de nature, entre les fonctions du cerveau et l'activité réflexe du système médullaire. Or, que se passe-t-il dans l'action réflexe? Le mouvement centripète se réfléchit tout de suite, par l'intermédiaire des cellules nerveuses, en mouvement centrifuge, d'où contraction musculaire. Et quel est le rôle du cerveau, quand il s'agit d'un acte réfléchi? Le courant moteur remonte d'abord à l'encéphale avant de redescendre dans la moelle d'où partait le mouvement réflexe. Qu'a-t-il donc gagné à ce détour? Il y a gagné ou d'être conduit avec sûreté vers l'organe choisi qui répondra à l'excitation ou de voir s'ouvrir, toutes ensemble,

---

([1]) Henri BERGSON, *Matière et Mémoire*, p. 41.

devant lui, les mille ramifications par lesquelles il peut se diviser à l'infini et se perdre en réactions motrices innombrables, simplement naissantes. Le cerveau ne fait donc que conduire du mouvement, mais au lieu de le rendre immédiatement et brutalement, il peut ou le *retarder* ou *le conduire à l'organe de son choix;* « il est une espèce de bureau téléphonique central : son rôle est de donner la communication ou de la faire attendre. Il n'ajoute rien à ce qu'il reçoit » (¹). Ne recevant et ne rendant que du mouvement, il est un centre d'indétermination. « Mais, pas plus dans les centres supérieurs de l'écorce que dans la moelle, les éléments nerveux ne travaillent en vue de la connaissance » (²).

Qu'est-ce donc alors que la perception?

S'il devait y avoir dans la perception quelque chose de plus que dans les choses, la représentation consciente serait inexplicable. Mais, Bergson prétend qu'il y a, en elle, quelque chose de moins que dans la réalité : elle constitue essentiellement un choix, un discernement, une sélection et ne nous offre que la partie des images qui intéresse notre action, sur laquelle nous avons prise. La perception pure, c'est-à-dire sans mélange de souvenirs, est une image détachée, extraite de son milieu, « de ce qui la précède, de ce qui la suit et aussi de ce qui la remplit », faite uniquement pour les besoins de l'action et donnant la mesure de notre action possible, comme si une partie seule des images était éclairée et que le reste, sans intérêt pratique, avait été laissé dans l'ombre. L'être vivant est un centre d'indétermination, une liberté, que les images indifférentes traversent, et contre laquelle celles qui intéressent notre action viennent se heurter dans une sorte de réflexion totale. « Si les êtres vivants constituent dans l'univers un centre d'indétermination et si le degré de cette indétermination se mesure au nombre et à l'élévation de leurs fonctions, on conçoit que leur seule présence puisse équivaloir à la suppression de toutes les parties des objets auxquels leurs fonctions ne sont pas intéressées. Ils

---

(¹) H. BERGSON, *Matière et Mémoire*, p. 17.
(²) H. BERGSON, *Ibid.*

se laisseront traverser, en quelque sorte, par celles d'entre les actions extérieures qui leur sont indifférentes; les autres, isolées, deviendront *perceptions* par leur isolement même. Tout se passera alors pour nous comme si nous réfléchissions sur les surfaces la lumière qui en émane, lumière qui, se propageant toujours, n'eût jamais été révélée. Les images qui nous environnent paraîtront tourner vers notre corps, mais éclairée cette fois, la face qui l'intéresse; elles détacheront de leur substance ce que nous aurons arrêté au passage, ce que nous sommes capables d'influencer » (¹). Les images se heurtent donc en nous « à une certaine spontanéité de réaction, leur action est diminuée d'autant, et cette diminution de leur action est justement la représentation que nous avons d'elles. Notre représentation des choses naîtrait donc, en somme, de ce qu'elles viennent se réfléchir contre notre liberté.

Quand un rayon de lumière passe d'un milieu dans un autre, il le traverse généralement en changeant de direction. Mais telles peuvent être les densités respectives des deux milieux que, pour un certain angle d'incidence, il n'y ait plus de réfraction possible. Alors se produit la réflexion totale. Il se forme du point lumineux une image virtuelle, qui symbolise, en quelque sorte, l'impossibilité où sont les rayons lumineux de poursuivre leur chemin. *La perception est un phénomène du même genre.* Ce qui est donné, c'est la totalité des images du monde matériel avec la totalité de leurs éléments intérieurs. Mais si vous supposez des centres d'activité véritable, c'est-à-dire spontanée, les rayons qui y parviennent et qui intéresseraient cette activité, au lieu de les traverser, paraîtront revenir dessiner les contours de l'objet qui les envoie. Il n'y aura rien là de positif, rien qui s'ajoute à l'image, rien de nouveau. *Les objets ne feront qu'abandonner quelque chose de leur action réelle pour figurer ainsi leur action virtuelle, c'est-à-dire au fond, l'influence possible de l'être vivant, sur eux* » (²).

On a peine à admettre cette théorie parce qu'on se repré-

(¹) H. BERGSON, *Op. cit.*, p. 30.
(²) H. BERGSON, *Op. cit.*, p. 24 et 25.

sente communément la perception comme une vue photographique qui se prendrait avec un appareil spécial, « l'organe de perception ». Mais comment ne pas voir, écrit Bergson, que la photographie est déjà prise, dans l'intérieur même des choses et pour tous les points de l'espace ? Comme l'atteste le sens commun et malgré les affirmations traditionnelles des psychologues, nous percevons d'abord les objets en eux et non en nous. La perception ne naît pas de l'ébranlement sensoriel proprement dit, mais « d'une espèce de question posée à notre activité motrice ». Sans doute, il est excusable qu'on ait été tenté de détacher cette activité motrice du processus perceptif; comme elle paraît survivre à l'abolition de la perception, on comprend qu'on en ait conclu que la perception est localisée dans les éléments nerveux sensoriels. Mais, en réalité, il n'en est rien : la perception n'est pas plus dans nos centres sensoriels que dans les centres moteurs; « elle mesure la complexité de leurs rapports et existe là où elle apparaît ».

Mais il n'est de thèse si bien échafaudée qui ne donne prise aux critiques par certains côtés. Il en est trois auxquelles Bergson s'attend et qu'il entend réfuter dès maintenant : d'abord, l'objection tirée de la nécessité de l'éducation de nos sens; mais qui ne voit que, dans l'hypothèse même où nous nous sommes placés, les sens devront encore s'éduquer ? La seule différence, c'est qu'ils n'auront plus à s'accorder avec les choses, mais à se mettre d'accord entre eux : les perceptions que donnent mes divers sens ne reconstituent pas, en se réunissant, l'image complète de l'objet; il restera, entre elles, des intervalles, autant de vides dans mes besoins. L'éducation des sens aura pour fin de les harmoniser entre eux, de systématiser des impressions qui correspondent à des actions hétérogènes, sans liens entre elles. La seconde objection, beaucoup plus grave à notre avis, serait tirée de « l'énergie spécifique des nerfs » : des causes différentes, agissant sur les mêmes nerfs, provoquent les mêmes sensations et la même cause, agissant sur des nerfs différents, provoque des sensations différentes. L'argument est capital : il est peu de physiologistes qui ne se retrancheraient derrière lui, observant au moins l'expectative devant les hardiesses de la philosophie nouvelle. Binet, ancien directeur du laboratoire de Psychologie à la Sorbonne, repoussait aimablement, mais nettement, les conclusions de Bergson : « D'où vient, disait-il, qu'une pression sur l'épitrochlée me donne des fourmillements dans la main? d'où vient qu'un choc sur le globe de l'œil me donne une impression fugitive de lumière?... J'avoue donc que je ne puis suivre M. Bergson dans sa déduction. En tant que physiologiste, je suis obligé de croire fidèlement à l'existence des nerfs sensitifs et je continue par conséquent à admettre que nos sensations conscientes sont consécutives à l'excitation des nerfs sensitifs et subordonnées à leur intégrité. Or, comme c'est là, si je ne m'abuse, le postulat essentiel, le cœur de la théorie de M. Bergson; ne l'admettant pas, je repousse à regret tout l'ensemble de sa théorie » [1]. Bergson avait prévu la critique; il y a répondu par avance et il eût été curieux d'avoir sur ce point précis la réponse d'un spécialiste : il n'est point du tout prouvé, selon lui, qu'un excitant unique quelconque soit capable de produire des sensations différentes et des excitants multiples quelconques, une sensation identique. Déjà, Lotze avait dit qu'avant de croire une telle affirmation, il attendrait « que des ondes sonores donnassent à l'œil la sensation de lumière ou que des vibrations lumineuses fissent entendre un son à l'oreille » [2]. Les causes d'excitations dont on nous parle, quand il s'agit de prouver la spécificité des nerfs, se ramènent toujours ou à un courant électrique ou à une action mécanique capable de déterminer dans l'organe une modification de l'équilibre électrique. Or, Bergson se demande si l'excitation électrique ne comprendrait pas des *composantes* diverses, répondant objectivement à des sensations de différents genres et si le rôle de chaque sens ne serait pas simplement d'extraire surtout la composante qui l'intéresse : « Ce seraient bien alors les mêmes excitations qui donneraient les mêmes sensations et des excitations diverses qui provoqueraient des sensations différentes ». L'argument peut être

---

[1] Alfred BINET, *L'âme et le corps*, p. 241.
[2] LOTZE, *La Métaphysique*, p. 526 et suiv.

subtil. Cependant, il ne s'agit plus ici d'une habileté de dialectique et il ne faudrait pas, de parti pris, reprocher à Bergson d'escamoter les difficultés. Nous sommes en face d'une hypothèse scientifique : Bergson s'appuie sur des ouvrages de Science (¹) : il appartient aux savants d'examiner la question. Elle en vaut la peine.

Objectera-t-on enfin le passage du subjectif à l'objectif, l'affirmation traditionnelle de l'extériorisation de nos états internes, d'une représentation « hallucination vraie », subjective, projetée en dehors de nous au lieu que nous nous soyons dégagés d'elle? Réalistes et Idéalistes ne nous ont jamais expliqué, n'expliqueront jamais comment, par une simple diminution d'intensité, une douleur, un état affectif deviendra représentation et l'inverse ne sera pas explicable non plus. « Je ne saisis dans cette hypothèse ni pourquoi, à tel moment déterminé, une diminution d'intensité dans le phénomène lui confère un droit à l'extension et à une apparente indépendance, ni comment un accroissement d'intensité crée, à un moment plutôt qu'à un autre, cette propriété nouvelle, source d'action positive, qu'on nomme *douleur* » (²). Ici, Bergson est sur un terrain solide : sa thèse répond à la question d'une façon satisfaisante. Pour lui, en effet, la douleur n'est qu'un effort local impuissant qui ne correspond pas à une action d'ensemble (³),

---

(¹) SCHWARTZ, *Le problème de la perception*, 1892, p. 313 et suiv.
(²) BERGSON, *Matière et Mémoire*, p. 46.
(³) « Quand un corps étranger, dit Bergson, touche un des prolongements de l'amibe, ce prolongement se rétracte; chaque partie de la masse protoplasmique est donc également capable de recevoir l'excitation et de réagir contre elle; perception et mouvement se confondent ici en une propriété unique qui est la contractilité. Mais, à mesure que l'organisme se complique, le travail se divise, les fonctions se différencient, et les éléments anatomiques ainsi constitués aliènent leur indépendance. Dans un organisme tel que le nôtre, les fibres dites *sensitives* sont exclusivement chargées de transmettre des excitations à une région centrale d'où l'ébranlement se propagera à des éléments moteurs. Il semble donc qu'elles aient renoncé à l'action individuelle pour concourir, en qualité de sentinelles avancées, aux

comme l'atteste la disproportion entre la douleur et le danger; celle-ci correspond à une action réelle, immédiate, tandis que la perception ne provoque qu'une action virtuelle, médiate : « La distance qui sépare notre corps d'un objet perçu mesure véritablement la plus ou moins grande imminence du danger, la plus ou moins prochaine échéance d'une promesse.

Et, par suite, notre perception d'un objet distinct de notre corps, séparé de notre corps par un intervalle, n'exprime jamais qu'une action virtuelle. Mais plus la distance décroît entre cet objet et notre corps, plus, en d'autres termes, le danger devient urgent ou la promesse immédiate, plus l'action virtuelle tend à se transformer en action réelle. Passez maintenant à la limite, supposez que la distance devienne nulle, c'est-à-dire que l'objet à percevoir coïncide avec notre corps, c'est-à-dire enfin que notre propre corps soit l'objet à percevoir, alors, ce n'est plus une action virtuelle, mais une action réelle que cette per-

---

évolutions du corps tout entier. Mais elles n'en demeurent pas moins exposées, isolément, aux mêmes causes de destruction qui menacent l'organisme dans son ensemble; et tandis que cet organisme a la faculté de se mouvoir pour échapper au danger ou pour réparer ses pertes, l'élément sensitif conserve l'immobilité relative à laquelle la division du travail le condamne. Ainsi naît la douleur, laquelle n'est point autre chose, selon nous, qu'un effort de l'élément lésé pour remettre les choses en place, une espèce de tendance motrice sur un nerf sensible. Toute douleur doit donc consister dans un effort, et dans un effort impuissant. Toute douleur est un effort local, et c'est cet isolement même de l'effort qui est cause de son impuissance, parce que l'organisme, en raison de la solidarité de ses parties, n'est plus apte qu'aux effets d'ensemble. C'est aussi parce que l'effort est local que la douleur est absolument disproportionnée au danger couru par l'être vivant : le danger peut être mortel et la douleur légère; la douleur peut être insupportable (comme celle d'un mal de dents) et le péril insignifiant. Il y a donc, il doit y avoir un moment précis où la douleur intervient : c'est lorsque la portion intéressée de l'organisme, au lieu d'accueillir l'excitation, la repousse. Et ce n'est pas seulement une différence de degré qui sépare la perception de l'affection, mais une différence de nature » (H. BERGSON, *Matière et Mémoire*, p. 46).

ception toute spéciale exprimera : l'affection consiste en cela même » (¹).

Arrêtons-nous un instant. Est-ce qu'ici déjà l'œuvre de Bergson n'apparaît pas prodigieuse, charriant, avec les idées nouvelles, les débris des doctrines courantes de la psychologie traditionnelle? Sa critique, mélange singulier de subtilités et de simples retours au sens commun, fait des trouées de lumière où fuient, pêle-mêle, des visions de vieux personnages, Idéalistes, Matérialistes, Spiritualistes, Réalistes qui, depuis des siècles, discutaient tranquillement de choses désuètes. Toutes les notions, depuis si longtemps acceptées de part et d'autre, telles que la théorie de la projection extérieure de nos sensations, la spécificité des nerfs, la théorie du passage du subjectif à l'objectif et de l'affection à la représentation, etc., tout ce que nos professeurs nous ont enseigné, exposé, illustré par les exemples classiques, tout cela est percé à jour, éparpillé, dispersé. Un être humain « centre d'action », et non moyen de connaissance, a surgi avec des prétentions nouvelles, conséquences que comporte nécessairement son apparition. Et l'homme est remis à sa place par la philosophie de Bergson, comme jadis il cessa de se croire le centre du monde, sous les clartés nouvelles de la Science.

2. Tant que nous restons dans le domaine de la sensation et de la perception pure, on peut à peine dire que nous ayons affaire à l'esprit. Abordons maintenant la théorie de la Mémoire : c'est le centre de la thèse, à la fois conséquence théorique et vérification expérimentale de la théorie de la perception que nous venons d'examiner.

Quels sont les rapports de la mémoire et du cerveau? La question est fondamentale. Si l'on peut démontrer, en effet, que le cerveau n'emmagasine pas des souvenirs, mais fournit à ceux-ci un instrument d'action, par quoi le passé opère dans le présent, on aura dégagé, du même coup, la réalité et l'indépendance de l'esprit. En d'autres termes, on affirme commu-

---

(¹) H. BERGSON, *Matière et Mémoire*, p. 48.

nément *que la mémoire n'est qu'une fonction du cerveau et qu'il n'y a qu'une différence d'intensité entre la perception et le souvenir*. Bergson renverse la proposition : si l'état cérébral, dit-il, n'engendrait « aucunement notre perception de l'objet présent, mais la continuait simplement, il pourra encore prolonger et encore faire aboutir le souvenir que nous en évoquerons, mais non pas la faire naître. Et comme, d'autre part, notre perception de l'objet présent était quelque chose de cet objet lui-même, notre représentation de l'objet absent sera un phénomène de tout autre ordre que la perception, puisqu'il n'y a entre la présence et l'absence aucun degré, aucun milieu. D'où cette double thèse, inverse de la précédente : *La mémoire est autre chose qu'une fonction du cerveau, et il n'y a pas une différence de degré, mais de nature, entre la perception et le souvenir* » (¹).

A l'appui de sa thèse, Bergson examine, successivement trois propositions : 1° le passé se survit sous deux formes distinctes : (*a*) dans des mécanismes moteurs; (*b*) dans des souvenirs indépendants; 2° la reconnaissance d'un objet se fait par des mouvements quand elle procède de l'objet, par des représentations quand elle émane du sujet; 3° on passe, par degrés insensibles, des souvenirs déposés le long du temps, aux mouvements qui en dessinent l'action naissante ou possible dans l'espace. Les lésions du cerveau peuvent atteindre ces mouvements, mais non pas ces souvenirs.

La première distinction, d'ailleurs très judicieuse, est celle du souvenir-habitude (par exemple, apprendre une leçon) et celle du souvenir-image (par exemple, se souvenir d'avoir appris une leçon dans tel endroit en telles circonstances, etc.). En somme, il y a deux mémoires : l'une qui répète, l'autre qui imagine; l'une qui n'est qu'une habitude donnée à nos organes, l'autre qui porte sur des images. Dans la réalité, ces deux sortes de souvenirs sont étroitement mêlées et se prêtent un appui mutuel. De cette confusion, de la méconnaissance de cette distinction, vient qu'on ait cherché à localiser les souvenirs-

---

(¹) H. BERGSON, *Op. cit.*, p. 72 et suiv.

images dans les organes qui sont ceux de la mémoire-habitude. La théorie de la reconnaissance, dès lors, était viciée, puisqu'on en était amené à considérer la reconnaissance comme une évocation de l'image-souvenir par l'image perçue, et que la Psychologie pathologique, à l'autorité de laquelle Bergson en appelle sans cesse, a révélé des cas où, les deux images étant intègres, l'évocation cependant n'a plus lieu.

En réalité, comme il y a deux mémoires, il y a aussi deux sortes de reconnaissance : l'une qui procède de la mémoire-habitude et qui n'est qu'une disposition à agir, sous l'influence de la perception, conformément aux tendances déjà acquises ; l'autre qui consiste dans des images localisées dans le passé et ressuscitant, comme images, à la faveur des circonstances, où la perception, au lieu de se prolonger en effets utiles, se recueille en représentation. Mais, dans aucun de ces cas, le cerveau ne se comporte comme un « réservoir d'images ». « Tantôt, en effet, par une reconnaissance toute passive, plutôt jouée que pensée, le corps fait correspondre, à une perception renouvelée, une démarche devenue automatique : tout s'explique alors par les appareils moteurs que l'habitude a montés dans le corps, et des lésions de la mémoire pourront résulter de la destruction de ces mécanismes. Tantôt, au contraire, la reconnaissance se fait activement par des images-souvenirs qui se portent au-devant de la perception présente ; mais alors, il faut que ces souvenirs, au moment de se poser sur la perception, trouvent moyen d'actionner, dans le cerveau, les mêmes appareils que la perception met ordinairement en jeu pour agir : sinon, condamnés d'avance à l'impuissance, ils n'auront aucune tendance à s'actualiser » ([1]). Ainsi, la mémoire n'est jamais une fonction du cerveau. Celui-ci reste un appareil moteur sur lequel agissent et les images perçues et les images-souvenirs. Une incursion dans le domaine de la psycho-pathologie permit à Bergson de rapporter, en faveur de sa thèse, une ample moisson d'arguments : si les souvenirs étaient réellement déposés dans le cerveau, aux oublis nets correspondraient des lésions du

---

([1]) BERGSON, *Matière et Mémoire*, p. 265 et 266.

cerveau caractérisées. Or, cela n'est pas ce qu'on observe : dans les amnésies, où toute une partie de notre existence passée est oubliée, on ne remarque pas de lésion cérébrale précise. Et, au contraire, dans les maladies de la mémoire où la localisation cérébrale est précise et certaine, dans les aphasies diverses, dans les maladies de la reconnaissance visuelle ou auditive, « ce ne sont pas tels ou tels souvenirs déterminés qui sont comme arrachés du lieu où ils siégeraient, c'est la faculté de rappel qui est plus ou moins diminuée dans sa vitalité, comme si le sujet avait plus ou moins de peine à amener ses souvenirs au contact de la situation présente. C'est donc le mécanisme de ce contact qu'il faudrait étudier afin de voir si le rôle du cerveau ne serait pas d'en assurer le fonctionnement, bien plutôt que d'emprisonner les souvenirs eux-mêmes dans ses cellules » (1). La mémoire est indépendante et les lésions cérébrales ne portent jamais atteinte qu'à l'aptitude aux réactions motrices. « Ce qui paraît lésé, ce sont les diverses régions sensorielles et motrices ou, plus souvent encore, les annexes qui permettent de les entraîner de l'intérieur même de l'écorce, bien plutôt que les souvenirs eux-mêmes » (2). La psychologie expérimentale est mise ici à contribution : les expériences de Charcot (3), de Wilbrand (4), de Muller (5), de Lissauer (6), etc., souvent si curieusement étranges, sont interprétées en faveur du nouveau spiritualisme. Ribot (7) et Maudley (8) qui, depuis longtemps, avaient dit que toute perception se prolonge en mouvement, sont aussi cités dans le sens de la thèse bergsonienne. Bien d'autres auteurs encore : est-ce que les premiers observa-

---

(1) BERGSON, Op. cit., p. 265.
(2) BERGSON, Op. cit., p. 266.
(3) Voir Progrès médical, 21 juillet 1883.
(4) Die Seelenblindheit als Herderscheinung, 1887, p. 56.
(5) Voir Arch. f. Psychiatrie, t. XXIV, p. 898.
(6) Voir Arch. f. Psychiatrie, 1889-1890, p. 233.
(7) Psychologie de l'attention, 1889, p. 75.
(8) Physiologie de l'esprit, 1879, p. 207.

teurs de la cécité psychique n'avaient pas donné le nom d'apraxie à cette maladie, indiquant, par là, que la reconnaissance d'un objet consiste surtout à savoir s'en servir (¹)?

Le cerveau, organe moteur, est donc actionné du dehors sous l'effet de la perception; du dedans, par les souvenirs. Une question se pose alors : dans le cas où les souvenirs-images rejoignent régulièrement la perception présente, est-ce la perception qui détermine mécaniquement l'apparition des souvenirs, ou sont-ce les souvenirs qui se portent spontanément au-devant de la perception? Bergson ne croit pas que l'objet perçu ayant fait surgir une sensation, celle-ci entraîne nécessairement avec elle un cortège de souvenirs; à l'hypothèse d'un cerveau où sommeillent et se réveillent des images et à leur évocation automatique, il pense qu'une sorte d'appel est lancé à notre activité par l'objet perçu : « Une esquisse nous est alors fournie dont nous recréons le détail et la couleur en y projetant des souvenirs plus ou moins lointains » (²). Autrement dit, la reconnaissance ne se fait pas par un réveil mécanique des souvenirs endormis — et une étude approfondie de l'aphasie sensorielle le prouverait surabondamment, — mais implique, au contraire, une tension de la conscience qui va chercher dans la mémoire les souvenirs purs pour les matérialiser au contact de la perception présente. Nos centres perceptifs sont comme un clavier qui peut être impressionné symétriquement, soit du dehors par les objets, soit du dedans par les souvenirs purs, virtualités d'images, intentions de souvenirs qui s'actualisent dans la perception ; ils ne sont pas plus dépositaires des souvenirs purs, c'est-à-dire des objets virtuels, que les organes des sens ne sont dépositaires des objets réels. Ici encore, la Pathologie est mise à contribution, et Charcot (³),

---

(¹) Voir KUSSMAUL, Les troubles de la parole, p. 233. — Allen Star, Laquer, Dods, etc.
(²) BERGSON, Op. cit., p. 110.
(³) Cité par BERNARD, De l'aphasie, 1889, p. 143.

Bastian ([1]), Voisin ([2]), Winslow ([3]), Kussmaul ([4]), Ballet ([5]), Stricker ([6]), Bernard ([7]), Ribot ([8]) et Pierre Janet ([9]) sont cités à l'appui de cette thèse qui constitue, on le voit, un nouveau spiritualisme.

On peut donc, en résumé, schématiser la vie mentale par une ligne divisée en trois segments : le souvenir pur, le souvenir-image et la perception. Dans la réalité, aucun de ces termes ne se produit isolément : la perception n'est jamais un simple contact de l'esprit avec l'objet présent, « elle est toute imprégnée des souvenirs-images qui la complètent en l'interprétant. Le souvenir-image, à son tour, participe du souvenir pur qu'il commence à matérialiser et de la perception où il tend à s'incarner; envisagé de ce dernier point de vue, il se définirait : une perception naissante. Enfin, le souvenir pur, indépendant en droit, ne se manifeste normalement que dans l'image colorée et vivante qui le révèle » ([10]).

L'erreur de Stuart Mill et des associationnistes est d'avoir méconnu cette continuité du devenir et d'y avoir substitué une multiplicité discontinue d'éléments inertes, juxtaposés, réduits à se lier mécaniquement les uns aux autres. L'associationnisme est un « atomisme psychologique », selon l'expression si fine de Boutroux, et Bergson prend vis-à-vis de lui une attitude qui n'est point sans analogie avec celle des énergétistes vis-à-vis de la Physique atomistique. Ramener toute la vie psychologique à la sensation et aux images, c'est la découper, la dé-

---

([1]) *On different Kinds of aphasia* (Britisch medical journal, oct., nov. 1887, p. 935).

([2]) Voir MANCÉ, *Mémoire de la Société de Biologie*, 2ᵉ série, t. III, p. 102.

([3]) *On obscure siscases of the Brain*. Londres, 1861, p. 505.

([4]) *Les troubles de la parole*. Paris, 1884, p. 69 et suiv.

([5]) *Le langage intérieur*. Paris, Alcan, 1888, p. 85.

([6]) *Du langage et de la musique*. Paris, 1885.

([7]) *De l'aphasie*, p. 172, 179.

([8]) *Les maladies de la mémoire*. Paris, 1887, p. 131 et suiv.

([9]) *Etat mental des hystériques*. Paris, t. II, 1894, p. 263 et suiv.

([10]) BERGSON, *Matière et Mémoire*, p. 143.

composer en parties claires et nettes, assurément; c'est aussi, par cet élagage, la défigurer totalement. Et comme on en est arrivé à noyer dans l'image le souvenir pur dont la nature est ainsi radicalement méconnue, à rapprocher l'image de la perception en mettant par avance dans la perception quelque chose de l'image, comme tout ce travail a abouti à « idéaliser la perception » et à « matérialiser le souvenir », il n'est pas étonnant qu'on n'ait plus aperçu entre les deux phénomènes qu'une différence de degrés ou d'intensité, au lieu d'y constater une différence de nature. De même que la Physique atomistique se trouve embarrassée devant certains phénomènes, tels que la chaleur, l'électricité, etc., ainsi l'associationnisme aboutirait, poussé logiquement, à des conclusions que le bon sens n'accepterait pas : vous admettrez qu'une image devenue intense peut prendre figure de perception et cela se comprendra, sans peine, puisque le progrès du souvenir consiste à se matérialiser progressivement, mais vous ne comprendrez jamais qu'une image affaiblie puisse apparaître comme souvenir. « L'image pure et simple ne me rapportera au passé que si c'est, en effet, dans le passé, que je suis allé la chercher suivant ainsi le progrès continu de l'obscurité à la lumière » (¹). Ainsi que le remarque très justement M. G. Belot dans une critique exacte et pénétrante (²), Bergson renouvelle ici, pour son compte, la thèse de Th. Reid si généralement et dédaigneusement écartée d'une « perception immédiate du passé », le terme perception en moins.

Mais l'erreur qui consiste à confondre le souvenir et la perception, qui ne se différencieraient que par leur degré d'intensité, est plus qu'une simple conséquence de « l'atomisme psychologique », de l'associationnisme, plus qu'un accident dans l'histoire de la Philosophie. Elle repose, en dernière analyse, sur l'opinion courante des philosophes et du public, qui ne veulent voir dans la perception qu'un enseignement s'adressant à un pur esprit et d'un intérêt spéculatif. Et nous

---

(¹) BERGSON, *Op. cit.*, p. 146.
(²) BELOT, *Un nouveau spiritualisme* (*Revue philosophique*, août 1897, p. 183).

voici, à nouveau, en plein dans la thèse pragmatique, si chère à Bergson : le corps n'est point fait pour la connaissance, mais pour l'action. Entre le passé (souvenir) et le présent (perception), il y a bien autre chose qu'une différence de degré, car « le présent est ce qui m'intéresse, ce qui vit pour moi et pour tout dire ce qui me provoque à l'action, au lieu que mon passé est essentiellement impuissant » (1). Pour préciser, « mon présent » n'est pas l'instant purement mathématique qui sépare le passé de l'avenir, il est, tout à la fois, une perception du passé immédiat et une détermination de l'avenir immédiat. « Or, le passé immédiat, en tant que perçu, est sensation, puisque toute sensation traduit une très longue succession d'ébranlements élémentaires ; et l'avenir immédiat, en tant que se déterminant, est action ou mouvement : mon présent est donc à la fois sensation et mouvement » (2). Il est par essence sensori-moteur. De mon passé, cela seul devient image, que l'action projetée appelle à son aide et qui peut être utilisée. « Mais, dès qu'il devient image, le passé quitte l'état de souvenir pur et se confond avec une certaine partie de mon présent. Le souvenir actualisé en image diffère donc profondément de ce souvenir pur » (3). Celui-là seul est apprêté pour l'action. L'autre, le souvenir pur, est impuissant : il n'appartient ni au corps, ni à l'action. Il est esprit. Il est ce qui n'agit plus, mais pourra agir, ce qui agira en s'insérant dans une sensation présente dont il empruntera la vitalité. Et au moment où le souvenir s'actualisera ainsi, il cessera d'être souvenir et redeviendra perception.

Mais on peut se demander comment est conservé le souvenir pur. Bergson, pour répondre à la question, établit un ingénieux parallélisme entre les objets perçus dans l'espace et les souvenirs situés dans le passé. Pourquoi admettons-nous si facilement que les objets qui ont cessé d'être perçus continuent à exister et, si difficilement, que le passé une fois perçu subsiste même

---

(1) BERGSON, *Op. cit.*, p. 148.
(2) BERGSON, *Op. cit.*, p. 149.
(3) BERGSON, *Op. cit.*, p. 152.

sans être actuellement remémoré? Et nous voici dans le problème de l'inconscient.

C'est encore la nécessité de l'action qui va l'éclaircir. Tout de suite, nous voyons que si nous avons quelque répugnance à concevoir des états psychologiques inconscients, cela tient à ce que la conscience nous est généralement donnée pour la propriété essentielle des états psychologiques, de sorte qu'un état psychologique ne pourrait cesser d'être conscient sans cesser d'exister. « Mais si la conscience n'est que la caractéristique du *présent*, c'est-à-dire de l'actuellement vécu, c'est-à-dire enfin de l'*agissant*, alors ce qui n'agit pas pourra cesser d'appartenir à la conscience sans cesser nécessairement d'exister en quelque manière. En d'autres termes, dans le domaine psychologique, conscience ne serait pas synonyme d'existence, mais seulement d'action réelle ou d'efficacité immédiate, et l'extension de ce terme, se trouvant ainsi limitée, on aurait moins de peine à se représenter un état psychologique inconscient, c'est-à-dire, en somme, impuissant » (¹).

Or, nous savons que les objets situés autour de nous représentent, à des degrés différents, une action que nous pouvons accomplir sur les choses ou que nous devrons subir d'elles. L'échéance de cette action possible est justement marquée par le plus ou moins grand éloignement de l'objet correspondant, de sorte que la distance dans l'espace mesure la proximité d'une menace ou d'une promesse dans le temps. L'espace nous fournit donc ainsi, tout d'un coup, le schème de notre avenir prochain; et comme cet avenir doit s'écouler indéfiniment, l'espace qui le symbolise a pour propriété de demeurer, dans son immobilité, indéfiniment ouvert. De là vient que l'horizon immédiat donné à notre perception nous paraît nécessairement environné d'un cercle plus large, existant quoique inaperçu, ce cercle en impliquant lui-même un autre qui l'entoure, et ainsi de suite indéfiniment. Il est donc de l'essence de notre perception actuelle, en tant qu'étendue, de n'être toujours qu'un *contenu* par rapport à une expérience plus vaste, et même indéfinie,

---

(¹) H. BERGSON, *Op. cit.*, p. 153.

qui la contient ; et cette expérience, absente de notre conscience puisqu'elle déborde l'horizon aperçu, n'en paraît pas moins actuellement donnée. Mais tandis que nous nous sentons suspendus à ces objets matériels que nous érigeons ainsi en réalités présentes, au contraire, nos souvenirs, en tant que passés, sont autant de poids mort que nous traînons avec nous et dont nous aimons mieux nous feindre débarrassés. Le même instinct, en vertu duquel nous ouvrons indéfiniment devant nous l'espace, fait que nous refermons derrière nous le temps à mesure qu'il s'écoule. Et tandis que la réalité, en tant qu'étendue, nous paraît déborder à l'infini notre perception, au contraire, dans notre vie intérieure, cela seul nous semble *réel* qui commence avec le moment présent ; le reste est pratiquement aboli. Alors, quand un souvenir reparaît à la conscience, il nous fait l'effet d'un revenant dont il faudrait expliquer par des causes spéciales l'apparition mystérieuse. En réalité, l'adhérence de ce souvenir à notre état présent est tout à fait comparable à celle des objets inaperçus aux objets que nous percevons, et *l'inconscient joue, dans les deux cas, un rôle du même genre* » ([1]).

La pratique exige que nous soyons tournés vers le présent qui constitue, non pas *ce qui est*, mais *ce qui se fait ;* elle nous invite à refouler ce qui du passé est inutile, à appeler au contraire à la lumière, c'est-à-dire à matérialiser dans une perception, origine d'une action, les souvenirs utiles. Nous avons intérêt à envisager ce qui est, ce qui se déroule, ce qui se passe, et à ne prendre, parmi ce qui est passé, que ce qui nous est commode. Notre vie est donc une sorte d'équilibre entre le présent et le passé. L'expérience de l'homme sage, pourrait-on dire sans altérer la pensée de Bergson, c'est le poids du passé et l'appel de l'avenir : c'est le présent dominateur. Ce qui caractérise l'homme d'action, c'est la facilité avec laquelle il appelle à son secours tous les souvenirs du passé susceptibles de l'aider, de s'insérer dans la sensation présente, de suggérer les solutions du problème, mais aussi, et surtout peut-être, d'arrêter au seuil de sa con-

---

([1]) H. BERGSON, *Op. cit.*, p. 153-154.

science, tous les fantômes inutiles ou indifférents, masse immense et encombrante, océan brumeux de ce qui fut vécu. Nous oscillons, sans cesse, entre l'*impulsivité*, la tendance à vivre dans le présent et à répondre à l'excitation par une réaction immédiate, et le rêve où mille souvenirs « émergent à la lumière de la conscience sans profit pour la situation actuelle ». N'est-il pas vrai que l'action et le rêve apparaissent dans la pratique comme se développant en raison inverse l'une de l'autre? N'est-il pas exact de dire que le bon sens est une moyenne entre les deux?

Du même point de vue, Bergson explique l'Idée générale et l'association des idées, comme s'il voulait montrer la fécondité de son hypothèse devant les problèmes les plus importants.

L'Idée générale? S'il est vrai que tout se passe comme il vient d'être dit, un homme qui *rêverait* son existence, tiendrait, sous son regard, la multitude infinie des détails de son passé; celui qui, au contraire, répudierait le passé dans ce qu'il a d'inutile, *jouerait* sa vie, prolongeant, en automate conscient, l'excitation en réactions appropriées. Le premier ne pourrait jamais sortir du particulier ni de l'individuel : laissant aux événements leur date dans le temps et leur place dans l'espace, il verrait par où les images *diffèrent* et non par où elles se *ressemblent*. L'autre, grâce à l'habitude, ne démêlerait, dans une situation, que le côté par lequel elle *ressemble* à une situation antérieure. L'habitude est ici à l'action ce que la généralité est à la pensée. Mais ces deux états extrêmes — une mémoire contemplative qui n'appréhende que le singulier dans sa vision, une mémoire toute motrice qui imprime la marque de la généralité à son action — ne sont point isolés en fait : ils se pénètrent. A leur confluent, l'un apportant le souvenir des différences, l'autre, la perception des ressemblances, apparaît : l'Idée générale.

C'est donc l'action qui extrait d'une chose ce qu'elle a de commun avec une autre : « le besoin va droit à la ressemblance, il n'a que faire des différences », et ces ressemblances agissent sur nous en provoquant des réactions, mécaniquement. Tous les êtres saisissent, dans leur milieu, ce qui les attire, ce qui les intéresse, sans qu'ils aient besoin d'abstraire, simplement parce que le reste de l'entourage reste sans prise sur eux : « Cette identité de réaction à des actions superficiellement différentes est le germe que la conscience humaine développe en idée générale » (1).

C'est l'action également qui, grossissant les états de conscience les plus directement liés au présent, fait surgir telle image, plutôt que telle autre, et explique le phénomène de l'association. Dire, en effet, qu'une image en entraîne une autre, par ressemblance ou par contiguïté, c'est ne rien dire du tout. Si profondes que soient les différences qui séparent deux images, on trouvera toujours, en remontant assez haut, un genre commun auquel elles appartiennent, et, par conséquent, une ressemblance qui leur sert de trait d'union, et l'on peut dire aussi que dans la mémoire pure, tout est, en définitive, contigu à tout. L'associationnisme, qui n'a guère pour lui que sa simplicité et son analogie avec l'atomisme, n'explique rien, ne répond pas à la seule question : comment s'opère la sélection entre une infinité de souvenirs qui, tous, ressemblent par quelque côté à la perception présente et pourquoi un seul d'entre eux émerge à la lumière de la conscience? La raison d'une association entre des souvenirs qui flottent indifférents dans une conscience vide, comme des atomes dans l'espace, reste mystérieuse. Elle s'éclaire, au contraire, du point de vue bergsonien de l'action : la solidarité des faits psychologiques étant constatée, comme un tout indivisé offert à la conscience immédiate et que la réflexion seule morcelle en fragments distincts, ce qu'il faut expliquer ici, ce n'est plus la cohésion d'un certain nombre d'états internes, « mais le double mouvement de contraction et d'expansion par lequel la conscience resserre ou élargit le développement de son contenu. » Ce mouvement se déduit des nécessités fondamentales de la vie (2). Et celle-ci exige un équilibre constant de l'esprit qui va du « plan de l'action » au « plan du rêve ». La vie mentale est comme un cône reposant par sa pointe sur le plan du présent et s'étendant en arrière en

---

(1) H. BERGSON, *Op. cit.*, p. 174.
(2) H. BERGSON, *Op. cit.*, p. 181.

plans de conscience de plus en plus étendus, en rêve, où les associations d'idées paraissent d'autant plus arbitraires que ces états psychologiques sont plus éloignés de l'action. L'équilibre total est maintenu, si l'on peut dire, par « l'attention à la vie ».

Seul, le point de contact avec le présent nous intéresse, où le souvenir voulu s'est rendu à l'appel du cerveau qui refoula, au contraire, les inutiles à l'opposé; où le souvenir s'est matérialisé. Et nous comprenons que, selon le mot profond de Ravaisson, « la matérialité mette en nous l'oubli ».

Nous allons pouvoir, mieux maintenant, saisir les rapports de l'esprit et du corps.

Le tort commun du Dogmatisme et de l'Empirisme est de partir de l'abstrait. Nous l'avons vu : à l'unité vivante qui naît de la continuité intérieure, nous substituons, pour notre commodité, des éléments juxtaposés qui répondent à des mots et à des objets distincts. Entre ces termes disjoints, le lien ne pourra être qu'extérieur et en quelque sorte surajouté. Puis, avec cet abstrait, nous tentons, toujours en vain, de créer du concret. « Telle est la marche régulière de la pensée philosophique : nous partons de ce que nous croyons être l'expérience, nous essayons des divers arrangements possibles entre les fragments qui la composent apparemment, et devant la fragilité reconnue de toutes nos constructions, nous finissons par renoncer à construire » ([1]). Renonçons donc, non pas à l'expérience pure qui naît du contact immédiat de l'esprit, mais à cette expérience désarticulée, dénaturée, arrangée en tous cas pour les plus grandes facilités de l'action, de la vie, et remontons « au-dessus de ce tournant décisif où, s'infléchissant dans le sens de l'utile, elle devient proprement l'expérience humaine » ([2]). De même que, dans les *Données immédiates de la conscience*, l'auteur avait dégagé notre perception interne de ce travail utilitaire de l'esprit qui consiste dans une sorte de réfraction de la durée pure à travers l'espace, pour nous replacer dans la

---

([1]) BERGSON, *Matière et Mémoire*, p. 203.
([2]) *Id.*, p. 203.

durée vraie et concrète, de même il va s'efforcer ici de dégager la perception extérieure de l'espace, tout en gardant contact avec l'étendue qui est immédiatement donnée. La question est de savoir si, dans la « diversité des phénomènes » dont Kant a parlé, la masse confuse à tendance extensive pouvait être saisie en deçà de l'espace homogène, sur lequel elle s'applique et par l'intermédiaire duquel nous la subdivisons, « de même que notre vie intérieure peut se détacher du temps indéfini et vide pour redevenir durée pure » (¹). Ce retour à l'immédiat qui caractérise la méthode intuitive de Bergson, cette prétention audacieuse à sortir de l'espace, sans abandonner l'étendue (car l'espace, c'est le *schème*, c'est de la réalité utilisable, tandis que l'étendue est perçue directement et sans travail préparatoire) peut s'éprouver au contact des problèmes, par son efficacité même. La connaissance immédiate ne trouvera-t-elle pas sa justification et sa preuve si l'on peut établir que les contradictions et les difficultés naissent surtout de la figuration symbolique qui la recouvre, figuration devenue pour nous la réalité même et dont un effort d'une intensité exceptionnelle peut arriver à percer la trame, pour laisser passer la vision du vrai? Voici, à ce point de vue, les résultats que cette méthode nous autorise à exposer :

1°. *Tout mouvement, en tant que passage d'un repos à un repos, est absolument indivisible.* Laissés à eux-mêmes, les sens nous représentent parfaitement le mouvement, entre deux arrêts réels, comme un tout indivisé. C'est l'esprit qui divise ce mouvement en points immobiles, autant d'étapes où il se repose « parce qu'il a pour fonction de fixer les images mouvantes de notre expérience ordinaire, comme l'éclair instantané qui illumine pendant la nuit une scène d'orage » (²). Ces positions successives ne sont que des arrêts imaginaires. Comment un *progrès* coïnciderait-il avec une *chose*, un mou-

---

(¹) BERGSON, *Op. cit.*, p. 206.
(²) BERGSON, *Op. cit.*, p. 209.

vement avec une immobilité? Les arguments de Zénon d'Élée sont purs sophismes.

3° *Il y a des mouvements réels.* Le mathématicien définit le mouvement par la variation des distances. Comme les valeurs absolues de la distance entre un point et un axe, par exemple, expriment aussi bien le déplacement de l'axe par rapport au point que celui du point par rapport à l'axe, il attribuera indifféremment, au même point, le repos ou la mobilité. Il n'y a pas pour lui de mouvement absolu. A cette thèse de la relativité du mouvement, Descartes donne sa forme la plus radicale en affirmant que tout mouvement est *réciproque* ([1]), mais il formule en même temps les lois du mouvement comme si le mouvement était un absolu ([2]). Leibnitz avait relevé la contradiction ([3]). Mais s'il y a un mouvement absolu, doit-on ne voir dans ce mouvement qu'un changement de lieu? Il faudra alors, avec Newton ([4]) et Euler ([5]), distinguer des positions absolues dans un espace absolu, et cela ne peut se concevoir. Dira-t-on que le mouvement se caractérise par la force qui serait sa cause réelle? Mais la force n'est qu'une fonction de la masse et de la vitesse : on ne la connaît que par les mouvements qu'elle produit dans l'espace.

Mais pourquoi chercher le mouvement ailleurs que dans la mobilité même qui en est l'essence? Je suis assuré de la réalité du mouvement *quand je le produis*, quand il m'apparaît *intérieurement* comme un changement d'*état* ou de *qualité*. Il n'est pas un simple *rapport* : *il est un absolu*. L'erreur, toujours la même, vient de ce qu'on s'entête à ne voir que du point de vue de la discontinuité, des objets parfaitement indépendants. Partez de l'hypothèse contraire, et vous verrez qu'il ne s'agira plus de savoir comment se produisent, dans telle *partie* déter-

---

[1] DESCARTES, *Principes*, t. II, p. 29.
[2] DESCARTES, *Principes*, t. II, p. 37 et suiv.
[3] LEIBNITZ, *Specimen dynamicum*.
[4] NEWTON, *Principia* (Éd. Thompson, 1871, p. 6 et suiv.).
[5] EULER, *Theoria motus corporium solidorum*, 1765, p. 30-33.

minée de la matière, des changements de position, mais comment s'accomplit, dans le *tout*, un changement d'aspect.

3° *Toute division de la matière en corps indépendants, aux contours absolument déterminés, est une division artificielle.* Toujours la même constatation : ce sont les nécessités de l'action qui opèrent cette division : l'intuition immédiate ne nous la donnait pas ; elle saisissait, au contraire, le monde dans sa mouvante continuité. La Science, d'autre part, et en dépit des apparences, à mesure qu'elle découvre l'action réciproque de tous les points matériels, revient aussi à l'idée de la continuité universelle. *Science et conscience sont d'accord au fonds, pourvu qu'on envisage la conscience dans ses données immédiates et la Science dans ses aspirations les plus lointaines* (¹). C'est la vie, ce sont nos besoins qui sont « comme autant de faisceaux lumineux qui, braqués sur la continuité des qualités sensibles, y déterminent les corps distincts » (²), qui deviennent utilisables. Et de fait, la Physique moderne semble progressivement abandonner la discontinuité atomique : « Nous voyons force et matière se rapprocher et se joindre à mesure que le physicien en approfondit les effets. Nous voyons la force se matérialiser, l'atome s'idéaliser, ces deux termes converger vers une limite commune, l'univers retrouver ainsi sa continuité. On parlera encore d'atomes ; l'atome conservera même son individualité pour notre esprit qui l'isole, mais la solidité et l'inertie de l'atome se dissoudront, soit en mouvement, soit en lignes de force, dont la solidarité réciproque rétablira la continuité universelle » (³). C'est à cette conclusion, dit Bergson, qu'aboutissent les deux physiciens qui ont pénétré le plus avant dans la constitution de la matière, Thomson et Faraday. Ces tourbillons, ces lignes de force ne sont, aux yeux du physicien, que des figures commodes. Le philosophe doit se demander pourquoi ces symboles sont plus commodes que d'autres et

---

(¹) H. Bergson, *Matière et Mémoire*, p. 219.
(²) H. Bergson, *Op. cit.*, p. 220.
(³) H. Bergson, *Op. cit.*, p. 221.

permettent d'aller plus loin. Les notions auxquelles ils correspondent ne nous révèlent-elles pas une direction où chercher une représentation du réel ? « Or, la direction qu'ils indiquent n'est pas douteuse : ils nous montrent, cheminant à travers l'étendue concrète, des *modifications*, des *perturbations*, des changements de *tension* ou d'*énergie* et rien autre chose » (¹).

Ni la Science, ni la conscience ne répugneraient donc à cette dernière proposition :

4° *Le mouvement réel est plutôt le transport d'un état que d'une chose.*

En formulant ces quatre propositions, on peut penser que Bergson n'a guère fait que resserrer progressivement l'intervalle des deux termes : la qualité et le mouvement. La différence, si réduite soit-elle, reste irréductible. Et, sans doute, il en est ainsi entre la qualité et la quantité pure. Bergson lui-même ne l'a-t-il pas soutenu antérieurement ? Mais la question est justement de savoir si les mouvements réels ne présentent entre eux que des différences de quantité ou « s'ils ne seraient pas la qualité même vibrant pour ainsi dire intérieurement et scandant sa propre existence, en un nombre souvent incalculable de moments » ? Le mouvement, que la mécanique étudie, n'est qu'une abstraction, un symbole. Mais le mouvement, envisagé en lui-même, est indivisible, occupe de la durée et « n'e pas sans analogie avec la continuité de notre propre c science ». Ce qui nuit au rapprochement des deux termes, c'est l'habitude prise d'attacher le mouvement à des éléments — atomes ou autres — qui « interposeraient leur solidité entre le mouvement lui-même et la qualité en laquelle il se contracte ». L'atomisme va-t-il subir le reproche des philosophes après celui des savants ? Toujours est-il que, si nous ne voulons pas admettre, entre la qualité et le mouvement, le miracle d'une harmonie préétablie, force nous est « de mettre les mouvements *dans la qualité*, sous forme d'ébranlement intérieur; de considérer

---

(¹) H. Bergson, C. *i* , p. 224.

les ébranlements comme moins homogènes et ces qualités comme moins hétérogènes qu'ils ne le paraissent superficiellement, et d'attribuer la différence d'aspect des deux termes à la nécessité, pour cette multiplicité en quelque sorte indéfinie, de se contracter dans une durée trop étroite pour en scander les moments » (¹). Tandis que le changement est partout, que la matière se résout en ébranlements sans nombre, tous liés dans une continuité ininterrompue, tous solidaires entre eux et qui courent en tous sens comme autant de *frissons;* quand nous percevons, *nous immobilisons.* Et nous constituons « des corps à la fois stables quant à leurs qualités, et mobiles quant à leur position, un simple changement de lieu contractant, en lui, à nos yeux, la transformation universelle » (²). Ainsi l'exigent les nécessités de l'action.

Ce point de vue va singulièrement faciliter le problème des relations de l'esprit et du corps : si, dans l'hypothèse dualiste, nous éprouvons quelque répugnance à accepter la coïncidence partielle de l'objet perçu et du sujet qui perçoit, c'est parce que nous avons conscience de l'unité indivisée de notre perception, au lieu que l'objet nous paraît être, par essence, indéfiniment divisible. Dès lors, nous plaçons une conscience avec des sensations inextensives en face d'une multiplicité étendue et nous sommes embarrassés pour établir un passage entre les deux termes. Mais *si la divisibilité de la matière est toute entière relative à notre action sur elle,* c'est-à-dire à notre faculté d'en modifier l'aspect, si elle appartient, non à la matière même, mais à l'espace que nous tendons en dessous de cette matière pour la faire tomber sous nos prises, alors la difficulté s'évanouit. « La matière étendue, envisagée dans son ensemble, est comme une conscience où tout s'équilibre, se compense et se neutralise; elle offre véritablement l'indivisibilité de notre perception; de sorte qu'inversement nous pouvons, sans scrupule, attribuer à la perception quelque chose de l'étendue de la matière. Ces deux termes, perception et matière, marchent

---

(¹) H. BERGSON, *Op. cit.*, p. 228.
(²) H. BERGSON, *Op. cit.*, p. 235.

ainsi, l'un vers l'autre, à mesure que nous nous dépouillons davantage de ce qu'on pourrait appeler les préjugés de l'action : la sensation reconquiert l'extension, l'étendue concrète reprend sa continuité et son indivisibilité naturelles » (¹). L'espace homogène n'est plus une barrière infranchissable, car il n'a d'autre réalité que celle d'un symbole utile seulement à l'être qui agit. Dans le dualisme vulgaire, impossibilité, à moins d'avoir recours aux hypothèses les plus étranges, de comprendre comment l'esprit agit sur le corps ou le corps sur l'esprit; chez Bergson, au contraire, la difficulté s'atténue en un dualisme qui, partant de la perception pure où le sujet et l'objet coïncident, « pousse le développement de ces deux termes dans leurs durées respectives, la matière, à mesure qu'on en continue plus loin l'analyse, tendant de plus en plus à n'être qu'une succession de moments infiniment rapides qui se déduisent les uns des autres et par là *s'équivalent;* l'esprit étant déjà mémoire dans la perception, et s'affirmant de plus en plus comme un prolongement du passé dans le présent, un *progrès*, une évolution véritable » (²).

La relation du corps à l'esprit ne devient-elle pas plus claire ? Sans aucun doute. A une distinction *spatiale*, Bergson substitue une distinction *temporelle*. Or, tandis que la première distinction ne comporte pas de degrés (la matière est *dans* l'espace, l'esprit *hors* l'espace), rend impossible toute transition entre les deux termes; au contraire, si le rôle le plus modeste de l'esprit est de lier les moments successifs de la durée des choses, si c'est dans cette opération qu'il prend contact avec la matière de telle sorte que la « perception pure », « l'esprit sans la mémoire », ferait « véritablement partie de la matière telle que nous l'entendons », on conçoit une infinité de degrés entre la matière et l'esprit pleinement développé.

Et nous pouvons même aller plus loin : la mémoire même n'est pas pour la matière quelque chose dont elle n'aurait aucun pressentiment et qu'elle n'imiterait pas en quelque

---

(¹) H. BERGSON, *Op. cit.*, p. 246.
(²) H. BERGSON, *Op. cit.*, p. 247.

manière. « Si la matière ne se souvient pas du passé, c'est parce qu'elle répète le passé sans cesse. » Mais un être vivant crée, à chaque moment, du nouveau, et l'on chercherait en vain « à lire son passé dans le présent, si le passé ne déposait pas en lui à l'état de souvenir » (¹). Ainsi, il nous faut conclure, selon l'expression de Bergson, que, pour des raisons semblables, le passé doit être *joué* par la matière et *imaginé* par l'esprit.

(¹) H. BERGSON, *Op. cit.*, *L'âme et le corps*, p. 249.

CHAPITRE III.

1. La méthode scientifique en Psychologie et la crise de la Psychologie expérimentale. — 2. Essai de synthèse : Kostyleff. — 3. La méthode bergsonienne et la méthode scientifique ne peuvent-elles, en Psychologie au moins, donner l'exemple d'une collaboration ?

1. En face de la Psychologie des données immédiates de la conscience, de la méthode bergsonienne, se dresse la Psychologie expérimentale, la méthode objective, scientifique, dont les travaux multiples, études approfondies et souvent admirables par la patience des recherches, constituent une documentation, sur les problèmes de l'esprit, toujours plus complète et infiniment précieuse.

« L'adjonction de l'observation scientifique, dit Van Biervliet (¹), de l'expérimentation et de la mesure à la simple observation intérieure ou introspection, est un progrès tellement évident et si peu en rapport avec les améliorations antérieurement réalisées dans l'étude des phénomènes conscients qu'il faut regarder ce mouvement, dont l'honneur revient surtout à M. Wundt, comme une véritable révolution dans la Science psychologique. »

Mais ce n'est pas l'histoire de la Psychologie expérimentale, depuis Wundt et Ribot jusqu'à Binet, Janet, Charcot et tant d'autres auteurs, que nous nous proposons d'exposer. Ses résultats ont eu souvent la bonne fortune d'intéresser le public et il semble inutile d'y revenir. Il nous paraît plus actuel de

---

(¹) Van Biervliet, *La Psychologie quantitative*, p. 10.

noter la préoccupation nouvelle, que les progrès mêmes de la Psychologie expérimentale ont fait surgir : de toute cette documentation éparse qu'allons-nous faire? Une collection de renseignements si brillante, si complète soit-elle, ne crée pas une science. La question est celle de l'avenir de la Psychologie : elle vaut d'être examinée avec soin.

Et, d'abord, jetons un coup d'œil sur le passé : Wundt abandonna heureusement les travaux de psychophysique, où se complurent certains de ses disciples comme J. Merkel et Munsterbery, pour la Psychophysiologie. Ce fut là l'œuvre réellement utile de l'Institut de Leipzig. On parvint, on le sait, à fixer non pas l'intensité des phénomènes psychiques, mais leur durée moyenne. Ces durées moyennes, malheureusement établies pour un nombre trop restreint de sujets, constituèrent des renseignements utiles, mais approximatifs, en dépit des soins scrupuleux que les expérimentateurs apportèrent dans leurs recherches : le temps de réaction, par exemple, n'est pas définitivement fixé, tant s'en faut ! Les phases, entre lesquelles il se décompose, ne sont point toutes mesurées quant à leur durée exacte. Ce temps varie, d'ailleurs, d'un sujet à un autre et, chez le même sujet, d'un moment à l'autre. Parmi les causes qui augmentent ou diminuent le temps de réaction, nature du stimulant, tension de l'attention, etc., toutes ne sont pas connues. Les recherches sur les phénomènes conscients plus complexes, jugements, associations, s'appuyant sur des données moyennes, elles-mêmes peu précises, ne donnent pas non plus de résultats satisfaisants. Ainsi, « les temps de réaction simple varient du simple au double pour les stimulations de son; du simple au quintuple pour la durée d'association et cela chez un même sujet. Lorsqu'on compare la moyenne de Trautscholdt, à celle de Galton, on voit qu'elle diffère du simple au double environ » [1].

La Psychophysiologie nous a donc donné des *indications* plutôt que des *résultats*. « On mesure la durée de l'aperception,

---

[1] VAN BIERVLIET, *Op. cit. Voir la critique des expériences de Trautscholdt*, p. 27.

par exemple, sans avoir expérimentalement établi que l'aperception existe ou, si l'on veut, qu'elle diffère *réellement* de la perception; on prend pour point de départ les idées que nous avons actuellement sur le psychique et l'on tente de les étudier scientifiquement » (¹).

Ce qui semblait donc s'imposer, après ces tâtonnements, c'était une étude scientifique, *indépendante des théories*. La Psychologie expérimentale, par opposition à la Psychophysiologie, répondit à cette nécessité. On connaît les remarquables travaux de Th. Ribot (²) et la fortune de la méthode préconisée par lui. Hâtons-nous de dire, avant de passer à la critique et de noter la crise de la méthode expérimentale, combien sont éminents les services rendus à la Psychologie par tant de chercheurs patients et laborieux, dont les études et les milliers d'observations accumulées nous rendent impatients de généralisations et de vues plus larges.

La méthode expérimentale, nous dit-on, aujourd'hui (³), n'a abouti qu'à cataloguer des observations et des mesures. C'est un ensemble d'études, la plupart faites au hasard, sans liens entre elles, assurément minutieuses, d'une utilité incontestable, mais qui ne constituent nullement une synthèse, une science des relations de l'âme et du corps. Chacun, au gré de ses préférences, a noté, observé, collectionné des faits : vingt-deux années de *Philosophische Studien* n'ont point épuisé les recherches patientes du Laboratoire de Leipzig. Stumpf s'est spécialisé dans l'étude des perceptions auditives; Meu-

---

(¹) *Op. cit.*, p. 148. *Conclusion sur la Psychophysiologie.*

(²) *La Psychologie anglaise contemporaine* (1870). *Principes de Psychologie de Spencer. La Psychologie allemande contemporaine* (1897). *Les maladies de la mémoire* (1883). *Les maladies de la volonté* (1885). *Les maladies de la personnalité* (1888). *Psychologie des sentiments* (1896). *L'Évolution des idées générales* (1897). *Essai sur l'imagination créatrice* (1900).

(³) *Voir* sur cette question le remarquable ouvrage de KOSTYLEFF, *La crise de la Psychologie expérimentale.*

maun, dans celles de la perception du temps; Muller a étudié la mémoire et l'association, Kræpelin, les variations du travail intellectuel, etc.; certains problèmes ont formé des bibliothèques, comme les 200 études de la *Zeitschrift für Psychologie und Physiologie der Sinnesorgane*. Ce travail d'accumulation de documents ne tente pas seulement la patience allemande, mais le génie latin, si épris cependant de généralisation : les laboratoires de Binet, de Ch. Henri, du Dr Toulouse multiplient les expériences de psychométrie et produisent une abondante moisson de chiffres et de graphiques. Dumas, Janet, Charcot, Sollier, A. Marie travaillent, sans relâche, dans les cliniques de Sainte-Anne, de la Salpêtrière et de Villejuif, et la Psychologie pathologique devient une École française. En Italie, c'est Mosso, à Turin; Sergi, à Rome; Sarlo, à Florence. En Amérique, dans des laboratoires superbement organisés, se poursuivent surtout de vastes enquêtes sur la mentalité des enfants. Partout, c'est le règne du sphymographe, du plethysmographe, du pneumographe. Des études isolées, des observations ingénieuses, des chefs-d'œuvre de patience. Pas de vues générales ! Est-ce bien encore de la Psychologie qu'on fait ? S'occupe-t-on encore de la science de l'esprit ? « Qu'a de commun avec la science de l'âme le classement des personnalités intellectuelles, d'après l'espèce particulière de leur formule eudophasique ? ou encore la mesure de la fatigue intellectuelle aux différentes heures d'une journée de classe ? » ([1]).

Des essais de systématisation semblent avoir été tentés : aucun n'a abouti. Tous ont dévié vers des buts secondaires. Ils sont devenus des méthodes de renseignements, des procédés pratiques d'investigation : ils n'ont jamais réussi à coordonner les expériences de manière à répondre au but de la Psychologie. On pourrait même se demander si ces tentatives méritent bien d'être classées sous le nom de systématisation et s'il ne

---

([1]) VAN BIERVLIET, *La Psychologie quantitative*. Conclusion sur la *Psychologie expérimentale*, p. 217.

s'agit pas plutôt de plans d'études ou de techniques. Systématisation des moyens de recherche, des règles d'une méthode, oui, mais non pas, semble-t-il, systématisation dans le sens d'une synthèse de la Psychologie expérimentale. Voilà le jugement résumé qu'on peut porter sur les efforts de coordination tentés jusqu'à ce jour, et que confirmera un examen même sommaire.

Prenons, comme exemple type, l'œuvre du Dr Toulouse, de Varchide et de Piéron, *La Technique de Psychologie expérimentale*, d'ailleurs fort intéressante à différents points de vue, patronée par des autorités de la Science : les Bechterew et les Sergi. Est-il vraiment nécessaire, comme le fait scrupuleusement Kostyleff, d'analyser tout ce travail pour aboutir à la constatation que les auteurs eux-mêmes avaient pris la peine de formuler : « Notre but était de fournir un instrument systématique et complet permettant un examen psychologique rigoureux des différents individus.... Classer les individus suivant leurs aptitudes, avec une précision bien autre que celle que peuvent fournir les examens superficiels des concours et des circonstances fortuites, telle est l'œuvre d'utilisation sociale que la Science phychologique pourra bientôt hardiment revendiquer ». Ainsi, nous sommes prévenus : il s'agit d'un procédé de mensuration individuelle; il s'agit de fonder une anthropométrie psychologique. Que le Dr Toulouse, Varchide et Piéron cherchent à mesurer l'*intensité* des états psychiques, de la mémoire ou de l'attention, qu'ils signalent les variations de l'*affectivité*, sans en donner d'ailleurs la mesure; qu'ils étudient l'*objectivation*, et principalement l'objectivation motrice, c'est-à-dire qu'ils essayent de faire porter l'expérience sur le temps qui unit le phénomène de conscience à un phénomène moteur qui y correspond; qu'ils expérimentent l'*affinité discursive* à propos de laquelle ils déclarent eux-mêmes que leur méthode permet « d'étudier la facilité d'utilisation des données de la mémoire, des images emmagasinées dans l'esprit, leurs tendances à l'organisation systématique », c'est-à-dire, la capacité individuelle, ou l'*affinité créatrice* ou l'*affinité synthétique*, expériences portant sur les temps de réaction, à aucun moment, la technique proposée n'a eu la prétention de viser le but que doit poursuivre la Psychologie expérimentale : la nature même des phénomènes psychiques et leurs relations avec l'organisme. Il est donc assez naturel qu'elle ne l'ait pas atteint.

Faut-il parler, maintenant, comme d'un essai de systématisation, du discours prononcé par E. B. Titchener, au Congrès de Saint-Louis, au pays des laboratoires de Psychologie, et du *Manuel expérimental psychologie*, du même auteur ? Un mot, puisque d'autres ont cru découvrir dans ce discours un effort de synthèse infructueuse (¹).

En réalité, Titchener n'a point proposé une coordination de tant d'expériences isolées, une synthèse sans laquelle la science psychologique ne peut exister : son discours est un discours d'orientation et d'encouragement, un vrai discours de Congrès. Il indique les lacunes, signale les retards : les sensations visuelles et auditives sont étudiées. Que n'étudie-t-on aussi scrupuleusement les sensations organiques. Le plethysmographe est en faillite : mais le sphymographe et le pneumographe nous réservent des surprises. « Nous savons beaucoup, dit-il encore, sur la fusion des sons, sur la perception de l'espace, sur le rythme ; nous savons peu sur la perception du temps, mais aucun de ces sujets ne présente un chapitre achevé. » Pour les actions : « nous pouvons nous borner pour le moment à perfectionner la technique des expériences, à reviser les évolutions numériques, à contrôler les théories. » L'imagination ? « ce chapitre reste à écrire ». Les états affectifs ? « Il faudrait avoir une connaissance plus précise des sentiments ». La conscience ? « Pour ce problème, nous ne sommes pas encore mûrs. Nous devons en approcher, non pas par l'ingéniosité, mais par la patience des recherches ». Tout cela ressemble beaucoup à une distribution de devoirs. C'est un projet d'études dont on reparlera au prochain Congrès. Et si c'était une synthèse, ce ne pourrait être que la synthèse des prélimi-

---

(¹) *Voir* KOSTYLEFF, *La crise de la Psychologie expérimentale*, p. 48 et suiv.

naires, de l'accumulation des matériaux. L'auteur n'eut jamais l'intention de faire autre chose, et son jugement sur l'état de la question *conscience* le prouve surabondamment. Il serait juste de ne critiquer son œuvre que pour ce qu'elle a la prétention d'être, pour ce qu'elle est réellement : un plan d'études psychologiques et non, comme le fait Kostyleff, pour ce qu'elle n'a jamais été : une synthèse.

Le malaise, la *crise* dont souffre la Psychologie expérimentale en quête de coordination est précisément souligné par ce fait que la question capitale n'est jamais abordée, mais contournée ou évitée. Si les velléités d'efforts tendant à une systématisation satisfaisante sont si vite abandonnées, c'est que le découragement s'est déjà emparé des psychologues. On préfère continuer à augmenter le tas déjà respectable des découvertes sans lien et des expériences isolées ; on s'aventure à faire de la science appliquée, plutôt que d'aborder le problème de front. On pense marcher ainsi lentement, mais sûrement. En réalité, on n'avance pas, parce que le problème est une question de *nature* plus qu'une question de *mesure*.

Les travaux si curieux et si **variés** de Binet révèlent également le malaise. L'auteur, reconnaissant l'insuffisance des recherches actuelles et la nécessité de revenir à l'introspection, a exposé avec précision les procédés susceptibles de donner des résultats ([1]). Ses expériences sont célèbres : elles reposent sur l'application du système des tests mentaux combinés avec les données de l'introspection. Des épreuves méthodiques sur l'idéation, le passage du mot à l'idée, le passage du mot à l'image qui permit à l'auteur de constater que l'image n'est qu'une partie de la pensée qui se compose aussi de *résidus moteurs ;* sur l'effet de la volonté sur les images mentales, l'analyse des idées abstraites, des phrases, des descriptions, la mesure de la mémoire, de l'introspection et de l'externospection, ont été pratiquées sur des enfants et ont donné les résultats les plus intéressants. Beaucoup, cependant, ont paru inexplicables et l'auteur déclara n'être arrivé « qu'à de petites

---

([1]) A. BINET, *Étude expérimentale de l'intelligence*. Paris, 1903.

vérités partielles ». « Cependant, dit Kostyleff, les faits pour le moment inexplicables étaient si saillants et si suggestifs, comme, par exemple, le rapport entre le vocabulaire et les types intellectuels ou l'action motrice du mot sur la pensée, ils contenaient tant de promesses à la Psychologie que le programme de Toulouse, Vaschide et Piéron paraît, à côté, tout à fait pauvre, et la synthèse de Titchener, bien incomplète. Malheureusement, l'auteur ne semble pas avoir suivi ces suggestions. Au lieu de s'attacher aux données qui révélaient le mécanisme de la pensée, il a subi l'engouement général pour la mesure » (1). Ses recherches ont repris une direction quantitative : elles sont restées cependant extrêmement précieuses et ne méritent pas les critiques que leur adresse Rageot (2). Binet croit, en effet, que l'intelligence, durant son développement, ne varie pas seulement en force, en degré, mais varie aussi dans sa forme. Il y a là un point de vue plus large qui sauvegarde l'avenir.

Si intéressante qu'elle soit, l'œuvre de M. Binet n'en a pas moins abouti à des résultats quantitatifs qui, même coordonnés, ne répondent pas au but essentiel de la Psychologie. Dans ses dernières études, c'est une « échelle métrique de l'intelligence », qu'il s'efforce d'établir (3) et les préoccupations pratiques l'emportent. « Notre intention, disait-il, dans l'*Année psychologique*, est de donner dorénavant une place prépondérante, dans ce recueil, à la psychologie orientée vers les questions pratiques et sociales. » L'étude du mécanisme de la pensée est abandonnée pour celle des mesures des facultés individuelles : les aliénistes, les magistrats, les médecins, les instituteurs ne manqueront pas de renseignements précieux ! Le psychologue n'y trouve pas son compte. Et finalement, nous voici revenus au but que se proposaient Toulouse, Vaschide et Piéron : une science appliquée, un recueil de renseignements utiles.

---

(1) Kostyleff, *La crise de la psychologie expérimentale*, p. 27.
(2) Rageot. Les Savants et la Philosophie, 1910.
(3) A. Binet, *Le développement de l'intelligence* (*Année physiologique*, 1908).

2. Puisque la Psychologie expérimentale se consume en tâtonnements et ne trouve point sa voie, Kostyleff a pu se demander « si quelque défaut d'organisation ne se cache pas à sa base et ne fait dévier ses efforts ». Ce lui fut l'occasion d'exprimer, en même temps que des critiques, des idées curieuses et larges qui se ressentent, sans doute, et de la théorie de Mach et des expériences de Bechterew, mais qui n'en sont pas moins originales, groupées méthodiquement, pratiques, et susceptibles d'ouvrir des horizons dignes d'elles à la science psychologique, qui en avait besoin.

Kostyleff a été frappé de la désharmonie profonde entre les tests et les résultats de l'expérience. Tandis que les premiers sont d'une nature physique et *nettement motrice*, qu'ils comportent toujours la mise en action d'un appareil moteur de l'organisme, les seconds, tout au moins quand il s'agit des phénomènes les plus complexes de la Psychologie, les images mentales, sont envisagés comme des phénomènes *statiques*. « Nous les prenons pour des unités nettement définies et nous leur attribuons une certaine permanence. » C'est la pratique de la vie journalière qui nous force à découper dans la réalité, comme dirait Bergson, des images qui influent ici sur nos recherches et nous égarent. Autre chose, les nécessités de la pratique; autre chose, la vérité. La notion des images mentales a passé dans la Psychologie, telle qu'elle s'est formée dans la vie pratique. On a conservé la *conception statique*, au lieu d'envisager le *point de vue dynamique :* d'où les difficultés dans lesquelles on se débat. En réalité, nos images mentales sont des sensations motrices : elles ne constituent pas, poursuit l'auteur, par un raisonnement tout teinté de pragmatisme, « une empreinte fixe dans l'écorce du cerveau, *mais un ensemble de sensations accompagnant un groupe de réflexes cérébraux* ».

Sans doute, cette conception nouvelle, et qui dérange si profondément nos vieilles habitudes, est difficile à admettre. N'est-elle pas suggérée cependant par des découvertes convergentes? Voici, par exemple, les perceptions visuelles : pendant longtemps, partant d'une empreinte produite sur la rétine comme sur une plaque photographique, on a cherché un dépôt analogue dans l'écorce du cerveau. Aujourd'hui, les derniers travaux d'optique démolissent l'hypothèse : c'est Bourdon, dans son étude sur la perception visuelle de l'espace (1), c'est le Dr Nuel, dans son ouvrage *La Vision*, qui déclarent que les représentations visuelles sont toutes motrices et qu'il s'agit non d'empreintes, mais de faisceaux de réflexes (2). La Physiologie du sens auditif se prête à la même remarque : la théorie de la raisonnance y cède le pas à celle d'une réaction nerveuse, et les expériences de P. Bonnier, de Hurst permettent d'établir que la perception sonore se rattache, elle aussi, à un réflexe cérébral (3). Enfin, à l'appui de son hypothèse, Kostyleff rappelle la loi de l'assimilation fonctionnelle de Le Dantec : elle est, en effet, d'un puissant secours à la conception motrice des sensations. Du moment que les réflexes cérébraux se développent et se consolident par l'exercice, la conservation et le développement des images mentales deviennent explicables. « On comprend comment, d'un petit nombre de réflexes visuels chez le nouveau-né, se développe la notion de l'espace avec les images complexes de l'adulte. »

Malheureusement, le point de vue nouveau n'est pas facile à faire accepter. C'est l'idée dominante, en somme, de la Philosophie moderne : substituer, à la conception *statique* des choses et de la conscience, la conception *dynamique*, en indiquant que, si la première persiste avec tant d'opiniâtreté, c'est qu'elle répond aux exigences de la pratique. « En France, la théorie du développement fonctionnel des réflexes s'est heurtée à la conception statique des images mentales... J'ai acquis la conviction que la psychologie, qui veut être scientifique et expérimentale, doit remplacer à sa base la

---

(1) B. Bourdon, *La perception visuelle de l'Espace.*
(2) Dr Nuel, *La Vision*, Dion, 1904, p. 249.
(3) P. Bonnier, *L'inertie des milieux auriculaires* (Com. Société de Biologie, 1896). — *L'audition*, Doin, 1904. — Hurst, *A new theorie of hearing*, 1895.

notion superficielle et caduque des images mentales par celle qui sera seule réellement objective, par la notion des groupements de réflexes cérébraux... la transformation est capitale. Du coup, les phénomènes psychiques perdent leur caractère mystérieux, pour s'enchaîner, d'un côté, aux perceptions visuelles et auditives; de l'autre côté, aux réactions musculaires. C'est-à-dire qu'ils se trouvent en rapport direct avec les tests de la Psychologie expérimentale » (1). D'où, une nouvelle méthode : il ne s'agira plus d'étudier les phénomènes psychiques, sans les distinguer selon leur mécanisme, ni de s'approcher de l'X par une appréciation *quantitative* de l'intensité, de la vitesse, etc... les études psychologiques vont prendre une direction *qualitative* et ce qui s'offrira à nous ce sera l'X même des phénomènes mentaux, la nature organique qui les distingue les uns des autres. Ces différences qualitatives, qui ont paru inexplicables à Binet, vont peut-être pouvoir s'expliquer, pense Kostyleff, à la lumière de la nouvelle méthode : ainsi, la perception directe indique l'origine périphérique des faisceaux de réflexes, tandis que l'évocation mnésique indique une origine interne; la conscience d'un objet est représentée par un faisceau de réflexes, tandis que la conscience d'un verbe est produite par la relation qui s'établit entre deux ou plusieurs faisceaux, etc.

Dans cette nouvelle direction, une foule d'expériences seraient à tenter; quelques-unes, à utiliser. Malheureusement, les chefs-d'œuvre de patience auxquels ont donné lieu la notation des temps de réaction, la mesure des phénomènes psychiques seront sans grande utilité. Dans l'ordre des recherches objectives, deux séries d'expériences sont à utiliser : celles qui furent faites sur le fonctionnement des réflexes cérébraux par J. Pawlow et W. Bechterew (2), qui étudièrent ce qu'ils ont appelé « l'éducation des réflexes » et les expériences physico-chimiques sur la transformation des voies nerveuses,

---

(1) Kostyleff. *La crise de la Psychologie expérimentale*, p. 117.
(2) Bechterew, *La Psychologie objective*, Vestwik Psych., 1904

faites par Berger (¹), Anderson (²), P. Girard (³) et L. Fredericq qui résuma leurs travaux dans cette formule : « Les cellules nerveuses se comportent comme les muscles » (⁴). Dans l'ordre des recherches introspectives, Kostyleff trace un plan d'expériences des plus curieux, d'études à faire sur la liaison des réflexes cérébraux en rapport avec certaines catégories de phénomènes mentaux. Citons, en ce qui concerne *l'origine périphérique ou interne des groupements* : le type observateur, étudié par Binet, qui révèle une tendance à la formation périphérique des réflexes cérébraux, tandis que le type imaginatif, également observé par Binet, révèle une tendance à la formation interne; en ce qui concerne *la nature homosensorielle ou hétérosensorielle des groupements* : la notion d'une qualité (adjectif) doit être constituée par des réflexes homosensoriels, tandis que la notion d'un objet (substantif) doit se composer de réflexes hétérosensoriels venant de plusieurs sources de connaissance. On peut donc jeter les bases d'un premier classement des tests. La fonction des premiers jugements, l'association des idées, l'abstraction, la pensée sans image, le raisonnement, l'attention, tous les phénomènes mentaux pourraient être étudiés du point de vue des réflexes cérébraux.

Ainsi s'accomplirait « une véritable révolution dans la Psychologie expérimentale ». Les laboratoires ne travailleraient plus à l'aveugle, isolés dans des expériences intéressantes, patientes, mais sans liens, et les recherches trouveraient enfin la base commune qui leur manque et « qui, seule, peut donner

---

(¹) BERGER, *Experimentahl-anatomische studien über die durch den mangel optischer Reize veranslanten Entwicklungs Remmungen in occipitallappen des Hundes und der Katze*. (*Anch. Psychiatrie*, 1900, t. XXXIII).

(²) ANDERSON, *The Nature of the lesions which hinder the development of nerve-cells and their processes* (*Journ. of Physiol.*, 1903).

(³) GIRARD, *Journal de Psych. et Pathologie*, nov.-déc., 1906, p. 481 et suiv.

(⁴) L. FREDERICQ, *Les conditions physico-chimiques du fonctionnement des centres nerveux* (*Année psych.*, 1907, p. 308-323).

à la Psychologie le caractère d'une science positive, homogène et précise » (¹).

3. Loin de nous l'intention de forcer la conclusion de l'auteur, mais ne semble-t-il pas que Kostyleff, dans sa critique de la méthode expérimentale et dans ses propositions, parle un peu le même langage que celui des philosophes et des savants cités au cours de cette étude, et qui personnifient le mieux les tendances générales de la pensée moderne? C'est le point de vue *statique* des choses qui est en cause : c'est lui qu'on accuse de nous avoir menés à une impasse. C'est le point de vue *dynamique* qu'il s'agit de réhabiliter. En même temps, la nature et la qualité de l'objet semblent se révéler comme quelque chose de plus profond que ce que nous donnent les seules mesures et calculs auxquels l'objet a pu être soumis. Sans vouloir unifier ces différents systèmes, ce qui prêterait à une confusion regrettable, nous découvrons cependant un air de parenté entre l'énergétique, par exemple, dans son opposition à l'atomisme, le bergsonisme dans son opposition à l'intellectualisme, et, en Psychologie, les idées de Kostyleff dans leur opposition à la méthode expérimentale telle qu'elle fut comprise jusqu'à ce jour. Ici et là, sous l'éparpillement et la fragmentation des éléments, ce sont des forces continues qu'on entrevoit; derrière des images et des solides, véritables objets aux lignes nettes, c'est un changement qu'il s'agit d'étudier. Chez les uns et les autres, c'est le même désir de ne pas traduire superficiellement, en termes d'action, des phénomènes qui sont des phénomènes psychologiques et qui veulent être saisis dans leur développement.

Quoi qu'il faille penser d'ailleurs de la systématisation psychologique que nous avons exposée, il ne nous semble pas douteux que c'est en Psychologie, dans l'étude de notre moi, que la méthode bergsonienne et la méthode d'observation scientifique peuvent, non point se fondre, ce qui, sans doute,

---

(¹) KOSTYLEFF, *La Crise de la Psychologie expérimentale*, p. 174.

serait stérile, mais se compléter et se prêter un appui mutuel. Les deux méthodes, absolument différentes, ont, en somme, le même but : *atteindre la meilleure approximation de la connaissance de l'être* (¹). Mais, tandis que l'intuition bergsonienne étonne les esprits, quand il s'agit de l'appliquer à des êtres ou à des choses qui nous sont extérieurs et que l'effort de « sympathie divinatrice » paraît alors plus difficile, elle devient familière et découle du sens commun, lorsqu'il s'agit de nous-mêmes. Chaque être peut reconnaître, sans effort, qu'il vit sa vie et que celle-ci est en lui objet de création originale et incessante, tout en admettant qu'il est légitime et nécessaire à la connaissance de prendre, sur son évolution propre, et de l'extérieur, des vues *cinématographiques*, des descriptions, ou même d'établir des relations entre ses états psychiques, dont le caractère approximatif apparaîtra d'autant plus certain que le sujet en vivra la cause, étant tout à la fois objet et sujet. L'être étant dans la durée, et son intelligence procédant, nous l'avons vu, en fonction de l'espace, les deux méthodes, bergsonienne ou intuitive, d'une part, scientifique, d'autre part, se rencontrent dans le même centre, en nous-même, et comme elles donnent, l'une et l'autre, des résultats, il n'y a pas de raisons scientifiques pour qu'elles ne fassent pas bon ménage. Sans doute, ce rapprochement serait impossible, si nous nous en tenions à la notion d'une loi scientifique d'une exactitude absolue et d'une éternité démontrée. Mais ce point de vue est entièrement abandonné par les savants, par ceux-là mêmes qui, comme Berthelot, représentent le plus complètement la méthode scientifique. La loi n'est à leurs yeux qu'une approximation. Dès lors, l'entente peut se faire, puisque la contingence est reconnue, et qu'on attribue même à celle-ci le droit, sur toute chose, de dire le dernier mot. A plus forte raison, en est-il ainsi, si les lois scientifiques ne sont que des instruments *commodes*, comme le croit H. Poincaré, ou si la connaissance elle-même doit se réduire à des descriptions, comme le veut Mach.

(¹) MEUNIER, *Revue philosophique*, janvier 1912. *Conséquences et applications de la Psychologie*, p. 55.

Cette convergence de deux méthodes sur le terrain de la Psychologie ne doit pas nous étonner. La Psychologie est proprement le point où viennent se rencontrer toutes les connaissances humaines et toutes les méthodes. Son empire s'affirme chaque jour plus vaste ([1]). Elle est le centre autour duquel s'enroulent les cercles concentriques des autres sciences, les sciences morales et politiques étant les plus proches d'elle, les sciences naturelles, chimiques, physiques s'en éloignant progressivement, jusqu'au cercle le plus éloigné qui symbolise les sciences mathématiques. Sur toutes, l'action centrale se fait sentir : toutes lui sont redevables. Fort justement, A. Binet disait : « On ne l'a pas assez remarqué, notre psychologie ne se laisse pas parquer comme la Physique ou la Sociologie, dans le tableau logique des connaissances humaines, car elle a pour privilège unique un droit de police sur les autres sciences » ([2]).
Il est bien évident que la Psychologie a son entrée partout : « Toutes nos humaines conceptions, expressions momentanées de notre intelligence, sont régies par les grandes lois psychologiques qui les conditionnent et souvent les expliquent » ([3]). Mais cette extension de la Psychologie s'est accrue encore sous la poussée des idées philosophiques et scientifiques actuelles. Dans le domaine des sciences philosophiques, la Psychologie prend une place comparable à celle de la Mécanique dans le domaine des sciences physiques et naturelles. Or, nous avons vu que, même dans son milieu propre, dans l'univers matériel, la Mécanique, qui suggère les conceptions atomistiques et mécanistes, tend à perdre sa prépondérance séculaire pour être remplacée par la notion d'énergie qui est, elle, d'essence psychologique. La Psychologie s'installerait donc, non pas seulement dans le domaine des sciences morales, mais dans celui des autres sciences et serait à la base de la plus vaste généralisation à laquelle l'esprit humain se soit jamais élevé.

---

[1] L.-M. BILLIA, *La Psychologie est plus qu'une science*, VIᵉ Congrès intern. de Psych. Genève, Kunding, 1910, p. 623.

[2] A. BINET, *L'âme et le corps*. Paris, 1905, p. 32.

[3] MEUNIER, *Revue philosophique*, janvier 1912, p. 44.

En elle, s'essaieraient de concert toutes les méthodes. Elle vise à rendre compte également du concret et de l'abstrait, du particulier et du général, de la qualité et de la quantité. Elle ouvre enfin, avec Bergson, la voie directe vers l'absolu métaphysique.

S'il fallait montrer quelques-unes des conséquences directes de la Psychologie, dans les sciences philosophiques, nous n'aurions que l'embarras du choix. Elle paraît chez elle, chez chacune d'elles et, de fait, elle y est : la logique, par exemple, voit son objet renouvelé en devenant psychologique. Nous ne citerons pas seulement les travaux révélant une logique morbide, souvent si impressionnants ([1]), mais encore et surtout, les tentatives faites pour rattacher la logique à l'ensemble des besoins humains : c'est Mach, qui voit en elle l'expression systématique de « l'économie de la pensée »; c'est Avenarius, qui prétend donner la formule d'une logique conçue comme un soutien dans la lutte entre l'énergie individuelle et ces difficultés vitales que sont les problèmes. Un jeune philosophe espagnol, d'Ors, tenta plus récemment l'explication de la logique du triple point de vue de la Psychologie, de l'Énergétique et de la Biologie ([2]).

([1]) Sérieux et Capgras, *Les délires d'interprétation.* — Vaschide et Vurpas, *L'analyse mentale.*

([2]) « 1º Étant donné, dit d'Ors, qu'un équilibre instable caractérise la matière de l'être vivant, — équilibre plus précaire encore dans les cellules dont l'indétermination fonctionnelle a pour résultat la conscience, — les excitations produites chez un être vivant et conscient par les difficultés vitales qui naissent de ses situations d'infériorité à l'égard du milieu, seraient, en elles-mêmes, toxiques pour cet individu.

« 2º L'innocuité des excitations qui sont historiquement les premières, dans l'individu ou dans l'espèce, s'explique par l'état, alors encore rudimentaire, de la conscience.

« 3º Le développement de la conscience exige, comme compensation, un système de défense spécifique. Cette défense est produite par l'intervention d'une diastase, désignée psychologiquement par le nom de *raison*.

« 4º Les excitations toxiques, transformées par la raison en

De son côté, la morale est évidemment redevable à la Psychologie et c'est pour l'avoir un peu trop oublié que Lévy-Bruhl ([1]) nous donne, sous l'étiquette de morale sociologique, un dynamisme social, d'une utilité incontestable, mais qui ne paraît ni constituer une morale proprement dite, ni en permettre la constitution dans l'avenir. En réalité, les morales dont les applications ont été les plus efficaces furent celles qui posèrent, en principe, un besoin impérieux de notre conscience ou de notre vie affective : la morale de Kant qui naît dans l'intériorité même de notre être, celle d'Adams Smith qui a pour base la sympathie, ou celle de Schopenhauer qui s'inspire de la pitié, ou celle de Guyau qui part de l'émotion de vivre. Höffding ([2]), Duprat ([3]), Ch. Richet ([4]) ont envisagé le problème moral surtout, semble-t-il, du point de vue psychologique. Dans la Sociologie même, malgré les prétentions de cette science, la psychologie joue un rôle considérable et unique ([5]).

Mais c'est en Métaphysique, nous l'avons déjà dit, que la Psychologie aboutit aux résultats les plus surprenants. Parti des Mathématiques, c'est-à-dire de l'abstrait, pour chercher la vie et le concret, la réalité telle quelle, avant qu'elle ait été apprêtée par notre intellectualité, Henri Bergson devait nécessairement rencontrer la Psychologie. C'est sur elle, c'est

---

concepts non toxiques, donnent à l'individu une immunité relative contre des troubles nouveaux. C'est cette immunité qui constitue la logique.

« 5° La logique est une immunité acquise.

« 6° La formule biologique de la logique est donc la formule de l'immunité [Eugène d'Ors, *La formule biologique de la logique. L'analyse mentale* (*Compte rendu du Congrès de Genève*, 1909, p. 747)] ».

([1]) *Voir* plus loin notre critique des morales sociologiques, p. 315 et suiv.

([2]) G. Höffding, *Morale*, 1903. Alcan.

([3]) Duprat, *Morale*. Paris.

([4]) Ch. Richet, *Les bases psychologiques de la morale. Bulletin de l'Institut général psychologique*, janvier 1907.

([5]) Meunier a montré l'importance du facteur psychologique dans son volume, *Les Vagabonds*. Paris, 1908.

sur les données immédiates de la conscience, qu'il fonde sa métaphysique. On peut dire que, par lui, du point de vue psychologique, une ère de métaphysique nouvelle s'est ouverte dans notre vieux monde, si épris cependant de réalités positives. Pour être retourné aux données primitives dans toute leur fraîcheur, pour avoir eu, plus que d'autres, le sentiment profond de la vie intérieure, pour s'être révolté contre les exigences outrancières de l'abstraction, maîtresse du monde, la Psychologie bergsonienne aboutit à renouveler la Philosophie et nos méthodes de penser, à ranimer la Métaphysique depuis si longtemps immobile et sans vie.

Ainsi, la Psychologie s'est glissée partout : dans les sciences exactes, dans les sciences morales, dans la Métaphysique. Dans les premières, elle prétend avec les énergétistes, à une vue d'ensemble dominatrice; dans les secondes, elle est proprement chez elle, et on ne peut l'exclure sans se tromper. Par elle, la troisième, morte depuis des siècles, est ressuscitée. Si des résultats aussi considérables ont été réalisés par la Psychologie, n'est-ce point parce que celle-ci est, comme nous le disions, le centre vivifiant des connaissances humaines? Et s'il en est ainsi, n'est-il pas permis d'espérer en elle, c'est-à-dire en nous, objet et sujet, le parfait accord des méthodes différentes, bergsoniennes et scientifiques, qui semblent opposées, qui sont, en réalité, complémentaires l'une de l'autre, comme les deux ailes de l'esprit humain?

LIVRE V.

LA MORALE SOCIOLOGIQUE ET LES PROTESTATIONS DE LA CONSCIENCE, DE LA LIBERTÉ ET DE LA VIE

CHAPITRE I.

1. La Morale devant l'école sociologique. Lévy-Bruhl; la Science des mœurs et la création d'un art moral rationnel. — 2. Le *fait moral* chez Durckheim : toute règle de conduite à laquelle est attachée une sanction répressive diffuse. Critique de cette conception.

---

1. Le siècle de la Science et d'Auguste Comte devait, naturellement, avoir une influence profonde sur les idées morales. Le même mouvement d'idées, qui porta les biologistes, comme Le Dantec, à poser une explication radicalement et exclusivement mécaniste de la vie, devait aussi amener les esprits à chercher des règles morales, non pas en descendant de la théorie aux faits, mais en remontant, au contraire, des faits à la loi.

Pourquoi, demande Lévy Bruhl, la Morale ne serait-elle pas objet de science, comme la Physique ou la Biologie ? Croit-on qu'elle n'est pas déterminée par des lois, conditionnée, comme le droit, par exemple, par le degré de civilisation du peuple où elle existe, par les traditions, les usages, les coutumes, l'histoire et les institutions, bref par le milieu social ? Eh bien ! le savant doit étudier les *faits moraux* comme les autres, et leur évolution comme celle des institutions ou des idées religieuses ; il en dégagera les lois, ce qui est utile et ce qui n'est plus qu'une survivance. Selon l'expression d'un penseur contemporain, on fondera une « Science de la morale », et non pas une morale scientifique ([1]), encore moins une morale théorique à la manière de Kant et des philosophes. Connaissant les lois de notre morale, il nous sera aisé de constituer, forts de notre savoir, une *technique* de la morale, un art rationnel qui sera, à la Science de la morale, ce que la médecine est à la Biologie : une utilisation intelligente de nos connaissances. Mais qui ne voit que, pour atteindre ce but, il faudra réintégrer, tout d'abord, le fait moral parmi les faits sociaux, l'étudier, non dans notre conscience par une sorte d'introspection, mais objectivement, et poursuivre nos recherches, comme toute étude scientifique, dans le seul souci de la Vérité ?

Quelle est donc le sens et la portée des systèmes de morale que nous connaissons ? En quoi se différencient-ils d'une Science des mœurs proprement dite ?

Dans toute science, il convient de distinguer la théorie et la pratique. La théorie constitue la recherche et l'exposé des lois : elle n'a point de but utilitaire. La pratique en est l'utilisation rationnelle. Ainsi, depuis de longs siècles, déjà, on s'est habitué à séparer l'étude spéculative des mathématiques d'avec leurs applications ; on a séparé la Physique théorique de la Physique appliquée, et Claude Bernard n'aurait probablement pas expliqué, avec tant d'insistance, que la Médecine doit être expérimentale, c'est-à-dire fondée sur une recherche scientifique dont elle est distincte, si cette vérité avait été universellement admise de son temps. Pour prendre un exemple caractéristique, examinons comment la science théorique, la Biologie, s'est fondée indépendamment de son application : la Médecine. Les auteurs des écrits hippocratiques, les praticiens européens et arabes, les savants, depuis le XVIe siècle, firent incontestablement progresser les sciences

---

[1] Parodi, *Le problème moral et la Pensée contemporaine*, p. 41.

médicales, mais ils n'en étaient pas arrivés encore à instituer des recherches biologiques pures, en dehors de toute application médicale ou chirurgicale immédiate. « L'idée en est récente, et elle ne se serait peut-être pas fait accepter avant le XIXe siècle. Trop d'obstacles s'y opposaient : on sentait surtout la nécessité de plus en plus pressante de substituer une pratique plus rationnelle aux procédés et aux recettes empiriques de la tradition, et l'on voulait, par conséquent, que toute acquisition nouvelle de la Science fût aussitôt utilisable.

Les progrès des sciences biologiques et naturelles au XIXe siècle, et, en particulier, ceux de l'Anatomie comparée et de la Physiologie générale modifièrent peu à peu ces dispositions. Un effet encore plus considérable fut produit, en ce sens, par les découvertes de Pasteur, qui n'était pas médecin, et par celles de ses successeurs, qui le sont pour la plupart. Elles ont prouvé par le fait, de la façon la plus décisive et la plus éclatante, que, dans ce domaine comme dans les autres, les recherches les plus désintéressées et les plus étrangères, en apparence, à la pratique, peuvent se trouver un jour extraordinairement fécondes en applications. Après Pasteur, Lister. Elles ont fait comprendre que la Microbiologie et la Chimie biologique n'étaient pas moins indispensables au progrès de l'art de guérir, que la Pathologie et la Physiologie. Par suite, le savoir scientifique sur lequel la Médecine et la Chirurgie se fondent n'est plus réduit, par l'intérêt immédiat et mal compris de la pratique, à un segment arbitrairement découpé dans l'ensemble de la Biologie. Leur base théorique va, au contraire, s'élargissant de plus en plus, sans préjudice de la préparation pratique et technique qui demeure indispensable au médecin. Mais ce résultat n'est obtenu que d'hier, ou même, plus exactement, d'aujourd'hui ; et, bien qu'assuré désormais, il n'est pas encore incontesté » (¹).

La Morale est-elle une science théorique ou une technique ? Il semble bien qu'elle ne soit ni l'une, ni l'autre. Technique ? Lévy Bruhl le veut ardemment, mais pour créer une tech-

---

(¹) Lévy-Bruhl, *La Morale et la Science des Mœurs*, p. 72.

nique, pour fonder un art rationnel, encore faut-il commencer par rechercher les lois de la morale et instituer cette science des mœurs sur laquelle, pour l'instant, nous n'avons que des données tout à fait insuffisantes. Science théorique ? Comment pourrons-nous grouper sous cette même épithète, les Mathématiques, l'Astronomie, la Physique, la Biologie, la Phisiologie, etc., qui s'efforcent à *connaître*, et la Morale qui ne prétend qu'à *prescrire*. Fixer des principes directeurs, obtenir un ordre de préférence et, selon l'expression de Lotze, des jugements de valeurs, tel est le but de la Morale, par essence législatrice. Est-ce bien là le but d'une science ? Sans doute, la systématisation des règles morales peut être appelée *théorie*, comme on dit théorie de la construction navale, théorie de l'utilisation des chutes d'eau, mais elle ne saurait constituer une science théorique, c'est-à-dire, l'étude spéculative d'un objet proposé à l'investigation scientifique et désintéressée.

C'est pour parer à cette critique que Wundt et quelques philosophes proposent de mettre la Morale au nombre des *sciences normatives*. A quoi, Lévy Bruhl répond, sans difficultés, semble-t-il, qu'il n'existe pas de science normative. Toute norme est relative à l'action, c'est-à-dire à la pratique et celle-ci ne peut se fonder légitimement que sur la connaissance exacte de la réalité, donc sur la science. « Prétendre qu'une science est normative en tant que science, c'est-à-dire en tant que théorique, c'est confondre en un seul deux moments qui ne peuvent être que successifs. Toutes les sciences actuellement existantes sont théoriques d'abord; elles deviennent normatives ensuite, si leur objet le comporte, ou si elles sont assez avancées pour permettre des applications.

Mais ce n'est pas ainsi qu'on nous donne la Morale. Celle-ci serait une science normative précisément par sa partie théorique, serait « législatrice en tant que science ». Or, c'est là, confondre l'effort pour connaître avec l'effort pour régler l'action ; c'est une prétention irréalisable. En fait, les systèmes de morale théorique ne la réalisent point. Jamais, à aucun moment, ils ne sont proprement spéculatifs. Jamais, ils ne perdent de vue l'intérêt pratique pour rechercher, d'une façon désintéressée, les lois d'une réalité (empirique ou intelligible) prise pour objet de connaissance. Bref, une morale, même quand elle veut être théorique, est toujours normative; « et, précisément parce qu'elle est toujours normative, elle n'est jamais vraiment théorique » (1).

En réalité, les morales théoriques ne sont que des projections, dans le domaine de la pure spéculation, des idées suggérées par une même pratique, et Paul Janet a raison de dire que, dans l'enseignement de la Morale, au lieu de commencer par la morale théorique pour descendre à la morale appliquée, il vaudrait mieux remonter de celle-ci à celle-là.

Les morales pratiques d'un temps donné, devant s'accorder avec la conscience commune de ce temps, s'accorderont toujours entre elles. Les morales théoriques, de caractère plus abstrait, n'intéressant pas aussi directement cette conscience et prétendant d'ailleurs converger vers le même résultat pratique, se permettent d'autant plus de diverger. Le rapport de la théorie à la pratique morale est donc tout à fait singulier. Tandis que dans toutes les sciences, la pratique se déduit de la théorie, ici c'est le contraire qui a lieu : la théorie, préoccupée exclusivement de servir de norme à la pratique existante, se déduit de celle-ci. On semble partir de cette idée que notre morale est bonne indiscutablement, et que tout l'effort de la Philosophie doit consister à en rechercher les bases éternelles et immuables, la coordination qui renforcera la pratique morale en semblant la justifier, les principes quasi divins dans lesquels cette pratique puisera le caractère sacré qui la rendra obligatoire (2). Il est bien évident, après ces précisions, que la Morale n'a rien de commun avec une Science des mœurs, dont les recherches devraient être entièrement désintéressées.

Est-ce à dire que les systèmes de morale aient été complètement inutiles ? Parce qu'il n'y a pas de science normative

---

(1) Lévy-Bruhl, *Op. cit.*, p. 10.
(2) Voir V. Brechard, *La morale ancienne et la morale moderne* (*Revue philosophique*, janvier 1901).

en tant que théorie et que la Morale serait théorique et normative, parce que ses postulats fondamentaux (par exemple : la nature humaine est toujours identique à elle-même, en tout temps et en tout lieu) sont infirmés par l'expérience, il ne s'ensuit pas que l'effort philosophique tendant à donner une explication métaphysique — Lévy Bruhl dit *métamorale* — des faits moraux, soit à dédaigner. Il semble, au contraire, qu'i ait joué, dans l'évolution de nos idées sur la Morale, un rôle prépondérant, bienfaisant et nécessaire. Lévy Bruhl ne heurte pas de front la méthode actuelle : il considère son temps comme terminé, et la couvre de fleurs. En Philosophie, comme dans bien d'autres domaines de l'activité intellectuelle, la *manière douce* paraît avoir remplacé, au moins pour l'instant, la manière forte de jadis. On ne cherche plus à abattre une thèse, à la disqualifier avant l'attaque. L'idée d'évolution a fait naître en nous des habitudes plus aimables en même temps qu'une mentalité plus sceptique : on salue respectueusement le passé, on prend conscience de ce qu'on lui doit, on lui rend justice, mais, ce devoir accompli, on n'en reste pas moins décidé à lui substituer ou à lui surajouter les idées nouvelles. C'est l'histoire des énergétistes contre les mécanistes, du bergsonisme contre le scientisme, des moralistes de l'école de Lévy Bruhl contre les moralistes métaphysiciens. Nous devons la plus grande reconnaissance, répète après Aug. Comte, l'auteur de *La Morale et la Science des mœurs*, aux hommes qui entreprirent de chercher une interprétation des phénomènes naturels. Peu importe que cette interprétation ait été, pendant de longs siècles, purement imaginative, mythique, puérile même et absurde. Quelle qu'elle fût, elle était d'une utilité capitale, en fortifiant dans les esprits un besoin intellectuel d'explications théoriques. Peu à peu, la métaphysique est née des cosmogonies religieuses, et plus tard, quand des circonstances favorables l'ont permis, la Physique a grandi, à l'ombre de la Métaphysique, pour se séparer d'elle finalement Fait très remarquable : les peuples qui n'ont pas connu de métaphysique rationnelle ne connaissent pas non plus de physique scientifique.

Les morales, c'est-à-dire, les ensembles observables de règles, de prescriptions, d'impératifs et d'interdictions, existent au même titre que les religions, les langues, les droits, etc. Toutes les institutions se présentent à nous comme également naturelles et comme solidaires entre elles : elles constituent des faits, des *données* qui seront l'objet de la Science des mœurs et dont cette science dégagera les lois. Lévy Bruhl nous convie à fonder une Physique morale.

La genèse de la science nouvelle, selon toute apparence, présentera beaucoup d'analogie avec celle de la Physique : les anciens physiciens et Aristote faisaient effort vers l'intelligibilité de la réalité. Pour eux, les mêmes causes et les mêmes principes se retrouvent partout et rendent tout intelligible (¹). « Partout le savant (qui ne se distingue pas du philosophe) découvre les rapports de la puissance et de l'acte, de la matière et de la forme, des moyens et de la fin. Mais précisément cette universalité des principes et des causes s'opposait à la pratique et à la conception même d'une méthode physique et expérimentale, parce qu'elle donnait à l'esprit une explication complète et définitive au delà de laquelle il n'y a plus rien à chercher. » (²) : des principes et des postulats éclairent la nature entière, répondent à tout. Aussi, tant que persista cette conception, les physiciens n'eurent plus qu'à élucider et commenter les principes transmis par Aristote. La nature parut divine : il n'y eut plus qu'à en admirer religieusement les plans et les desseins.

La Physique moderne, au contraire, part des faits qu'elle étudie soigneusement, et cherche à connaître des lois. Elle fait des hypothèses, elle généralise, elle aussi, mais ces hypothèses ne sont pas définitives : on ne leur demande plus que d'être fécondes. Et elle ne prétend pas être une science de la nature qui puisse nous donner mieux que la connaissance : l'intelligibi-

---

(¹) Aristote, Métaphysique, XII, 4, τὰ ςἄίτια καὶ αἱ ἀρχαὶ ἄλλα ἄλλων ἐστιν ὥς; ἔστι δώς, ἂν καθόλου λέγη τις καὶ κατ'ἀναλογίαν, ταὐτὰ πάντων.

(²) Lévy-Bruhl, *La Morale et la Science des Mœurs*, p. 110.

ité ou plus exactement la première impliquée dans la seconde. « Notre pouvoir, a dit M. Berthelot, s'étend plus loin que notre savoir »; Aristote, certes, eut dit le contraire.

Or, sans supposer un parallélisme exact entre le développement de la science de la nature physique et celui de la science de la nature morale, ne semble-t-il pas, dit Lévy Bruhl, que la seconde présente aujourd'hui un certain nombre de traits qu'on constate chez la première, dans sa période de début ? N'a-t-elle pas cherché, jusqu'à présent, plutôt à *comprendre* qu'à *connaître ?* Ne considère-t-elle pas comme suffisamment connu ce qu'elle pense avoir compris ? N'est-elle pas, comme la Physique ancienne, immobilisée dans ses principes ? Ne reste-t-il rien de mystique, ni de religieux, dans la façon dont son objet lui apparaît.

L'analogie entre le développement de la Physique et celui de la Physique morale, peut même être poussée plus loin et jette encore quelque lumière sur la marche future de la nouvelle science. Dans le démembrement de la physique d'où sont sorties, par voie de différenciation progressive, les différentes sciences de la nature inorganique ou vivante, la période de progrès décisifs n'a commencé qu'au moment où une science, plus avancée et plus générale, est devenue, pour elles, un *modèle* et un *organon :* les Mathématiques. De même, il est à prévoir que la Science de la morale n'entrera, elle aussi, dans la période de progrès décisif, que lorsqu'elle en aura trouvé l'instrument dans une autre science plus avancée qu'elle, sans doute les sciences historiques. Celles-ci joueront ainsi dans la Science de la morale, le même rôle que les Mathématiques dans les sciences physiques et chimiques. Notons enfin, pour donner une idée de ce que sera la science nouvelle, que certaines catégories de faits moraux ont déjà été étudiées par une méthode rigoureuse et objective et constituent de véritables précédents : ce sont ceux qu'étudient les philologues et les linguistes. Ces savants, insiste Lévy-Bruhl, excluent de parti pris tout ce qui rappelle la Psychologie vague, générale et purement littéraire et les procédés de dialectique, qui mènent seulement au vraisemblable; ils présentent les mêmes caractéristiques logiques que le physicien ou le chimiste; ils se sentent tenus aux mêmes scrupules; ils pratiquent la même prudence à l'égard des hypothèses. Leurs audaces mêmes sont méthodiques. A leurs yeux, ce sont toujours les faits qui décident en dernier ressort.

Ainsi, nous pouvons prévoir ce que sera la Science des mœurs : comme la Physique est sortie de sa période métaphysique, elle sortira de sa période métamorale; comme la Physique s'est développée, par le moyen de la Mathématique, elle est appelée à bénéficier largement du progrès des sciences historiques; enfin, sa marche, qui se heurtera à bien des obstacles, sera précédée d'éclaireurs auxquels nous pouvons rendre hommage : les linguistes et les philologues.

Malheureusement, comme nous nous y attendons, un grand nombre de causes conspirent à retarder la transformation des sciences morales. Une méthode nouvelle ne s'acclimate jamais facilement. Que d'efforts avant que Galilée, rompant avec la tradition de son temps, ait expliqué le mouvement par un chef-d'œuvre d'abstraction scientifique propre à la mesure et au calcul et prêt à entrer dans les équations de la Mécanique ! Et puis, nous dit-on, il faut reconnaître que la Science des mœurs semble, pour beaucoup, grosse de conséquences fâcheuses et propres à affaiblir l'autorité des vieilles morales à laquelle paraît lié le sort des institutions sociales.

Quoi qu'il en soit, Lévy-Bruhl ne désespère pas; il termine ainsi : la Science des mœurs sera couronnée par une Technique, *un art rationnel* fondé sur ses lois, art moral ou social comme on voudra l'appeler. « Si vraiment la morale est un art comparable à la Mécanique et à la Médecine, selon le mot de Descartes, cet art emploiera, à l'amélioration des mœurs et des institutions existantes, la connaissance des lois sociologiques et psychologiques, comme la Mécanique et la Médecine utilisent la science des lois mathématiques, physiques, chimiques et biologiques » [1].

Que sera cet *art rationnel* ? Nous ne pouvons le dire dès

---

[1] Lévy-Bruhl, *Op. cit.*, p. 256.

maintenant : il constitue un *desideratum*, et nous ne pouvons guère le définir que par analogie avec les autres *arts rationnels* que des sciences plus avancées ont permis de constituer, dès à présent, ou, par comparaison, avec ce qui en tient aujourd'hui la place, c'est-à-dire, avec la morale pratique, la politique, la pédagogie, etc. Ainsi, tandis que la morale pratique existe *tout entière* dès à présent et se prétend *absolue*, l'art moral rationnel est à faire et progressera lui-même, au fur et à mesure du progrès des sciences ; tandis que la Morale ne connaît point de difficultés dont elle ne donne, en principe, la solution, et que, de tous les arts humains, elle est le seul qui ne s'avoue jamais imparfait, l'art moral rationnel ne pourra modifier la réalité que dans certaines limites et sous certaines conditions. Bref, nous pouvons deviner l'aspect de cet art moral rationnel de l'avenir, mais nous ne pouvons évidemment pas, dès maintenant, en prédire tous les progrès. Bornons-nous à constater qu'il est possible, et à souhaiter qu'un effort soit tenté dans ce sens.

« Mettons-nous modestement, mais résolument, dit Lévy-Bruhl, à l'étude de la réalité sociale, c'est-à-dire à l'analyse scientifique du passé des différentes sociétés humaines et des lois qui régissent les différentes séries de phénomènes sociaux et leurs rapports. Prenons ainsi conscience et de notre ignorance et de nos préjugés. Mesurons, s'il est possible, tout ce que nous avons à apprendre, et aussi tout ce que nous avons à désapprendre. L'énormité de la tâche ne nous effrayera pas, si nous réfléchissons qu'elle sera l'œuvre de siècles, et que chaque génération aura bien mérité des suivantes, si elle a fait seulement un peu de ce qui est à faire, défait un peu de ce qui est à défaire. Sans doute, nous ne pourrions même pas entrevoir cette tâche, sans le travail accumulé des générations qui nous ont précédés. Mais dire que nous concevons la réalité morale comme un objet de science, implique précisément que nous n'acceptons pas tout l'héritage du passé avec un sentiment uniforme et religieux de respect. Nous nous sentons tenus, au contraire, de le soumettre à un examen critique, non pas d'après notre sentiment individuel ou collectif, qui ne saurait avoir qu'une valeur subjective, mais d'après la connaissance scientifique, objective, de la réalité sociale.

« Nous sommes donc toujours ramenés à l'idée du savoir qui affranchit. Mais n'imaginons pas que cet affranchissement se produise de lui-même, ni qu'une sorte de nécessité bienfaisante assure par avance le progrès des sciences. Le spectacle que nous donne l'histoire de l'humanité est tout autre ; nous n'y voyons presque, au contraire, que des sociétés arrêtées dans leur développement, végétant ou périssant, ou soumises à un ensemble de conditions qui n'a pas permis un progrès décisif à la connaissance positive de la nature. La Grèce seule a fait une radieuse exception, et nous vivons encore de son esprit. Toutefois, nous n'en vivrons vraiment que s'il est actif en nous, c'est-à-dire, que si nous poursuivons la conquête méthodique de tout le réel par la Science. Il nous faudra, il est vrai, vaincre une redoutable force d'inertie. Pour organiser et pour mener à bien l'étude objective de la *nature morale*, nous avons à nous délivrer d'habitudes mentales et de préventions que les siècles écoulés ont rendues à la fois tyranniques et vénérables. Mais cet effort qu'il faut donner, notre société ne s'y dérobera pas : d'abord, parce qu'elle le sent nécessaire et que des esprits vigoureux l'entreprennent déjà ; puis, parce que le succès et les progrès ininterrompus des sciences de la nature physique lui servent à la fois d'exemple et d'encouragement » (¹).

2. C'est le même point de vue que défend Durkheim : le grand maître de la Sociologie contemporaine pense que la Morale doit devenir une science, issue de l'observation des *faits moraux*, des règles particulières qui gouvernent effectivement notre conduite. Cette science classerait d'abord les phénomènes moraux, rechercherait ensuite les conditions dont dépend chacun des types ainsi formés et en déterminerait le rôle : elle ne serait pas une application exclusive de la Biologie ou de la Psychologie ou de la Sociologie, mais une

---

(¹) LÉVY-BRUHL, *Op. cit.*, p. 310.

science autonome. Pour dégager et formuler le précepte moral, il ne suffit pas de regarder au dedans de soi-même. On ne peut l'apercevoir tout d'un coup. « On ne peut parvenir jusqu'à lui qu'en partant des faits où il s'incarne et qui seuls le manifestent » (¹). Toute règle se dégage de la réalité, mais il ne suffira pas, pour créer la science nouvelle, d'observer avec soin, de décrire, de classer les faits, mais ce qui est beaucoup plus difficile, il faudra encore, suivant le mot de Descartes, « trouver le biais par où ils sont scientifiques, c'est-à-dire trouver en eux quelque élément objectif qui comporte une détermination exacte et, si c'est possible, la mesure ».

Mais comment reconnaître les faits qui seront l'objet de cette science, c'est-à-dire les *faits moraux?* A quelque signe extérieur et visible, répond Durkheim, et non d'après une formule qui essaie d'en exprimer l'essence, de même que le biologiste reconnaît le fait biologique à certains caractères apparents et sans qu'il ait besoin, pour cela, de se faire une notion philosophique du phénomène.

Voici les deux principales caractéristiques du *fait moral* :

1º *Quand un acte qui, en vertu de sa nature, est astreint à se conformer à une règle morale, s'en écarte, la société, si elle est informée, intervient pour mettre obstacle à cette déviation. Elle réagit d'une manière active contre son auteur.*

2º *Cette réaction sociale suit l'infraction avec une véritable nécessité; elle est prédéterminée parfois même jusque dans ses modalités. Tout le monde sait par avance ce qui se passera si l'acte est reconnu contraire à la règle, soit par les tribunaux compétents, soit par l'opinion publique. Une contrainte matérielle ou morale, selon les cas, sera exercée sur l'agent, soit pour le punir, soit pour l'obliger à remettre les choses en l'état, soit pour produire tous ces résultats à la fois, bref la règle est sanctionnée.*

Ainsi le critérium cherché se formule ainsi : *tout fait moral consiste dans une règle de conduite sanctionnée.* « Il est impossible, en effet, que les membres d'une société reconnaissent

---

(¹) DURKHEIM, *La division du travail social*, Introduction, p. 7.

une règle de conduite comme obligatoire sans réagir contre tout acte qui la viole ; cette réaction est même tellement nécessaire que toute conscience saine l'éprouve idéalement à la seule pensée d'un tel acte. Si donc, nous définissons la règle morale par la sanction qui y est attachée, ce n'est pas que nous considérions le sentiment de l'obligation comme un produit de la sanction. Au contraire, c'est parce que celle-ci dérive de celui-là qu'elle peut servir à le symboliser, et comme ce symbole a le grand avantage d'être objectif, accessible à l'observation et même à la mesure, il est de bonne méthode de le préférer à la chose qu'il représente [1] ».

Vous direz, peut-être, qu'il s'agit là d'une morale qui ne diffère guère du droit ? Durkheim en convient volontiers : la Morale et le Droit sont deux ordres de phénomènes inséparables et qui relèvent d'une même science. Entre la sanction du droit et la sanction morale, telle que blâme, exclusion, répulsion vis-à-vis du coupable, il n'y a pas une différence réelle, ni même suffisante à la démarcation du Droit et de la Morale. Certaines peines légales sont purement morales. En réalité, les deux sortes de peines ne présentent pas de différences intrinsèques, elles varient seulement suivant la manière dont elles sont administrées. Les unes sont appliquées par chacun et par tout le monde, par l'opinion publique ; les autres, par des corps définis et constitués ; les unes sont *diffuses*, les autres *organisées*.

De ces considérations, il résulte que la science positive de la morale est une branche de la Sociologie, car toute sanction est chose sociale au premier chef. Autre conséquence : *tout ce qui dépasse le devoir normal et moyen, toute règle qui n'est pas sanctionnée, ne fait pas partie de la Morale*. Le sacrifice héroïque, par exemple, qui ne saurait être exigé de tous et qui n'expose point celui qui s'y refuse à la réprobation publique, qui n'est le plus souvent adapté à aucune fin vitale, qui est un luxe, n'est qu'un beau geste ; il relève de l'Art, non de la morale.

---

[1] Durkheim, *Op. cit.*, p. 25.

Durkheim ne nous fait-il pas saisir ici, sur le vif, les causes du malentendu qui nous sépare de lui ? La Morale, l'acte de moralité n'est pas compris par lui, comme nous l'entendons. Il en exclut et rejette vers l'esthétique, les tendances qui dépassent son positivisme, qui bouleversent son décalque de faits. Quand les bourgeois de Calais s'offrirent à la mort pour sauver leurs concitoyens, ils ne firent pas, paraît-il, un acte de moralité. Ils crurent bien le faire, cependant, et leur idéal moral a dû être pour quelque chose dans leur détermination. Nous touchons ici au point faible et particulièrement choquant de la morale sociologique : elle est une moyenne, un vêtement tout fait pour tous, une hygiène morale, expression d'un état de santé favorable, d'un bon équilibre. Elle a perdu toute vertu de relever les hommes, de les exalter utilement, de les ennoblir. Il semble, qu'en se baissant vers les faits, elle ait épuisé les forces que la Pensée utilisait en poursuivant l'Idéal, et que nous demeurions courbés vers la terre.

Cependant Durkheim admet que la conscience morale des sociétés est sujette à erreur. Il arrive, parfois, qu'on attache le signe extérieur de la moralité à des règles de conduite qui ne sont pas morales, par elles-mêmes, et, qu'au contraire, on laisse sans sanction des règles morales. Il y a des faits de pathologie morale : par exemple, quand un précepte présente indûment le caractère de l'obligation ou en est indûment privé. Il faudra donc, pour trouver le fait moral sain, normal, faire une moyenne des faits moraux dans les sociétés du même type parvenues au même stade de leur évolution. Cette moyenne indiquera l'*état de santé moral*. Mais par le fait même qu'elle est une moyenne, elle exclura la perfection de la morale : l'auteur le reconnaît expressément.

Dans ces conditions, on peut se demander si ce n'est pas une morale pour âme médiocre qu'on nous prépare, avec interdiction de s'élever, défense d'envisager de vastes horizons ? La méthode nouvelle mettra en lumière le fait moral normal, celui qu'on observe dans la moyenne des sociétés de même espèce. Et tout fait moral qui ne répondra pas à cette définition sera pathologique ! Durkheim aboutit à la formule suivante : on doit appeler fait moral normal, pour une espèce sociale donnée, considérée à une phase déterminée de son développement, toute règle de conduite à laquelle une sanction répressive diffuse est attachée dans la moyenne des sociétés de cette espèce, considérées à la même période de leur évolution.

N'apparaît-il pas, comme nous le verrons en détail plus loin, qu'à ne vouloir étudier qu'*objectivement* l'acte moral, à le traiter comme un objet physique, sans égard pour la liberté, l'intention qu'il renferme, conséquemment à en distraire la beauté extraordinaire dont il peut se parer, l'héroïsme, le dévouement et la grandeur d'âme exceptionnelle où il s'épanouit, l'école sociologique en arrive « à méconnaître radicalement le caractère essentiel de l'acte moral » (¹) ?

(¹) *Voir* FOUILLÉE, *Revue des deux-Mondes*, octobre 1905. — A. CHAUMEIX, *Le mouvement des idées. La démission de la morale* (*Revue hebd.*, juillet 1910, p. 382). — E. FAYNEL, *La démission de la morale*, 1910, p. 361.

CHAPITRE II.

1 La résistance aux prétentions de l'école sociologique. Rauh : l'expérience morale et l'autonomie de la conscience. Critique de la « superstition de l'objectivité ». — 2. Les protestations de la vie. Jules de Gaultier : un principe de développement aléatoire et incalculable. De ce point de vue : esquisse d'une morale bergsonienne. — 3. Les protestations de l'intuition bergsonienne et du sentiment romantique : P. Sollier et A. Jourdan.

---

1. La soumission absolue de la conscience aux faits positifs devait rencontrer des résistances. Rauh, qui fut un profond penseur, trop peu connu du grand public, fit une tentative courageuse de morale indépendante, une démonstration de l'autonomie de la conscience humaine. Faut-il donc absolument lier notre conscience à un système ou à la nature extérieure ? Nous savons qu'elle ne se confond ni avec l'un, ni avec l'autre : pourquoi ne pas lui laisser son libre jeu ? Pourquoi la rattacher à une idée ou à un fait, c'est-à-dire toujours, finalement, à une théorie ? Les théories reposent sur le postulat métaphysique de l'identité du réel et de l'idéal, de l'être et de l'agir. « Ou bien elles cherchent l'explication de la croyance morale en dehors d'elle-même, dans des réalités métaphysiques ou des faits d'expérience (faits d'expérience externe : conditions climatériques, économiques, etc., faits d'expérience interne : phénomènes psychologiques, plaisirs, intérêts, etc.), ou bien, si elles la considèrent en elle-même, elles substituent à la croyance ses signes, ses produits, les traces qu'elle marque dans le réel, telles que les institutions ou les coutumes. Ainsi font les sociologues, les historiens.

D'une façon générale, les théories suppriment la catégorie de l'idéal, ce qui est *à faire* au profit du *tout fait* » (¹).

Est-ce à dire que les théories métaphysiques soient inutiles, qu'elles n'aient eu aucune influence dans le passé ? Du tout : leur disparition n'est pas souhaitable. Il faut seulement les remettre à leur place. Elles restent un moyen de suggestion, d'action, d'épreuve pour la conscience. Elles sont à la morale, ce que l'hypothèse est à la vérité. « Il ne faut fermer aucune voie à l'invention, mais il faut mettre les suggestions à l'épreuve de la vie, les rejeter dès qu'elles ont abouti à l'expérience morale, comme le savant utilise les théories scientifiques *sans y croire* » (²).

Est-ce à dire que la tendance matérialiste, *substantialiste*, qui met la morale dans la nature, dans l'histoire, et la confond avec les institutions, les mœurs, soit dépourvue de toute utilité et toujours détestable ? Non plus. Chacun de ces états d'esprit peut apporter à l'expérience morale des matériaux précieux que celle-ci utilise et, tout ce dont il faut se garder ici, c'est de confondre la croyance humaine avec la nature, deux domaines différents. « La croyance humaine n'a pas à se soumettre à la nature, à l'histoire, à ce qui n'est pas elle : elle n'a pas davantage à s'y opposer toujours et quand même. Il ne s'agit pas de nier la science objective, ni la morale, mais de constater, en toute impartialité, ce qui reste de nos formules morales *quand une fois nous savons* ». « L'idéal n'est pas plus une donnée externe qu'il n'est une donnée interne. Il n'est pas saisi, en une fois, comme une chose. Il est le résidu qui reste au creuset d'une âme sincère, quand elle a pris conscience d'elle-même au contact des choses » (³).

La morale, en d'autres termes, ne peut se déduire *a priori* : tous les *déductifs* se trompent radicalement de méthode, quels qu'ils soient, rationalistes ou sociologues. « Tout penseur dont nous soupçonnons que ses convictions se fondent

---

(¹) RAUH, *L'Expérience morale*, p. 12.
(²) RAUH, *L'Expérience morale*, p. 42.
(³) RAUH, *Op. cit.*, p. 6.

uniquement sur une foi religieuse, sur une conception métaphysique de Dieu et de l'Univers, tout penseur qui impose à la morale la condition *a priori* de l'exactitude objective, trouvant celle-ci belle au point de l'inventer, tous les déductifs qui croient en vertu de leurs déductions, doivent être éliminés comme témoins ou autorités morales : il leur manque, selon le mot de Spinoza, la jouissance de la chose elle-même, *fruitio ipsius rei* » ([1]).

Où donc trouver les règles pratiques de l'action morale ?

De même que la pratique de la Géométrie révèle au géomètre sa méthode, de même que la science expérimentale ne s'apprend qu'au laboratoire, ainsi l'action de l'honnête homme peut seule nous révéler les règles pratiques de l'action morale. Quelles sont donc les caractéristiques de l'honnête homme ? L'honnête homme est désintéressé; il établit une hiérarchie, un ordre idéal, entre ses désirs, ses habitudes, ses actes. Il se place, pour savoir ce qu'il veut faire, dans une attitude impartiale, impersonnelle. « Il juge en sa propre cause comme en celle d'autrui. » Et de même que l'artiste pense par images visuelles, par gestes, par sons; le mathématicien par équation, le physicien par expériences, l'honnête homme ne pense pas par mots, mais par émotions ou par images d'actions. « Son langage c'est sa vie, et sa vie se développe comme une formule. » La croyance morale vraie, — peu importe les théories, — « est celle qui résiste à l'épreuve d'une vie consciemment honnête ». Eh bien ! l'expérience est possible ici, non l'expérience d'un fait, mais l'expérience d'un idéal. La vérification de la vie peut être tentée et l'*accord moral entre les hommes peut « résulter de ce que, s'étant mis dans les conditions d'expérience que révèle la vie morale consciente, ils constatent, en eux, le même résidu d'idéal* ».

Issue de l'expérience, n'ayant aucun fondement dans l'absolu ou dans les faits objectifs, la conception de la morale, chez Rauh, est essentiellement *relativiste*. On ne cherchera pas une vérité éternelle, des préceptes à l'usage de tous les temps

---

[1] Rauh, *Op. cit.*, Chap. I, p. 40.

et de tous les hommes. Nous ne devons plus tenter de justifier par une théorie générale sur Dieu, la nature ou l'histoire, tel idéal spécial de justice ou de vertu. Notre morale est relative, non pas seulement en fait, mais en droit. Ce que nous cherchons, ce n'est point la morale en soi, le commandement divin, le Verbe éternel une fois prononcé, mais la vérité spéciale, directe, particulière, *contemporaine*, celle qui nous intéresse. « Il n'y a de morale sérieuse que celle qui prétend être contemporaine. » Il faut être tout entier à la vie et oublier les grandes perspectives métaphysiques ou historiques, qui furent l'ivresse de nos vingt ans. C'est une certitude *localisée* que nous voulons. Nous ne pouvons d'ailleurs sentir l'infini que sous cette forme particulière et *concentrée*. « Nous ne connaissons pas de centre unique qui soit la *lumière*. Elle est toute dans chaque rayon. Il faut persuader cela à l'homme, lui apprendre à détailler, à monnayer Dieu ».

Parce qu'expérimentale aussi, la morale ne sera pas gouvernée exclusivement par le principe d'identité. Elle n'est pas déductive à la façon des mathématiques. Autrement dit, le principe d'extension logique ne s'applique pas ici et les limitations apportées, par l'expérience, à l'extension d'une croyance, sont parfaitement légitimes. « Qu'est-ce que l'équité, sinon la limitation d'un devoir, regardé ordinairement comme absolu, par un autre devoir d'extension moindre, résultant d'une circonstance particulière, d'une situation spéciale ? Or, cette limitation est rationnelle, si la conscience sincèrement consultée y consent...... Le principe d'identité ne gouverne exclusivement ni les actions, ni les pensées. »

La vérité morale n'est point absolue : elle ne participe ni de l'éternité d'un système qui, trop souvent, fascine les âmes élevées, parce qu'il les élève au-dessus des basses pratiques du commun; ni de l'éternité des lois scientifiques et des conceptions substantialistes assez grossières. Elle n'est pas si haut; elle n'est pas si bas : elle se meut dans la moyenne, dans le monde relatif et réellement positif de l'expérience quotidienne. Celui qui cherche sa formule morale doit donc éviter, et l'unanimité apparente qu'on obtient à condition de ne pas penser, et cette unanimité profonde qu'on n'obtient qu'*à condition de manquer de la vie*. « L'empirique, le métaphysicien rôdent également à l'entour du réel; l'un plane dans le ciel, l'autre rase la terre. »

Cette méthode paraîtra-t-elle trop modeste ? « Nous croyons cependant, conclut Rauh, que bien comprise, elle pourrait transfigurer une conscience, une vie. Chercher la certitude dans une adaptation immédiate au réel, au lieu de la déduire d'idéologies abstraites; utiliser, comme un moyen d'épreuve, tout ce qui se passe, pour en être le principe, faire servir à l'idéal vivant contemporain les vérités éternelles ou objectives, au lieu de chercher dans celles-ci la règle de l'action, ce serait pour les âmes faussées ou étriquées par les doctrines d'école, une révolution, une renaissance ! » ([1]).

Assurément, la thèse de Rauh n'est point en faveur de la métamorale : elle tend à constituer une morale qui ne soit ni rationnelle, ni empirique, qui ne s'humilie point à n'être que le résultat d'un catalogue de faits enregistrés, il est vrai, mais qui ne s'enorgueillit point non plus d'une descendance de principes métaphysiques et absolus. Elle tiendra un juste milieu et y gagnera d'être indépendante. « La vérité morale, dit l'auteur, n'est en général, ni si bas que le croit le sens commun, ni si haut que le croient les métaphysiciens. Elle est un système, mais un système d'habitudes, d'actions déterminées, contemporaines. Je ne vis pas dans l'éternité. Je suis un homme parmi les hommes. La pensée morale organise ma vie, la vie des hommes. Elle est intermédiaire. Les principes moraux sont des *axiomata media* » ([2]).

Voilà qui est acquis : aucune compromission avec les systèmes de morales rationnelles. ([3]) Rauh nous donne une méthode de *morale indépendante*. Et celle-ci se distingue radicalement

---

([1]) RAUH, *Op. cit.*, p. 278.
([2]) *Revue philosophique*, avril 1904, p. 358 et suiv. *Science et conscience*, par Rauh.
([3]) LÉVY-BRUHL, *La Morale et la Science des mœurs*. Voir la Note, à la fin de la Préface.

de la méthode positiviste de Durkheim et de Lévy-Bruhl. Elles s'opposent, semble-t-il, l'une à l'autre. Certes, Rauh serait heureux que la connaissance de l'évolution sociale et de l'histoire des mœurs pût contribuer à éclairer notre conduite. Et qui donc ne partage pas cet avis ? Mais sa méthode, à l'inverse de celle de l'école sociologique, est essentiellement subjective, donne le premier rôle à la conscience, à la conscience expérimentant et agissante. Il nous paraît donc impossible de concilier les deux thèses : elles sont de nature différente. Rauh le reconnaît bien lui-même : « La question, dit-il, ne se pose plus aujourd'hui, comme semble le croire M. Lévy-Bruhl, entre la métamorale et la morale sociale. La question se pose entre la réalité et l'idée sociale, ou, en d'autres termes entre la réalité sociale et la conscience. Il s'agit de savoir si l'homme, qui veut être honnête, doit toujours, dans des conditions à déterminer, consulter en définitive sa conscience ou s'il doit tendre à régler sa conduite exclusivement d'après des critères objectifs (succès prévu d'une idée, moyenne d'une opinion, etc.), le caractère encore subjectif de nos jugements moraux devant progressivement s'éliminer, en même temps que notre ignorance, des réalités sociales.

« Or, je crois que, malgré les progrès de la sociologie et la ruine des métaphysiques et des théologies, les jugements et les vues de la conscience, de la raison pratique, sur la réalité sociale donnée, resteront toujours, quoiqu'ils doivent se transformer par la connaissance de cette réalité, les moteurs de la conduite morale.

« J'affirme cela comme un fait d'observation. Un jugement moral n'est pas une constatation, mais un consentement, le consentement d'une conscience individuelle. Ce consentement n'apparaît pas dans le cas d'une croyance universellement admise ! La conscience individuelle semble alors perdue dans le grand courant de la conscience collective, parce que la conscience de l'action a pour condition la conscience de la réaction. C'est ainsi qu'à première vue le monde extérieur apparaît en bloc comme un fait, et que nous n'apprenons ce qui se mêle à la connaissance de ce monde d'hypothèses intellectuelles qu'à l'occasion des erreurs ou des illusions des sens. De même, la conscience individuelle et la conscience collective demeurent indistinctes, tant qu'elles sont dans le même sens. Mais qu'une idée nouvelle germe dans une conscience ou dans un groupe restreint de consciences, ou qu'il s'agisse seulement de formuler une idée confuse ou diffuse dans les masses, alors la dualité de la conscience collective et de la conscience individuelle éclate, et il apparaît que celle-ci n'est pas seulement juge, mais créatrice d'idées, et que le verdict sur la conduite lui appartient en dernier ressort » (¹).

Si l'idée que suggère la conscience ne doit être déduite ni d'une métaphysique ontologique, ni d'une métaphysique de la nature, ni d'une morale telle que l'entendait Kant, « elle ne se résout pas davantage en la réalité sociale donnée ». Qu'est-elle donc ? « *Elle est ce que la révèle l'observation*. Puisque je ne puis la déduire ni la considérer comme immobilisée, fixée une fois pour toutes, je ne puis que la voir *à l'œuvre, telle qu'elle se manifeste dans les consciences dégagées de tout préjugé théologique, métaphysique ou même scientiste*, simplement décidées à l'accepter si elle leur paraît vraie, et à la définir d'après l'expérience. » De quel droit opposerais-je, à l'observation de l'idée, dans sa vie, *une idéologie sociologique?* Dira-t-on que l'auteur substitue à une étude objective, une analyse purement subjective, littéraire ? « Mais l'étude de la formation de l'idéal dans une conscience est une étude positive. La certitude morale est une expérience. » Ce n'est pas, dit-il, dans le même sens, la réalité juridique que je dois surtout étudier, « c'est l'attitude des consciences à l'égard de cette réalité ». C'est moins le code qui m'intéresse que la jurisprudence, que l'interprétation du code par des consciences juridiques ; plus généralement, « c'est le retentissement des faits dans la conscience ». Et Rauh conclut : « La différence de la conception de Lévy-Bruhl et de la mienne, sur la méthodologie morale, consiste en ceci : je substitue à la connaissance

---

(¹) RAUH, *Revue philosophique*, avril 1904. *Science et conscience*, p. 390.

qu'il croit suffisante d'une nature objective, modèle et règle de la conduite, celle des conditions d'une mise en expérience; ces conditions nous étant, d'ailleurs, révélées par le spectacle de ceux mêmes qui font l'expérience ». C'est ainsi qu'on peut fonder une méthode morale féconde, affranchie de tout *préjugé métaphysique, théologique ou sociologique.*

Finalement Rauh en arrive à dénoncer le *préjugé sociologique :* il n'a pas tort. Le moindre examen impartial du problème fait apparaître les conséquences fâcheuses du servilisme à l'égard des faits, de cette tyrannie d'un positivisme terre-à-terre, aussi illégitime que les prétentions absolutistes religieuses ou autres. La Morale ne peut être un catalogue de recettes; elle n'est pas nécessairement une tentative d'adaptation au milieu par soumission : la révolte contre le milieu, même sans espoir de réussir, peut, dans certaines circonstances, être un acte de haute moralité. Tant que Lévy-Bruhl nous engage à étudier les faits objectivement et à éclairer notre chemin, il nous donne un conseil d'une utilité incontestable et banale; mais lorsqu'il prétend substituer à la Morale une technique qui sera, pour l'homme embarrassé par le problème de sa conduite, ce que la Médecine est au malade, il méconnaît dangereusement le caractère propre de la moralité qui ne saurait être toujours calcul, qui n'est point nécessairement raisonnable. S'il fallait chercher dans le dictionnaire que la Science des mœurs ne manquera pas de nous donner dans un jour éloigné, ce que l'homme doit faire dans toutes les circonstances de la vie, croit-on que l'héroïsme subsisterait dans ce monde ? De même que la politesse ne peut devenir une science, ni s'apprendre exclusivement dans un livre, parce qu'elle suppose l'expérience de son époque, qui seule opère la mise au point; de même, la Morale, selon Rauh, ne peut se constituer qu'à la faveur de l'expérience de conscience. Nous ne nous sommes pas trompés : les deux points de vue, théorie de Rauh et morale sociologique, sont à l'opposé l'un de l'autre. Au surplus, Rauh déclare: « Je trouve incomplète la Psychologie de Lévy Bruhl. Il a négligé l'étude de l'Idée sociale dans ses

S.

relations avec la réalité sociale, *c'est-à-dire de la vie sociale elle-même* » (¹). N'est-ce pas sa condamnation ?

C'est *la superstition de l'objectivité* qui constitue le défaut saillant de l'école sociologique moraliste. A force d'éliminer du raisonnement tout élément personnel et subjectif, on finit par refuser à la conscience qui est, elle aussi cependant, un fait important qui évolue, qui modifie et qui se modifie, la place qui lui est due. Cet objectivisme outrancier amène Lévy-Brühl, lorsqu'il parle d'un art moral qui se superposera à la Science des mœurs, à méconnaître même la nature de l'art ! Pour Lévy-Bruhl, la Morale c'est la Science des mœurs appliquée. Mais l'art n'a jamais été une science appliquée : l'art utilise la Science, il ne l'applique pas ; il a par suite ses principes propres. Si la Morale est un art, elle est par cela même autonome. Comte ne considère-t-il pas l'art de l'ingénieur comme une discipline autonome ?

« La superstition de l'objectivité » entraîne, en réalité, d'excellents esprits à déformer les faits, à omettre ce qui est essentiel, mais ce qui, pour les besoins de l'analyse scientifique, sera jugé, de parti pris, sans importance, à opérer dans la réalité un tri qui ne laisse passer que ce qu'on veut. Or, il n'est pas de méthode moins positive que celle qui consiste à effacer les distinctions. Les esprits dominés par cette préoccupation posent le problème moral et le problème de la connaissance dans les termes de Kant : ils se demandent, fait finement remarquer Rauh, à quelle condition une certitude morale scientifique est possible, au lieu de se laisser aller à l'impression vivante de la vérité morale, telle qu'elle apparaît dans les conditions qui lui sont faites par la Science. « Comme Kant, ils prétendent imposer à la certitude une condition universelle et uniforme, au lieu que le penseur moderne doit se borner à extraire des certitudes spéciales, les formes très générales qui leur sont communes, toujours prêt à les élargir si l'expérience l'y convie. La raison a encore,

---

(¹) Rauh, *Op. cit.*, p. 362.

selon eux, des cadres déterminés, fixes, *en dehors* desquels il n'y a plus qu'arbitraire, caprice du sentiment, vaine inquiétude. La Raison est au contraire, selon nous, une forme très indéterminée, ou plutôt un certain état de repos de la conscience impersonnelle, dont on ne peut prévoir qu'approximativement où et comme il se produira. On ne le sait que par une conscience directe actuelle. Ils disent : la Morale doit être telle, si elle veut être scientifique. Je dis : voilà, en fait, et d'après l'observation, les conditions nouvelles que la science moderne fait à l'idéal. Les vrais *a prioristes*, les fidèles disciples de Kant, ne sont pas ceux qu'on pense » (¹).

2. Ainsi la thèse de Rauh est une affirmation de l'autonomie de la conscience. Chez lui, cependant, l'indépendance morale est raisonnée et toute lestée d'expériences. Liberté n'est point fantaisie, ni désordre. Voici, maintenant, la pleine revendication de la vie créatrice : « Dans le désordre qui éclate avec le monde moral, dit Jules de Gaultier, au lieu d'envisager un fait dont il y a lieu de tenir compte pour l'intégrer dans la conception du phénomène vie, les dogmatiques métaphysiciens ou scientifiques voient un accident, un état transitoire et qui doit prendre fin » (²). La théologie a imaginé pour rétablir l'ordre, en fin de compte, une vie supérieure où, par les châtiments et les récompenses, chacun recevra son dû et, « l'expédient a fait fortune ». Le rationalisme, même sous ses formes les plus récentes, sous son aspect sociologique, car la morale des sociologiques est encore un rationalisme, procède d'une façon plus subtile, mais n'en présume pas moins une unité fondamentale, là où la diversité est essentielle. C'est l'idée de finalité, de perfection qui domine. Toutes les morales sont du même ordre : elles ne constituent jamais que le point de vue de l'harmonie universelle en contraste avec la réalité, le point de vue de l'unité dans l'absolu, en contraste avec celui

---

(¹) RAUH, *Op. cit.*, p. 211.
(²) Jules DE GAULTIER, *La dépendance de la Morale et l'indépendance des mœurs* (éd. *Mercure de France*), p. 12.

de la diversité dans la relation. Sans doute, une part d'ordre est indispensable à l'existence qui ne saurait se concevoir sans certaines conditions de systématisation. Mais la diversité et l'opposition n'en constituent, pas moins, la donnée primitive et générale. Que le métaphysicien voie dans la vie comme une dislocation d'une unité première; que l'empiriste parte de la diversité et du chaos, « c'est seulement parmi le tissu de la diversité que la vie est imaginable. Elle perd, dans l'unité où elle s'immobilise, toute conscience d'elle-même, *car il n'est d'état de connaissance que d'un état d'existence comparé avec un état d'existence différent* ».

L'idée de fin qu'admettent théologiens et sociologues est, par elle-même, profondément pessimiste : elle s'apparente, au Boudhisme. Et, lorsqu'il s'agit de la totalité des énergies impliquées dans l'existence, l'idée de fin se confond avec celle du néant.

Quelle a pu être l'origine du préjugé rationaliste en faveur d'une systématisation universelle ? Celle-ci : de ce que le divers, l'incoordonné, l'illogique constituent, précisément dans le milieu le plus proche de nous, dans le milieu psychologique, le donné immédiat, « de ce que tout l'effort de l'attention volontaire est employé à former une synthèse entre les instincts et les pensées du milieu individuel, s'appliquant à les unifier sous l'hégémonie du moi, le divers et l'incoordonné ont paru l'ennemi du réel, alors qu'ils en sont la condition première ».

La vie, c'est de l'ordre et du désordre, de la logique et de la contradiction, de l'unité et de la diversité. On ne peut la comprendre en la réduisant arbitrairement à l'un des deux termes qui la composent : « Le vice essentiel de toute pensée rationaliste consiste à tenir, pour la condition unique de la réalité, l'une seulement des deux circonstances qui entrent dans sa composition. En supprimant la tendance élémentaire qui, en lui résistant, sert à l'autre de soutien, les rationalistes suppriment, anéantissent le fait d'équilibre, en quoi toute réalité consiste. Une convergence et une harmonie fragmentaires entre les choses sont bien inhérentes à la constitution du réel, mais elles ne sont que l'un des termes de la contradiction élémentaire qui conditionne l'existence. Il en est comme de la ressemblance qui, sous peine de s'abolir dans l'identité, implique la différence. Dès qu'on attribue, à ce fait fragmentaire de convergence et d'harmonie, une valeur absolue, dès qu'on l'isole du phénomène plus général qui l'embrasse, on supprime, avec les conditions qui rendaient possible sa réalisation, celles qui rendent possible toute espèce de réalité » (¹).

Mais quelle sera la part réservée à l'ordre et au désordre ? Il est essentiel de préciser ce point. L'ordre est nécessaire, indispensable, mais il n'est pas tout; il est du domaine de la relation et de la pratique; ce qu'on tient « pour inacceptable, sous le jour de ce point de vue même, c'est que cette modalité de l'ordre, dont le concours est indispensable dans le domaine de la relation, parce qu'elle y rencontre constamment des circonstances contraires, parce qu'elle y baigne dans le divers, le chaotique et l'inharmonique, soit transformée en loi unique et suprême de l'être ».

Que Jules de Gaultier se plaise à illustrer sa thèse par l'exemple des amants de Venise ou par des considérations sur Henri Heine et le Romantisme ou des commentaires sur R. Quinton, cette thèse reste la même, toujours très nette : *il existe dans le phénomène de l'existence un principe de développement aléatoire, incalculable en son devenir, et par la vertu duquel l'existence échappe à la possibilité d'une systématisation totale, aux prises d'un rationalisme intégral.* C'est l'inharmonique, l'irrationnel, l'illogique qui est à la base de l'existence et la conditionne; c'est la fantaisie, non la règle, ni la loi. Le passage suivant n'est-il pas caractéristique ? « La vie qui est, en soi, un fait d'opposition et de contradiction, impose à tout être vivant la nécessité du conflit, la nécessité d'opposer, sans motif raisonnable, son propre penchant aux autres penchants, la nécessité de se départir de l'attitude scientifique pour engendrer la matière future de la Science dans la spontanéité d'une énergie qui, sans plus, s'affirme et court les

---

(¹) Jules DE GAULTIER, *Op. cit.*, p. 71.

risques de la lutte, la nécessité d'abandonner la recherche de la loi pour fonder la loi, pour la fonder par l'épreuve, sur le déterminisme de la force ».

L'auteur ne fait ici qu'appliquer à la notion métaphysique de l'être, le principe de méconnaissance et de contradiction de soi-même, ce principe qui permet à l'homme de se concevoir autre qu'il n'est, qui fut étudié dans sa théorie du Bovarysme, où le cas pathologique, révélé par la vision du grand Flaubert, devient une des lois générales de la vie (¹).

Le point de vue de Jules de Gaultier, c'est celui de la protestation de la vie, dans ce qu'elle a de déréglé, d'illogique, d'irrationnel, de libre, contre la loi, contre la règle fixe et le plan bien établi d'avance, contre la tendance méthodique à réaliser un modèle premier ou un but final de perfection. Il semble que sa pensée, elle-même si diverse et curieuse, puisse se réclamer principalement, en Métaphysique, du Pluralisme fondé sur la diversité, réaction contre l'unité simpliste et dominatrice; en Morale, de Nietzsche et de Guyau qui, avec une égale grandeur d'âme, souffrirent de ce que les règles de l'éthique leur parurent contenir d'irrémédiablement étriqué, de médiocre et de mort; en Sociologie, de Tarde qui souligna l'opposition universelle. Un peu partout, la pensée de Jules de Gaultier a butiné, mais son miel sut garder un parfum personnel.

Mais, surtout, la parenté entre les idées de Jules de Gaultier et celles de Bergson apparaît saisissante : réduite à sa plus simple expression, la théorie de l'un et de l'autre n'est qu'une réaction en faveur de *ce qui se fait*, du *devenir* libre contre le *donné*. Chez l'un comme chez l'autre, la même vision, le même sentiment profond d'un élan vital spontané, créateur, qui échappe à l'étau de la raison et à la contrainte de la logique scientifique. L'*irrationnel* de l'un, c'est l'*imprévisible* de l'autre. Le premier aperçoit une *opposition*, le second une *divergence*. Sans doute, il ne faudrait pas pousser trop loin la comparaison. Il n'en est pas moins vrai, qu'aux yeux des deux

---

(¹) *Voir* Jules DE GAULTIER, *Le Bovarysme*.

auteurs, la vie apparaît comme quelque chose de tumultueux et de rebelle à la règle, quelque chose qui charrie toutes les possibilités, tous les devenirs, toutes les contradictions incompréhensibles, la folie de l'artiste et le génie du révolutionnaire. Pour l'un comme pour l'autre, la vie ne subit pas la loi : elle la crée.

On peut même se demander si Jules de Gaultier n'aurait pas, en quelque sorte, transposé le vitalisme dans le domaine propre de la morale et, par une anticipation, dont on excusera la périlleuse prétention, si nous ne sommes pas en mesure de prévoir ce que sera un jour la morale de Bergson dont certains ont annoncé l'apparition (1). La morale bergsonienne comment serait-elle possible ? Comment faut-il l'entendre ? Si la vie est une aspiration vers l'harmonie universelle, si elle y collabore ou si elle en constitue le décalque indigne, ombre de la caverne platonicienne, la morale rationnelle, théorique, se conçoit : elle est un procédé de réintégration de l'existence dans la coordination primitive ou finale. Si la vie ne tend qu'à s'adapter, toujours plus exactement, aux conditions extérieures, aux faits, et si cette perfection la satisfait pleinement, la réalise : la morale scientifique se justifie. Mais si la vie est l'élan créateur, le déconcertant par essence, la fantaisie libérée des causalités logiques qui fuit à travers les mailles du raisonnement et qui se moque de l'expérience scientifique, froide maîtresse des choses mortes, que va donc devenir la Morale ? Une loi morale est-elle encore concevable autrement que comme une servitude arbitraire ? Peut-être serait-on appelé à opérer une distinction : deux parts seraient faites dans le domaine moral, comme deux parts sont faites, par Bergson, dans celui de la connaissance : de même que l'intelligence et le raisonnement scientifiques n'ont prise, selon lui, que sur une partie de l'univers, sur ce qui est inanimé, sur la matière, et que l'intuition, la sympathie divinatrice semble bien plutôt appelée à saisir, à comprendre,

---

(1) Mme COIGNET, *De Kant à Bergson*. — René GILLOUIN, *La philosophie d'Henri Bergson*, 1912.

ce qui vit; de même l'ensemble des phénomènes psychologiques et sociaux, que comporte le monde moral, pourrait se diviser en deux catégories : ici, ce qui est proprement objet de raisonnement, de déduction logique, de calculs, de science, tout ce qui peut être énoncé en lois et qui baigne dans la pratique, qui n'est que pratique, comme le respect des droits d'autrui et des obligations courantes, tout ce qui constitue des règlements non sanctionnés, mais commodes, usuels et faits dans l'intérêt des individus et de la collectivité, tout ce qui peut donc devenir l'objet d'une science des mœurs, comme il y a une science du droit, réduite ainsi à son domaine propre. Là, au contraire, tout ce qui n'est plus objet de science ni de déductions systématiques et coordonnées, ce qui ne conspire pas en vue de l'unité et d'une systématisation fondamentale, ce qui paraît moins préoccupé de la pratique que de l'idéal et qui relève moins de l'intelligence que de l'intuition, ce qui ne s'explique pas toujours clairement, mais ce qui se sent profondément : l'acte individuel, l'invention, l'héroïsme, l'effort transcendant du Brand d'Ibsen ou du *surhomme* de Nietzsche, le défi sublime à la réalité, à l'utile, au raisonnable, la force d'âme puisée en elle-même et sans autre considération. Ici, le domaine de l'intelligence morale; là, celui de l'intuition morale [1]. Et de même que le désordre, la contradiction, l'incoordonné est, pour Jules de Gaultier, l'élément premier, essentiel; l'ordre, le relatif, de même, c'est l'acte individuel, l'affirmation libre de ma fierté, de la poussée de vie qui est en moi qui sera l'essentiel de la morale; la règle utile socialement, restant subordonnée et relative aux conditions externes, à la matière où je me meus, procède, elle, des lois qui la dominent. Dans l'acte libre, dans l'affirmation osée, créatrice, inexplicable par le raisonnement sec et stérile, la méthode de l'intuition bergsonienne ne découvrirait-elle pas, un jour, non pas une loi certes, pas même un rythme ou une cadence, mais comme une Beauté en communion avec ce que la Vie,

---

[1] SOLLIER, *Morale et moralité. Essai sur l'intuition morale.* Alcan, 1912, p. 32.

qui nous jette dans la Matière, présente à la fois de plus profond et de plus impérieux ?

3. Aussi bien, est-ce du point de vue de l'intuition, que la manière sociologique paraît avoir été critiquée de la façon la plus significative. Expérience, raisonnement, intuition, tels sont, selon Sollier, les trois caractères que paraît revêtir l'acte réfléchi et réputé libre. Il s'ensuit que la morale apparaît comme quelque chose d'essentiellement mobile, variable, subjectif, provisoire, échappant à toute loi absolue, « à tout déterminisme évolutif, et le problème moral comme insoluble » ([1]). Qu'est-ce que la Morale en effet ? C'est l'ensemble des règles d'action, dit Sollier, qui paraissent à la majorité d'une société donnée, les plus conformes aux sentiments et aux idées que cette société a des rapports des hommes entre eux. Ces rapports étant essentiellement variables, une science de la morale ne peut se fonder. Il est possible, sans doute, comme le prétend l'école sociologique française, de fonder une science des mœurs; mais un art moral, c'est-à-dire une morale théorique et pratique ne peut en sortir. En effet, ou « de cette connaissance des mœurs on tirera des lois morales universelles et immuables, dont l'ensemble constituera vraiment la science de la morale, auquel cas il n'y aura pas lieu de concevoir un art moral indépendant; ou l'on constatera la contingence complète des diverses morales, et l'on ne pourra en tirer aucune loi morale générale applicable en tous temps et en tous lieux. La science morale se réduira alors à une connaissance historique des mœurs et des idées morales » ([2]).

Mais, si la morale est *changement*, la moralité qui en est le substratum est *invention* : Tarde et Jules de Gaultier ont raison ([3]). Nous agissons vis-à-vis des autres hommes d'après

---

([1]) SOLLIER, *Morale et moralité. Essai sur l'intuition morale*, p. 55.
([2]) SOLLIER, *Op. cit.*, p. 95.
([3]) « Il serait facile de multiplier des citations dans ce sens. Citons, entre autres, l'avis de Janet : « La vertu est, dans ce qu'elle a de plus sublime, un acte libre et individuel qui donne naissance à des

notre conception des rapports qui nous relient à eux ou qui les relient entre eux. Ces rapports nous les saisissons « soit par *intuition*, soit par recherche réfléchie ». Une fois établis, il faut nous y conformer et pour cela, il nous faut en avoir le désir, l'aspiration, l'impulsion. C'est ce double fait qui caractérise la moralité. On peut donc la définir ainsi : la tendance (phénomène moteur) à percevoir intuitivement (phénomène affectif) ou à rechercher par la réflexion (phénomène intellectuel) les rapports exacts des hommes entre eux, et une fois ceux-ci perçus, reconnus et déterminés, à sentir le besoin (phénomène affectif) d'y conformer le mieux possible ses actes (phénomène moteur).

La moralité est donc *créatrice*. « Si la moralité était uniquement l'obéissance passive aux règles morales, il n'y aurait aucune raison pour que celles-ci se modifiassent. Tous les hommes qui tenteraient de les changer dans un sens plus général, plus noble, plus abstrait, seraient considérés comme immoraux. Il en est bien ainsi quelquefois, au début, pour les novateurs en morale comme en d'autres champs de l'activité humaine, mais s'ils ont vraiment mis en évidence la réalité et les avantages pour l'homme des rapports nouveaux qu'ils ont perçus et qu'ils signalent, on finit toujours par reconnaître qu'ils ont raison et par les suivre. Ainsi se fait le progrès en morale, comme ailleurs » ([1]).

Un parallèle entre la morale et la moralité ferait ressortir les différences suivantes : tandis que les règles de la morale sont le plus souvent négatives, les injonctions de la moralité sont généralement positives. Tandis que la morale est restrictive, la moralité est extensive et expansive, et ne formule ni règle, ni loi : elle prend celles que lui fournit la morale courante et moyenne, et les juge, les condamne ou les confirme,

---

formes inattendues de grandeur et de générosité. La forme inférieure de la vertu est la forme légale qui, sans aucune spontanéité, suit fidèlement une règle donnée; mais la vraie vertu, comme le génie, échappe à la règle ou plutôt crée la règle » (Janet, *La Morale*, p. 223).

[1] Sollier, *Op. cit.*, p. 99.

Elle crée le précédent et ouvre des horizons nouveaux. Ce faisant, elle n'ordonne pas, elle agit, et elle agit, non pas au nom d'une autorité supérieure ou d'un principe, ou de la logique ou de la raison, mais au nom du sentiment éprouvé au contact des faits et de la réalité vraie.

C'est toujours, on le voit, la même protestation des forces, qui en nous ne sont pas soumises au mécanisme universel, contre les empiétements et les prétentions de ce dernier. C'est le point de vue vitaliste contre le déterminisme ou la fatalité des lois qui régissent les choses inertes ; c'est l'aspiration idéaliste et révolutionnaire contre la soumission et le conformisme, c'est la lutte de l'idéal contre le conservatisme, la sagesse d'avoir vu ce qui est *à faire* contre la sagesse d'avoir fait *ce qui se fait*. L'avenir contre le présent.

« La moralité préexiste à la rationalité. Elle se justifie à ses propres yeux, en agissant conformément à ses tendances. Elle représente l'expression la plus haute de la personnalité humaine, et est soumise, comme toutes les fonctions humaines et vitales, à une évolution continue dont les limites sont impossibles à prévoir. Elle n'est pas le reflet d'une conscience collective, mais la manifestation de la conscience individuelle. Elle est essentiellement progressive. C'est une donnée d'origine naturelle, parfaitement homogène. *Elle n'est pas conservatrice, mais critique et révolutionnaire* » [1].

De toutes parts, contre les prétentions de l'école sociologique, éclatent les protestations. C'est l'intuition ou le sentiment de la vie qui mène la bataille. Le Romantisme devait donc intervenir, et il intervint effectivement, en la personne de A. Joussain, dont l'attitude intellectuelle est une sorte de *romantisme moral* et de *positivisme métaphysique* [2]. L'auteur pense que le positivisme de notre époque consiste un peu trop à oublier systématiquement tout un ordre de vérité, et à se prévaloir de cette ignorance, comme d'une supériorité intellec-

---

[1] SOLLIER, *Op. cit.*, p. 111.
[2] André JOUSSAIN, *Le Fondement psychologique de la Morale.*

tuelle. L'intuition métaphysique, par laquelle seule on peut saisir l'essence d'un phénomène, doit venir en aide aux méthodes scientifiques.

Dans le domaine propre de la morale, ce point de vue va lui permettre d'opposer, aux bases objectives des notions morales, leur fondement psychologique : la sympathie. Tout acte inspiré par une sympathie réfléchie, la compassion, la pitié ou l'amour, est un acte moral. Telle est la constatation foncière sur laquelle l'école sociologique passe trop aisément, selon lui. La sympathie active et réfléchie étant le fond même de la vie morale, celle-ci se ressentira du degré de sensibilité et du pouvoir d'imagination individuel ou collectif. Mais, si tel est le fondement profond de la morale, il n'en est pas moins vrai que nous tendons, dans la suite, à formuler des jugements de valeur abstraits, indépendants des images qui nous avaient apitoyés à l'origine. « Il se forme, de la sorte, une conscience morale factice, une sorte de psittacisme sentimental..... La morale nous apparaît comme étant, dans une certaine mesure, l'œuvre de l'intelligence et, dans cette mesure, elle est soumise aux vicissitudes de l'esprit humain » (¹). Mais ce qui caractérise l'acte moral, c'est son caractère impératif. Ici encore le principe est intérieur, subjectif, et non pas extérieur et objectif : l'impératif est une violente propension à agir, accompagnée du sentiment d'une nécessité subie. C'est le désir d'agir, conformément à notre idéal moral, mais un désir violent, qui ne discute pas, qui se confond sans doute avec l'intuition même des nécessités vitales, comme il arrive, par exemple, pour l'homme qui, dans une situation désespérée, entrevoit un moyen de salut et un seul. N'est-il pas vrai, dans ce cas, dit l'auteur, « que ce *moyen* va devenir pour lui une *véritable fin* en soi, pour cette seule raison que l'instinct de conservation se déploie en lui avec toute la force dont il est capable et sans pouvoir être mis en question une minute ? » (²).

La conscience morale vit donc, d'une force interne et externe

---

(¹) André JOUSSAIN, *Op. cit.*, p. 29.
(²) André JOUSSAIN, *Op. cit.*, p. 52.

tout à la fois, et c'est rendre le problème insoluble que de ne lui accorder qu'une origine objective, comme le veulent les sociologues contemporains. La seule pression sociale ne peut déterminer le sentiment de l'obligation que si elle est, en définitive, acceptée par la conscience individuelle. Peut-être, existe-t-il des consciences pour qui le bien et le mal se réduisent à ce qui est sanctionné par l'opinion publique, mais une telle sanction ne détermine qu'une *conscience inférieure*. Or, une telle conscience n'est pas la seule réelle ; c'est ce que prouvent les conflits perpétuels de la conscience individuelle et de la conscience collective. De tout temps, on a vu s'insurger, contre les croyances morales de leur époque, des hommes d'une intelligence plus vaste et d'une sensibilité plus profonde, véritables *inventeurs moraux*, dont les fortes convictions ont fini par s'imposer à l'esprit de la multitude, et par qui le progrès moral s'est accompli.

« Le devoir n'est donc pas nécessairement l'écho de la conscience sociale » [1].

Résumons : la vie, la conscience, la liberté refusent, au nom de l'idéal, la soumission absolue au fait objectif.

---

[1] André Joussain, *Op. cit.*, p. 55.

CHAPITRE III.

1. Critique de la morale sociologique. Les objections de Fouillée.
2. — Les critiques de Wundt, Durkheim, Simmel : retour aux morales théoriques ou aveu d'impuissance. Le Parti de l'Idéal humain.

---

1. Comme on l'a dit, l'emploi de la méthode sociologique en morale se rattache « au développement des deux formes de pensée, éminemment caractéristiques de notre siècle, légitimes et fécondes en leurs principes et leurs premiers effets, mais qui tendent, comme il arrive trop souvent, à se transformer en erreur, par l'excès de leurs prétentions et leur intolérance à l'égard de toutes les autres méthodes ou discipline d'esprit » (¹).

L'une de ces tendances est l'esprit positif, l'autre est dans l'habitude prise par l'intelligence contemporaine de juger du point de vue collectif, social, général. L'esprit positif cherche des faits et ne s'arrête qu'à eux; il postule des lois : l'individu, la liberté sont rejetés parmi les fantaisies indignes de retenir l'attention; il caractérise la mentalité du savant moderne qui reste dans l'expectative, jusqu'à ce qu'il ait trouvé la loi, fixé le fait. Il constitue « la conscience que, de nos jours, la fonction scientifique a prise d'elle-même »; il a pour critère l'expérience. Il a donné, durant le XIXe siècle surtout, des résultats si remarquables, qu'il tend aujourd'hui à s'étendre jusqu'à la spéculation morale, au risque, empiétant sur un terrain qui n'est point exclusivement à lui, de transformer radica-

(¹) CANTECOR, *Revue philosophique. La Science positive de la Morale*, p. 369.

lement le fait moral qui, *désubjectisé*, n'est plus un fait moral.

L'historisme, lui, qui s'inspire de Montesquieu, de Savigny, de Taine, n'admet plus l'étude de l'homme en dehors de la nature. C'est dans le milieu, — climat, situation géographique, etc., — et dans les événements historiques, qu'il faut chercher la raison des croyances, des lois et des mœurs. La civilisation est un produit. Cette méthode aussi a abouti à des résultats féconds.

L'une et l'autre méthodes furent utilisées par Auguste Comte, qui fut le grand prêtre de la foi du XIXe siècle. L'esprit positif l'amena à affirmer que le développement de l'humanité est commandé par une loi d'évolution intellectuelle, dont la courbe est fatale, et l'historisme a préconisé une réaction théorique et pratique contre l'individualisme responsable, à ses yeux, des inquiétudes d'une société issue de la Révolution. Dans la suite, mais encore faut-il se garder ici des exagérations faciles, ce qu'on a appelé la *Science allemande*, c'est-à-dire, la manie de l'analyse outrée et l'oubli de la synthèse vivifiante, est venu encore faciliter et encourager l'invasion de la Sociologie dans la morale. Nos désastres de 1870, on l'a soutenu d'une façon expresse, auraient eu, de la sorte, des conséquences intellectuelles imprévues. L'esprit du fait et du détail se serait vengé des idées générales qui firent, au cours des siècles précédents, la suprématie française.

Quoi qu'il en soit, les sociologues prirent, devant la morale, une attitude dogmatique. La liberté morale fut condamnée, sans discussion. Les faits et les lois qui en commandent l'évolution *doivent* nous suffire. Ce faisant, ils méconnurent l'essence même de l'acte moral, et les critiques, on l'a vu, partirent de tous les côtés à la fois. Ah ! sans doute, si la Sociologie n'avait prétendu qu'à éclairer nos consciences, les protestations se taisaient immédiatement ! Personne ne conteste les mérites des sociologues modernes et les progrès dont nous leurs sommes redevables ! Mais elle a prétendu, maladroitement, remplacer la morale par un art, une technique, ou une hygiène appropriée, qui ne présente plus les caractères essentiels de la morale et qui n'est pas sans péril. Dans leurs principes, les critiques dirigées contre la méthode sociologique sont donc justifiées : elles expriment, au fond, les protestations de la liberté et de la conscience contre l'abus du *fait objectif*, dieu nouveau de notre temps.

L'homme n'est pas une pure machine sociologique, écrit justement Fouillée (¹) : il agit sous l'impulsion d'idées et de sentiments; c'est la psychologie de la volonté et de la pensée qui fait le fond de la théorie morale, non la simple observation du fait objectif.

On ne peut soutenir, en effet, que la conscience morale, en son origine, ne soit, *tout entière*, que l'effet de la *pression sociale*, et que ce qui est aujourd'hui commandé ou interdit au nom du devoir provienne exclusivement des habitudes antérieures, nécessitées par les *formes* et les *structures* sociales, s'explique par des raisons disparues et « presque aussi insaisissables pour nous que les globules de sang du mammouth dont on retrouve aujourd'hui le squelette ». Faudra-t-il donc remonter d'âge en âge, jusqu'à l'organisation du clan primitif, pour établir que le culte d'une mère ou d'un père, l'affection fraternelle, le respect des enfants et de leur pudeur, la fidélité à accomplir une promesse sont légitimes, la conscience individuelle étant incapable de voir dans ces faits le moindre rapport normal et logique ? « L'être capable de saisir un lien logique entre deux et deux pour les égaler à quatre est incapable de percevoir le moindre lien intelligible entre tous les dévouements d'une mère et l'affection de son enfant !

Ce n'est point de trop de toute la mythologie, de toute la linguistique, de toute la philologie, de toute l'histoire du droit et des coutumes, de toute l'histoire et de toute la sociologie en général, pour expliquer l'amour maternel et l'amour filial, ainsi que leur relation *prétendue naturelle !* » (²). Sans doute, l'état social influe sur la moralité, soit qu'il en précipite l'évolution, soit qu'il l'arrête. Mais les *conditions* d'existence et de croissance ne sont point des *causes*. Les conditions du sol sont nécessaires, indispensables à la croissance de la plante : encore

---

(¹) A. Fouillée, *Revue des Deux-Mondes*, 1ᵉʳ oct. 1905, p. 523.
(²) A. Fouillée *Id.*, p. 524.

faut-il que la graine existe. Qui donc peut sincèrement soutenir que le sermon sur la Montagne ne constituait pas une doctrine nouvelle, mais était imposé par la *pression sociale ?*

Que si l'on examine, maintenant, la moralité, non plus dans ses origines, mais dans son essence propre, le point de vue exclusivement sociologique révèle son insuffisance d'une façon plus frappante encore : les règles morales, dit-on, font partie de la réalité donnée et doivent être étudiées comme telles. « Une semblable conception n'est ni claire, ni *positive*. Elle n'est pas claire, car elle profite de l'ambiguïté des mots, règle morale et réalité donnée, qui sont au fond incompatibles, puisque les règles morales concernent ce qui n'est pas encore *donné*, ce qu'il dépend de nous de donner ou de ne pas donner. Elle n'est pas non plus positive, car elle méconnaît une différence essentielle : la nature physique est fondée indépendamment des individus humains, tandis que c'est nous qui, individuellement ou collectivement, admettons ou établissons un ordre moral quelconque, lequel n'existerait pas sans nos consciences et nos volontés » (¹). On assimile ici, au mépris de la logique, ce dont l'homme n'est pas condition à ce qu'il conditionne. Mais, ripostent les sociologues, la morale a une *existence de fait* incontestable. — Assurément, répond Fouillée, mais la pétition de principe est flagrante : elle vous est donnée comme un fait, cette morale, précisément parce que l'humanité, jusqu'à présent, n'a pas admis avec vous qu'il n'existe rien de moral ou d'immoral, sinon par *pression sociale* ou *sanction sociale* ou par *simple influence des mœurs et coutumes ! Le jour où votre système serait universellement admis, la fameuse donnée vous serait retirée.* Cette constatation nous fait saisir le point faible de toute la théorie sociologique ; il n'existe pas de *faits moraux* analogues aux autres faits, c'est-à-dire produits et donnés objectivement, indépendamment de nous. « Il n'y a de faits moraux que les actions d'une volonté qui agit sous un idéal moral, et cet idéal lui apparaît comme non donné en fait, comme ne pouvant être donné que par la bonne

---

(¹) Fouillée, *Op. cit.*, p. 523.

volonté. Assimiler cette situation à celle du cristallographe ou du chimiste étudiant les sels, c'est négliger des oppositions qui sont fondamentales pour la Science même. La volonté humaine ne se *cristallise* que sous l'influence d'idées-forces, par lesquelles elle conçoit et désire sa forme idéale » (¹). La nature physique ne dépend pas de nous, mais notre propre moralité, celle de notre nature à venir, dépend, en partie, de nous. « Un Épictète n'aurait pas tort de dire que, s'il est vrai qu'il existe actuellement une morale collective, indépendante de notre volonté, encore est-il que l'individu doit la faire sienne en l'adoptant, ou s'en construire une autre en ne l'adoptant pas. Si social que soit le *matériel* de la morale, il faut qu'il devienne personnel et individuel par la volonté, qui, seule, peut s'y soumettre et, pour sa part, lui donner ou lui refuser la vraie existence *de fait* ». C'est la critique essentielle : il n'y a pas réellement un *fait objectif* de moralité. Loin d'être scientifique, la proscription de la Psychologie, comme un des éléments de la morale, n'est qu'un système préconçu et aussi arbitraire que les métaphysiques les plus incriminées. L'histoire qu'on nous propose d'une *réalité sociale*, dont tous les ressorts psychologiques seraient exclus, ressemble « à une histoire des guerres napoléoniennes qui décrirait les mouvements extérieurs de Napoléon, de ses généraux et de ses armées, en s'interdisant de parler, à titre de causes explicatives, des projets utopiques de Napoléon, de ses mobiles ambitieux, de son caractère insatiable, de son tempérament actif et énergique, de l'enthousiasme qu'il excitait autour de lui, bref, de toute la psychologie napoléonienne ou circa-napoléonienne » (²). Bien plus, Fouillée ne pense pas qu'on puisse légitimement accuser la morale naturelle ou la morale rationnelle, au sens large du mot, c'est-à-dire fondée sur la nature foncière de l'intelligence, de n'être qu'un *anthropocentrisme*. Que font donc les moralistes ? Ils essayent de dépasser le point de vue étroit de l'humanité proprement

---

(¹) Fouillée, *Op. cit.*, p. 529.
(²) Fouillée, *Op. cit.*, p. 537.

dite, ou tout au moins, de trouver un point de coïncidence avec tout et avec tous; « c'est cette *déshumanisation*, c'est cette *décentralisation*, c'est cette *universalisation* qu'on traite de centralisation autour de l'homme ou d'anthropocentrisme ! » Nous retorquons l'argument : les sociologues, les adversaires de la morale idéaliste et universelle sont les vrais anthropocentristes, seulement ils prennent pour centre, eux, le *matériel* de l'homme, au lieu d'en prendre le *mental*. Ils font, s'il est permis de créer un barbarisme nouveau : du *sociocentrisme*.

Ces critiques sont, croyons-nous, parmi les plus pénétrantes : l'inventeur des idées-forces, mieux que tout autre auteur, devait se faire le champion de l'élément moral qui est dans le monde un des facteurs essentiels et qu'un positivisme éclairé doit admettre au même titre que l'élément matériel. Un grand nombre d'auteurs, aussi bien, partagent ces vues : nous n'avons aucunement la prétention d'analyser leurs œuvres. Une constatation nous suffira : les critiques dirigées contre la morale sociologique sont toutes des protestations de la liberté, de la conscience, de la vie irréductible, contre l'étroitesse d'un positivisme abusif, dégradant, qui ne fût jamais une vérité scientifique, puisqu'il n'exprima jamais qu'un côté de la réalité. Ici encore, la réalité nous apparaît, non point seulement comme une quantité de faits objectifs reliés par des lois, mais comme une multiplicité prodigieuse de forces subjectives et objectives, qui se compénètrent, et dont il est malaisé de dire lesquelles dominent l'univers.

Le point central de toutes ces critiques peut, à notre avis, se résumer ainsi : ce que nous n'admettons pas, parce que nous n'en avons pas le sentiment et que cela ne résulte pas des faits, c'est la *soumission* totale de la conscience humaine aux lois de l'évolution sociale, au monde extérieur.

Précisons : si l'étude sociologique parvient à dégager les lois scientifiques de la morale, la plus haute moralité sera donc de se conformer à ces lois, le plus strictement possible. Elle résidera essentiellement dans un conformisme social. La moralité de l'acte individuel, de la protestation isolée devient erreur. Les honnêtes gens seront, alors, ceux qui pratiqueront un *conservatisme absolu*, figés dans une attitude purement « passive et expectante, qui laissera tout au plus subsister la *vis medicatrix naturæ* » (¹). Le danger n'a pas échappé à la critique pénétrante de plusieurs philosophes : la morale sociologique aboutit, dit Cantecor, à un « esclavage, où nul ne peut être admis, à titre individuel, à juger la volonté sociale ! » (²).

Conséquence effroyable, avoue Lévy-Brühl, « si elle était nécessaire ». Et comment donc ne le serait-elle pas ? S'il est une vérité morale, scientifiquement établie, détenue par les plus instruits, ceux qui ne s'y conforment pas ou qui élèvent contre elle des prétentions opposées ne sont que des ignorants. Or, le savoir n'a pas à discuter avec l'ignorance. Il faut se soumettre à la vérité ou tomber dans l'erreur. Dans les temps lointains où les projets de Lévy-Brühl seront réalisés, l'homme qui, à l'encontre de ses concitoyens et de son temps, essaiera d'affirmer des croyances nouvelles, un principe d'action, ou qui refusera, par un de ces sentiments confus d'une vérité plus noble, l'obéissance à la règle, l'hommage au dieu du jour, à la religion nouvelle, à la servitude commune, ce révolté, peut-être sublime, méritera juste la considération et la pitié que nous ressentons devant le sauvage malade qui, ignorant la science médicale la plus élémentaire, prétend se guérir par la pratique de signes cabalistiques que lui ont enseignés les sorciers ! Ainsi, au nom de cette demi-science morale, basée sur la pauvreté des seuls faits matériels, minime partie de notre monde, lui-même atome, seront condamnés comme fous, ignorants, peut-être hérétiques, les Socrate et les martyrs de l'avenir ! Conséquence effroyable, si elle était nécessaire, dit Lévy-Brühl. Du tout : ne changeons pas la question. Il n'y aurait rien d'effroyable à ce qu'une vérité nouvelle, établie scientifiquement, fît disparaître une illusion. Ce serait même excellent. Mais il est contradictoire, quand il s'agit de moralité, de cette moralité que nous ne connaissons positivement que par l'exemple de certaines consciences, de nous donner

---

(¹) Belot, *Revue de Métaphysique et de Morale*, juillet 1905, p. 586.
(²) Cantecor, *Revue philosophique*, mars 1904, p. 424.

pour solution du problème, laborieusement recherchée, des préceptes qui aboutissent à la négation même des *faits* de moralité les plus typiques que l'humanité connaisse ! Au nom de quelle scolastique prétentieuse et soi-disant scientifique, nierions-nous la réalité morale elle-même, totale et vivante ? Singulière science que celle qui consiste à élaguer du fait moral tout ce qui constitue sa caractéristique, pour ne plus laisser voir qu'un squelette étriqué de faits sociaux, parmi lesquels le sociologue est enfin heureux de se retrouver ! Que la Sociologie veuille éclairer notre conduite, comme elle peut éclairer notre Politique et notre Droit et tant de branches du savoir humain, rien de plus légitime, et nos critiques assurément ne visent pas des prétentions aussi raisonnables; mais qu'elle s'essaie, avec l'audace des sciences jeunes, à vouloir remplacer la morale, qu'elle prétende ainsi objectiver ce qui, en partie, a pour caractéristique d'être laissé à l'appréciation de la conscience individuelle, c'est établir une confusion au profit d'un exclusivisme scientiste mal compris, c'est sacrifier nos plans d'actions *désintéressés*, et valant par cela même plutôt que par leur utilité, à la superstition commode et niveleuse de l'objectivité.

L'acte de moralité n'est pas nécessairement et exclusivement du domaine de l'observation objective. Assurément, il y touche le plus souvent : il agit sur nos mœurs, nos institutions, nos usages et, sous cette forme, il devient matériel et évolue; il se transforme et obéit aux lois. Mais cette forme n'est qu'une enveloppe : le fond de l'acte moral est l'affirmation de la conscience, et cette affirmation peut être un acte de protestation, de révolte contre la coutume établie. En morale, comme en Biologie, l'être ne fait pas que s'adapter par soumission; il n'est pas toujours disposé à ramper, à accepter servilement les conditions qui lui sont faites ! Il se redresse quelquefois; il lui arrive de prendre le dessus. Nous avons vu que, pour Quinton, le vertébré est un *insurgé*. Eh bien ! l'acte de haute moralité ressemble, plus souvent, à une irréductible protestation, à une révolte, qu'à une soumission. Mais les savants, qui ne sont pas la Science, admettent un peu trop facilement, depuis Darwin, que l'être ne cherche qu'à s'adapter servilement. C'est postuler, pour les organismes, un principe de servilité et de bassesse, un instinct de calcul prudent, qu'on ne constate pas toujours et partout. Un idéal moral peut être revendiqué par un seul homme, contre tous. Si la morale est une science, elle doit être plutôt la science de l'idéal que la science des mœurs, la science de ce qui est *à faire*, que la science de *ce qu'on fait*. En en cherchant le principe dans *ce qu'on fait* on la rabaisse nécessairement, on la médiocrise, on l'amoindrit lamentablement : demande-t-on au reflet de fournir la lumière ?

Citons encore Rauh, qui développe admirablement ce point de vue : « le moraliste sociologue risque, dit-il, de détourner la conscience du sentiment intérieur qu'elle a d'elle-même, sentiment qui doit contribuer toujours à déterminer l'action, et parfois y suffire. Car il y a des cas où, contre les événements, contre l'opinion, en présence de l'avenir incertain, il faut que la conscience se résolve à une protestation, à une affirmation désespérée. Le sociologue ne peut voir dans cette attitude qu'une preuve de l'influence persistante du mysticisme moral. Mais cette attitude n'est mystique que pour le métaphysicien réaliste qui pose, contrairement aux résultats de l'observation morale, le fait, le donné social comme absolu. Un homme qui, en France, dans les environs de 1820, se fût borné à étudier les faits sociaux et économiques, eût constaté l'existence d'un code sanctionnant la propriété bourgeoise et accepté par la moyenne de l'opinion. Supposons qu'à cet homme les relations économiques de son temps parussent iniques, comme elles parurent, en effet, alors, à quelques consciences. Devait-il, sous prétexte que sa croyance n'exprimait pas les réalités juridiques ou la conscience collective, y renoncer ? On répondra qu'il prévoyait l'avenir. Le système capitaliste contenait des germes de mort. Ce régime devait durer cependant; il durera peut-être longtemps encore. Et s'il tombe jamais, ce sera, pour une grande part, parce que certains hommes ont cru à la justice de sa chute ».

Les révoltes du cœur, la poussée intérieure qui détermine

l'homme à se dresser seul contre tous, voilà ce que les sociologues, les historiens du fait extérieur ne peuvent expliquer et, par suite, négligent. Bien plus, dans les mêmes circonstances, dans le même milieu, devant le même problème, les hommes affirment souvent des idéaux opposés ; ils sont déchirés entre des devoirs contraires, et l'attitude prise, dans ce drame, constitue en elle-même, bien souvent, un acte de moralité. On sait aussi que les fortes haines et les grandes passions sont souvent le signe des âmes vertueuses. Qu'est-ce à dire ? C'est dire que la moralité ne se présente pas toujours comme une obéissance d'enfant bien sage aux coutumes reçues, qu'elle ne constitue pas essentiellement une adaptation raisonnable de notre conduite au milieu, qu'elle ne se présente pas toujours comme la règle objective et indiscutable, qu'elle n'est point nécessairement tranquille et passive, mais agissante et exaltée, qu'elle n'est point fatalement harmonie, qu'elle peut être opposition de l'individu à la collectivité et opposition des individus entre eux. Eh bien ! ce côté personnel de l'acte moral, les sociologues le nient tout simplement, ou plutôt ils s'arrangent pour ne pas le voir. En s'éloignant, pensent-ils, en jugeant les choses à quelque distance, tous ces détails individuels qui semblent bien cependant avoir quelque importance, s'estompent et se perdent, comme un paysage qui se fond dans le lointain ; bientôt, vous n'apercevez plus qu'une teinte et, ayant ainsi fait disparaître les diversités gênantes, sur l'unité artificiellement obtenue, vous pourrez édifier des raisonnements très simples. Lévy-Brühl le reconnaît avec sérénité : « transportons-nous, dit-il, par la pensée, dans une société autre que la nôtre, bien que déjà très complexe, telle que la société grecque ancienne, par exemple, ou les sociétés de l'Extrême-Orient. Nous ne sentons plus aussi vivement que chez nous les faits qui, pour ces consciences exotiques, sont des *faits moraux*, et nous concevons sans peine que ce soient des *faits sociaux*, dont les conditions peuvent être déterminées par une recherche scientifique ». Voilà donc la recette pour transmuer le fait moral, le fait de conscience en fait sociologique essentiellement objectif : on se place à une certaine distance, on obscurcit les distinctions, on le *désubjective*. Ainsi traité, ce qui en fait la réalité et l'essence disparaît, il en reste les traces matérielles. Elles seules se prêtent à une étude objective et, comme *la superstition de l'objectivité* nous domine, nous affirmerons, sans plus, qu'elles seules forment la substance de la réalité morale! Opérer de la sorte, c'est dénaturer *essentiellement* le fait moral. Et le problème moral n'en devient que plus confus.

2. Aussi les positions de la morale sociologique sont-elles moins solides qu'on serait tenté de le croire, à première vue. Comme il arrive, chaque fois qu'une méthode dépasse le champ normal de son application, la méthode sociologique ne paraît pas toujours opérer avec une sûreté scientifique. Elle tâtonne; elle promet le succès pour l'avenir. Par moment, on trouve, chez les chefs même du mouvement, l'aveu d'une volte-face nécessaire, l'esquisse d'un retour aux anciennes théories. Chez Wundt, qui fut un des précurseurs de l'école sociologique contemporaine, l'indécision, le flottement entre la conception d'une morale théorique et celle des sociologues, ont été remarqués par les deux parties en cause; chez Durkheim, tel passage fait prévoir le retour à un norme rationnel; chez Simmel, la méthode scientifique s'imprègne de Psychologie et, en morale, n'aboutit pas du tout, abandonne toute prétention. Ce malaise n'en révèle que mieux les raisons profondes de l'incertitude : on ne peut aboutir à une morale par la seule connaissance de *l'objectif*. Telles sont les réflexions que suggère fatalement un aperçu, même rapide, de l'évolution de la méthode sociologique chez certains sociologues. Examinons brièvement ce point :

La morale de Wundt oscille entre une science positive de la morale, basée sur la psychologie ethnique et de nature à satisfaire les adversaires de la morale traditionnelle, et une conception toute opposée, en contradiction, dit son commentateur Hérald Höffding, avec ses idées sur l'indépendance de la morale à l'égard de la Métaphysique; il en résulte même, que le problème moral est posé par lui « d'une manière assez peu claire » (¹). D'une part, le philosophe allemand considère la psychologie ethnique comme le vestibule de l'éthique ; il nous a donné un ouvrage considérable, qui traite des objets principaux de la psychologie des races : langues, mythes, mœurs, etc. Sa pensée dominante est que l'individu est subordonné au milieu ethnique, à sa race, par la langue, la religion, les habitudes communes, les usages ; la volonté individuelle y apparaît comme élément d'une volonté globale par laquelle elle est déterminée. Aussi les actions humaines dépassent-elles toujours les motifs et les fins conscients de l'individu : c'est la métamorphose des fins ; Wundt dit : l'*hétérogonie*.

Mais, d'autre part, « son éthique a plus besoin que les autres d'une métaphysique qui l'achève... elle se transforme en philosophie religieuse. Quand les idéaux dépassent ce qui est accessible à l'effort humain, ils prennent un caractère religieux » (²). Et son objectivisme, si solidement établi sur tant de multiples observations, sur une science si complète, tourne court en une mystique.

Si Wundt est un précurseur de Durkheim et des fondateurs de la science des mœurs, comme celui-ci le prétend, il faut donc ajouter que le précurseur paraît s'être singulièrement renié lui-même, et que ses explications dernières tendent à détruire les premières. Selon le reproche qui lui fut adressé, il a « laissé regresser la conception de la science positive de la morale ».

C'est là ce qui frappe, tout d'abord, dans l'éthique de Wundt, lorsqu'on veut l'envisager dans ses rapports avec les nouvelles manières de penser, en morale. Un examen plus approfondi accusera encore les différences : quel fut le but des tentatives du célèbre philosophe ? Demander à l'ethnologie comparée et à l'histoire de nous faire connaître le principe et la fonction de la moralité, telle qu'elle se manifeste, *identique en son fond*, à travers les âges, les mœurs, les races diverses ; dégager le concept de la moralité comme fonction constitutive de la vie humaine, et régler sur lui notre conduite. Or,

---

(¹) Hérald HÖFFDING, *Philosophes contemporains*, p. 31.
(²) Hérald HÖFFDING, *Op. cit.*, p. 35.

rien n'est plus opposé aux idées de Durkheim et de Lévy-Brühl : quoi ! nous pourrions postuler qu'un seul et même idéal se développe à travers toutes les morales positives ? Nous pourrions donc affirmer une théorie, avec les rationalistes, et nous libérer de la méthode terre à terre des seules constatations ? Et quand bien même Wundt, pour être agréable à Durkheim et rester un précurseur fidèle, aurait fragmenté, dispersé, éparpillé l'idéal moral unique, en autant de morceaux qu'il existe de races différentes, nous dirions encore : vous voulez vous servir de la *notion de la moralité humaine* comme d'un critère pour démêler, dans la pratique, ce qui est normal, ce qui est dans le sens du développement de l'humanité, de ce qui est condamnable. *Vous appelez ainsi l'esprit à décider : il ne devait que constater : le voici juge.* Vous lui rendez la souveraineté dont on prétendait le dépouiller au nom des faits, et la seule différence, éclatante celle-là, qu'on puisse constater entre votre morale et les morales issues de l'ancienne méthode, c'est que le principe, l'idée maîtresse, en serait révélé par l'étude de l'humanité, par l'observation de l'histoire, tandis que, jusqu'alors, on avait cru le trouver dans la Psychologie et l'observation de l'homme.

Eh bien ! nous pouvons formuler des remarques analogues sur la plupart des écrivains de l'école sociologique. Durkheim lui-même ne maintient pas sa méthode intégralement et sans faiblesse : il admet et recherche un critère moral, comme Wundt ; il reconnaît que toute règle sociale n'est pas nécessairement morale, qu'il y a des cas pathologiques, des règles sanctionnées qui ne devraient point l'être, et réciproquement, que les sociétés peuvent se tromper et contracter des habitudes qui ne sont pas d'accord avec la fonction normale des coutumes et des lois. La seule mesure du fait social ne suffit donc pas et, quand il parle de l'état de santé moral des sociétés, il n'est pas loin d'admettre une idée morale et de permettre, dès lors, une morale constructive et normative. Cette idée du *type normal*, qui se dégage surtout des *Règles de la méthode sociologique*, le normal étant le signe objectif auquel se reconnaît l'état de santé constitué par l'adaptation des formes d'existences aux conditions extérieures et par la réunion des chances de survie, cette idée, nous savons ce qu'elle postule et nous la reconnaissons bien : elle postule que la vie, la santé sont bonnes et qu'il faut les vouloir avant toute chose. Ainsi la pensée de Durkheim s'infléchit, peu à peu, vers le naturalisme, c'est-à-dire vers une des formes de la morale ancienne si décriée !

Les conclusions auxquelles aboutit Simmel [1], sont tout aussi significatives. Chez lui, la partie critique atteint un degré de finesse et de pénétration auquel il est impossible de ne point rendre hommage, mais l'absence de toute partie constructive dénote, en même temps, l'impossibilité où se trouve l'auteur de fonder, ni une morale, il n'en a pas la prétention, ni même un art moral, au sens où l'entend Lévy-Brühl.

Le vice profond, irréductible, des morales anciennes réside, pour Simmel, dans leur simplicité factice, dans ce platonisme de l'esprit qui consiste à transformer les réalités en abstractions, puis les abstractions en réalité; il est dans ce monisme éthique, qui méconnaît les origines et les destinations diverses des phénomènes éthiques, et qui cherche, non pas avec la préoccupation de la vérité, mais avec le souci exclusif de la pratique, à donner à la morale une seule cause et une seule fin. On imagine un moi, un et permanent, identique, logique, et, logiquement, on construit la théorie qui lui convient et l'on explique ses tendances. On ne voit pas que celles-ci sont la résultante d'une foule de causes, de courants partis de points différents, d'éléments hétérogènes, et que le moi lui-même est un composé, non un principe abstrait. Le désir, le besoin de l'unité a masqué la réalité. Il exerce sur elle une sorte de dictature d'un seul, contre laquelle proteste, sans cesse, la multiplicité rebelle. Des devoirs opposés vivent, côte à côte, dans le même esprit : rapportez-les à la même mesure,

---

[1] *Voir* BOUGLÉ, *Les Sciences sociales en Allemagne*, Simmel, p. 49.

ramenez-les à la même unité logique : « les contrariétés deviennent contradictions », dit Bouglé, et le conflit s'aggrave.

Simmel nous propose d'abandonner les abstractions, les principes *a priori*, le préjugé de l'unité, pour revenir à l'observation. Mais sa méthode se distingue de celle des sociologues français : elle est avant tout psychologique, historique aussi, sans doute, mais à la condition qu'il soit bien entendu que l'histoire demande ses lois à la Psychologie. Le fait matériel extérieur n'a d'importance, aux yeux de l'historien, qu'en tant qu'il exerce une influence sur l'âme des hommes. A quoi bon parler du climat, du sol, etc., si le milieu n'agissait directement ou indirectement sur la psychologie des peuples [1]. Il nous importe donc, avant tout, de connaître les sentiments : l'âme est à la fois le sujet et l'objet de l'histoire [2]. Un historisme absolument objectif, un empirisme exclusif ne se conçoivent pas : nous ne nous représentons les idées, les sentiments des autres hommes que par l'intermédiaire des nôtres, et quand Ranke formait le vœu de faire disparaître son moi, afin de connaître les choses dans leur objectivité pure, il exprimait un désir dénué de sens. L'histoire est, chez Simmel, une annexe de la Psychologie, à peu près comme l'Économie politique devient, chez certains auteurs, une *psychologie appliquée* [3]. Ce correctif psychologique apporté à l'historisme évite à Simmel de tomber dans le préjugé de l'objectivité, dans l'erreur substantialiste, qui est celle de notre école sociologique : il délivre la méthode nouvelle, ainsi comprise, d'un positivisme étroit et remet le *fait*, dieu nouveau, usurpateur du jour, à sa place, à la place que nul ne songe à lui contester. Bien plus, Simmel dénie à la connaissance un caractère absolument objectif ou subjectif : il n'existe point de catégories tranchées, comme le croyait Kant; une connaissance peut être plus ou moins objective, c'est-à-dire valable pour un plus

---

[1] SIMMEL, *Die problemе der Geschichtsphilosophie*, p. 2.
[2] SIMMEL, *Op. cit.*, p. 18.
[3] WAGNER, *Grundlegung der politischen Œkonomie*, p. 15. Cité par Bouglé.

ou moins grand nombre de sujets. Ainsi l'objectivité du mécanisme ne s'oppose pas, d'une façon absolue, à la subjectivité du sujet. Dans la réalité, tout se mêle et se pénètre : il n'y a point de distinctions réelles. Tout est transition, tout est entraîné dans un incessant devenir. La continuité existe là où nous découvrons la fragmentation; le développement, là où nous voyons l'opposition. Et la pensée de Simmel va rejoindre, ici, celle de Mach et des énergétistes.

Mais, contrairement à la thèse de Lévy-Brühl, qui croit pouvoir aboutir à un art moral, à une technique, Simmel se désintéresse complètement du côté pratique de la question. Si, en refusant de tout sacrifier à l'objectivité triomphante, il prend une attitude, dont la manière scientiste pourrait s'offusquer, il semble, par contre, s'en rapprocher singulièrement par son dédain des conséquences. Il dépasse sur ce point Durkheim et Lévy-Brühl, qui cherchent, eux encore, à rendre une morale possible, sauf à la concevoir autrement. Pour Simmel, au contraire, la science de la morale s'achève dans l'impartialité et dans l'indifférence. Il dit lui-même qu'il n'étudie pas les phénomènes moraux, en médecin, mais en anatomiste. Le reste est affaire du moraliste, du réformateur. *N'est-ce point faire l'aveu que la science de la morale ne peut remplacer la morale?* La logique, l'abstraction n'ont pas qualité pour déterminer des valeurs morales. Mais l'histoire non plus, ajoute Simmel. Et nous voici devant une *Introduction à la science de la morale*, qui ne nous prépare nullement, mais, au contraire, nous oppose au point de vue développé par l'école sociologique française.

Ainsi, flottante et indécise chez Wundt, enfant prodigue qui revient aux habitudes anciennes chez Durkheim, lasse et désabusée chez Simmel, la conception nouvelle d'une morale, issue d'une science des mœurs, semble reconnaître son insuffisance. C'est en vain qu'on cherchera à décorer la tentative des sociologues du nom de *morale scientifique*: il n'y a rien de scientifique à nier une partie de la réalité. L'attitude de Fouillée considérant les idées comme des forces, c'est-à-dire les réintégrant parmi les faits, en leur donnant la place qu'elles doivent avoir, est assurément plus scientifique que le dogmatisme sociologique, pour qui rien n'existe que le *fait matériel et objectif*.

Il y a, dans la réalité, des *faits* et des *idées*. Exclure les uns au bénéfice des autres, c'est s'interdire l'acquis d'une notion satisfaisante. De là, nous venons de le voir, le malaise de la pensée sociologique. Le véritable esprit scientifique et positif se refuse à opérer un élagage artificiel : il envisage, tout à la fois, la réalité objective et subjective.

Il n'est d'ailleurs pas certain que les sociologues acceptent tous la thèse de Lévy-Brühl ou de Durkheim : Tarde, qui reconnut le rôle prépondérant de l'*invention* individuelle que les autres hommes imitent et qui devient ainsi un fait collectif, paraît s'inspirer d'une vue plus exacte des choses (¹). Chez lui, la Sociologie n'a pas exclu la Psychologie ; ni le déterminisme, la contingence et l'accident. Ainsi, de tous côtés, la liberté et la conscience protestent.

Et, encore une fois, comment en serait-il autrement ? Peut-on nier l'œuvre accomplie, dans l'histoire, par la seule force des idées, par l'idéalisme des races et des individus ? Croit-on que l'idéalisme de Platon, de Jésus ou de la Révolution française n'ait joué dans le monde qu'un rôle secondaire, effacé et, qu'avec les faits seuls, on puisse reconstituer la longue vie de l'humanité dans ses étapes successives, à travers ses crises et ses drames ? Si oui : quel positivisme étroit ! Quelle misère de pensée ! Mais voyez donc autour de vous, sans parti pris : que serait donc la conscience du citoyen moderne sans ces aspirations de justice que la Révolution française a déposées en lui, comme un feu intérieur ? Puis-je savoir exactement ce qui, dans la formation intellectuelle des hommes de mon temps, provient de Platon ou d'Aristote, de Descartes ou de Goethe, de Montaigne ou de Rabelais ?

(¹) *Voir* TARDE : *L'opposition universelle* (1897). *Logique sociale*, (1898). *Les lois sociales, esquisse d'une sociologie* (1898). *Les lois de l'imitation* (1901).

Il est légitime que la science moderne ait réhabilité le fait et l'expérience devant les habitudes d'esprit que nous avaient léguées, d'une part, l'Antiquité, éprise de Beauté plus que de Réalité, et, d'autre part, le Christianisme dédaigneux du monde matériel; mais le matérialisme historique, à lui seul, ne fut jamais une doctrine suffisante, et l'idée, l'affirmation de conscience apparut toujours, à la fois, comme produit et comme facteur d'évolution.

Les grands élans de la pensée ont plus fait, croyons-nous, pour transformer le monde, que l'évolution fatale des choses suivant des lois régulières. Il est des erreurs qui ont persisté durant des siècles, qui nous ont assombris, diminués, affolés, contre la force des faits mêmes, contre l'évidence, qui ont changé notre mentalité et nos lois, nos mœurs, nos institutions, qui eurent une influence profonde et néfaste sur les faits. Refusera-t-on à la pensée droite, élevée, pure, la puissance de domination dans le monde qu'on reconnaît au mensonge, à la sottise et à l'ignorance ? Dira-t-on que les idées, les systèmes, les théories morales n'ont pas eu d'influence dans le passé ? Mais les vérités elles-mêmes, reflets fidèles des faits, souvent n'entrèrent dans le monde qu'à la faveur des sophismes ou des idées pures ! Nous ne sommes pas que des êtres passifs, des appareils enregistreurs : nous avons notre originalité propre, notre histoire, notre force intérieure, nos aspirations. Et l'être vivant, en face des choses, ne cherche pas exclusivement à en tirer parti, ou à s'y adapter servilement. Il lui arrive de livrer bataille; vaincu souvent, il est victorieux quelquefois. On dit : « la foi soulève les montagnes » : le symbole est vrai de tout idéal. Mon idéal est la traduction, en termes d'intelligence accessibles aux autres hommes, de la force intérieure qui me pousse à la lutte; au besoin, à la protestation isolée contre tous, à l'acte qui sera un acte de moralité, mais qui ne sera pas nécessairement dicté par l'utilité ! La morale n'est pas exclusivement utilitaire, conforme à la nature, raisonnable : elle est plus haute, à l'occasion. Elle ne s'adapte pas nécessairement aux conditions de vie : elle s'insurge. « Si, jeté avec quelques hommes dans une île déserte, dit Rauh, je n'ai que strictement de quoi me suffire, je repousserai, peut-être, un nouveau compagnon d'infortune. Mais peut-être, au contraire, préférerai-je risquer avec lui la mort demain, plutôt que de lui refuser le pain aujourd'hui..... Quand nous soignons les incurables, quand nous prolongeons les vies les plus inutiles, *nous prenons délibérément, contre le vœu de la nature, contrairement aux indications de la sélection naturelle, le parti de l'idéal humain.* »

Paroles admirables ! Contre l'univers tout entier, contre les lois naturelles, contre la sélection devenue dogme, contre les lois sociales ou l'opinion, contre nous-mêmes et nos propres intérêts, contre les traditions et les résistances séculaires, l'humanité entend pouvoir prendre, l'occasion venue, *le Parti de l'Idéal humain !*

CONCLUSION.

L'INDÉPENDANCE DE L'ANTI-INTELLECTUALISME FRANÇAIS ET SON AVENIR. DÉCLARATION DE M. HENRI BERGSON. L'IMPRESSIONNISME PHILOSOPHIQUE ET L'ART.

Nous serions tentés de reprendre, pour notre propre compte, le mot d'Henri Poincaré, à la fin d'un de ses travaux récents : « après cet exposé, disait le célèbre mathématicien, on attend sans doute de moi une conclusion et c'est ce qui m'embarrasse. Plus on étudie ces questions, moins on est pressé de conclure ».

Les grandes tendances philosophiques de notre temps, mécanisme et vie libre, n'ont pas parcouru tout leur cycle. L'attitude anti-intellectualiste, le bergsonisme principalement, n'est qu'à son début : elle est appelée à produire dans l'avenir des conséquences multiples, dans les domaines même les plus imprévus, et à subir des interprétations contradictoires. C'est un horizon immense qui s'ouvre à la pensée humaine [1]. Chacune des tendances en présence aboutira aussi à des excès, dont il faudra se garder, car ils ne seront que des caricatures de l'idée mère. A droite, comme à gauche, on réclamera le bénéfice des idées nouvelles. Aucun parti, cependant, n'a le droit d'accaparer la pensée d'un Bergson ou d'un Poincaré !

Dans cette étude, nous nous sommes efforcé, même au plus

---

[1] Si nous en croyons René GILLOUIN, dans son ouvrage *La Philosophie de M. Henri Bergson*, p. 180; M. Bergson travaille, en ce moment, à une *Esthétique* et à une *Morale*.

vif de nos critiques, de rester impartial et de respecter, dans son essence, la grande pensée contemporaine. Nous ne sommes pas juge de la question de savoir si ce but fut atteint. Telle était, en tout cas, notre intention.

Nous avons souhaité une entente et indiqué que les méthodes différentes, scientistes et intuitives, quantitatives et qualitatives, de raison et de sentiment, de logique et de liberté, d'abstraction et de concret, pourraient, peut-être, collaborer, au moins dans certains cas, et préparer ainsi l'esprit de demain et la formation de cerveaux complets. Ce n'est qu'un vœu. Se réalisera-t-il un jour ? Nous le croyons : n'est-il pas intéressant de constater, en tout cas, que c'est précisément aujourd'hui, à l'époque où la Science atteint un degré de développement tel, qu'elle nous promet de faire reculer la mort et, par cela, de réaliser pour l'humanité des conditions de développement cérébral plus favorable, que la méthode bergsonienne, préconisant un mode de connaissance nouveau, s'affirme avec le plus de force, comme si nos lumières, dans le monde encore obscur où nous cheminons, devaient par leur éclat en allumer d'autres, de proche en proche, et indéfiniment ?

Bien des causes, toutefois, empêcheront pendant longtemps l'esprit humain d'aboutir à son plein développement, parmi lesquelles, les nécessités exclusives, désharmoniques et injustes, de nos conditions mêmes d'existence, la tyrannie de la pratique, etc. La philosophie nouvelle n'est pas achevée et ne donnera pas, dès à présent, tous ses fruits : Henri Bergson a pu dire justement qu'elle sera *l'œuvre des générations*.

Cependant, dès maintenant, au point de l'évolution où nous sommes parvenus, on peut affirmer que les philosophes contemporains nous ont rendu les plus éminents services. S'ils semblent, parfois, avoir réduit notre valeur et notre orgueil par leurs critiques de l'intelligence aboutissant au *primat de l'action*, n'oublions pas qu'il en fut de même quand, abandonnant le système de Ptolémée pour celui de Copernic, les hommes renoncèrent à considérer leur petit monde comme le centre de l'univers. Il est des renoncements qui grandissent. Et il en sera de même encore, lorsque la vieille et rapiécée théorie des causes finales et la croyance naïve aux harmonies naturelles, puériles, l'une et l'autre, déchets de la Providence religieuse, providences laïcisées, auront définitivement débarrassé notre cerveau ! Enfin, n'est-il pas heureux, qu'en face des systèmes trop simples pour être vrais et qui furent adoptés pour leur seule simplicité, devant les formes du monisme, devant l'atomisme aux prétentions universelles, la variété et la diversité irréductibles, dont est fait le réel, aient trouvé, aussi, leurs défenseurs ?

Mais surtout, nous l'avons trop souligné au cours de cet ouvrage pour qu'il soit nécessaire de nous y étendre, la philosophie moderne vaut par le rappel incessant de l'esprit humain, à la vie; par ses protestations contre le formalisme et la scolastique sous toutes ses formes, contre les abus de l'abstraction intellectualiste et artificielle, par son nominalisme qui tend à réhabiliter le particulier dans la loi et le concret par delà l'abstrait, par le sentiment de la liberté, voire même de la fantaisie qui, à travers les systèmes tout faits, se meut, varie et recrée..... Dans ce monde mouvant et évoluant qu'elle évoque, les *systèmes clos*, les points de vue *statiques*, les religions *dogmatiques*, aux principes éternellement figés, vont se trouver désemparés, isolés, ballottés à tous les vents sur l'*écoulement sans fin des choses*.

Telles furent nos conclusions, on l'a vu, après avoir constaté l'erreur des modernistes : ce qui est immuable dans son principe ne peut vivre dans un monde où tout serait changement.

Les *systèmes clos* s'apparentent naturellement à des conceptions intellectuelles ou morales fixes, ordonnées à jamais, et répugnent à l'évolution, encore plus à la variété originale libre, déconcertante, illogique. Quand, pour les docteurs du moyen âge, le savoir humain n'avait pour but que de retrouver l'unité d'un plan providentiel; sur une conception aussi stable, un système philosophique ou une religion aux lignes immuables s'imposait, tout à la fois, comme principe et comme conséquence, apparaissait comme le cadre, évidemment légitime et nécessaire de la pensée, et que songeaient seuls à briser les méchants, les fous ou les génies. Alors, la croyance dogmatique, le catholicisme, — nous le prenons comme exemple d'un *système clos* et *tout fait* : il y en a d'autres ! — n'est pas, dans le monde, comme un corps étranger. Il se rattache étroitement à tout ce que pensent, à tout ce que savent les hommes ; il est le point central, par rapport auquel s'organisent et se hiérarchisent les idées et les images. Dans ces temps de calme et de naïveté, « le ciel du croyant est le même que celui du savant » (¹). La terre est le centre du monde. Or, une construction logique de l'univers, comme en exposèrent les théologiens, comme on en voit sur les tableaux des maîtres primitifs, comme il est décrit dans la *Divine Comédie*, eût constitué un édifice inachevé et inintelligible, si un dieu n'était venu la couronner. Cependant, il est arrivé un jour, où nous avons appris que nous n'étions que des atomes perdus dans un petit coin de l'infini : des milliards de mondes, comme le nôtre, ou sous d'autres lois, naissent, évoluent et meurent. Tout se transforme. Devant cette évolution qui menaçait d'emporter les constructions symétriques de la théologie, devant cet *écoulement des choses* qui, pour ne pas être perçu du point de vue bergsonien et intérieur, n'en installait pas moins le changement au cœur de l'univers, l'Église, la philosophie scolastique, les systèmes de pensées aux assises immuables, se sentirent en péril, et logiquement, âprement, se défendirent.

Eh bien ! la philosophie moderne, celle de Bergson en particulier, n'opère pas une révolution moindre : elle substitue, dans l'esprit humain, aux concepts solides et bien arrêtés, que nous avons arbitrairement, pour nos besoins, découpés dans la réalité, la notion du flux incessant des choses qui passent, de ce qui vit, des colorations qui naissent et qui meurent dans la continuité sans fin du devenir. Elle est à la

---

(¹) G. SÉAILLES, *Les affirmations de la conscience moderne. Pourquoi les dogmes ne renaissent pas*, p. 16.

pensée philosophique ce que les grandes découvertes astronomiques furent à la Science.

Il se produit, alors, un phénomène facile à comprendre lorsqu'on l'étudie, sans esprit de parti : dans le temps, dans l'ordre chronologique, les systèmes dogmatiques s'étaient heurtés, tout d'abord, aux théories de l'évolution mécaniste, déterministe, scientifique : ils rencontrèrent Galilée, Newton, Darwin, Haeckel et tant d'autres, et reconnurent leurs premiers ennemis : ceux auxquels on ne pardonne pas, et contre lesquels, instinctivement, on cherche une revanche. Or, l'esprit de libre examen, par sa nature même, provoque et alimente les divergences : le moment devait donc venir, où, fort des résultats de la Science, l'esprit humain grandi, à l'assaut du réel, userait non plus d'une discipline unique, mais de méthodes qui, pour être profondément différentes, n'en resteraient pas moins complémentaires et convergentes vers le même but : la vérité. Le bergsonisme est une de ces méthodes. Était-ce pour le dogmatisme, pour les systèmes *tout faits*, immuables, révélés, meurtris de leur première rencontre avec l'esprit humain, l'occasion si attendue d'une revanche ? Certains le crurent; beaucoup, qui restaient attachés aux anciennes conceptions, affectèrent de le croire, moins prompts à condamner les idées neuves qu'ils ne l'étaient jadis, et, parce que atteints par l'esprit du siècle, plus disposés à composer, à s'entendre avec la nouvelle rivale de leurs anciens rivaux. De là, les cris de triomphe de ceux qui tenaient en réserve leurs croyances religieuses et n'attendaient, pour les sortir, qu'un moment opportun : ce sont tous les auteurs qui ont imaginé un bergsonisme d'Église, frustratoire de la pensée du grand philosophe; c'est aussi, dans une note moins brutale, Mme Coignet ([1]) qui veut absolument que le bergsonisme justifie sa foi personnelle, et P. Sabatier ([2]) qui, dans le même dessein, aperçoit, dans la confusion du premier moment, une

---

([1]) Coignet, *De Kant à Bergson*. Paris, Alcan, 1911.
([2]) P. Sabatier, *L'orientation religieuse de la France actuelle*. A. Colin, 1911.

promesse de conciliation générale et commode. Mais, autre chose est ce qu'on désire, autre chose, la réalité.

Il semble qu'il nous faille aboutir aux conclusions suivantes : *Les systèmes aux principes immuables, les religions révélées, qui ne purent s'accorder avec l'ordre évoluant selon les règles fixes du mécanisme scientifique, le peuvent encore moins avec l'anarchisme esthétique, âme mouvante de la philosophie moderne du changement.* Quand, penchées imprudemment sur le courant sans fond du pragmatisme, les doctrines aux âmes roides apercevront l'image du monde sans loi, illogique, déchaîné, déréglé et fluide, qu'évoquent William James et Bergson, alors épouvantées, éperdues dans leur défaite, elles se verront livrées elles-mêmes aux vicissitudes meurtrières ou tenteront quelque revirement désespéré. Peut-être à cet instant, auront-elles la vision que, tout compte fait et l'humiliation d'une concession admise, il était, pour elles, plus facile encore d'accepter Galilée que Bergson. Bossuet n'a-t-il pas tenté une explication logique de l'histoire, un mécanisme religieux ? Renversons les dates : si Bergson avait précédé Galilée, le mouvement religieux eût cherché à prendre sa revanche contre le premier, en faisant alliance avec le second, et il se fût trouvé des auteurs pour affirmer qu'enfin contre les conceptions sataniques d'un désordre bergsonien et mouvant, l'ordre scientifique d'un Galilée, plus tard d'un Darwin, attestait et restaurait l'harmonie divine, par la restauration des harmonies terrestres ! Une telle attitude eût constitué une tactique, une politique. Les termes intervertis, c'est le même procédé qui est employé présentement : il nous est douloureux de le dénoncer, car il est indigne de la pensée humaine, tout à la fois si humble et si grande, et qui cherche simplement à savoir !

Assurément, je défends ici des idées personnelles. Je puis dire, cependant, que les explications que M. Bergson voulut bien me donner ne firent que me confirmer dans mon point de vue. Ses déclarations de neutralité à l'égard de la religion, d'incompétence même à l'égard des questions religieuses, sont d'une netteté absolue. Si l'on veut bien envisager que, de tous les grands philosophes, M. Bergson est le seul qui ne nous ait jamais mené à Dieu et qui n'ait jamais prononcé même le mot de Dieu, on admettra qu'il est au moins excessif, dans l'état présent de sa philosophie, que certains catholiques aient émis la prétention de retrouver en lui leurs idées essentielles !|

« Les religions qui découlent de la croyance à la révélation, me dit M. Bergson, et, d'une façon générale, nos croyances, nos opinions, nos préférences sont affaires d'un tout autre ordre que la recherche philosophique de la vérité. Celle-ci, comme la recherche scientifique, chemine, et doit poursuivre son chemin, dans la sérénité et le désintéressement le plus absolu. Le travail du philosophe, comme celui du savant, doit être à l'abri des passions. Faire planer, sur mon enseignement, le soupçon de favoriser une réaction religieuse, c'est être bien injuste et c'est bien mal me connaître. M. Le Roy, qui tire de ma philosophie des conclusions qui lui sont propres, reconnaît loyalement que, jamais, je n'ai souscrit à ses conclusions. Mais il est légitime que chacun dirige ses recherches vers le but qu'il croit vrai, et un chercheur, savant ou philosophe digne de son nom, préférera toujours que ses travaux aient telles ou telles conséquences ou risquent de favoriser tel ou tel parti, plutôt que de ne pas dire ce qu'il croit être la vérité. La vérité, car il existe une *certitude philosophique*, voilà ce que recherche le philosophe. Les luttes politiques ou religieuses ne peuvent pas, ne doivent pas le distraire de sa tâche. »

Simple déclaration de neutralité, dira-t-on. Mais combien instructive ! La spéculation philosophique, qui dans le passé, sans cesse, s'adossa à Dieu ou retourna vers lui, est donc indifférente, aujourd'hui, à l'égard des questions religieuses. De même que, sous l'influence des idées de Kant, il s'était formé, jadis, une *morale indépendante*, à l'édification de laquelle travaillèrent des esprits de tendances différentes, tels que Mme Coignet et M. Henri Brisson, par exemple; de même, la philosophie actuelle, par sa neutralité même, proclame son indépendance. Est-ce bien exact de dire qu'elle la proclame ? Non : elle y est arrivée, tout doucement et sans bruit, comme à la chose du monde la plus naturelle ; pour cette raison, sa *laïcisation* a passé inaperçue. Elle est manifeste cependant : comparez le pragmatisme français a-religieux d'un Bergson ou d'un Poincaré, au pragmatisme étranger, et tout ce que nous venons de dire apparaîtra comme l'évidence même. L'esprit de combat, qui dans sa forme est si profondément conservateur, les passions qui brodent sur des canevas toujours les mêmes et dont elles postulent l'identité éternelle, les parti pris de tout ordre, qui sont essentiellement des traditions, n'y trouveront pas leur compte. Tant pis ; c'est une vérité que le critique se doit à lui-même d'exprimer : le spiritualisme, la foi même sont en train de se laïciser en France. Oh ! sans doute, toutes les idées, toutes les croyances sont respectables, et il sera toujours possible à un philosophe, après avoir chevauché dans la Métaphysique, de revenir, directement ou par un détour, à quelque conception d'ordre religieux, si sa pensée et sa conviction l'y poussent. Rien n'est plus légitime. Une philosophie, comme dit W. James, n'est jamais qu'un *parfum personnel*. Mais, signe des temps, le philosophe, qui ferait ainsi amende honorable de ses audaces premières, verrait succéder, aux enthousiasmes qui accueillirent ses débuts, la déception, la lassitude de ses disciples désillusionnés. Si les conceptions de jadis nous avaient satisfaits, diraient ceux-ci, nous ne les aurions pas abandonnées, nous n'aurions pas cherché des horizons nouveaux. Riposterait-on que la Philosophie n'a point rendu impossible la croyance ? L'objection est sans intérêt : dans le monde des idées, les triomphes complets n'existent pas. La philosophie contemporaine n'a pas rendu impossible la religion, c'est vrai : mais *elle a passé outre*. Comme le disait symboliquement notre grand Guyau : « l'humanité a devancé ses dieux ».

Questionné par moi, M. H. Bergson voulut bien reconnaître, de la façon la plus nette, qu'il y a, dans la religion, à côté du sentiment religieux proprement dit, tout un *mécanisme* explicatif du monde, lequel se heurte, s'oppose effectivement à la philosophie même qu'il enseigne, loin de pouvoir s'en réclamer. C'était confirmer, en somme, ce que nous avons dit plus haut. Sans doute, pour Bergson, l'essence de la religion paraît résider plutôt dans le sentiment religieux, que dans l'explication circonstanciée et mécanistique, que les dogmes imposent aux croyants. Mais les représentants de l'Église, qui seuls ont qualité pour parler en son nom, n'ont cessé d'indiquer que le sentiment religieux, le mysticisme des âmes ne faisait qu'un avec les enseignements, avec toutes les affirmations dogmatiques de l'Église; que celle-ci formait un tout, que l'hérésie consiste précisément à opérer, dans ce tout, des distinctions, en elles-mêmes profanatrices, et que, si un catholique venait à concevoir quelque hésitation, partagé entre ses sentiments et le dogme, c'était vers ce dernier qu'il devait se tourner, et finalement à lui qu'il devait s'en remettre. Le *mécanisme religieux*, si l'on peut employer cette expression, occupe donc, à côté du sentiment, du mysticisme, une place essentielle dans le catholicisme. Or, de tous les mécanismes, c'est encore le mécanisme religieux, qui se trouve le plus atteint par la philosophie bergsonienne. Reste le sentiment, mais le sentiment, qu'il soit l'inspiration d'un poète ou d'un artiste, d'un laïque ou d'un religieux, qu'il s'exprime par la bouche de J.-J. Rousseau ou par celle de saint François d'Assise, qu'il chante l'enthousiasme du *Chant du départ*, de Méhul, ou la douceur des *Béatitudes*, de C. Franck, — le sentiment reste une sorte d'ivresse humaine; il est intuitif, nul n'y a jamais contredit, et, de ce fait, on ne saurait tirer aucun argument au bénéfice d'une opinion, d'une croyance particulière. Il ne serait pas plus juste de dire que la philosophie de Bergson favorise le sentiment religieux, qu'il ne serait juste de le dire du Romantisme; ou, si l'on veut, il ne serait juste de le dire du premier que dans la mesure où il serait exact de le dire du second.

Ce caractère laïque de la philosophie, voir du spiritualisme d'Henri Bergson, paraît avoir été aperçu, tout dernièrement, par d'autres que par nous. Et nous nous en félicitons. Dans un ouvrage, aussi remarquable par le fond que gracieux dans la forme, René Gillouin, porte sur la conception bergsonienne de la liberté, le jugement suivant : «……elle exalte plus haut la dignité humaine, puisque ce qu'elle propose à chacun de nous, c'est le programme même de la vie héroïque : vivre *chaque moment de notre vie avec toute notre âme*. La seule objection forte qui nous semble pouvoir lui être adressée serait une objection d'ordre religieux. L'affirmation religieuse essentielle est que nous ne pouvons trouver qu'en Dieu, c'est-à-dire hors de nous, et non en nous, le point d'appui et le levier indispensable à notre perfectionnement intérieur, à notre *salut*. Or la conception bergsonienne de la liberté, sans exclure expressément Dieu, *ne fait point de place à cette hypothèse*. On nous parle constamment d'héroïsme, jamais de sainteté : le Bergsonisme demeure un Naturalisme » (¹).

Nous pourrions multiplier les exemples dans le même sens : l'inerte, disions-nous, dans notre conclusion de notre première Partie, relative au modernisme, choisi comme exemple d'un pragmatisme religieux, ne peut, sans péril, s'allier, s'incorporer au changement. Eh bien ! prenons le problème de la vie : comment un point de vue d'éternité, comment l'immuable divin ou philosophique pourrait-il s'installer, dans l'évolution décrite par Le Dantec, de la monère élémentaire à l'être polyplastidaire le plus complexe ? Vérité incontestable, direz-vous. Vérité du même ordre : comment ce même point de vue statique serait-il plus à l'aise dans l'évolution non pas scientifique, mais bergsonienne, dans l'évolution créatrice, dans l'immense courant qui organise, modifie, transforme, détruit et recrée, sans loi, selon sa libre fantaisie d'artiste, les formes matérielles de la vie ?

Si vous jetez les yeux sur le problème moral, c'est une conclusion analogue qui s'impose. L'exemple, ici, est même plus frappant : les commandements moraux, prescrits par quelque autorité extérieure, divinité ou absolu métaphysique, ne peuvent s'accommoder de la situation que leur crée la science des mœurs, la conception de l'école sociologique. Mais ils ne

---

(¹) René GILLOUIN, *La Philosophie de M. Henri Bergson*. Grasset, éd., 1912.

peuvent pas davantage chercher un allié dans la conception d'une moralité libre, qu'exaspère le conformisme à une théorie ou aux faits objectifs, et qui s'affirme, comme la vie, invention et révolte. Ici, encore, tout compte fait, le principe des concessions admis, il eût été plus facile encore aux commandements religieux, à une morale immuable, de s'entendre avec Durkheim que de pactiser avec Jules de Gaultier ou Sollier. N'a-t-on pas justement remarqué que, lorsque Durkheim dit « je ne vois, dans la divinité, que la société transfigurée et pensée symboliquement », il formulait une « idée très voisine de la pensée catholique essentielle, pour laquelle l'expérience que le fidèle a de l'Église est la base de tout le reste » (¹). Et l'exemple d'Auguste Comte n'est-il pas un précédent?

Aussi, René Gillouin a-t-il pu légitimement pronostiquer que la future morale bergsonienne ne présentera guère d'analogie avec la morale religieuse :

« ... Si l'on songe que de la vie, dit-il, M. Bergson envisage de préférence l'aspect création, invention perpétuelle, on présumera avec vraisemblance que sa morale sera une morale de production, et, selon l'expression platonicienne, *de la production dans la beauté*. Peut-être ici notre adhésion n'irait-elle pas sans réserves. La doctrine théologique du péché originel est chargée pour nous de sens psychologique, et nous ne ferons jamais confiance absolument à une morale qui ne veut prendre en considération que les éléments positifs de la nature humaine. En d'autres termes, si la vie, sous un de ces aspects, le principal peut-être, est volonté de puissance, sous un autre elle est volonté de pureté. *Si elle est déploiement, elle est aussi reploiement. Si elle est création, elle est aussi élimination.* Enivrée du prodigieux spectacle de ce qui est, *la pensée de M. Bergson ne s'arrête pas volontiers sur ce qui ne devrait pas être*. Elle n'accorde pas l'importance qui, selon nous, lui revient au problème du mal (²) ».

Nous aurions mauvaise grâce à insister : la pensée de Bergson

---

(¹) P. SABATIER, *L'orientation religieuse de la France actuelle*, p. 314.
(²) René GILLOUIN, *op. cit.*, t. 17.

s'éloigne de plus en plus des *conceptions d'ordre*, laïque ou religieux, pour s'épanouir finalement dans un *anarchisme de Beauté*.

Nous avons dit que la pensée philosophique contemporaine était *a*-religieuse, indépendante et, aussi, que s'efforçant à saisir le réel, sans en rien oublier, dans sa prodigieuse diversité, dans son devenir infini, aspirant à comprendre et à vivre la vie, elle rejetait les raisonnements étriqués des scolastiques d'hier et d'aujourd'hui. Bien qu'il serait prématuré de vouloir conclure sur ce sujet naissant, ne pouvons-nous, cependant, et sous toutes réserves, sinon préciser davantage, du moins voir un peu plus avant ?

Il nous apparaît qu'après le règne des idées générales, puis celui de l'expérience, l'esprit humain, sans rien abandonner de ses conquêtes, se montre tourmenté par le besoin d'une synthèse qui ne serait pas une construction purement abstraite et logique, et que la seule étude des faits ne lui donne pas. Au XVIIIe siècle, l'idéal était de vivre selon la Raison : les idées générales, les lois abstraites, les déductions mathématiques, les proclamations de principes, d'où découlent les conséquences logiques, furent la caractéristique intellectuelle du temps. Sans doute, cette époque admirable, où l'esprit était partout, où la Science était en honneur chez tous, où dans les salons on se piquait de rechercher la lumière et d'être philosophe, mode qui vaut bien les autres, certes, ne peut s'exprimer en une formule et par une définition simpliste. A côté de la raison, il y eut la sensibilité ! A côté de Voltaire : J.-J. Rousseau. A côté du raisonnement purement théorique : l'historisme, avec Montesquieu. Nul plus que nous n'a conscience des efforts prodigieux, que l'esprit humain tenta, alors, dans tous les sens..... Mais nous cherchons, au risque de trop simplifier, à indiquer la direction intellectuelle principale de l'époque, généralement reconnue : le XVIIIe siècle, surtout, voulut se prononcer par des vues *a priori*; il crut profondément que ses seules vues idéales détermineraient la réalité. De là, tout à la fois, la grandeur et l'insuffisance de sa méthode. Ses principes ne sont ni révélés, ni expérimentaux, ni historiques ; ils sont des postulats, traités comme des vérités évidentes. Au raisonnement logique à en extraire, pour le plus grand bien de l'homme conçu comme une abstraction identique dans le temps et dans l'espace, les vérités conséquentes. La même philosophie décide alors, a-t-on dit, sur une question de voirie et sur l'existence de Dieu. Et, comme au siècle précédent, les mathématiques étant plus avancées que les autres sciences, ce furent leurs méthodes qui prévalurent : on s'attacha à simplifier, à abstraire, à déduire. On élimina partout le réel et le concret et l'on n'opéra que sur des *idées* Cette méthode fut servie admirablement par la clarté de notre langue, la témérité et la légèreté même de notre esprit, et assura notre universelle domination. Le monde séduit devint français. C'est l'époque où l'intelligence est tout et suffit à tout.

Mais notre race est d'une richesse intellectuelle si prodigieuse qu'elle ne saurait se laisser enfermer dans une formule ; si le XVIIIe siècle fut, avec éclat, le siècle des idées *a priori*, le XIXe siècle fut, avec succès, celui de la méthode expérimentale. Ses principes ne sont, ni révélés, ni donnés par l'esprit seul : ils sont fournis par l'observation scientifique des faits. En quête de vérités, la pensée ne peut être exclusivement théorique et abstraite. « L'impuissance de la logique pure, écrit Berthelot à Renan, tient à une cause générale. Pour raisonner, nous sommes forcés de substituer aux réalités certaines abstractions plus simples, mais dont l'emploi enlève aux conclusions leur rigueur absolue. Telle est la cause qui rend illusoires tous les systèmes philosophiques. Malgré leurs prétentions, ils n'ont jamais fait et ils n'ont pu faire autre chose que retrouver, au moyen d'un *a priori*, les connaissances de leur temps » ([1]). Le XIXe siècle fut le siècle de l'expérience (il semble même, qu'en Philosophie, au moins, on ait quelque peu abusé du mot) et du fait positif, objectif. Dans les problèmes de la pensée « comme dans les autres, il faut, nous dit le même auteur, accepter les conditions de toute connaissance, et,

---

([1]) M. Berthelot, *Lettre à Renan. Science et Philosophie*, p. 30.

sans prétendre désormais à une certitude illusoire, subordonner la science *idéale*, à la même méthode que celle qui fait le fondement solide de la science positive » (¹). La méthode s'oppose nettement à l'ancienne manière a prioriste. Qui ne voit, cependant, qu'elle ne la détrône pas en tout et pour tout? Berthelot fait remarquer que la première semble spéciale aux sciences mathématiques. Grâce aux sciences expérimentales, l'esprit humain a donc acquis une nouvelle possibilité d'agir : il en use. Mais il garde ses anciennes méthodes dans la mesure où elles ne s'excluent pas. Les efforts des générations successives se complètent, se compénètrent, se modifient mutuellement, et coopèrent au même but : elles ne se détruisent pas. Dans le cerveau de l'homme, il y a place, sans contradiction, pour des méthodes différentes. Encore une fois : ne mutilons pas l'esprit humain ! On frémit à l'idée des désastres que le conservatisme intellectuel aurait pu entraîner pour l'humanité : que serait-il arrivé si, au nom des méthodes *a priori*, qui furent la gloire et la grandeur du XVIIIe siècle, la méthode expérimentale du XIXe siècle avait été condamnée, séquestrée, ou accaparée par les passions politiques ou religieuses. Nous ne cesserons de protester : pas de dogme ! pas de scolastique !

Le XXe siècle verra-t-il l'éclosion d'une nouvelle méthode ? la méthode bergsonienne ou intuitive ? Les critiques ne feront pas défaut ! Cependant il faut remarquer que cette dernière venue ne se pose pas en concurrente des deux autres. Tandis que les méthodes a prioristes et expérimentales cherchent, l'une et l'autre, à établir des relations objectives, des lois, se meuvent sur le même plan, la méthode bergsonienne se pose en parallèle de ses aînées. Les premières sont scientifiques, s'inspirent, l'une des mathématiques, l'autre de l'expérience; la seconde est métaphysique. Les deux premières visent l'objectif, la seconde est essentiellement subjective; les deux premières sont filles de l'intelligence qui veut *comprendre*, la seconde, du sentiment qui veut *vivre* les choses. Si donc

---

(¹) M. BERTHELOT, *Op. cit.*, p. 31.

l'esprit humain a adopté la méthode expérimentale après les idées a prioristes de jadis, malgré l'antagonisme des deux manières, il n'y a aucune raison pour qu'il n'accepte pas la méthode nouvelle, les idées de Bergson, dont le champ d'action est spécial. Ceux mêmes, comme Berthelot, qui proposèrent l'application des méthodes expérimentales à la *Science idéale*, ont reconnu la légitimité des préoccupations métaphysiques: « La science des relations directement observables, disait le grand savant, ne répond pas complètement et n'a jamais répondu aux besoins de l'humanité. En deçà, comme au delà de la chaîne scientifique, l'esprit humain conçoit, sans cesse, de nouveaux anneaux; là où il ignore, il est conduit par une force invisible à construire et à imaginer, jusqu'à ce qu'il soit remonté aux causes premières » ([1]). Le même auteur qui crut toujours à la liberté humaine comme à un fait d'expérience disait que, derrière le vrai, le beau, le bien, l'humanité a toujours senti, sans la connaître, qu'il existe une réalité souveraine, centre, « unité mystérieuse et inaccessible vers laquelle converge l'ordre universel ». Et il concluait : « le sentiment seul peut nous y conduire; ses aspirations sont légitimes, pourvu qu'il ne *sorte pas de son domaine* avec la prétention de se traduire par des énoncés dogmatiques et *a priori* dans la région des faits positifs ». En d'autres termes, dans son domaine propre, rien de plus légitime que la spéculation métaphysique, — la pensée de Berthelot rejoint ici celle de Poincaré, — rien de plus légitime que d'essayer loyalement la méthode de sentiment, d'intuition, d'art, qui viendrait à être proposée. Et comment, en effet, un esprit réellement *positif* pourrait-il raisonner autrement?

Or, précisément, Henri Bergson nous propose une de ces méthodes d'art. La philosophie moderne, nous invite, non plus à saisir les choses selon leur aspect extérieur, mais à les sentir, à les vivre. L'idée générale, abstraite, chère à nos pères du XVIIIe siècle ne fut jamais qu'une traduction de la réalité, un schéma, voire même un plan idéal d'action, dont on se pro-

---

([1]) M. BERTHELOT, *Science et Philosophie, Lettre à Renan*, p. 18.

posait de faire une réalité. Ainsi orienté, l'esprit humain ne pouvait guère se représenter exactement les choses, puisqu'il ne prétendait qu'à les traduire en termes logiques ou à les dominer au nom de la raison. L'observation, l'analyse du fait objectif, réaction contre l'idée pure, permit de s'approcher de la nature, d'en scruter l'intimité, d'en noter les particularités. Mais s'il ne s'agit plus, avec la méthode des sciences d'observation, de raisonner théoriquement et d'échafauder sur les principes seuls, il n'en subsiste pas moins que le fait évoluant, ainsi étudié, n'est point encore saisi dans sa totalité, puisque notre vue ne porte jamais, selon la critique bergsonienne, que sur l'interruption idéale d'un changement, n'est qu'un instantané arbitraire que prend notre perception sur l'évolution des choses et que nous rapprochons d'un autre instantané, comme un solide d'un autre solide, pour nous donner l'illusion du mouvement, alors que nous venons d'en briser la continuité. Une vision d'art nous donnant le changement, le devenir dans sa nature intime, nous permettant de revivre la continuité foncière de l'évolution n'est-elle pas possible? N'est-elle pas indispensable, en tout cas, pour comprendre la vie qui ne doit pas seulement être pensée, mais vécue? Telle est la question à laquelle Bergson répond par l'affirmative : nous avons examiné sa méthode et sa vision de la vie. Qui ne voit que cette vision constitue une sorte d'*impressionnisme philosophique?* Ce n'est plus la théorie abstraite et logique que vise le philosophe contemporain, ce n'est pas non plus l'observation méticuleuse du fait positif, toujours isolé, qui, mis bout à bout avec d'autres faits du même ordre et encore d'autres, ne constitue jamais l'ensemble vivant et vrai : c'est tout le réel qu'il s'agit de goûter, de sentir, dans son changement, avec ses colorations propres, dont l'abstraction faisait fi, dans son milieu mouvant qui lu est inséparable. N'est-ce pas là un impressionnisme? A entendre ce langage, ne croyez-vous pas entendre la critique des grandes règles de l'art classique, épris d'abstraction académique, par un Manet, un Claude Monet ou un Renoir, soucieux, non point de distinguer les choses dans leurs contours nets, mais d'en saisir, par un effort unique, la vision d'ensemble, comme un tout vivant, changeant, et qu'on tuerait en le détaillant ? Dans son ouvrage sur la peinture française au XIXᵉ siècle, Henry Marcel retrace l'évolution de Manet, de l'abstrait au concret. Et voici ce qu'il dit : « Ses modèles des premiers temps se meuvent encore dans un cadre *abstrait*, où tout l'effort de l'artiste s'emploie à traduire le relief de leur forme et la tache curieuse qu'ils déterminent sur les fonds. Un peu plus tard, il s'avise de les mêler au milieu pittoresque qui les entoure dans la réalité, de rendre les réactions réciproques qui les y relient et les y accordent; c'est de ce jour qu'il devient *novateur*. Et le voilà s'évertuant à substituer aux juxtapositions mortes des êtres et des choses, qui constituaient la généralité des ordonnances d'alors, une ambiance véritable, projetant sur les personnages les clartés du ciel, la réflexion des teintes propres aux objets environnants, et faisant d'un tableau une *unité* lumineuse et colorée, où tout participe de la même vibration et du même frisson.

» Ce jour là, un grand pas était fait vers la *vie intense et totale* du tableau. »

Ne pourrait-on en dire de même d'Henri Bergson, passant de la connaissance abstraite et mathématique au sentiment, à l'intuition profonde de la vie ?

Ainsi, la Philosophie, abstraite et déductrice au XVIIIᵉ siècle, toute lestée d'expériences scientifiques au XIXᵉ siècle, semble s'orienter vers une sorte d'impressionnisme, au XXᵉ siècle. La Raison, la Science et l'Art auraient ainsi, tour à tour, dans un temps relativement limité, coloré diversement les plus hautes pensées et les plus belles visions des hommes.

S.

TABLE DES MATIÈRES.

Pages.

INTRODUCTION.. v

LIVRE I.
La Vérité devant la Pensée contemporaine.
Les Pragmatistes contre les Intellectualistes.

CHAPITRE I. — 1. Un nouveau positivisme. Définition et historique du pragmatisme. — 2. William James : la réalité vivante contre l'abstraction rationaliste. — 3. Théorie pragmatique de la vérité : est vrai ce qui *opère*. — 4. Critiques..... 1

CHAPITRE II. — 1. Le pragmatisme scientifique : Henri Poincaré. La valeur de la Géométrie devant les idéalistes, les empiristes et les mathématiciens contemporains. La théorie nouvelle : la Géométrie est une convention. — 2. Le pragmatisme dans les sciences physiques et naturelles. Évolution de la notion de loi : de Newton et Kant à Boutroux et Poincaré. Un opportunisme inconscient : la loi choisie, non parce qu'elle est vraie, mais parce qu'elle est commode. — 3. Entretien de l'auteur avec H. Poincaré : situation du pragmatisme de Poincaré en face de celui de W. James et de H. Bergson........ 21

CHAPITRE III. — 1. Bergson est-il un pragmatiste ? partiellement seulement. Critique bergsonienne de l'intelligence : l'*Homo faber*. — 2. Critique bergsonienne des Philosophies : de Platon à la science moderne. Le mécanisme de Descartes, de Spinoza et de Leibnitz. Kant. Spencer, et la routine de l'intelligence. — 3. Pour comprendre la vie, appel à une faculté méconnue : l'intuition...................... 39

CHAPITRE IV. — 1. Critique du pragmatisme : le pragmatisme *mélioriste* est arbitraire, le pragmatisme délicat est indifférence. A. Schinz et l'anti-pragmatisme : l'influence anglo-saxonne. — 2. Le pragmatisme tend, lui aussi, à devenir un système : l'humanisme de Schiller. Le cas Dewey. — 3. Le sentiment de la vie ; fin du monisme. Avènement du pluralisme : H. Rosny, P. Gaultier. Triomphe du mobilisme, de la philosophie de la variété et du changement. — 4. Conséquence : le catholicisme, conception de stabilité absolue, ne trouve d'appui, ni dans la Science, ni dans le pragmatisme, ni dans le bergsonisme. Faillite d'une tentative de rapprochement : le modernisme.. 58

LIVRE II.

Le Problème de la Matière.
Les Énergétistes contre les Mécanistes.

Chapitre I. — 1. Atomisme et mécanisme : d'Épicure à Newton. Les principes classiques de la mécanique. — 2. Le mécanisme moderne : J. Perrin.................................... 85

Chapitre II. — 1. L'énergétique, née de la thermodynamique est proposée pour remplacer l'atomo-mécanisme, né de la mécanique. 2. E. Mach : critique du mécanisme. La physique algébrique et le principe de l'économie de la pensée. — 3. Duhem : critique du mécanisme. Un formalisme mathématique aboutissant à l'expérience...................... 105

Chapitre III. — 1. L'atomisme réformé : les idées du Dr G. Lebon. L'atome radio-actif et l'hypothèse du retour éternel. — 2. Aperçu sommaire des théories électroniques de la matière.. 129

Chapitre IV. — 1. Les derniers retranchements de l'atomisme. A. Hannequin : l'atome n'est qu'un concept. H. Poincaré : l'hypothèse n'est qu'un instrument. — 2. Les ambitions de l'énergétique : W. Oswald. Esquisse d'une biologie énergétique, d'une psychologie et d'une sociologie énergétique. — 3. La défense suprême de l'atomisme : A. Rey. Sa critique de l'énergétique au nom des nécessités de l'esprit. Critique de cette critique. — 4. Conclusion : le point de vue énergétique, comme le point de vue bergsonien, est légitime. Ne mutilons pas l'esprit humain !.................................... 143

LIVRE III.
Le Problème de la Vie.
Les Néo-vitalistes contre les Mécanistes.

Pages.

CHAPITRE I. — 1. Le point de vue mécaniste : Le Dantec. Une théorie nouvelle de la vie excluant tout facteur téléologique ou vitaliste. — 2. Déclaration de Le Dantec à l'auteur : l'erreur, tout ce qui n'est pas réductible au mécanisme. La théorie de la conscience épiphénomène.................. 167

CHAPITRE II. — 1. Le point de vue vitaliste : l'*Évolution créatrice* d'Henri Bergson. — 2. La philosophie d'Henri Bergson lui est réellement personnelle : elle constitue une vision merveilleuse de la vie. — 3. Elle n'emprunte rien au finalisme. Exemple : la théorie des causes finales de Ch. Richet. — 4. Elle ne doit rien aux théories vitalistes contemporaines. Examen, à ce point de vue, des idées d'Olivier Lodge, des théories vitalistes ou finalistes de Reinke, Pauly, Hartmann et Driesch... 186

CHAPITRE III. — 1. Les points de vue de révolte en Biologie : René Quinton : les lois de constance organique et l'insurrection des vertébrés. Entretien de l'auteur avec René Quinton : la morale biologique. — 2. Les conséquences, selon Rémy de Gourmont : une loi de constance intellectuelle et une loi de révolte. — 3. Les points de vue de révolte en Biologie : Metchnikoff. Fin de l'illusion des harmonies naturelles : l'humanité contre la mort. Entretien de l'auteur avec Metchnikoff : la fin de la religion... 219

LIVRE IV.
La Méthode bergsonienne
et la Méthode scientifique en Psychologie. — Essai d'entente.

CHAPITRE I. — 1. *Les données immédiates de la conscience*, bases psychologiques de la philosophie bergsonienne : les états affectifs sont *qualités* et non grandeurs mesurables. — 2. L'espace, le temps et la durée selon Bergson. Le duel entre la conception *qualitative* bergsonienne et la conception *quantitative* de la Psycho-Physique....................... 247

CHAPITRE II. — 1. Le problème de la relation du corps et de l'esprit : théorie bergsonienne de la perception. — 2. Le problème de la relation du corps et de l'esprit : théorie bergsonienne de la mémoire. Un nouveau spiritualisme.......... 267

CHAPITRE III. — 1. La méthode scientifique en Psychologie et la crise de la Psychologie expérimentale. — 2. Essai de synthèse : Kostyleff. — 3. La méthode bergsonienne et la méthode scientifique ne peuvent-elles, en Psychologie au moins, donner l'exemple d'une collaboration ?...................... 296

LIVRE V.
La Morale sociologique et les protestations de la Conscience, de la Liberté et de la Vie.

CHAPITRE I. — 1. La morale devant l'école sociologique. Lévy-Brühl : la science des mœurs et la création d'un art moral rationnel. — 2. Le *fait moral* chez Durkheim : toute règle de conduite à laquelle est attachée une sanction répressive diffuse. Critiques de cette conception................... 315

CHAPITRE II. — 1. La résistance aux prétentions de l'école sociologique. Rauh : l'autonomie de la conscience et l'expérience morale. Critique de la *superstition de l'objectivité*. — 2. Les protestations de la vie. Jules de Gaultier : un principe de développement aléatoire et incalculable. A ce point de vue : esquisse d'une morale bergsonienne. — 3. Les protestations de l'intuition bergsonienne et du sentiment romantique : P. Sollier et A. Jourdan..................... 330

CHAPITRE III. — 1. Critique de la morale sociologique. Les objections de Fouillée. — 2 Les critiques de Wundt, Durkheim, Simmel : retour aux morales théoriques ou aveu d'impuissance. Le Parti de l'Idéal humain............................ 350

CONCLUSION. — L'indépendance de l'anti-intellectualisme français et son avenir. Déclarations de M. Henri Bergson. L'impressionnisme philosophique et l'Art................. 369

FIN DE LA TABLE DES MATIÈRES.

PARIS. — IMPRIMERIE GAUTHIER-VILLARS.
49550   Quai des Grands-Augustins, 55.

Documents manquants (pages, cahiers...)
NF Z 43-120-13

www.ingramcontent.com/pod-product-compliance
Lightning Source LLC
Chambersburg PA
CBHW060049190426
43201CB00034B/551